Die Harmonisierung
der indirekten Steuern in Europa

Europäische Hochschulschriften
Publications Universitaires Européennes
European University Studies

Reihe II
Rechtswissenschaft

Série II Series II
Droit
Law

Bd./Vol. 3017

PETER LANG
Frankfurt am Main · Berlin · Bern · Bruxelles · New York · Oxford · Wien

Alexander Hagen

Die Harmonisierung der indirekten Steuern in Europa

Grenzen und Umfang unter besonderer Berücksichtigung von Art. 33 der 6. MWSt-RL und Art. 3 der System-RL

PETER LANG
Europäischer Verlag der Wissenschaften

Die Deutsche Bibliothek - CIP-Einheitsaufnahme

Hagen, Alexander:

Die Harmonisierung der indirekten Steuern in Europa : Grenzen und Umfang unter besonderer Berücksichtigung von Art. 33 der 6. MWSt-RL und Art. 3 der System-RL / Alexander Hagen. - Frankfurt am Main ; Berlin ; Bern ; Bruxelles ; New York ; Oxford ; Wien : Lang, 2000
(Europäische Hochschulschriften : Reihe 2, Rechtswissenschaft ; Bd. 3017)
Zugl: Erlangen, Nürnberg, Univ., Diss., 2000
ISBN 3-631-37208-6

D 29 (n 2)
ISSN 0531-7312
ISBN 3-631-37208-6

In tiefster Dankbarkeit
meinen Eltern, meinen Großeltern und meinem Bruder
gewidmet

Inhaltsübersicht

Kapitel 1
Zielsetzung und Vorgehensweise

Kapitel 2
Grundüberlegungen zur Problematik der indirekten Steuern in der Europäischen Gemeinschaft

A. Allgemeines
B. Indirekte Steuern als Untersuchungsgegenstand
C. Die Zielsetzungen der Europäischen Gemeinschaft und ihre Bedeutung für die indirekte Besteuerung in den Mitgliedstaaten
D. Zwischenergebnis

Kapitel 3
Gemeinschaftsrechtliche Möglichkeiten zur Realisierung zielkonformer Besteuerungsbedingungen

A. Allgemeines
B. Grundlagen des Europäischen Gemeinschaftsrechts
C. Der Einfluß primärrechtlicher Vorschriften auf das Steuerrecht der Mitgliedstaaten
D. Beeinflussung des Steuerrechts der Mitgliedstaaten durch das sekundäre Gemeinschaftsrecht
E. Zwischenergebnis

Kapitel 4
Spezielle Grenzen der Kompetenzausübung zum Schutz der steuerlichen Hoheitsrechte der Mitgliedstaaten

A. Allgemeines
B. Das Prinzip der Subsidiarität im Gemeinschaftsrecht
C. Das Prinzip der Rücksichtnahme auf die Interessen der Mitgliedstaaten
D. Zwischenergebnis

Kapitel 5
Die Entwicklung und der aktuelle Stand des europäischen Sekundärrechts auf dem Gebiet der indirekten Steuern

A. Allgemeines
B. Das Sekundärrecht zur Umsatzbesteuerung
C. Das Sekundärrecht zur speziellen Verbrauchsbesteuerung
D. Das Sekundärrecht zu sonstigen indirekten Steuern i.S.d. Art. 93 [99] EGV
E. Zwischenergebnis

Kapitel 6
Die gezielte Beschränkung der mitgliedstaatlichen Steuerhoheit durch sekundärrechtliche Vorschriften

A. Allgemeines
B. Die Beschränkung der Steuerhoheit durch Art. 33 Abs. 1 der 6. MWSt-RL
C. Die Beschränkung der Steuerhoheit der Mitgliedstaaten durch Art. 3 System-RL
D. Zwischenergebnis

Kapitel 7
Die Zukunft der indirekten Besteuerung in Europa

A. Allgemeines
B. Die Zukunft der Umsatzbesteuerung
C. Die Zukunft der anderen indirekten Steuern

Kapitel 8
Schlußbemerkung

Inhaltsverzeichnis

Inhaltsübersicht 7

Abkürzungsverzeichnis 17

KAPITEL 1 ZIELSETZUNG UND VORGEHENSWEISE 21

KAPITEL 2 GRUNDÜBERLEGUNGEN ZUR PROBLEMATIK DER INDIREKTEN STEUERN IN DER EUROPÄISCHEN GEMEINSCHAFT 23

A. Allgemeines 23

B. Indirekte Steuern als Untersuchungsgegenstand 25

I. Abgrenzung der direkten und indirekten Steuern 25

II. Indirekte Steuern und grenzüberschreitender Wirtschaftsverkehr 28

C. Die Zielsetzungen der Europäischen Gemeinschaft und ihre Bedeutung für die indirekte Besteuerung in den Mitgliedstaaten 31

I. Allgemeines 31

II. Die übergeordneten Fernziele der Europäischen Gemeinschaft 32

III. Die vertraglich vorgegebenen Wege zu den Fernzielen 33

1. Die Errichtung eines Gemeinsamen Marktes 34

a) Allgemeines 34

b) Freiheit des Waren-, Dienstleistungs-, Personen- und Kapitalverkehrs 35

aa) Grundsätzliches 35

bb) Klassisches Bestimmungslandprinzip und Marktfreiheiten 35

cc) Ursprungslandprinzip und Marktfreiheiten 38

c) Unverfälschte Wettbewerbsbedingungen 39

aa) Allgemeines 39

bb) Bestimmungslandprinzip und unverfälschter Wettbewerb 39

cc) Ursprungslandprinzip und unverfälschter Wettbewerb 41

d) Gemeinsame Außenhandelsgrenze 42

e) Gemeinsame flankierende Politiken 42

f) Gemeinsamer Markt und Binnenmarkt 43

2. Die Errichtung einer Wirtschafts- und Währungsunion 46

3. Aufbau und Durchführung sonstiger gemeinsamer Politiken 48

D. Zwischenergebnis 48

KAPITEL 3 GEMEINSCHAFTSRECHTLICHE MÖGLICHKEITEN ZUR REALISIERUNG ZIELKONFORMER BESTEUERUNGSBEDINGUNGEN 51

A. Allgemeines 51

B. Grundlagen des Europäischen Gemeinschaftsrechts 51

I. Allgemeines 51
II. Das Verhältnis zwischen Gemeinschaftsrecht und Recht der Mitgliedstaaten 52

C. Der Einfluß primärrechtlicher Vorschriften auf das Steuerrecht der Mitgliedstaaten 55
I. Allgemeines 55
II. Das Verbot von Zöllen und Abgaben gleicher Wirkung 56
III. Das allgemeine gemeinschaftsrechtliche Diskriminierungsverbot 57
IV. Die speziellen steuerlichen Diskriminierungsverbote im EGV 59
1. Das Verbot höherer Abgaben auf Waren aus anderen Mitgliedstaaten 59
a) Allgemeines 59
b) Der Regelungsgehalt des Art. 90 [95] Abs. 1 EGV 59
aa) Inländische Abgaben auf Waren 60
bb) Begriff der gleichartigen inländischen Ware 61
cc) Belastungsvergleich zwischen importierter und inländischer Ware 62
c) Der Regelungsgehalt des Art. 90 [95] Abs. 2 EGV 64
2. Das Verbot überhöhter Rückvergütungen bei der Ausfuhr von Waren in andere Mitgliedstaaten 65
3. Das Verbot diskriminierender Durchschnittssätze für die Rückvergütung inländischer Abgaben bei der Ausfuhr von Waren 67
V. Das Verbot staatlicher Beihilfen und seine Bedeutung für die indirekte Besteuerung in den Mitgliedstaaten 68
VI. Verbot von Abgaben in Zusammenhang mit staatlichen Handelsmonopolen 70
VII. Fazit 71

D. Beeinflussung des Steuerrechts der Mitgliedstaaten durch das sekundäre Gemeinschaftsrecht 72
I. Allgemeines 72
II. Die Kompetenzverteilung nach dem Prinzip der begrenzten Ermächtigung 72
III. Vertragliche Rechtsgrundlagen für den Erlaß von Maßnahmen auf dem Gebiet der indirekten Steuern durch die Gemeinschaftsorgane 75
1. Grundsätzliches 75
2. Allgemeine Rechtsgrundlagen für sekundärrechtliche Maßnahmen 76
a) Art. 94 [100] EGV – Angleichung mitgliedstaatlicher Rechts- und Verwaltungsvorschriften 76
aa) Allgemeines 76
bb) Der Begriff der Rechts- und Verwaltungsvorschriften 76
cc) Unmittelbare Auswirkung auf den Gemeinsamen Markt 76
dd) Der Begriff der Angleichung 77
ee) Angleichung durch Richtlinien 78
ff) Subsidiarität gegenüber spezielleren Vertragsbestimmungen 78
b) Art. 95 [100a] EGV – Angleichung von Rechts- und Verwaltungsvorschriften zur Verwirklichung des Binnenmarktes 78
c) Art. 96 [101] EGV – Maßnahmen der Gemeinschaft gegen wettbewerbsverzerrende Rechtsvorschriften in den Mitgliedstaaten 79
3. Spezielle Rechtsgrundlagen für sekundärrechtliche Maßnahmen 79
a) Art. 93 [99] EGV – Harmonisierung der indirekten Steuern 79

aa) Grundlegendes 79
bb) Begriff der Rechtsvorschriften 81
cc) Umsatzsteuern, Verbrauchsabgaben und sonstige indirekte Steuern 81
dd) Der Begriff der Harmonisierung 83
ee) Der Begriff der Bestimmungen 85
ff) Die Notwendigkeit der Harmonisierung für den Binnenmarkt 85
gg) Die Bedeutung des Zieldatums 86
b) Art. 71 [75] EGV – Maßnahmen im Rahmen der gemeinsamen Verkehrspolitik 86
c) Art. 175 [130s] EGV – Maßnahmen im Rahmen der gemeinsamen Umweltschutzpolitik 87
4. Art. 308 [235] EGV als Vertragsabrundungsklausel 88
5. Sonstiges 89
IV. Das Verfahren der Sekundärrechtsetzung auf dem Gebiet der indirekten Steuern 90
V. Die rechtlichen Konsequenzen aus der Sekundärrechtsetzung für die Mitgliedstaaten 93
1. Allgemeines 93
2. Die Konsequenzen von Maßnahmen in Form von Verordnungen 93
3. Die Konsequenzen von Maßnahmen in Form von Richtlinien 94
a) Verpflichtung der Mitgliedstaaten zur Richtlinientransformation 94
b) Sperrwirkung der Richtlinienbestimmungen 97
c) Die Folgen einer nicht-ordnungsgemäßen Transformation der Richtlinien durch die Mitgliedstaaten 98
4. Sonstige Handlungsformen 101

E. Zwischenergebnis 101

Kapitel 4 **Spezielle Grenzen der Kompetenzausübung zum Schutz der steuerlichen Hoheitsrechte der Mitgliedstaaten** 103

A. Allgemeines 103

B. Das Prinzip der Subsidiarität im Gemeinschaftsrecht 103
I. Allgemeine Grundlagen des Prinzips 103
II. Das Prinzip der begrenzten Ermächtigung 104
III. Das Subsidiaritätsprinzip im engeren Sinne 104
1. Grundlegendes 104
2. Das Subsidiaritätsprinzip als Kompetenzausübungsregel 104
3. Die Arten von Zuständigkeitsbereichen im Gemeinschaftsrecht 106
a) Grundsätzliches 106
b) Die Bereiche ausschließlicher Gemeinschaftszuständigkeit 106
c) Die Bereiche nicht-ausschließlicher Gemeinschaftszuständigkeit 108
4. Nicht-ausreichender Handlungserfolg auf Ebene der Mitgliedstaaten als Voraussetzung für Maßnahmen der Gemeinschaftsorgane 109
5. Effizienzvergleich zwischen Maßnahmen der Gemeinschaftsorgane und Maßnahmen auf Ebene der Mitgliedstaaten 111

6. Rechtsfolgen 112
7. Beurteilung des Subsidiaritätsprinzips 112
IV. Der Grundsatz der Erforderlichkeit von Maßnahmen der Gemeinschaftsorgane für die Verwirklichung der Vertragsziele 114
1. Allgemeines zur Funktion des Grundsatzes der Erforderlichkeit 114
2. Der Anwendungsbereich des Erforderlichkeitsgrundsatzes 114
3. Die Bedeutung des Erforderlichkeitsgrundsatzes für die Harmonisierung der indirekten Steuern 115

C. Das Prinzip der Rücksichtnahme auf die Interessen der Mitgliedstaaten 119
I. Allgemeines 119
II. Die Bedeutung des Prinzips der Rücksichtnahme für die Steuerharmonisierungstätigkeit der Gemeinschaftsorgane 121

D. Zwischenergebnis 122

KAPITEL 5 **DIE ENTWICKLUNG UND DER AKTUELLE STAND DES EUROPÄISCHEN SEKUNDÄRRECHTS AUF DEM GEBIET DER INDIREKTEN STEUERN** 125

A. Allgemeines 125

B. Das Sekundärrecht zur Umsatzbesteuerung 125
I. Wissenschaftliche Untersuchungen und Vorarbeiten 125
1. Tinbergen-Bericht 125
2. Neumark-Bericht 126
3. ABC-Bericht 128
II. Überblick über die wichtigsten Harmonisierungsschritte 129
1. Die Einführung eines gemeinsamen Mehrwertsteuersystems durch die Erste und Zweite MWSt-RL 129
2. Die Abrundung des Mehrwertsteuersystems durch die 6. MWSt-RL 131
a) Allgemeines 131
b) Exkurs: Die Finanzierung des Haushalts der Europäischen Gemeinschaft durch Eigenmittel 132
aa) Grundlegendes zur Finanzierung der Gemeinschaft 132
bb) Die Zusammensetzung der Eigenmittel 133
cc) Die Berechnung der Mehrwertsteuer-Eigenmittel 134
c) Überblick über den Inhalt der 6. MWSt-RL 135
3. Die Binnenmarkt-Richtlinie 138
4. Weitere Harmonisierungsmaßnahmen 141
III. Der aktuelle Stand des europäischen Sekundärrechts zur Umsatzbesteuerung 141
1. Grundlegendes 141
2. Das allgemeine System der harmonisierten Umsatzbesteuerung 141
a) Der Anwendungsbereich der gemeinsamen Mehrwertsteuer 141
b) Die Besteuerungsgrundlage der harmonisierten Mehrwertsteuer 145
c) Die Bestimmungen über die Befreiungen von der Mehrwertsteuer 146
d) Die Vorschriften bezüglich der Anzahl und der Höhe der Steuersätze 147
e) Die Bestimmungen über den Vorsteuerabzug 148

f) Die Vorschriften über die Steuerschuldnerschaft 149
g) Die Vorgaben bezüglich verfahrensrechtlicher Fragen 149
h) Die Sonderregelungen für Kleinunternehmer, Landwirte und Reisebüros 149
i) Schlußbestimmungen 151
3. Die gemeinschaftsrechtlichen Spezialregelungen für die Besteuerung des innergemeinschaftlichen Wirtschaftsverkehrs 151
a) Allgemeines 151
b) Die Besteuerung innergemeinschaftlicher Warenlieferungen an mehrwertsteuerpflichtige Abnehmer 152
aa) Die Steuerbefreiung der innergemeinschaftlichen Lieferung 152
bb) Die Besteuerung des innergemeinschaftlichen Erwerbs 152
c) Die Besteuerung innergemeinschaftlicher Warenlieferungen an nicht der Erwerbsbesteuerung unterliegende Abnehmer 154
aa) Abhollieferungen an nichtkommerzielle Abnehmer 154
bb) Versandhandel innerhalb der Europäischen Gemeinschaft 156
cc) Die Besteuerung innergemeinschaftlicher Dienstleistungen 157
dd) Die Vorgaben bezüglich der Kontrolle und Überwachung der Besteuerung des innergemeinschaftlichen Wirtschaftsverkehrs 158
4. Fazit 160

C. Das Sekundärrecht zur speziellen Verbrauchsbesteuerung 161
I. Vorarbeiten und Harmonisierungsschritte 161
II. Die Regelungen der Systemrichtlinie als Rahmenvorschriften für die Verbrauchsbesteuerung in der Europäischen Gemeinschaft 163
1. Allgemeines 163
2. Der grundsätzliche Verbrauchsteuertatbestand i.S.d. System-RL 164
3. Der Geschäftsverkehr mit verbrauchsteuerpflichtigen Waren unter fortdauernder Steueraussetzung mit kommerziellen Abnehmern 165
4. Der Geschäftsverkehr mit verbrauchsteuerpflichtigen Waren mit nichtkommerziellen Abnehmern 166
a) Allgemeines 166
b) Innergemeinschaftlicher Versandhandel mit nichtkommerziellen Abnehmern 167
c) Erwerb verbrauchsteuerpflichtiger Waren direkt im Ursprungsland durch nichtkommerzielle Abnehmer 168
d) Die Bestimmungen der System-RL zur Durchführung und Kontrolle der Verbrauchsbesteuerung 169
5. Die Regelungen der Struktur- und Steuersatzrichtlinien 169
a) Die Besteuerung von Tabakwaren 169
b) Die Besteuerung von Mineralölen 170
c) Die Besteuerung von Alkohol und alkoholischen Getränken 170
III. Bewertung der Verbrauchsteuerharmonisierung 171

D. Das Sekundärrecht zu sonstigen indirekten Steuern i.S.d. Art. 93 [99] EGV 172

E. Zwischenergebnis 173

KAPITEL 6 **DIE GEZIELTE BESCHRÄNKUNG DER MITGLIEDSTAATLICHEN STEUERHOHEIT DURCH SEKUNDÄRRECHTLICHE VORSCHRIFTEN** 179

A. **Allgemeines** 179

B. **Die Beschränkung der Steuerhoheit durch Art. 33 Abs. 1 der 6. MWSt-RL** 179
I. Die Grundaussage des Art. 33 Abs. 1 der 6. MWSt-RL 179
II. Steuern, Abgaben und Gebühren i.S.d. Art. 33 der 6. MWSt-RL 181
III. Die Bedeutung der explizit in Art. 33 Abs. 1 der 6. MWSt-RL aufgeführten Abgaben 183
IV. Überlegungen zum Inhalt des Terminus der Abgaben mit dem Charakter von Umsatzsteuern anhand des Wortlauts 186
V. Die Funktion und Bedeutung des Art. 33 Abs. 1 der 6. MWSt-RL innerhalb des gemeinsamen Mehrwertsteuersystems 190
VI. Überblick über die bisherigen Verfahrensgegenstände vor dem Europäischen Gerichtshof 195
VII. Deduktion der Merkmale einer Umsatzsteuer i.S.v. Art. 33 der 6. MWSt-RL unter Berücksichtigung der Rechtsprechung des EuGH 200
1. Allgemeines 200
2. Die steuertechnischen Merkmale einer Umsatzsteuer i.S.v. Art. 33 Abs. 1 der 6. MWSt-RL 201
a) Anknüpfung an entgeltliche Lieferungen und Dienstleistungen 201
b) Erfassung der Lieferungen und Dienstleistungen auf mehreren bzw. allen Wirtschaftsstufen 203
c) Erfassung sämtlicher Lieferungen und Dienstleistungen in einem Mitgliedstaat 205
d) Berechnung der Abgabe auf der Grundlage des Entgelts für eine bestimmte Lieferung oder Dienstleistung 209
e) Proportionalität der Abgabe zur Besteuerungsgrundlage 210
f) Möglichkeit zum Abzug von „Vorsteuern“ 211
3. Hypothetische Überwälzbarkeit der Abgabe vom Abgabenpflichtigen auf den Endverbraucher im Sinne einer indirekten Steuer 214
4. Zusammenfassende Gesamtbetrachtung 217
VIII. Weitere Zulässigkeitsvoraussetzungen für mitgliedstaatliche Abgaben aus Art. 33 Abs. 1 der 6. MWSt-RL 219

C. **Die Beschränkung der Steuerhoheit der Mitgliedstaaten durch Art. 3 System-Richtlinie** 220
I. Mitgliedstaatliche Abgaben auf verbrauchsteuerpflichtige Waren 220
1. Allgemeines 220
2. Der Begriff der anderen indirekten Steuern 221
3. Die besondere Zielsetzung einer Steuer i.S.d. Art. 3 Abs. 2 System-RL 221
4. Die Beachtung der Grundsätze der Verbrauchsteuern oder der Mehrwertsteuer 224
II. Mitgliedstaatliche Abgaben auf andere Waren i.S.v. Art. Abs. 3 System-RL 227
1. Grundlegendes 227
2. Der Begriff der anderen Waren 228
3. Das Verbot von mit dem Grenzübertritt verbundenen Formalitäten 229

4. Die Zulässigkeit von mitgliedstaatlichen Steuern auf Dienstleistungen 230
a) Grundlegendes 230
b) Die Umsatzbezogenheit einer Steuer auf Dienstleistungen 231
c) Das Verbot von mit dem Grenzübertritt verbundenen Formalitäten 232

D. Zwischenergebnis 232

KAPITEL 7 **DIE ZUKUNFT DER INDIREKTEN BESTEUERUNG IN EUROPA** 235

A. Allgemeines 235

B. Die Zukunft der Umsatzbesteuerung 235
I. Allgemeines 235
II. Das Konzept der Kommission für ein gemeinsames Mehrwertsteuersystem 236
1. Die Grundidee des geplanten endgültigen Mehrwertsteuersystems 236
2. Die erforderlichen Harmonisierungsmaßnahmen zur Umsetzung des Konzepts 236
a) Die Harmonisierung der Steuersätze 236
b) Die Harmonisierung der Vorschriften zum Vorsteuerabzug 238
c) Maßnahmen zur Verbesserung der Richtlinientransformation 238
d) Einrichtung eines Clearingmechanismus zur Umverteilung des Mehrwertsteueraufkommens 239
III. Zusammenfassende Beurteilung des Konzepts 243

C. Die Zukunft der anderen indirekten Steuern 244

KAPITEL 8 **SCHLUSSBEMERKUNG** 247

Verzeichnis der EuGH-Rechtsprechung 249
Verzeichnis der Schlußanträge 253
Verzeichnis des europäischen Sekundärrechts 255
Literaturverzeichnis 261

Abkürzungsverzeichnis

a.F.	alte Fassung
ABlEG	Amtsblatt der Europäischen Gemeinschaft
AfP	Archiv für Presserecht *(Zeitschrift)*
AöR	Archiv des öffentlichen Rechts *(Zeitschrift)*
Art.	Artikel
AWD	Außenwirtschaftsdienst *(Zeitschrift)*
BayVBl.	Bayerisches Verwaltungsblatt *(Zeitschrift)*
BB	Der Betriebsberater *(Zeitschrift)*
Bd.	Band
BFuP	Betriebswirtschaftliche Forschung und Praxis *(Zeitschrift)*
BGBl	Bundesgesetzblatt
BIFD	Bulletin of the International Bureau for Fiscal Documentation
BMF	Bundesministerium der Finanzen
BullEWG	Bulletin der Europäischen Wirtschaftsgemeinschaft
BuW	Betrieb und Wirtschaft *(Zeitschrift)*
BVerfG	Bundesverfassungsgericht
bzw.	beziehungsweise
CDE	Cahier de droit européen
CMLRev	Common Market Law Review
DB	Der Betrieb *(Zeitschrift)*
Diss.	Dissertation
DÖV	Die öffentliche Verwaltung *(Zeitschrift)*
DStJG	Deutsche Steuerjuristische Gesellschaft
DStR	Deutsches Steuerrecht *(Zeitschrift)*
DStZ	Deutsche Steuer-Zeitung *(Zeitschrift)*
DSWR	Datenverarbeitung-Steuern-Wirtschaft-Recht *(Zeitschrift)*
DVBl.	Deutsches Verwaltungsblatt *(Zeitschrift)*
EA	Europaarchiv *(Zeitschrift)*
EC	European Community
EG	Europäische Gemeinschaft
EGKSV	Vertrag zur Gründung der Europäischen Gemeinschaft für Kohle und Stahl
ELR	European Law Reporter*(Zeitschrift)*
ELR, ELRev	European Law Review *(Zeitschrift)*
endg.	endgültig
EStZ	Europäische Steuerzeitung *(Zeitschrift)*
EU	Europäische Union
EuGH	Europäischer Gerichtshof
EuGHE	Entscheidungen des Europäischen Gerichtshofes

EuGRZ	Europäische Grundrechte-Zeitschrift *(Zeitschrift)*
EuR	Europarecht *(Zeitschrift)*
EuZW	Europäische Zeitschrift für Wirtschaftsrecht *(Zeitschrift)*
EWG	Europäische Wirtschaftsgemeinschaft
EWGV	Vertrag zur Gründung der Europäischen Wirtschaftsgemeinschaft
EWS	Europäisches Wirtschafts- und Steuerrecht *(Zeitschrift)*
f.	folgende
FA	Finanzarchiv *(Zeitschrift)*
FinArch	Finanzarchiv *(Zeitschrift)*
FN	Fußnote
FR	Finanzrundschau *(Zeitschrift)*
GATT	General Agreement on Tariffs and Trade
Hrsg.	Herausgeber
i.s.d.	im Sinne des
i.S.v.	im Sinne von
INF	Die Information über Steuer und Wirtschaft *(Zeitschrift)*
JA	Juristische Arbeitsblätter *(Zeitschrift)*
Jura	Juristische Ausbildung *(Zeitschrift)*
JuS	Juristische Schulung *(Zeitschrift)*
JZ	Juristenzeitung *(Zeitschrift)*
KOM	Dokument der Europäischen Kommission
MWSt	Mehrwertsteuer
MWSt-RL	Mehrwertsteuer-Richtlinie
NJW	Neue Juristische Wochenschrift *(Zeitschrift)*
NVwZ	Neue Verwaltungszeitung *(Zeitschrift)*
NWB	Neue Wirtschaftsbriefe *(Zeitschrift)*
ÖGZ	Österreichische Gemeindezeitung *(Zeitschrift)*
ÖJZ	Österreichische Juristenzeitung
ÖStZ	Österreichisches Steuerrecht *(Zeitschrift)*
RabelsZ	Rabels Zeitschrift für ausländisches und internationales Privatrecht *(Zeitschrift)*
RDMC	Revue du marché commun *(Zeitschrift)*
Rdnr.	Randnummer
RdW	Österreichisches Recht der Wirtschaft *(Zeitschrift)*
RIW	Recht der internationalen Wirtschaft *(Zeitschrift)*
RL	Richtlinie
Rs.	Rechtssache(n)
RTDE	Revue trimestrielle de droit européen
S.	Seite
s.	siehe
s.a.	siehe auch

Slg.	Sammlung
StabG	Stabilitätsgesetz
Stbg	Die Steuerberatung *(Zeitschrift)*
StBJB	Jahrbuch der Steuerberater
SteuerStud	Steuer und Studium *(Zeitschrift)*
StuW	Steuer und Wirtschaft *(Zeitschrift)*
SWI	Steuer und Wirtschaft International *(Zeitschrift)*
SWK	Österreichische Steuer- und Wirtschaftskartei *(Zeitschrift)*
System-RL	Verbrauchsteuer-Systemrichtlinie
Tz.	Textziffer
u.a.	unter anderem
UR	Umsatzsteuer-Rundschau *(Zeitschrift)*
UStR	Umsatzsteuer-Rundschau *(Zeitschrift)*
UVR	Umsatzsteuer- und Verkehrsteuerrundschau *(Zeitschrift)*
VAT	Value Added Tax
verb.	verbundene
vgl.	vergleiche
VO	Verordnung
VVDStRl	Veröffentlichungen der Vereinigung der deutschen Staatsrechtslehrer *(Zeitschrift)*
WiSt	Wirtschaft und Steuern *(Zeitschrift)*
WISU	Das Wirtschaftsstudium *(Zeitschrift)*
WPg	Die Wirtschaftsprüfung *(Zeitschrift)*
WuW	Wirtschaft und Wettbewerb *(Zeitschrift)*
ZaöRV	Zeitschrift für ausländisches öffentliches Recht und Völkerrecht *(Zeitschrift)*
ZfRV	Zeitschrift für Rechtsvergleichung *(Zeitschrift)*
ZfZ	Zeitschrift für Zölle und Verbrauchsteuern *(Zeitschrift)*
ZgesStW	Zeitschrift für die gesamte Staatswissenschaft *(Zeitschrift)*
ZGR	Zeitschrift für Gesellschaftsrecht *(Zeitschrift)*
ZHR	Zeitschrift für Handelsrecht *(Zeitschrift)*

Kapitel 1

Zielsetzung und Vorgehensweise

Nach dem Ende des zweiten Weltkrieges kam man in den europäischen Staaten rasch zu der fundamentalen Erkenntnis, daß die Sicherung des soeben erst wiedererlangten Friedens, der wirtschaftliche Wiederaufbau und ein anschließendes Wirtschaftswachstum sowie die Behauptung der politischen Stellung Europas in der Welt auf Dauer gesehen nur durch ein Zusammenwachsen der einzelnen Staaten möglich sein würde.

In seiner am 19. September 1946 in Zürich gehaltenen Rede zeichnete Winston Churchill als einer der ersten führenden Politiker seine Vision von der Zukunft Europas. Darin betonte er, daß die katastrophalen Folgen des Krieges nur durch eine Erneuerung der europäischen Völkerfamilie überwunden werden könnten. Europa müsse neu geordnet werden, damit das Leben der europäischen Völker in Freiheit, Sicherheit und Frieden garantiert sei. Churchill forderte in dieser Rede schließlich die Errichtung einer Art „Vereinigte Staaten von Europa".

Wenn es auch nach den schrecklichen Kriegsereignissen zunächst schwierig war, der Bevölkerung die Bedeutung eines Zugehens auf die ehemaligen Feinde zu vermitteln, entwickelte sich im Zuge der Globalisierung der Wirtschaft, Wissenschaft und Kultur zunehmend ein gewisses „europäisches Bewußtsein" bei den Bürgern. Dies ist nicht zuletzt auf die umfangreiche Berichterstattung in den Medien zurückzuführen, die letztlich Ausdruck der inzwischen erheblichen Bedeutung der Europäischen Gemeinschaften bzw. der Europäischen Union ist. Besonders das vergangene Jahr war reich an „europäischen" Ereignissen. Der Beginn des Jahres 1999 stand ganz im Zeichen der Einführung des Euro. Es folgten der Skandal um die EU-Kommission und schließlich die Wahl zum Europäischen Parlament. Darüber hinaus waren auch die Beitrittsverhandlungen mit den zukünftigen Mitgliedstaaten und die anstehenden institutionellen Reformen Themen in der öffentlichen Diskussion. Die europäische Integration ist mittlerweile so weit fortgeschritten, daß auch viele Bereiche von europarechtlichen Vorgaben beeinflußt werden, in denen der Bürger nicht von vornherein einen Zusammenhang vermutet. Dabei ist es vor allem auch das Steuerrecht, das einer zunehmenden Einflußnahme durch die Europäische Gemeinschaft ausgesetzt ist.

Aufgabe dieser Arbeit ist es, den Umfang und die Grenzen der Einflußnahme der Europäischen Gemeinschaft auf das Steuerrecht der Mitgliedstaaten zu analysieren, und zwar speziell auf das Recht der indirekten Steuern.

Dazu werden nach einer Abgrenzung des Untersuchungsgegenstandes zunächst einmal die grundlegenden Bezugspunkte der indirekten Besteuerung zu den Zielen der Europäischen Gemeinschaft herausgearbeitet. Im folgenden Kapitel wird dann die Frage im Vordergrund stehen, welche Möglichkeiten die Euro-

päische Gemeinschaft besitzt, auf das Recht der Mitgliedstaaten einzuwirken, um dieses ggf. an ihre Zielvorgaben anpassen zu können.
Anschließend ist der Frage nachzugehen, ob die Gemeinschaftsorgane bei der Wahrnehmung ihrer Befugnisse an bestimmte Schranken und Grenzen gebunden sind, welche dem Schutz der Befugnisse der Mitgliedstaaten auf dem Gebiet des Steuerrechts dienen.
Im darauffolgenden Kapitel wird dann untersucht, inwieweit die Gemeinschaftsorgane von ihren Möglichkeiten zur Einflußnahme auf dem Gebiet der indirekten Besteuerung bereits Gebrauch gemacht haben. Dabei ist einerseits festzustellen, welche Folgen sich aus der Existenz gemeinschaftsrechtlicher Vorschriften für die steuerrechtlichen Befugnisse der Mitgliedstaaten ergeben. Andererseits ist auch eine Bewertung vorzunehmen, ob die durchgeführten Harmonisierungsmaßnahmen der Gemeinschaft sich innerhalb der Zulässigkeitsgrenzen bewegen und ob die mit ihnen verfolgten Ziele erreicht wurden.
Innerhalb des europäischen Sekundärrechts auf dem Gebiet der indirekten Steuern existieren insbesondere zwei Vorschriften, welche gezielt Einfluß auf die Steuerhoheit der Mitgliedstaaten nehmen. Hierbei handelt es sich um Art. 33 der 6. MWSt-RL und Art. 3 der System-RL. Bezüglich beider Vorschriften bestehen erhebliche Unklarheiten über deren Inhalt und Reichweite. Beide Vorschriften werden im Kapitel 6 ausführlich diskutiert. Die hierbei gewonnenen Erkenntnisse können Unternehmern und ihren Beratern dazu dienen, Verstöße der Mitgliedstaaten gegen die beiden Vorschriften zu erkennen und im Falle eines Rechtsstreites als Argumentationshilfe herangezogen werden. Die Ergebnisse dieses Kapitels sollten aber auch für Politiker bei der Ausarbeitung neuer Steuern wie zuletzt bei der Öko-Steuer von Interesse sein. *Last but not least* können die Ergebnisse auch als konstruktive Kritik im Sinne einer Anregung an den Europäischen Gerichtshof verstanden werden.
Im letzten Kapitel schließlich werden die Probleme aufgezeigt, die sich in naher Zukunft auf dem Gebiet der indirekten Steuern stellen werden und welche Lösungsansätze es diesbezüglich gibt.

Kapitel 2

Grundüberlegungen zur Problematik der indirekten Steuern in der Europäischen Gemeinschaft

A. Allgemeines

In der Zeit des klassischen Liberalismus waren die staatlichen Aktivitäten weitgehend darauf beschränkt, lediglich die entsprechenden Rahmenbedingungen vorzugeben, um den Wettbewerb, den Freihandel, das Gewerbe und das Eigentum zu schützen. Im Laufe der Entwicklung der Staaten Mitteleuropas von Ordnungsstaaten zu Wohlfahrtsstaaten wurde das Spektrum staatlicher Aufgaben immer weiter ausgedehnt. Diese Entwicklung hatte zur Folge, daß heute die unterschiedlichsten Bereiche des öffentlichen Lebens durch staatliche Politik beeinflußt werden. Zu den Aufgaben des Staates gehören heutzutage beispielsweise die Wettbewerbs-, Stabilitäts-, Struktur-, Verkehrs-, Forschungs-, Bildungs-, Gesundheits- und Umweltpolitik. Diese Aufzählung ließe sich noch beliebig fortsetzen.

Die Durchführung dieser vielfältigen Aufgaben erfordert selbstverständlich das Vorhandensein finanzieller Mittel. Staatliche Politik ist auf die öffentlichen Finanzen angewiesen und ohne diese überhaupt nicht denkbar.[1] Ein Staat ohne finanzielle Mittel wäre schlichtweg nicht lebensfähig.[2] Das Ausmaß an Eigenständigkeit, Handlungsfähigkeit und Beweglichkeit eines Staates hängt damit entscheidend von der Möglichkeit ab, sich die erforderlichen Finanzmittel zu verschaffen.[3] Der Beschaffung der notwendigen finanziellen Mittel dient vor allem die Erhebung von Steuern und anderen Abgaben, welche neben der Kreditfinanzierung die Haupteinnahmequellen moderner Staaten repräsentieren.[4] Somit ist die Erhebung von Steuern und anderen Abgaben eine der grundlegenden Voraussetzungen jedes staatlichen Handelns[5] und demzufolge ist staatliche Politik überhaupt erst möglich.[6] Das Recht, Steuern zu erheben, ist also eine der Grundbedingungen staatlicher Existenz.[7]

---

1 Vgl. Müller, J., Kapitalverkehrsfreiheit, 1998, S. 433

2 Vgl. Vogel, K., Steuerstaat, in: Isensee, J. / Kirchhof, P. (Hrsg.), Handbuch, Bd. 1, 1987, S. 1153

3 Vgl. Kuntze, C., Kompetenzen, 1998, S. 92; vgl. auch Mann, S., Finanzpolitik, 1990, S. 12

4 Vgl. Ohler, C., Integration, 1997, S. 369

5 Vgl. Müller, J., Kapitalverkehrsfreiheit, 1998, S. 433

6 Vgl. Kuntze, C., Kompetenzen, 1998, S. 92

7 Vgl. Birk, D., Finanzhoheit, in: Birk, D. (Hrsg.), Handbuch, 1995, S. 111

Neben dieser fundamentalen Finanzierungsfunktion können Steuern aber auch selbst als Instrumente der Politik eingesetzt werden.[8] Durch steuerrechtliche Maßnahmen ist es den staatlichen Organen möglich, bestimmte politisch erwünschte Lenkungseffekte beispielsweise zur Konjunktursteuerung, zur gerechten Verteilung des Volkseinkommens oder zur Gesundheitsförderung zu erzielen.[9] Steuern sind also wichtige Instrumente der aktiven Politik[10], mit deren Hilfe die Staaten ihren politischen Ordnungsvorstellungen Ausdruck verleihen können.[11] Eines der elementarsten staatlichen Gestaltungsrechte[12] ist es daher, das Steuerrecht nach den eigenen Bedürfnissen ausrichten zu können.[13] Dieses Recht gehört zu den „Wurzeln selbst verantworteter Politik“[14].

Das Recht, Steuern zu erheben, also die Steuerhoheit, zählt wohl zu den „wesentlichen Befugnissen eines Staates“[15], ja ist vielleicht sogar sein „faktisch wichtigstes Recht“[16]. Die Steuerhoheit als eine „besondere Form der Staatshoheit“[17] ist Ausdruck „staatlicher Eigenständigkeit“[18] und kann als wesentlicher Teil der „existentiellen Staatlichkeit“[19] bezeichnet werden.

„The power to tax is the power to govern.“[20]

---

8 Vgl. Birk, D., Finanzhoheit, in: Birk, D. (Hrsg.), Handbuch, 1995, S. 111; Burke, R., Harmonization, Intertax 11/1981, S. 7; Burke, R., Taxation, Intertax 1979, S. 46; Hamaekers, H., Sovereignty, European Taxation 1993, S. 25

9 Vgl. Kuntze, C., Kompetenzen, 1998, S. 94

10 Vgl. Kuntze, C., Kompetenzen, 1998, S. 93; vgl. auch Münch, C., Rechtssicherheit, NJW 1996, S. 3323; Vogelaar, T., Steuerharmonisierung, AWD 1970, S. 203; Mesenberg, H., Aufhebung, AWD 1962, S. 213

11 Vgl. Fischer, H., Steuergesetzgebung, NJW 1968, S. 321

12 Vgl. Tiemann, S., Steuerharmonisierung, Stbg 1989, S. 271; Terra, B. / Wattel, P., Tax, 1997, S. 3

13 Vgl. Gast, G., Probleme, FinArch 1959/1960, S. 169

14 Ritter, W., Steuerharmonisierung, BB 1989, S. 77; vgl. auch Bellstedt, C., Steuerrecht, RIW 1988, S. 885; Altheim, M., Steuerharmonisierung, in: Ensthaler, J. (Hrsg.), Binnenmarkt, 1995, S. 117; Merz, F., Verbrauchsteuern, in: Randzio-Plath, C. (Hrsg.), Steuerpolitik, 1993, S. 31; Weindl, J., Union, 1999, S. 147; vgl. auch Kanavos, P., Harmonization, in: Stavridis, S., Challenges, 1997, S. 290

15 Müller, J., Kapitalverkehrsfreiheit, 1998, S. 433

16 Bellstedt, C., Steuerrecht, RIW 1988, S. 885

17 Müller, J., Kapitalverkehrsfreiheit, 1998, S. 433

18 Menner, S., Umsatzsteuer-Harmonisierung, 1992, S. 26; Bierwagen, R., Steuern, in: Oppermann, T. / Moersch, E.-W. (Hrsg.), Europa-Leitfaden, 1992, S. 165

19 Schachtschneider, K. A., Staatlichkeit, in: Blomeyer, W. / Schachtschneider, K. (Hrsg.), Union, 1995, S. 77

20 Vgl. Knobbe-Keuk, B., Steuerpflicht, EuZW 1991, S. 650

Im deutschen Recht versteht man unter Steuern hoheitlich auferlegte Geldleistungen, welche weder für eine konkrete Leistung noch für eine Leistungsmöglichkeit eine Gegenleistung darstellen, sondern zur Erzielung von Einnahmen für den Staat allen auferlegt werden, bei denen der Tatbestand zutrifft, an den das Gesetz die Leistungspflicht knüpft. Steuern werden in der deutschen Rechtsordnung scharf von anderen Abgaben wie beispielsweise Gebühren und Beiträgen abgegrenzt.[21] Es wird sich aber im Laufe der Arbeit herausstellen, daß das europäische Gemeinschaftsrecht dieser präzisen Abgrenzung nicht folgt.
Solche hoheitlich auferlegte Geldleistungen, also Steuern, können sehr unterschiedliche Formen und Ausprägungen annehmen, zu deren systematischer Einteilung im Laufe der Zeit zahlreiche Varianten entwickelt wurden. Eine Einteilungsmöglichkeit ist diejenige in direkte und indirekte Steuern.
Diese traditionelle Einteilung stellt „trotz vielfältiger Kritik nach wie vor eine der gebräuchlichsten Steuerklassifikationen“[22] dar und ist nicht nur in Deutschland, sondern auch in allen anderen europäischen Ländern bekannt. Sie repräsentiert somit gewissermaßen „gemein-europäisches Gedankengut“[23]. Bereits an dieser Stelle sei darauf hingewiesen, daß auch dem europäischen Gemeinschaftsrecht diese Differenzierung ausdrücklich zugrundeliegt[24], was vor allem in zahlreichen Vorschriften des EGV zum Ausdruck kommt.
Da das Gemeinschaftsrecht die Unterscheidung in direkte und indirekte Steuern anerkennt und diese in jeweils anderen Bestimmungen regelt, erscheint eine Begrenzung der Themenstellung der vorliegenden Arbeit auf die indirekten Steuern gerechtfertigt.

B. Indirekte Steuern als Untersuchungsgegenstand

I. Abgrenzung der direkten und indirekten Steuern

Die Differenzierung zwischen direkten und indirekten Steuern wirft zunächst das grundlegende Problem der Abgrenzung der beiden Steuergruppen auf.
Der traditionellen steuerrechtlichen und finanzwissenschaftlichen Auffassung zufolge ist die Abgrenzung zwischen den direkten und den indirekten Steuern anhand des Kriteriums der Überwälzbarkeit der Steuer vorzunehmen.
Direkte Steuern sind danach solche Steuern, bei denen diejenige Person, bei der die Steuer technisch erhoben wird (Steuerschuldner) mit der Person identisch ist, welche auch die wirtschaftliche Last trägt.[25] Mit anderen Worten kann also der

21 Vgl. hierzu Birk, D., Steuerbegriff, SteuerStud 1986, S. 164f.
22 Clemens, R. / Paulini, M., Harmonisierung, 1991, S. 13
23 Hahn, H., Berührungspunkte, DStZ 1992, S. 663
24 Vgl. Bieg, T., Gerichtshof, 1997, S. 27
25 Vgl. Förster, J., in: Bleckmann, A. (Hrsg.), Europarecht, 1997, S. 722

Steuerschuldner die Steuerlast nicht auf eine andere Person abwälzen.[26] Im Gegensatz dazu sind indirekte Steuern nach dieser Auffassung dadurch gekennzeichnet, daß Steuerträger und Steuerschuldner nicht zusammenfallen, sondern diesbezüglich Personenverschiedenheit besteht.[27] Von indirekten Steuern wird also angenommen, daß eine Überwälzung der Steuerlast vom Steuerschuldner auf einen anderen Steuerträger über den Preis einer Ware oder einer Leistung erfolgt.[28] Diese Abgrenzungsvariante ist vielfach kritisiert worden, da die tatsächlichen Möglichkeiten zur Überwälzung der Steuerlast von der jeweiligen Marktsituation[29] und nicht von der tatbestandlichen Ausgestaltung einzelner Steuern abhängen.[30]
So wird argumentiert, daß auch als indirekt eingeordnete Steuern in der Realität vom Steuerschuldner oftmals nicht auf andere Personen überwälzt werden können, da eine Preiserhöhung zwecks Steuerüberwälzung aufgrund der jeweiligen Wettbewerbssituation nicht möglich ist.[31] Im Einklang mit der finanzwissenschaftlichen Auffassung sei aber andererseits auch davon auszugehen, daß bei entsprechender Marktlage unterschiedslos jede Steuer überwälzt werden kann, also auch die nach traditioneller Auffassung als direkte Steuern bezeichneten Abgaben.[32] Auch diese Steuern würden letztlich in die Kosten der Unternehmen und somit in die Preise von Waren und Dienstleistungen eingehen und damit Preiswirksamkeit entfalten.[33]
Diese Überlegungen machen deutlich, daß es einerseits Steuern gibt, welche nach traditionellem Verständnis als indirekte Steuern eingeordnet werden, bei denen aber faktisch keine Überwälzung stattfindet, andererseits dagegen sog. direkte Steuern, welche in der Realität überwälzt werden.[34] Die Belastungswirkungen und Überwälzungspotentiale sind in der Realität schwer abzuschätzen,

---

26 Vgl. Takacs, P., Steuerrecht, 1998, S. 128

27 Vgl. hierzu Sapusek, A., Harmonisierung, 1997, S. 27; vgl. auch Takacs, P., Steuerrecht, 1998, S. 128;

28 Vgl. Pohmer, D. / Pflugmann, B., Nettoumsatzsteuer, UR 1993, S. 37; vgl. auch Wilms, H., Dienstleistungsfreiheit, UVR 1999, S. 65; vgl. Förster, J., in: Bleckmann, A. (Hrsg.), Europarecht, 1997, S. 722; Sapusek, A., Harmonisierung, 1997, S. 27;

29 Vgl. Sapusek, A., Harmonisierung, 1997, S. 27

30 Vgl. Sapusek, A., Harmonisierung, 1997, S. 27

31 Vgl. hierzu Beermann, A., Charakterisierung, DStJG 1988, S. 284; Reiß, W., Belastungsgrund, in: Woerner, L. (Hrsg.), Umsatzsteuer, 1990, S. 22, FN 68; Takacs, P., Steuerrecht, S. 128; vgl. auch Krüger, D., Umsatzsteuerlegenden, UR 1988, S. 65-66

32 Vgl. hierzu Takacs, P., Steuerrecht, 1998, S. 128

33 Vgl. Mesenberg, H., Steuerstruktur, DStR 1965, S. 59

34 Vgl. Wilms, H., Dienstleistungsfreiheit, UVR 1999, S. 65; Mick, M., Steuerharmonisierung, in: Birk, D. (Hrsg.), Handbuch, 1995, S. 642; VerLoren van Themaat, P., Steuerharmonisierung, DB 1966, S. 834

da sie von einer Vielzahl tatsächlicher und variabler Marktumstände abhängig sind.[35]
Eine Abgrenzung zwischen direkten und indirekten Steuern allein anhand des Kriteriums der Überwälzbarkeit wird daher als unzureichend erachtet.[36] Diese unbefriedigende Situation hat zahlreiche alternative Abgrenzungsmöglichkeiten entstehen lassen.
So wird vorgeschlagen, eine Abgrenzung anhand des Willens des Gesetzgebers vorzunehmen. Indirekte Steuern wären danach Steuern, bei denen der Steuerdestinatar dem Willen des Gesetzgebers zufolge nicht mit dem Steuerschuldner identisch sein soll.[37] Die Einordnung einer Steuer würde dabei aber nicht nach objektiven Kriterien vorgenommen, sondern die Zuordnung zu der einen oder anderen Gruppe wäre „den subjektiven politischen Entscheidungen des Gesetzgebers überlassen."[38] Diese Abgrenzungsmethode kann daher nicht überzeugen.[39]
Auch eine Abgrenzung danach, ob eine Veranlagung stattfindet oder nicht, kann nicht für die Einordnung einer Steuer in die eine oder andere Gruppe ausschlaggebend sein.[40]
Eine andere Möglichkeit ist es, zwischen Steuern auf das Einkommen bzw. das Vermögen auf der einen Seite und Steuern auf die Einkommens- bzw. Vermögensverwendung auf der anderen Seite zu differenzieren.[41] Eine unbedingte Gleichsetzung von Steuern auf die Einkommensverwendung mit den indirekten Steuern ist allerdings insofern problematisch, als dann auch eine „direkt" erhobene persönliche Verbrauchsteuer als indirekte Steuer zu bezeichnen wäre. Insbesondere für das europäische Gemeinschaftsrecht kommt diese Unterscheidungsvariante allein nicht in Betracht, da sie sich über das Verständnis von indirekten Steuern hinwegsetzt, das dem EGV zugrundeliegt.
Letztlich muß wohl berücksichtigt werden, daß durch die Unterscheidung zwischen direkten und indirekten Steuern nur die grundsätzliche oder typische Wirkung einer bestimmten Steuer beschrieben werden soll[42]. Soweit „eine indirekte

---

35 Vgl. Takacs, P., Steuerrecht, 1998, S. 128
36 Vgl. Debatin, H., Gewandung, DB 1973, S. 683
37 Vgl. hierzu Moritz, H., Umweltabgaben, 1999, S. 34; Takacs, P., Steuerrecht 1999, S. 128; vgl. Sapusek, A., Harmonisierung, 1997, S. 27
38 Moritz, H., Umweltabgaben, 1999, S. 34
39 Ebenso Moritz, H., Umweltabgaben, 1999, S. 34
40 Vgl. Moritz, H., Umweltabgaben, 1999, S. 35
41 Vgl. hierzu Kuntze, C., Kompetenzen, 1998, S. 171; Debatin, H., Problem, DB 1966, S. 1324; Uelner, A., Steuergesetzgebung, DStR 1977, S. 459; Krawitz, N., EG-Steuerharmonisierung, SteuerStud 1993, S. 97; Scheffler, W., Verbrauchsteuern, SteuerStud 1992, S. 323; Moritz, H., Umweltabgaben, 1999, S. 35; Europäische Kommission (Hrsg.), Neumark-Bericht, 1962, S. 25
42 Vgl. Kuntze, C., Kompetenzen, 1998, S. 174

Steuer im Einzelfall nicht im Preis einer Ware oder Leistung weitergegeben wird, führt dies nicht zu einer qualitativ andersartigen Beurteilung der in Frage stehenden indirekten Steuer. Gleiches gilt für die direkten Steuern, sollten sie ausnahmsweise überwälzt werden“[43]. Festzustellen ist außerdem, daß zwar in der Realität beide Arten von Steuern überwälzt werden können. Die Art und Weise der Weitergabe einer erfolgreichen Überwälzung ist aber doch recht unterschiedlich. So beeinflussen die indirekten Steuern die Preise der Güter „weit unmittelbarer“[44]. Das Ausmaß des Einflusses einer direkten Steuer, wie zum Beispiel der Einkommen- oder der Körperschaftsteuer, auf den Preis eines Gutes läßt sich niemals exakt bestimmen.[45] Kennzeichen einer indirekten Steuern dagegen ist, daß grundsätzlich ermittelt werden kann, in welcher Höhe der Preis eines Gutes oder einer Leistung von der Steuer beeinflußt wurde. So ist es für den Unternehmer zumindest möglich zu erkennen, um welchen Betrag er den Preis erhöhen müßte, um die Steuerlast abzuwälzen.
Letztlich handelt es sich bei den indirekten Steuern um Steuern, welche zwar bei einem bestimmten Steuerpflichtigen erhoben werden, ihrem Wesen und ihrer Ausgestaltung nach aber darauf angelegt sind, über den Preismechanismus die Einkommensverwendung einer anderen Person als Steuerträger zu erfassen. Welche Steuern danach im einzelnen den direkten oder den indirekten Steuern zuzuordnen sind, kann sich dann nur aus der detaillierten Analyse jeder einzelnen Steuer ergeben.[46] Anerkannte Beispiele für indirekte Steuern sind die Umsatzsteuer und die speziellen Verbrauchsteuern.

II. Indirekte Steuern und grenzüberschreitender Wirtschaftsverkehr

Treten Unternehmer aus verschiedenen Staaten in geschäftlichen Kontakt, können sich daraus theoretisch Anknüpfungspunkte für die indirekte Besteuerung in beiden beteiligten Staaten ergeben. In diesem Zusammenhang ist die Frage zu klären, welchem der beteiligten Staaten das Recht zum steuerlichen Zugriff zugewiesen wird. Zur Verdeutlichung der sich hieraus ergebenden Probleme wird im folgenden zunächst von einer einphasigen, d.h. lediglich auf einer Wirtschaftsstufe erhobenen Steuer ausgegangen. Es könnte sich hierbei um eine einphasige Umsatzsteuer oder eine spezielle Verbrauchsteuer auf Waren handeln.

---

43 Kuntze, C., Kompetenzen, 1998, S. 174; vgl. Förster, J., Verbrauchsteuern, 1989, S. 98
44 Mesenberg, H., Angleichung, EA 1963, S. 731
45 Vgl. Kuntze, C., Kompetenzen, 1998, S. 174
46 Vgl. Kuntze, C., Kompetenzen, 1998, S. 175; siehe auch Reiß, W., Belastungsgrund, in: Woerner, L. (Hrsg.), Umsatzsteuer, 1990, S. 17

Für die Zuordnung des Besteuerungsrechts an die beteiligten Staaten bestehen vier grundlegende Möglichkeiten.[47]

Ursprungsland / Bestimmungsland	Besteuerung	Keine Besteuerung
Besteuerung	Doppelbesteuerung	Bestimmungslandprinzip
Keine Besteuerung	Ursprungslandprinzip	Steuerfreiheit

Besteuerungsprinzipien im grenzüberschreitenden Geschäftsverkehr

Erfolgt ein steuerlicher Zugriff durch beide beteiligten Staaten, droht eine Doppelbesteuerung. Erfolgt dagegen in keinem der Staaten eine Besteuerung, kommt es zur Steuerfreiheit. Abgesehen von diesen beiden extremen Möglichkeiten, verbleiben das Bestimmungslandprinzip einerseits und das Ursprungslandprinzip andererseits.[48] Dabei war und ist das Bestimmungslandprinzip weltweit „das dominierende Prinzip des internationalen Handels“[49]. Dieses Prinzip besagt, daß im Exportstaat die jeweilige Steuer bei der Ausfuhr eines Gutes zurückerstattet bzw. nicht erhoben wird, während der Importstaat eine korrespondierende Besteuerung bei der Einfuhr nach seinen Rechtsvorschriften vornimmt.[50] Im Idealfall werden die zur Ausfuhr bestimmten Güter im Exportstaat von den anteilig auf ihnen ruhenden Steuern vollständig entlastet.[51]

47 Den nachfolgenden Ausführungen liegt beispielhaft eine einphasige, produktbezogene indirekte Steuer zugrunde. Anhand dieses einfachen Beispiels können die Grundprobleme aufgezeigt werden. Auf die speziellen Probleme in Zusammenhang mit mehrphasigen Steuern wird an späterer Stelle eingegangen.

48 Vgl. Rödder, T., EG-Umsatzsteuerrecht, BFuP 1993, S. 500; Haufler, A., Abschaffung, UVR 1990, S. 131; Kopits, G., Overview, in: Kopits, G. (Hrsg.), Tax, 1992, S. 5 und 10-11; vgl. auch Bovenberg, A. / Horne, J., Taxes, in: Kopits, G. (Hrsg.), Tax, 1992, S. 22-23

49 Haufler, A., Steuergrenzen, 1989, S. 132 mit einem Hinweis auf Art. III Abs. 1 und 2 und die Anlage zu Art. XVI GATT (BGBl II 1951, S. 173); vgl. auch Faltlhauser, K., Stand, StuW 1991, S. 325; Biehl, D., Steuergrenzen, Wirtschaftsdienst 1986, S. 529; Schaft, W., Steuergrenzen, in: Mayer, O. (Hrsg.), Binnenmarkt, 1989, S. 291; Ohler, C., Integration, 1997, S. 174; Theisen, M., Umsatzsteuersystem, WiSt 1993, S. 75; Mersmann, W., Steuersystem, EStZ 1962, S. 16

50 Vgl. hierzu Andel, N., Groeben, H. v. d. (Hrsg.), Kommentar, 1983, S. 1660; Sapusek, A., Harmonisierung, 1997, S. 17; Lippross, O.-G., Umsatzsteuer 1996, S. 33; Spengel, C., Umsatzbesteuerung, WiSt 1993, S. 45; Faltlhauser, K., Stand, StuW 1991, S. 325; Nowack, R., in: Groeben, H. v. d. u.a. (Hrsg.), Handbuch, Stand: 1999, Art. 99, S. 101; Schaft, W., Steuergrenzen, in: Mayer, O. (Hrsg.), Binnenmarkt, 1989, S. 291; Leithner, E., Mehrwertsteuer, Wirtschaftspolitische Blätter 1991, S. 634; Rödder, T., EG-Umsatzsteuerrecht, BFuP 1993, S. 500; zu volkswirtschaftlichen Aspekten vgl. Fehr, H. u.a., Umsatzbesteuerung, WISU 1993, S. 535; Biehl, D., Steuergrenzen, Wirtschaftsdienst 1986, S. 518; Boss, A., Steuerharmonisierung, Wirtschaftsdienst 1989, S. 249; Beck, F.,

Zur Absicherung dieses Systems gegenüber unberechtigten Ansprüchen auf Steuerrückerstattung[52], kann eine steuerliche Entlastung der ausgeführten Güter allerdings nur dann gewährt werden, wenn ein eindeutiger Nachweis vorliegt, daß die Ware das Land verlassen hat.[53] Auf der anderen Seite muß im Importstaat sichergestellt werden, daß eine Besteuerung der eingeführten Güter erfolgt. Diesen beiden Erfordernissen wird traditionell durch eine „körperliche Warenkontrolle an den Landesgrenzen"[54] Genüge geleistet. In seiner klassischen Ausprägung setzt das Bestimmungslandprinzip also die Durchführung von Grenzkontrollen voraus[55], um das Verbringen der Waren über die Grenze zu kontrollieren.[56]

Wie sich aus der Tabelle entnehmen läßt, kann die Abgrenzung der Steuerhoheiten alternativ zu diesem klassischen Bestimmungslandprinzip auch nach dem sog. Ursprungslandprinzip erfolgen. Das Ursprungslandprinzip ist realisiert, wenn die Besteuerung „nach dem Recht des Staates erfolgt, aus dem die Leistung stammt, der also Ursprungsland eines Gutes oder einer Leistung ist"[57].

Im Gegensatz zum Bestimmungslandprinzip beruht das Ursprungslandprinzip darauf, daß keine Steuererstattung bei der Ausfuhr erfolgt. Die ausgeführten Waren bleiben bei der Ausfuhr also mit der Steuer des Ursprungslandes belastet.[58] Um eine doppelte Besteuerung zu vermeiden, verzichtet das Bestimmungslandprinzip auf die Erhebung der jeweiligen Steuer.[59] Das Ursprungslandprinzip ist gewissermaßen als eine „Umkehrung des Bestimmungslandprinzips"[60] aufzufassen.

Steuergrenzen, UStR 1965, S. 3; Schrömbges, U., Steuerschranken, ZfZ 1990, S. 130; Arndt, H.-W., Angleichung, Verbraucherpolitische Hefte 7/1992, S. 172

51 Vgl. Faltlhauser, K., Stand, StuW 1991, S. 325; vgl. auch Mick, M., Steuerkonzeption, 1995, S. 25; Dziadkowski, D. / Robisch, M., Gutachten, BB 1994, S. 1605; Bathe, H. / Sikorski, R., Harmonisierung, BuW 1992, S. 518

52 Vgl. Haufler, A., Steuergrenzen, 1989, S. 132; Schneider, F., Harmonisierung, 1994, S. 4

53 Vgl. Mann, S., Harmonisierung, DB 1990, S. 1735

54 Rietz, W. / Beck, E., Steuergrenzen, UStR 1965, S. 61

55 Vgl. Wilmott, P., Steuergrenzen, in: Randzio-Plath, C. (Hrsg.), Steuerpolitik, 1993, S. 45; vgl. hierzu Weide, K.-M., Harmonisierung 1996, S. 40

56 Vgl. Schaft, W., Steuergrenzen, in: Mayer, O. (Hrsg.), Binnenmarkt, 1989, S. 291

57 Rödder, T., EG-Umsatzsteuerrecht, BFuP 1993, S. 500; Widmann, W., Umsatzbesteuerung, StBJB 1992/1993, S. 66; Lesch, H., Harmonisierung, 1992, S. 11f.

58 Vgl. Faltlhauser, K., Stand, StuW 1991, S. 325; vgl. Sapusek, A., Harmonisierung, 1997, S. 20; Andel, N., in: Groeben, H. v. d. (Hrsg.), Kommentar, 1983, S. 1661

59 Vgl. Nowack, R., in: Groeben, H. v. d. u.a. (Hrsg.), Handbuch, Stand: 1999, Art. 99, S. 101; vgl. Spengel, C., Umsatzbesteuerung, WiSt 1993, S. 46

60 Schaft, W., Steuergrenzen, in: Mayer, O. (Hrsg.), Binnenmarkt, 1989, S. 291; vgl. hierzu auch Biehl, D., Steuergrenzen, Wirtschaftsdienst 1986, S. 520

C. Die Zielsetzungen der Europäischen Gemeinschaft und ihre Bedeutung für die indirekte Besteuerung in den Mitgliedstaaten

I. Allgemeines

Auf Anregung des französischen Außenministers Robert Schumann und des französischen Wirtschaftspolitikers Jean Monnet gründeten Frankreich, Italien, Belgien, Luxemburg, die Niederlande und die Bundesrepublik Deutschland 1951 die Europäische Gemeinschaft für Kohle und Stahl (Montanunion).[61] Die EGKS besaß bereits „supranationalen Charakter"[62] und hob sich damit deutlich von anderen internationalen Organisationen ab. Die damit begonnene europäische Integration erhielt einen weiteren Impuls, indem der damalige belgische Außenminister Spaak auf der Konferenz von Messina den Auftrag erhielt, Vorschläge zur Errichtung einer Europäischen Wirtschaftsgemeinschaft und einer Atomgemeinschaft auszuarbeiten.

Auf der Grundlage dieser Vorschläge wurden am 25. Mai 1957 in Rom die Verträge zur Gründung der Europäischen Atomgemeinschaft und der Europäischen Wirtschaftsgemeinschaft unterzeichnet. Die Gründungsverträge wurden durch die Einheitliche Europäische Akte, welche lange Zeit als die Magna Charta der Europäischen Integration bezeichnet wurde[63], grundlegend reformiert.

Mit Unterzeichnung des Vertrages von Maastricht am 7. Februar 1992 haben die Mitgliedstaaten der drei Europäischen Gemeinschaften schließlich die „supranationale Organisation"[64] *Europäische Union* gegründet, welche gewissermaßen als Dachorganisation die bereits bestehenden Gemeinschaften sowie die neu geschaffenen Bereiche „Gemeinsame Außen- und Sicherheitspolitik" und „Zusammenarbeit im Bereich Inneres und Justiz" überspannt.[65] Die Ursprungsgemeinschaften behalten unter dieser gemeinsamen „Klammer"[66] aber ihre eigenständige Bedeutung. Die Konzeption der Union als Dachorganisation unter

---

[61] Vertrag v. 18.4.1951, BGBl 1952 II, S. 447; vgl. hierzu Bleckmann, A. / Pieper, S. U., in: Bleckmann, A. (Hrsg.), Europarecht, 1997, S. 24

[62] Bärmann, J., Rechtsangleichung, JZ 1959, S. 553

[63] Vgl. Schürmann, J., Harmonisierung, 1991, S. 4

[64] Takacs, P., Steuerrecht, 1998, S. 49

[65] Vgl. hierzu Ensthaler, J., Binnenmarkt, in: Ensthaler, J. (Hrsg.), Binnenmarkt, 1995, S. 12; siehe dort auch die Abbildung zum „Drei-Säulen-Modell" der Europäischen Union; vgl. auch Schmidhuber, P., Ratifikation, in: Randelshofer, A. u.a. (Hrsg.), Gedächtnisschrift, 1995, S. 662; Seidel, M., Verfassung, EuR 1992, S. 125; manche Autoren sprechen von fünf Säulen, zum Beispiel Klein, E. / Haratsch, A., Entwicklungen, DÖV 1993, S. 787; Streinz, R., Union, ZfRV 1995, S. 3; Hakenberg, W., Grundzüge, 1994, S. 11 drückt das Verhältnis zwischen der EU und den unter der Bezeichnung Europäische Gemeinschaft zusammengefaßten Ursprungsgemeinschaften formelhaft mit EU=EG+2 aus.

[66] Wasmeier, M., Umweltabgaben, 1995, S. 6

gleichzeitigem Weiterbestehen der drei Säulen wurde auch durch den Vertrag von Amsterdam nicht verändert[67].
Angesichts dieser vertraglichen Bindungen stellt sich die Frage, ob sich hieraus auch Folgen für die Steuerhoheit der Mitgliedstaaten ergeben. Nachfolgend ist festzustellen, welche potentiellen Berührungspunkte zwischen den Zielsetzungen der Europäischen Verträge und der indirekten Besteuerung in den Mitgliedstaaten bestehen.
Dabei gilt, daß die beiden „intergouvernemental"[68] gestalteten Säulen der Europäischen Union im Zusammenhang mit dem Steuerrecht nicht von Bedeutung sind. Für Fragen des Steuerrechts sind weitgehend nur die Bestimmungen des EGV relevant, so daß vorrangig hierauf eingegangen wird. Wo es sinnvoll erscheint, werden aber auch Bezüge zu den anderen Säulen der Europäischen Union bzw. zum EUV als Rahmenvertrag hergestellt.

II. Die übergeordneten Fernziele der Europäischen Gemeinschaft

Über die Ziele, welche die Mitgliedstaaten mit dem Abschluß des EGV verfolgt haben, gibt zunächst einmal die Präambel des EGV Auskunft. Die dort festgehaltenen Motive und Erwägungen lassen sich grob mit den Stichworten Friedenssicherung, wirtschaftliche und soziale Prosperität und weitergehende Einigung Europas zusammenfassen.[69] Diese sehr weit und abstrakt formulierten „langfristigen Zielvorgaben"[70] werden in Art. 2 EGV etwas näher bestimmt. Demnach ist es Aufgabe der Gemeinschaft, eine harmonische und ausgewogene Entwicklung des Wirtschaftslebens, ein beständiges, nicht inflationäres und umweltverträgliches Wachstum, einen hohen Grad an Konvergenz der Wirtschaftsleistungen, ein hohes Beschäftigungsniveau, ein hohes Maß an sozialem Schutz, die Hebung der Lebenshaltung und Lebensqualität sowie den wirtschaftlichen und sozialen Zusammenhalt und die Solidarität zwischen den Mitgliedstaaten zu fördern. Innerhalb dieser Zielsetzungen nehmen die wirtschaftspolitischen Ziele, insbesondere die Entwicklung des Wirtschaftslebens, eine führende Stellung ein[71], wobei der Begriff des Wirtschaftslebens in diesem Zusammenhang in einem weiten Sinne zu verstehen ist.[72] Ähnlich den Anforderungen

---

67 Vgl. Weindl, J., Union, 1999, S. 351
68 Hölscheidt, S. / Baldus, C., EU, DVBl. 1996, S. 1410
69 Vgl. Müller-Graff, P.-C., Verfassungsziele, in: Dauses, M. (Hrsg.), Handbuch, Stand: 1999, Tz. 90
70 Langeheine, B., Integration, EuR 1983, S. 231
71 Vgl. Zuleeg, M., in: Groeben, H. v. d. u.a. (Hrsg.), Handbuch, Stand: 1999, Art. 2, S. 45
72 Vgl. Kuntze, C., Kompetenzen, 1998, S. 88

des „magischen Vierecks“ im deutschen Recht[73] soll das Wirtschaftswachstum aber nicht um jeden Preis angestrebt werden, sondern unter Achtung bestimmter Restriktionen wie der Preisstabilität oder der Umweltverträglichkeit.[74] Das Ziel, die Lebenshaltung und die Lebensqualität anzuheben, umfaßt wohl nicht nur eine Erhöhung des Einkommensdurchschnitts innerhalb der Gemeinschaft, sondern auch die Verbesserung der Lebensbedingungen in ihrer Gesamtheit. Zu diesen „Lebensbedingungen“ sind neben der Erwerbstätigkeit auch Ausbildung, Gesundheit, Lebenserwartung und soziale Sicherheit zu zählen.[75] Mit der Forderung nach wirtschaftlichem und sozialem Zusammenhalt und der Solidarität zwischen den Mitgliedstaaten wird die schon in der Präambel des EGV angesprochene Forderung nach einem immer engeren Zusammenschluß der europäischen Völker aufgegriffen.[76]
Die einzelnen in Art. 2 [2] EGV festgelegten Zielsetzungen sind aber noch verhältnismäßig „vage formuliert und bedürfen der Interpretation“[77]. Sie sind aber nicht nur als bloße Programmansätze zu verstehen, sondern stellen rechtsverbindliche Normen dar.[78] Wie sich noch zeigen wird, kommt ihnen vor allem eine unerläßliche Funktion als Auslegungshilfe bei der Interpretation des EGV zu.[79]
Aufgrund der weit gefaßten Formulierung der Ziele liegt der Schluß nahe, daß sich auch für den Bereich der indirekten Besteuerung gewisse Konsequenzen aus dem Gemeinschaftsrecht ergeben könnten. Welche Bezugspunkte allerdings konkret bestehen, muß eine genauere Betrachtung der Vertragsziele ergeben.

III. Die vertraglich vorgegebenen Wege zu den Fernzielen

Die übergeordneten Fernziele sollen aber nicht auf irgendeine beliebige Art und Weise realisiert werden. Vielmehr sind zu diesem Zweck im EGV bestimmte

73 Zu diesem Vergleich siehe Grabitz, E., in: Grabitz, E. / Hilf, M. (Hrsg.), Kommentar, Stand: 1999, Art. 2, S. 4 unter Hinweis auf das Gesetz zur Förderung der Stabilität und des Wachstums (StabG)

74 Vgl. Zuleeg, M., in: Groeben, H. v. d. u.a. (Hrsg.), Handbuch, Stand: 1999, Art. 2, S. 44

75 Vgl. Müller-Graff, P.-C., Verfassungsziele, in: Dauses, M. (Hrsg.), Handbuch, Stand: 1999, Tz. 95

76 Vgl. Müller-Graff, P.-C., Verfassungsziele, in: Dauses, M. (Hrsg.), Handbuch, Stand: 1999, S. 97

77 Kuntze, C., Kompetenzen, 1998, S. 88

78 Vgl. Behrens, P., Wirtschaftsrecht, Jura 1989, S. 562

79 Vgl. Behrens, P., Wirtschaftsrecht, Jura 1989, S. 562

„Verwirklichungswege“[80] vorgegeben.[81] Diese „Verwirklichungswege“ selbst wiederum können als Art Zwischen- oder Teilziele betrachtet werden.[82]

1. Die Errichtung eines Gemeinsamen Marktes

a) Allgemeines

Unter den „Verwirklichungswegen“ in Art. 2 [2] EGV ist an erster Stelle die Errichtung eines Gemeinsamen Marktes genannt.[83]
Die Errichtung dieses Gemeinsamen Marktes ist die „zentrale Aufgabe der Gemeinschaft“[84] bei der Verwirklichung des „Aufgabenvielecks“[85] des Art. 2 [2] EGV. Der zu schaffende Gemeinsame Markt selbst stellt damit den „Kern der Gemeinschaft“[86] dar.
Obwohl der Gemeinsame Markt einen „Schlüsselbegriff“[87] bzw. „Zentralbegriff des Gemeinschaftsrechts“[88] repräsentiert, fehlt eine Umschreibung im Sinne einer Legaldefinition.[89]
Was den Gemeinsamen Markt i.S.d. EGV ausmacht, muß daher erst durch Auslegung der vertraglichen Bestimmungen ermittelt werden.[90] Anhaltspunkte über die Merkmale des Gemeinsamen Marktes ergeben sich vor allem aus Art. 3 [3] EGV, wo einzelne Maßnahmen aufgezählt werden, die zur Verwirklichung des Gemeinsamen Marktes für notwendig erachtet werden.

---

80 Grabitz, E., in: Grabitz, E. / Hilf, M. (Hrsg.), Kommentar, Stand: 1999, Art. 2, S. 7

81 Vgl. Schwartz, I., Rechtsangleichung in: Caemmerer, E. v. u.a. (Hrsg.), Probleme, 1966, S. 478

82 Vgl. hierzu Zuleeg, M., in: Groeben, H. v. d. u.a. (Hrsg.), Handbuch, Stand: 1999, Art. 2, S. 44; s.a. EuGH-Urteil v. 17.9.1987, Rs. 126/86 „Gimenez Zaera“, EuGHE 1987, S. 3715; Langeheine, B., Integration, EuR 1983, S. 232; Schwartz, I., EG-Rechtsangleichung, in: Mestmäcker, E.-J. (Hrsg.), Ordnungspolitik, 1987, S. 336

83 Vgl. Zuleeg, M., in: Groeben, H. v. d. u.a. (Hrsg.), Handbuch, Stand: 1999, Art. 2, S. 45; s.a. Schmidt-Leithoff, C., Interdependenzen, JZ 1988, S. 432;

84 Oppermann, T., Europarecht, 1999, S. 507

85 Müller-Graff, P.-C., Verfassungsziele, in: Dauses, M. (Hrsg.), Handbuch, Stand: 1999, Tz. 97

86 Everling, U., Gestaltungsbedarf, EuR 1987, S. 222

87 Epping, V., Union, Jura 1995, S. 450

88 Pieper, U., Gemeinschaftsrecht, in: Birk, D. (Hrsg.), Handbuch, 1995, S. 79

89 Vgl. Pieper, U., Gemeinschaftsrecht, in: Birk, D. (Hrsg.), Handbuch, 1995, S. 79; vgl. auch Müller-Graff, P.-C., Verfassungsziele, in: Dauses, M. (Hrsg.), Handbuch, Stand: 1999, Tz. 103

90 Vgl. Seidel, M., Rechtsangleichung, EuR 1979, S. 177

b) Freiheit des Waren-, Dienstleistungs-, Personen- und Kapitalverkehrs

aa) Grundsätzliches

Art. 3 [3] lit. a EGV schreibt die Abschaffung der Zölle und mengenmäßigen Beschränkungen innerhalb der Gemeinschaft vor. Art. 3 [3] lit. c geht von der Beseitigung der Hindernisse für den freien Waren-, Personen-, Dienstleistungs- und Kapitalverkehr zwischen den Mitgliedstaaten aus. Daraus läßt sich ableiten, daß die „Öffnung bzw. Offenhaltung der mitgliedstaatlichen Marktgrenzen für wirtschaftliche Betätigung“[91] eines der entscheidenden Elemente des Gemeinsamen Marktes verkörpert. Der Gemeinsame Markt i.S.d. EGV erfordert die Verschmelzung von bisher selbständigen Wirtschaftsräumen zu einer Einheit, damit sich Personen, Dienstleistungen, Waren und Kapital ungehemmt innerhalb der Gemeinschaft bewegen können.[92] Im Idealfall bedeutet dies eine völlig freizügige Bewegung sämtlicher Produktionsfaktoren wie Arbeitskräfte, Güter, Dienstleistungen und Kapital[93], also die uneingeschränkte „Mobilität“[94]. Es geht um die Errichtung eines Raumes, in dem zwar die einzelnen Mitgliedstaaten ihre Selbständigkeit behalten, aber die Freizügigkeit zwischen diesen nicht behindert werden darf.[95] Jedem einzelnen Marktteilnehmer muß es möglich sein, sich ungehindert über die Staatsgrenzen hinweg in allen Mitgliedstaaten der Gemeinschaft wirtschaftlich entfalten zu können.[96] Die Freiheit des Personen-, Waren-, Dienstleistungs- und Kapitalverkehrs, also die sogenannten Marktfreiheiten, sind Bestandteile des „Begriffskerns“[97] des Gemeinsamen Marktes und stellen „objektiv-rechtliche Konstruktionsprinzipien des Gemeinsamen Marktes“[98] dar.

bb) Klassisches Bestimmungslandprinzip und Marktfreiheiten

Zu prüfen ist nun, inwiefern die Grundprinzipien der indirekten Besteuerung grenzüberschreitender Sachverhalte mit der Forderung nach freiem Waren-, Per-

---

91 Müller-Graff, P.-C., Verfassungsziele, in: Dauses, M. (Hrsg.), Handbuch, Stand: 1999, Tz. 103

92 Grund, W., Steuerharmonisierung, StuW 1965, S. 393

93 Kuntze, C., Kompetenzen, 1998, S. 97; vgl. auch Zschiedrich, H., Binnenmarkt, 1993, S. 60; Kilian, W., Wirtschaftsrecht, 1996, S. 98

94 Hüther, M., Umsatzsteuerharmonisierung, Staatswissenschaften und Staatspraxis 1992, Heft 3, S. 319

95 Vgl. Theisen, M., Umsatzsteuersystem, WiSt 1993, S. 76

96 Vgl. Arndt, H.-W. / Grünberg, M., EG-Verbrauchsteuerharmonisierung, SteuerStud 1988, S. 41

97 Pieper, U., Gemeinschaftsrecht, in: Birk, D. (Hrsg.), Handbuch, 1995, S. 79; vgl. auch EuGH-Urteil v. 21.2.1973, Rs. 6/72 „Continental Can“, EuGHE 1973, S. 245

98 Pieper, U., Gemeinschaftsrecht, in: Birk, D. (Hrsg.), Handbuch, 1995, S. 82

sonen-, Dienstleistungs- und Kapitalverkehr innerhalb der Europäischen Gemeinschaft zu vereinbaren sind. Dabei ist zunächst von einer Besteuerung nach dem klassischen Bestimmungslandprinzip auszugehen, welche traditionell auch zwischen den Mitgliedstaaten der Europäischen Gemeinschaft zur Anwendung gekommen ist.

Wie bereits erläutert, ist eine derartige Besteuerung mit körperlichen Kontrollen des grenzüberschreitenden Verkehrs an den Staatsgrenzen verbunden.[99] Durch diese Kontrollen an den innergemeinschaftlichen Grenzen entsteht für die Unternehmen erheblicher Aufwand, welcher sich einerseits in Form von Zeitverlusten und andererseits in Form von Kosten für die verwaltungsmäßige Abwicklung der notwendigen zollrechtlichen Formalitäten äußert.[100] Insbesondere kleinere Unternehmen, welche mit den zollrechtlichen Abläufen nicht routinemäßig vertraut sind, können dadurch davon abgehalten werden, am innergemeinschaftlichen Geschäftsverkehr teilzunehmen. Steuerlich bedingte Grenzkontrollen tangieren somit die Freiheit des Warenverkehrs, indem der innereuropäische Handel durch die damit verbundenen verwaltungstechnischen Erschwerungen gegenüber dem rein innerstaatlichen Handel benachteiligt wird.[101] Der Warenaustausch zwischen Lieferanten und Abnehmern aus unterschiedlichen Mitgliedsstaaten kann sich nicht in dem Maße entwickeln, wie es ohne Grenzkontrollen möglich wäre.[102]

Neben der Freiheit des Warenverkehrs wird auch der freie Dienstleistungsverkehr sowie der freie Personenverkehr durch die steuerlich bedingten Grenzkontrollen verhindert. Die Forderung nach freiem Personen-, Waren-, Dienstleistungs- und Kapitalverkehr verlangt nämlich, daß der grenzüberschreitende Verkehr die innergemeinschaftlichen Staatsgrenzen ohne Hemmnisse passieren kann.[103] Grenzkontrollen für steuerliche Zwecke sind mit dem Gemeinsamen Markt i.S.d. EGV nicht zu vereinbaren.[104] Das Konzept des Gemeinsamen

---

99 Vgl. Schrömbges, U., Steuerschranken, ZfZ 1990, S. 130

100 VerLoren van Themaat, P., Steuerharmonisierung, DB 1966, S. 836; Bierwagen, R., Steuern, in: Oppermann, T. / Moersch, E.-W. (Hrsg.), Europa-Leitfaden, 1992, S. 165; Groeben, H. v. d., Steuerangleichung 1968, S. 9; Janeba, E., Umsatzsteuerharmonisierung, 1989, S. 1

101 Vgl. Mick, M., Steuerkonzeption, 1995, S. 42; VerLoren van Themaat, P., Steuerharmonisierung, DB 1966, S. 836

102 Vgl. Schlaeger, G., Steuerharmonisierung, StuW 1971, S. 261

103 Vgl. Mick, M., Steuerharmonisierung, in: Birk, D. (Hrsg.), Handbuch, 1995, S. 642; vgl. auch „Deringer-Bericht“, S. 18

104 Vgl. Rietz, W. / Beck, E., Schlußwort, UStR 1965, S. 62; vgl. Ganser, C. / Wilhelmi, H., Harmonisierung, 1958, S. 17; Reiß, W., Umsatzbesteuerung, UR 1997, S. 24; Leithner, E., Mehrwertsteuer, Wirtschaftspolitische Blätter 1991, S. 635; VerLoren van Themaat, P., Steuerharmonisierung, DB 1966, S. 836; Debatin, H., Steuerharmonisierung, DB 1966, S. 1741; Grund, W., Steuerharmonisierung, StuW 1965, S. 400; Groeben, H. v. d.,

Marktes verträgt sich nicht mit Grenzformalitäten, Überwachungen und Visitationen an den Grenzen zwischen den Mitgliedstaaten der Gemeinschaft.[105] Steuerlich bedingte Grenzkontrollen stellen somit einen störenden Fremdkörper innerhalb der Europäischen Gemeinschaft dar[106] und widersprechen deren fundamentalen Zielen.[107] Daraus ergibt sich die grundlegende Forderung, diese zu beseitigen.[108] Im Rahmen der Verwirklichung des Gemeinsamen Marktes ist die Beseitigung der steuerlich bedingten Grenzkontrollen ein „zentrales Ziel"[109] bei der Realisierung des Gemeinsamen Marktes. Die Forderung nach Abschaffung der steuerlich bedingten Grenzkontrollen ist dabei in einem weiten Sinn zu interpretieren. Die reine Verlagerung der effektiven Kontrollen von den Grenzübergängen in die Unternehmen dürfte nicht ausreichen, um den freien Verkehr zu gewährleisten. Jede Art von körperlicher Kontrolle behindert den freien Verkehr, wenn diese im Endeffekt mit denselben verwaltungsmäßigen Erschwernissen verbunden ist, wie die Kontrollen beim Grenzübergang.[110]
Der freie Waren-, Personen- und Dienstleistungsverkehr dürfte vielmehr so zu interpretieren sein, daß jede Art von verwaltungsmäßiger Erschwernis gegenüber rein innerstaatlichen Geschäftsvorfällen nicht mit dem Gemeinsamen Markt vereinbar ist.[111] Denn jegliche Kosten oder Risiken, welche bei rein innerstaatlichen Vorgängen nicht anfallen, können letztlich den innergemeinschaftlichen Handelsverkehr behindern.[112] Es muß für einen Unternehmer ebenso einfach sein, von Köln nach München zu liefern, wie von München nach Paris.[113] Dies impliziert aber nicht zwingend eine identische Behandlung der

Steuersysteme, EStZ 1962, S. 540; Vogelaar, T., Entwicklung, EStZ 1972, S. 106; Stumpf, C., Mehrwertsteuer-Harmonisierung, EuZW 1990, S. 540; Komar, A., Steuerharmonisierung, 1983, S. 5; Classen, C., Grenzkontrollen, in: Oppermann, T. / Moersch, E.-W. (Hrsg.), Europa-Leitfaden, 1992, S. 133; Meyding, B., Umsatzbesteuerung, 1991, S. 115; Schulze-Brachmann, A., Steuergrenzen, AWD 1966, S. 270; Mesenberg, H., Angleichung, EA 1963, S. 730; Wasmund, P., Perspektiven, in: Ensthaler, J. (Hrsg.), Rechtsharmonisierung, 1989, S. 9

105 Vgl. Springsguth, U., Grundzüge, BB 1992, S. 747
106 Vgl. Debatin, H., Gewandung, DB 1973, S. 687
107 Vgl. Debatin, H., Gewandung, DB 1973, S. 687
108 Vgl. Schulze-Brachmann, A., Steuerfragen, StBJB 1965/1966, S. 414
109 Classen, C., Grenzkontrollen, in: Oppermann, T. / Moersch, E.-W. (Hrsg.), Europa-Leitfaden, 1992, S. 133
110 Vgl. Mick, M., Steuerkonzeption, 1995, S. 42; Groeben, H. v. a., Steuersysteme, EStZ 1962, S. 10
111 Vgl. Reiß, W., Umsatzbesteuerung, UR 1997, S. 24
112 Vgl. Reiß, W., Umsatzbesteuerung, UR 1997, S. 24
113 Vgl. Forst, C., Steuerharmonisierung, in: Birk, D. / Ehlers, D. (Hrsg.), Rechtsfragen, 1995, S. 12

beiden Geschäftsvorfälle, sie müssen aber gleich einfach und sicher gehandhabt werden können.[114]
Eine indirekte Besteuerung nach dem klassischen Bestimmungslandprinzip aber ist im Hinblick auf die Marktfreiheiten inakzeptabel.

cc) Ursprungslandprinzip und Marktfreiheiten

Festzustellen ist nun, ob eine Besteuerung nach dem Ursprungslandprinzip im Vergleich zu einer Besteuerung nach dem klassischen Bestimmungsland besser geeignet wäre, die Anforderungen des freien Verkehrs zu erfüllen.
Wie oben dargestellt, wären in einer solchen Situation keine Grenzkontrollen innerhalb der Europäischen Gemeinschaft zwischen den Mitgliedstaaten erforderlich.[115] Die Kontrollen der Einfuhren können entfallen, da im Bestimmungsland keine Einfuhrbesteuerung stattfindet.[116] Kontrollen der Warenausfuhr im Ursprungsland sind ebenfalls überflüssig, da keine steuerliche Entlastung der Exportgüter gewährt wird.[117] Der so verwirklichte freie Verkehr innerhalb der Gemeinschaft hätte für die Unternehmen aus betriebswirtschaftlicher Sicht zahlreiche positive Aspekte.[118] Die Warenströme wären erheblich beschleunigt und es würden sich Möglichkeiten für neue logistische Konzepte bei der Warenverteilung in Europa eröffnen.[119] Durch die erheblichen Kosteneinsparungen infolge des Wegfalls der steuerlichen Hindernisse für den innergemeinschaftlichen Handel käme es zur optimalen Entfaltung des Gemeinsamen Marktes[120], was letztlich entsprechend positive Folgen auch für die Endverbraucher hätte.

---

114 Vgl. Widmann, W., Umsatzbesteuerung, StBJB 1992/1993, S. 63; vgl. Meyding, B., Umsatzbesteuerung, 1991, S. 115; Birkenfeld, W. / Forst, C., Umsatzsteuerrecht, 1992, S. 92

115 Vgl. Faltlhauser, K., Stand, StuW 1991, S. 325; Arndt, H.-W., Angleichung, Verbraucherpolitische Hefte 1992, S. 173

116 Vgl. Haufler, A., Abschaffung, UVR 1990, S. 133; Sapusek, A., Harmonisierung, 1997, S. 31; Schaft, W., Steuergrenzen, in: Mayer, O. (Hrsg.), Binnenmarkt, 1989, S.

117 Vgl. Haufler, A., Abschaffung, UVR 1990, S. 133; Sapusek, A., Harmonisierung, 1997, S. 31; Schaft, W., Steuergrenzen, in: Mayer, O. (Hrsg.), Binnenmarkt, 1989

118 Vgl. hierzu Becker, H., Binnenmarkt, DB 1989, S. 2041-2044

119 Vgl. Henke, R., Binnenmarkt, in: Birk, D. (Hrsg.), Handbuch, 1995, S. 585

120 Vgl. Henke, R., Binnenmarkt, in: Birk, D. (Hrsg.), Handbuch, 1995, S. 585; vgl. hierzu auch Cecchini, O., Europa, 1992, S. 27

c) Unverfälschte Wettbewerbsbedingungen

aa) Allgemeines

Ein weiteres „Kernelement"[121] des Gemeinsamen Marktes läßt sich eindeutig aus Art. 3 [3] lit. g EGV entnehmen. Dieser Bestimmung zufolge ist es die Aufgabe der Gemeinschaft im Rahmen der Verwirklichung des Gemeinsamen Marktes ein System des unverfälschten Wettbewerbs zu errichten.[122]
Der wirtschaftliche Wettbewerb zwischen den Marktteilnehmern darf weder durch staatliche Maßnahmen noch durch Handlungen privater Wirtschaftsteilnehmer verfälscht werden.[123] Angebot und Nachfrage sollen auf dem Gemeinsamen Markt vor allem nicht durch staatliche Maßnahmen gleich welcher Art beeinflußt werden.[124] Es soll keine „künstliche Beeinträchtigungen des Wettbewerbs innerhalb der Europäischen Gemeinschaft"[125] geben. Die Forderung nach einem unverfälschten Wettbewerb besitzt auch für die indirekte Besteuerung Bedeutung, da auch diese ein Wettbewerbsfaktor sein kann. Konkretisierend könnte man die Forderung ableiten, daß die Entscheidung eines Abnehmers für oder gegen einen Lieferanten nicht durch steuerliche Faktoren beeinflußt werden darf.

bb) Bestimmungslandprinzip und unverfälschter Wettbewerb

Auch an dieser Stelle ist wiederum zu prüfen, inwieweit sich die grundlegenden Besteuerungsprinzipien theoretisch eignen, die Forderung nach einem unverfälschten Wettbewerb in der Europäischen Gemeinschaft zu erfüllen.
Zunächst ist wiederum von der Besteuerung nach dem klassischen Bestimmungslandprinzip auszugehen. Dabei wird durch die beschriebene Kombination aus steuerlicher Entlastung der Ausfuhren und anschließender steuerlicher Belastung der Einfuhren erreicht, daß eingeführte Waren im Bestimmungsland theoretisch unabhängig von ihrer Herkunft immer in gleicher Höhe belastet sind wie einheimische Produkte.[126] Miteinander konkurrierende Güter unterliegen damit theoretisch stets der gleichen steuerlichen Belastung unabhängig davon, in welchem Mitgliedstaat sie hergestellt worden sind und welche steuerlichen Regeln

---

[121] Andel, N., in: Groeben, H. v. d. (Hrsg.), Kommentar, 1983, S. 1661
[122] Vgl. Behrens, P., Wirtschaftsrecht, Jura 1989, S. 563
[123] Vgl. Grund, W., Steuerharmonisierung, StuW 1965, S. 393; vgl. auch Müller-Graff, P.-C., Verfassungsziele, in: Dauses, M. (Hrsg.), Handbuch, Stand: 1999, S. 97
[124] Vgl. Menner, S. / Haufler, A., Wettbewerbsverzerrungen, RIW 1991, S. 129f.
[125] Mesenberg, H., Wettbewerbsverfälschungen, BB 1961, S. 141
[126] Vgl. Haufler, A., Abschaffung, UVR 1990, S. 132

dort gelten.[127] Steuersatzunterschiede sind damit irrelevant. Unternehmen aus Ländern mit vergleichsweise niedrigen Steuersätzen haben also *ceteris paribus* im Bestimmungsland keinen Wettbewerbsvorteil gegenüber einheimischen Unternehmen oder Unternehmen aus Ländern mit hohen Steuersätzen.[128] Somit lösen unter dem Regime des Bestimmungslandprinzips auch starke Differenzen in den Steuersätzen keine Wettbewerbsverfälschungen aus.[129] Steuerlich induzierte Verlagerungen des Wirtschaftsverkehrs sind ausgeschlossen.[130] Es kommt zu keinen steuerlich beeinflußten Substitutionsentscheidungen der Konsumenten zwischen in- und ausländischen Gütern. [131] Das bedeutet, daß Unternehmer aus jedem beliebigen Mitgliedstaat in jedem beliebigen anderen Mitgliedstaat konkurrenzfähig sind[132], da eine steuerliche Gleichbehandlung auf dem relevanten Markt des Bestimmungslandes erzielt wird.[133] Steuerlich induzierte Standortverlagerungen von Unternehmen werden somit ebenfalls nicht provoziert.[134]
Bezüglich der steuerpolitischen Handlungsfreiheit der einzelnen Mitgliedstaaten bietet eine Besteuerung nach dem Bestimmungslandprinzip den Vorteil, daß ihre Autonomie zur Ausgestaltung ihres Steuerrechts gewahrt bleibt, da nationale Unterschiede im Steuerrecht neutralisiert werden können.[135] So zieht beispielsweise eine Erhöhung der Steuersätze keine Benachteiligung der eigenen Unternehmer auf den Absatzmärkten der anderen Mitgliedstaaten nach sich.
Wenn auch für das reibungslose und an dieser Stelle vereinfacht dargestellte Funktionieren des Bestimmungslandprinzips in der Praxis einige Voraussetzun-

[127] Vgl. Schrömbges, U., Steuerschranken, ZfZ 1990, S. 130; Hohaus, B., Steuerwettbewerb, 1996, S. 164

[128] Vgl. Spengel, C., Umsatzbesteuerung, WiSt 1993, S. 45; Sapusek, A., Harmonisierung, 1997, S.18; Pflugmann, B., Steuergrenzen, FA 1989, S. 325; Haufler, A., Abschaffung, UVR 1990, S. 132

[129] Vgl. Faltlhauser, K., Stand, StuW 1991, S. 325; Pohmer, D. / Pflugmann-Hohlstein, B., Nettoumsatzsteuer, UR 1993, S. 44

[130] Vgl. Mesenberg, H., Steuergrenzen, DStR 1963, S. 576; Schneider, F., Harmonisierung, 1994, S. 4

[131] Vgl. Sapusek, A., Harmonisierung, 1997, S.18

[132] Vgl. Koch, E., Steuerharmonisierung, in: Ensthaler, J. (Hrsg.), Rechtsharmonisierung, 1989, S. 50

[133] Vgl. Lippross, O.-G., Umsatzsteuer, 1996, S. 33; Hüther, M., Umsatzsteuerharmonisierung, Staatswissenschaften und Staatspraxis 1992, Heft 3, S. 320

[134] Vgl. Sapusek, A., Harmonisierung, 1997, S.18

[135] Vgl. Schaft, W., Steuergrenzen, in: Mayer, O. (Hrsg.), Binnenmarkt, 1989, S. 291; Klein, F. / Wolffgang, M., in: Lenz, C. O. (Hrsg.), Kommentar, 1994, vor Art. 95-99, S. 583; Pohmer, D. / Pflugmann, B., Nettoumsatzsteuer, UR 1993, S. 44; Sapusek, A., Harmonisierung, 1997, S.18; Ohler, C., Integration, 1997, S. 175; Meyding, B., Umsatzbesteuerung, 1991, S. 31; Faltlhauser, K., Stand, StuW 1991, S. 325; Andel, N, in: Groeben, H. v. d. (Hrsg.), Kommentar, 1991, S. 1660; Förster, J., in: Bleckmann, A. (Hrsg.), Europarecht, 1997, S. 721

gen erfüllt sein müssen, dürfte aber klar geworden sein, daß eine Besteuerung nach dem (klassischen) Bestimmungslandprinzip wettbewerbsneutrale Verhältnisse gewährt.

cc) Ursprungslandprinzip und unverfälschter Wettbewerb

Würde die indirekte Besteuerung zwischen den Mitgliedstaaten nach dem Ursprungslandprinzip praktiziert, würden Waren und Dienstleistungen aus unterschiedlichen Mitgliedstaaten mit unterschiedlicher Steuerbelastung auf den einzelnen Märkten direkt miteinander konkurrieren.[136] Unter der Prämisse unterschiedlich hoher Steuersätze in den einzelnen Staaten hätte dies mehr oder weniger erhebliche Wettbewerbsverfälschungen zwischen Unternehmen aus Hochsteuer- und Unternehmen aus Niedrigsteuerländern zur Folge.[137] Unternehmer aus Staaten mit verhältnismäßig hohen Steuersätzen bei den indirekten Steuern würden in ihrer Exporttätigkeit stark beeinträchtigt.[138]
Letztlich könnte diese Situation dazu führen, daß sich typische Import- und typische Exportländer entwickeln würden, da die Abnehmer die entsprechenden Leistungen vorzugsweise in den Staaten mit den niedrigsten Steuersätzen nachfragen würden.[139] Die Abnehmer würden somit die höheren Steuersätze in ihrem eigenen Mitgliedstaat umgehen.[140] Vor allem grenznahe Gebiete wären vom sog. Cross-Border-Shopping betroffen.[141] Insbesondere hinsichtlich hochpreisiger Güter, wie Autos, Schmuck, Pelze, Unterhaltungselektronik, Haushaltsgeräte, Möbel etc. könnten die Abnehmer teilweise dazu übergehen, diese nur noch in benachbarten Mitgliedstaaten mit niedrigeren Steuersätzen zu erwerben.[142] Derartige steuerlich induzierte Wettbewerbsnachteile könnten Unternehmen evtl. sogar dazu veranlassen, ihre Standorte in andere Mitgliedstaaten zu verlagern, um den steuerlich bedingten Wettbewerbsnachteilen zu entgehen.[143] Im extrem-

---

136 Vgl. Debatin, H., Steuerharmonisierung, DB 1966, S. 1741

137 Vgl. Mick, M., Steuerkonzeption, 1995, S. 43; Ritter, W., Steuerharmonisierung, BB 1989, S. 80; Sapusek, A., Harmonisierung, 1997, S.18; vgl. auch Cnossen, S. / Shoup, C., Coordination, in: Cnossen, S. (Hrsg.), Community, 1987, S. 66

138 Vgl. Beck, E., Problematik, UStR 1962, S. 26; Beck, E., Steuergrenzen, UStR 1965, S. 2f.

139 Vgl. Beck, E., Problematik, UStR 1962, S. 26; Beck, E., Steuergrenzen, UStR 1965, S. 2f.

140 Wissenschaftlicher Beirat, Stellungnahme 1986, S. 29; vgl. auch Sapusek, A., Harmonisierung 1996, S. 25

141 Vgl. Sapusek, A., Harmonisierung 1996, S. 26

142 Vgl. Sapusek, A., Harmonisierung 1996, S. 25; unter Transaktionskosten sind beispielsweise die Kosten für die Fahrt in den anderen Mitgliedstaat zu rechnen; vgl. auch das Beispiel bei Buckett, A., VAT, 1992, S. 15

143 Vgl. Beck, E., Problematik, UStR 1962, S. 26; vgl. Gast, G., Steuerpolitik, 1957, S. 27

sten Fall könnte daher der Warenaustausch zwischen bestimmten Ländern mehr oder weniger zum Erliegen kommen.[144]
Will ein Mitgliedstaat die Wettbewerbsposition seiner Unternehmer auf den Märkten der anderen Mitgliedstaaten nicht durch eine Erhöhung der Steuersätze bezüglich der indirekten Steuern verschlechtern, ist seine steuerliche Autonomie diesbezüglich faktisch beschränkt. Insgesamt betrachtet kann das Ursprungslandprinzip unter der Prämisse abweichender Bestimmungen im Steuerrecht der Mitgliedstaaten insbesondere auf dem Gebiet der Steuersätze nicht der Forderung des EGV nach unverfälschten Wettbewerbsbedingungen im Gemeinsamen Markt Genüge leisten.

d) Gemeinsame Außenhandelsgrenze

Der Gemeinsame Markt ist ferner dadurch gekennzeichnet, daß er Drittländern gegenüber als einheitliches Ganzes erscheint. Dies ergibt sich einerseits daraus, daß die Tätigkeit der Gemeinschaft gem. Art. 3 [3] lit. b eine gemeinsame Handelspolitik umfaßt und andererseits für die Europäische Gemeinschaft ein gemeinsamer Zolltarif für die Außenzölle besteht. Das Ziel des einheitlichen Auftretens der Gemeinschaft nach außen ist es zu verhindern, daß es durch unterschiedliche Außenhandelspolitiken zu Wettbewerbsverfälschungen innerhalb des Gemeinsamen Marktes kommt.[145] Es soll auch hinsichtlich der Handelsbeziehungen zu Drittstaaten keine Wettbewerbsverfälschungen zwischen Unternehmern aus den Mitgliedstaaten der Gemeinschaft geben.[146] Damit ist selbstverständlich die Forderung verbunden, daß auch die indirekte Besteuerung keine Wettbewerbsverfälschungen zwischen Unternehmen aus Mitgliedstaaten der EG auf Drittlandsmärkten bewirken darf.
Die indirekte Besteuerung nach dem Bestimmungslandprinzip garantiert im internationalen Handel, wie erläutert, wettbewerbsneutrale Verhältnisse und ist daher für den Drittlandshandel das geeignete Besteuerungsprinzip. Die notwendigen Grenzkontrollen stellen in diesem Bereich kein Problem dar, da deren Abbau nur innerhalb der Gemeinschaft anzustreben ist.

e) Gemeinsame flankierende Politiken

Die genannten drei Kernelemente des Gemeinsamen Marktes sollen durch den Aufbau flankierender Gemeinschaftspolitiken ergänzt werden, welche ebenso

[144] Vgl. Beck, E., Problematik, UStR 1962, S. 26
[145] Vgl. Müller-Graff, P.-C., Verfassungsziele, in: Dauses, M. (Hrsg.), Handbuch, Stand: 1999, Tz. 106
[146] Vgl. Müller-Graff, P.-C., Verfassungsziele, in: Dauses, M. (Hrsg.), Handbuch, Stand: 1999, Tz. 106

integrale Bestandteile des Konzepts des Gemeinsamen Marktes sind.[147] Dazu zählen gem. Art. 3 [3] lit. f EGV die gemeinsame Verkehrspolitik und gem. Art. 3 [3] lit. e EGV die gemeinsame Politik auf dem Gebiet der Landwirtschaft und der Fischerei. Auch bezüglich dieser sektoralen Politiken sind Bezugspunkte zur indirekten Besteuerung in den Mitgliedstaaten erkennbar. So können bestimmte steuerrechtliche Bestimmungen in einem Mitgliedstaat in Widerspruch zu den Zielen der gemeinsamen Politik im Bereich des Verkehrs oder der Landwirtschaft stehen.

f) Gemeinsamer Markt und Binnenmarkt

Durch die EEA[148] wurde der Begriff *Binnenmarkt* als „Sonderbegriff"[149] in den EGV eingeführt. Dabei ist strittig, wie sich die beiden Begriffe *Binnenmarkt* und *Gemeinsamer Markt* zueinander verhalten. Das Verhältnis der Begriffe ist klärungsbedürftig, da der EGV beide Begriffe z.T. in unterschiedlichen Zusammenhängen verwendet und unterschiedliche Rechtsfolgen daran knüpft.[150] Eine eindeutige gerichtliche Entscheidung darüber steht noch aus.[151]
Teilweise wird die Auffassung vertreten, daß der Begriff *Binnenmarkt* im Vergleich zum Begriff *Gemeinsamer Markt* einen enger gefaßten Inhalt besitzt. Dazu wird darauf hingewiesen, daß Art. 14 [7a] EGV den Binnenmarkt als einen Raum ohne Binnengrenzen umschreibt, in dem der freie Verkehr von Waren, Personen, Dienstleistungen und Kapital gewährleistet ist. Diese Umschreibung des Binnenmarktes enthalte definitiv nicht die Aspekte des unverfälschten Wettbewerbs und den Aufbau gemeinsamer Politiken aus.[152] Es wird daher gefolgert, daß der Binnenmarkt gegenüber dem Gemeinsamen Markt enger gefaßt sei.[153]

---

147 Vgl. Müller-Graff, P.-C., Verfassungsziele, in: Dauses, M. (Hrsg.), Handbuch, Stand: 1999, Tz. 107

148 Ausführlich zur Einheitlichen Europäischen Akte vgl. Ehlermann, C., Act, CMLRev. 1987, S. 361-404; De Zwaan, J., Act, CMLRev. 1986, S. 747-765; Pescatore, P., Remarks, CMLRev 1987, S. 9-18; Glaesner, H.-J., Akte, EuR 1986, S. 119ff.

149 Pescatore, P., Akte, EuR 1986, S. 157

150 Vgl. Kilian, W., Wirtschaftsrecht, 1996, S. 13f.; Grabitz, E. / Bogdany, A. v., Markt, JuS 1990, S. 175

151 Vgl. Kuntze, C., Kompetenzen, 1998, S. 103

152 Vgl. hierzu Bischof, H.-H., Europarecht, 1996, S. 116; Ohler, C., Integration, 1997, S. 198; Epiney, A., Umweltschutz, JZ 1992, S. 567; Herzig, N., Besteuerung, in: Lehner, M. (Hrsg.), Binnenmarkt, 1996, S. 136; Zacker, C., Binnenmarkt, RIW 1989, S. 490; Stumpf, C., Mehrwertsteuer-Harmonisierung, EuZW 1990, S. 544; vgl. auch Pieper, U. Gemeinschaftsrecht, in: Birk, D. (Hrsg.), Handbuch, 1995, S. 80; Müller-Graff, P.-C., Rechtsangleichung, EuR 1989, S. 123; Kuntze, C., Kompetenzen, 1998, S. 104; vgl. hierzu auch Epiney, A., Umweltschutz, JZ 1992, S. 567

153 Vgl. Menner, S., Umsatzsteuer-Harmonisierung, 1992, S. 489; Streinz, R., Europarecht, 1996, S. 283

Rechtssystematische und historische Überlegungen würden ebenfalls darauf hindeuten, daß der Binnenmarkt weit enger als der Gemeinsame Markt zu verstehen ist.[154] Dieser Auffassung zufolge wären die beiden Termini auf jeden Fall "unterschiedliche Rechtsbegriffe"[155], wobei der Gemeinsame Markt das weiterreichende Konzept darstelle.[156] Unter dem Binnenmarkt sei nur eine bruchstückhafte Umschreibung der Vertragsziele zu verstehen.[157] Der Binnenmarkt sei eine „Teilmenge“ [158] oder ein „Unterfall“[159] des Gemeinsamen Marktes, in jedem Fall also ein „Weniger“ im Vergleich zum Gemeinsamen Markt.[160] Dieser Auffassung kann entgegengehalten werden, daß die explizite Nennung der Verkehrsfreiheiten in Art. 14 [7a] EGV nicht als abschließende Aufzählung der Merkmale des Binnenmarktes zu verstehen ist[161], sondern als „exemplarische Hervorhebungen“[162] bzw. als „Festlegung des essentiellen Mindestinhalts“[163]. Für diese Auffassung spricht auch der Wortlaut der Vorschrift, da der Binnenmarkt die Verkehrsfreiheiten *umfaßt. Umfassen* bedeutet *beinhalten*, ohne allerdings andere Elemente zwingend auszuschließen. Eine Auslegung, welche den Binnenmarkt als „Weniger“ gegenüber dem Gemeinsamen Markt ansieht, ist schon aus diesem Grund abzulehnen. Dem Wortlaut des Art. 14 [7a] EGV zufolge soll der freie Verkehr darüber hinaus *gemäß den Bestimmungen des EGV* gewährleistet werden[164], also unter Beachtung *sämtlicher* Vertragsvorschriften.[165] Dazu gehören selbstverständlich auch die Vorschriften zur Vermeidung von Wettbewerbsverfälschungen.[166] Der unverfälschte Wettbewerb ist somit auch ein Kennzeichen des Binnenmarktes[167], welcher von den gleichen Strukturprinzipien diri-

154 Vgl. Zacker, C., Binnenmarkt, RIW 1989, S. 490
155 Zacker, C., Binnenmarkt, RIW 1989, S. 490
156 Vgl. Theisen, M., Umsatzsteuersystem, WiSt 1993, S. 76
157 Vgl. Pescatore, P., Akte, EuR 1986, S. 157
158 Zacker, C., Binnenmarkt, RIW 1989, S. 489
159 Huber, P., Recht, 1996, S. 169
160 Vgl. Streinz, R., Europarecht, 1996, S. 284; Ohler, C., Integration, 1997, S. 98
161 Vgl. Schwartz, I., Subsidiarität, AfP 1993, S. 414
162 Wasmeier, M., Umweltabgaben, 1995, S. 93
163 Müller-Graff, P.-C., Rechtsangleichung, EuR 1989, S. 125
164 Vgl. Müller-Graff, P.-C., Rechtsangleichung, EuR 1989, S. 123
165 Vgl. Müller-Graff, P.-C., Rechtsangleichung, EuR 1989, S. 124
166 Vgl. Müller-Graff, Rechtsangleichung, EuR 1989, S. 124; Middeke, A., Kompetenznormenkonflikt, DVBl. 1993, S. 772; Langeheine, B., Artikel 100a, in: Grabitz, Rdnr. 20; Schwartz, I., Subsidiarität, AfP 1993, 414
167 Vgl. Rädler, A., Harmonisierung, DStJG 1994, 282; Börner, B., Binnenmarkt, DB 1989, 613; Pernice, I., Umweltrecht, NVwZ 1990, S. 205; Behrens, P., Gemeinschaftsrecht, EuR 1992, S. 145; Grabitz, E., in: Baur, J. (Hrsg.), Festschrift, 1990, S. 1240; vgl. auch EuGH Rs. 200/89, Kommission / Rat, EuZW 1991, 473 "Titandioxid", in dem der Gerichtshof den unverfälschten Wettbewerb als Element des Binnenmarktes anerkennt;

giert wird wie der Gemeinsame Markt.[168] Auch zeigt ein Blick auf Art. 95 [100a] Abs. 2 EGV, daß das Konzept des Binnenmarktes keinesfalls hinter demjenigen des Gemeinsamen Marktes zurückbleibt, da dieser nur solche Materien aus seinem Regelungsbereich ausschließen kann, die prinzipiell darin enthalten sind.[169]
Teilweise wird die Auffassung vertreten, daß der Inhalt des Begriffes *Binnenmarkt* (weit) über denjenigen des Begriffes *Gemeinsamer Markt* hinausreicht. Zur Stützung dieser These wird meist auf das Urteil in der Rechtssache *Gaston Schul* verwiesen, wo der EuGH den Gemeinsamen Markt als einen Markt mit *binnenmarktähnlichen* Verhältnissen bezeichnet hatte.[170] Daraus wird gefolgert, daß ein Binnenmarkt logischerweise mehr sein müsse als ein nur binnenmarktähnlicher Raum.[171] So sei beispielsweise das Ziel der Abschaffung der Grenzkontrollen im Konzept des Gemeinsamen Marktes noch nicht enthalten gewesen, sondern erst durch das Binnenmarktkonzept aufgenommen worden.[172]
Wie aber die Ausführungen zu den Marktfreiheiten ergeben haben war das Konzept des Gemeinsamen Marktes von Anfang an auch mit der Forderung nach der Abschaffung der Grenzkontrollen, insbesondere der fiskalischen Grenzkontrollen, verbunden. Die Verwirklichung der Marktfreiheiten, welche anerkannterweise ein Kernelement des Gemeinsamen Marktes darstellen, kann unter Aufrechterhaltung von Grenzkontrollen nicht erfolgen. Somit war die Abschaffung der Grenzkontrollen auch im Rahmen des Gemeinsamen Marktes eine Zielsetzung.
Letztlich sind die Begriffe *Binnenmarkt* und *Gemeinsamer Markt* als Synonyme anzusehen. Dafür spricht auch die wechselweise Verwendung der Begriffe in der Neufassung des Art. 3 [3] lit. c, d, g.[173] Insbesondere die redaktionelle Anpassung des Art. 3 [3] lit. g EGV, welche wohl keinesfalls eine Beeinträchtigung des *acquis communautaire* zum Ziel hatte[174], spricht für die begriffliche Identität. Auch Art. 15 [7c] EGV verwendet beide Begriffe wechselweise mit glei-

168 Vgl. Ohler, C., Integration, 1997, S. 98
169 Vgl. Streinz, R., Europarecht, 1996, S. 283
170 Vgl. EuGH-Urteil v. 21.5.1982, Rs. 47/84 „Gaston Schul", EuGHE 1985, S. 1491; vgl. hierzu Dauses, M., Dimension, EuZW 1990, S. 9f.
171 Vgl. Steindorff, E., Binnenmarkt, ZHR 1986, S. 689
172 Vgl. Nicolaysen, G., Bedeutung, 1991, S. 13; vgl. hierzu Menner, S., Umsatzsteuer-Harmonisierung, 1992, S. 33, der argumentiert, daß die Forderungen im Weißbuch der Kommission weit über das Konzept des Gemeinsamen Marktes hinausgehen, da hier explizit die Forderung nach Abschaffung der Steuergrenzen gestellt wird; vgl. auch Antal, K., Harmonisation, CMLRev. 1963, S. 48
173 Vgl. Wasmeier, M., Umweltabgaben, 1995, S. 93
174 Vgl. Reich, N., Binnenmarkt, EuZW 1991, S. 204

chem Sinn und Zweck.[175] Somit ist der Binnenmarkt nichts anderes ist als der Gemeinsame Markt. „Man hat ihn nur wiederentdeckt"[176]. Art. 14 [7a] EGV will keine inhaltliche Erweiterung oder Verengung andeuten.[177] "Der Binnenmarkt löst damit den Gemeinsamen Markt nicht ab, noch stellt er ein klar abgrenzbares Aliud dar."[178] Die Zielsetzungen wurden durch die Aufnahme des Art. 14 [7a] EGV nicht verändert. Durch die nochmalige explizite Betonung des freien Verkehrs und die Festschreibung eines Zieldatums für die Verwirklichung der Ziele wurde das Gesamtkonzept konkretisiert und ausgestaltet.[179] Die neue Vorschrift brachte eine "Forcierung"[180] der Zielverwirklichung und eine Fokussierung auf die Beseitigung der Wirtschaftsgrenzen im beschriebenen Sinne.[181] Die Anforderungen an die indirekte Besteuerung sind aber grundsätzlich gleich geblieben. Trotz inhaltlicher Übereinstimmung der Begriffe Binnenmarkt und Gemeinsamer Markt bedeutete die Aufnahme des Art. 14 [7a] EGV aber trotzdem einen großen Schritt nach vorn, indem der Integration neue Impulse gegeben wurden.[182]

2. *Die Errichtung einer Wirtschafts- und Währungsunion*

Als weiteren „Verwirklichungsweg" zur Erreichung der übergeordneten Vertragsziele gibt Art. 2 [2] EGV die Errichtung einer Wirtschafts- und Währungsunion vor, worin das bisher wohl ehrgeizigste Teilziel der Gemeinschaft zu sehen ist.[183] Die Errichtung der Währungsunion hat in erster Linie das Ziel, breitflächige Wettbewerbsverfälschungen innerhalb des Gemeinsamen Marktes zu

---

175 Vgl. Middeke, Kompetenznormenkonflikt, DVBl. 1993, 773; auf die Möglichkeit einer gegenteiligen Auslegung weist hin: Streinz, R., Europarecht, 1996, Rdnr. 911 bzw. S. 283; ebenso Schweitzer, M. / Hummer, W., Europarecht, 1996, S. 328, die Art. 7c als Begründung für eine abweichende Bedeutung der Begriffe heranziehen;

176 Börner, B., Binnenmarkt, DB 1989, S. 613

177 Vgl. Wasmeier, M., Umweltabgaben, 1995, S. 93

178 Kuntze, C., Kompetenzen, 1998, S. 107

179 Vgl. Menner, S., Umsatzsteuer-Harmonisierung, 1992, S. 33; Kuntze, C., Kompetenzen, 1998, S. 107; vgl. hierzu auch Grabitz, E., Verfassung, in: Bauer, F. (Hrsg.), Festschrift 1990, S. 1244; vgl. Pipkorn, J., in: Groeben, H. v. d. (Hrsg.), Handbuch, Art. 100a, Stand: 1999, Rdnr. 9; Müller, Kapitalverkehrsfreiheit, 1998, S. 123; s.a. Pipkorn, J., in: Groeben, H. v. d. (Hrsg.), Kommentar, 1991, Artikel 8a, Rdnr. 10

180 Krausser, H.-P., Strukturprinzip, 1991, S. 108

181 Vgl. Kuntze, C., Kompetenzen, 1998, S. 107

182 Vgl. Zacker, Binnenmarkt, RIW 1989, S. 489

183 Vgl. Schmidhuber, P., Ratifikation, in: Randelshofer, A. u.a. (Hrsg.), Gedächtnisschrift, 1995, Tz. 115

verhindern, welche durch schwankende Wechselkurse zwischen den nationalen Währungen der Mitgliedstaaten auftraten.[184]

Grundlage dieser Wirtschafts- und Währungsunion ist gem. Art. 4 [4] Abs. 1 EGV zunächst einmal die Koordinierung der Wirtschaftspolitik, die auf dem Binnenmarkt und dem Grundsatz einer offenen Marktwirtschaft mit freiem Wettbewerb beruht. Die Wirtschaftspolitik bleibt aber abgesehen von gewissen Vorgaben weiterhin grundsätzlich Sache der Mitgliedstaaten.[185] Eine Währungsunion erfordert aber eine gewisse Konvergenz der Wirtschaftspolitik der beteiligten Mitgliedstaaten.[186] Adäquate wirtschaftliche Rahmenbedingungen und eine solide Finanzpolitik sind unverzichtbare Voraussetzungen für eine hohe Qualität der einheitlichen Währung.[187] Demzufolge sind die Mitgliedstaaten bezüglich ihrer Wirtschaftspolitik zumindest zur Einhaltung bestimmter richtungsweisender Grundsätze verpflichtet.[188] Dazu gehören die Forderungen nach stabilen Preisen, gesunden öffentlichen Finanzen und monetären Rahmenbedingungen sowie nach einer dauerhaft finanzierbaren Zahlungsbilanz.[189]

Parallel zu der Koordinierung der Wirtschaftspolitik wird gem. Art. 4 [4] Abs. 2 EGV eine einheitliche Geld- und Wechselkurspolitik durchgeführt.

Wie bereits ausgeführt, besitzen Steuern neben ihrer Funktion als Finanzierungsinstrument auch eine große Bedeutung als Instrumente der Wirtschaftspolitik. „Steuerpolitik ist zu einem beträchtlichen Teil Vollzug von Wirtschaftspolitik.“[190] Man denke vor allem an die Wachstums- (darin eingeschlossen die regionale und sektorale Politik) und die Konjunkturpolitik.[191] Wirtschaftspolitische Effekte können zum Beispiel bei der Mehrwertsteuer durch Einschränkung oder Erweiterung der Möglichkeiten des Vorsteuerabzugs für bestimmte Investitionen erreicht werden.[192] Aber auch einer bloßen Veränderung von Steuersätzen kann eine regulierende Funktion zukommen.[193]

---

184 Vgl. Müller-Graff, P.-C., Verfassungsziele, in: Dauses, M. (Hrsg.), Handbuch, Stand: 1999, Tz. 115

185 Vgl. Zuleeg, M, in: Groeben, H. v. d. u.a. (Hrsg.), Handbuch, Stand: 1999, Art. 3a, S. 60

186 Vgl. Zuleeg, M, in: Groeben, H. v. d. u.a. (Hrsg.), Handbuch, Stand: 1999, Art. 3a, S. 60

187 Vgl. Zuleeg, M, in: Groeben, H. v. d. u.a. (Hrsg.), Handbuch, Stand: 1999, Art. 3a, S. 60

188 Vgl. Müller-Graff, P.-C., Verfassungsziele, in: Dauses, M. (Hrsg.), Handbuch, Stand: 1999, Tz. 118b

189 Vgl. Müller-Graff, P.-C., Verfassungsziele, in: Dauses, M. (Hrsg.), Handbuch, Stand: 1999, Tz. 118b

190 Höppner, H.-D., EG-Steuerharmonisierung, EuR 1977, S. 124

191 Vgl. Veenhof, B. M., Steuerharmonisierung, EStZ 1972, S. 79

192 Vgl. Veenhof, B. M., Steuerharmonisierung, EStZ 1972, S. 79

193 Vgl. Veenhof, B. M., Steuerharmonisierung, EStZ 1972, S. 79

Wird das Steuerrecht von den Mitgliedstaaten als Instrument der Wirtschaftspolitik eingesetzt, muß eine Übereinstimmung mit den wirtschaftspolitischen Vorgaben des EGV bestehen.[194]
Somit sind also auch Fälle denkbar, in denen die indirekte Besteuerung in einem Mitgliedstaat nicht mit den Zielen der Europäischen Gemeinschaft im Bereich der Wirtschafts- und Währungsunion harmoniert.

3. Aufbau und Durchführung sonstiger gemeinsamer Politiken

Die Fernziele der Gemeinschaft sollen gem. Art. 2 [2] EGV auch durch den Aufbau und die Durchführung *sonstiger Politiken* und *Maßnahmen* angestrebt werden. Dabei handelt es sich um Politikbereiche, welche nicht bereits im Konzept des Gemeinsamen Marktes oder der Wirtschafts- und Währungsunion enthalten sind. Als Beispiel hierzu ist die Umweltpolitik zu nennen.[195] Auch in diesem Bereich ist es im Einzelfall möglich, daß mitgliedstaatliche Bestimmungen auf dem Gebiet der indirekten Steuern nicht im Einklang mit den Zielen beispielsweise der gemeinsamen Umweltpolitik stehen.

D. Zwischenergebnis

Eine erste Analyse hat ergeben, daß die Zielsetzungen der Europäischen Gemeinschaft zahlreiche potentielle Berührungspunkte zu der indirekten Besteuerung in den Mitgliedstaaten aufweisen.
Von größter Bedeutung sind hierbei die Anforderungen zu nennen, welche das Konzept des Gemeinsamen Marktes an die indirekte Besteuerung stellt. Daraus lassen sich zwei grundlegende Forderungen ableiten, welche eine mit den Zielen der Europäischen Gemeinschaft kongruente indirekte Besteuerung erfüllen muß.
So darf zum einen der freie Waren-, Personen-, Dienstleistungs- und Kapitalverkehr nicht durch die Erhebung indirekter Steuern beeinträchtigt werden. Vor diesem Hintergrund hat sich herausgestellt, daß eine Besteuerung nach dem klassischen Bestimmungslandprinzip mit Grenzkontrollen mit den Zielen der Gemeinschaft inkompatibel ist. Das alternative Ursprungslandprinzip könnte dagegen die Forderung nach freiem Verkehr theoretisch erfüllen.
Zum anderen besteht die zweite Grundforderung darin, daß durch indirekte Steuern keine Wettbewerbsverfälschungen zwischen den Marktteilnehmern innerhalb der Europäischen Gemeinschaft entstehen dürfen. Die Untersuchung der beiden Grundmodelle hat ergeben, daß das traditionelle Bestimmungslandprinzip theoretisch diese Forderung erfüllen kann. Unter der Prämisse abweichender

---

194 Vgl. hierzu Menck, T., Steuern, DStZ A 1972, S. 345

195 Vgl. Müller-Graff, P.-C., Verfassungsziele, in: Dauses, M. (Hrsg.), Handbuch, Stand: 1999, Tz. 120

Steuersätze ist das alternative Ursprungslandprinzip *ceteris paribus* hinsichtlich der Wettbewerbsneutralität unterlegen.
Daneben muß die indirekte Besteuerung der Mitgliedstaaten in Kongruenz mit den Zielsetzungen der speziellen Gemeinschaftspolitiken stehen.
Auf jeden Fall ist davon auszugehen, daß die Verwirklichung der vertraglichen Ziele der Europäischen Gemeinschaft ohne die Bewältigung der damit verbundenen steuerrechtlichen Probleme eine Illusion bleiben muß.[196] Die Lösung der Steuerfragen ist mit die schwierigste Aufgabe und somit ein „Kernstück“[197] bei der Realisierung der Vertragsziele.[198]

[196] Vgl. Thieffry, J. u.a., Vollendung, RIW 1989, S. 130
[197] Schlecht, O., Vollendung, Konjunkturpolitik 6/1987, S. 309
[198] Vgl. Bos, M. / Nelson, H., Taxation, JCMS 1988, S. 43

Kapitel 3

Gemeinschaftsrechtliche Möglichkeiten zur Realisierung zielkonformer Besteuerungsbedingungen

A. Allgemeines

Angesichts der im vorstehenden Kapitel herausgearbeiteten grundlegenden Anforderungen an die indirekte Besteuerung in der Europäischen Gemeinschaft stellt sich die Frage, wie sichergestellt werden kann, daß die indirekte Besteuerung die Anforderungen erfüllt bzw. welche Möglichkeiten das Gemeinschaftsrecht bietet, im Falle eines Abweichens von diesen Anforderungen eine Anpassung vorzunehmen.

B. Grundlagen des Europäischen Gemeinschaftsrechts

I. Allgemeines

Um die Möglichkeiten des Gemeinschaftsrechts, auf die mitgliedstaatlichen Rechtsordnungen einzuwirken, erkennen zu können, muß zunächst das Wesen des Gemeinschaftsrechts an sich etwas näher beschrieben werden. Dabei ist es üblich, innerhalb des europäischen „Rechtskorpus“[199] zwischen dem primären und dem sekundären Gemeinschaftsrecht zu unterscheiden.[200]

Das primäre Gemeinschaftsrecht, welches die höchste Stufe in der europäischen Normenhierarchie darstellt[201], besteht vor allem aus dem Vertrag zur Gründung der EGKS, dem Vertrag zur Gründung der EAG, dem Vertrag zur Gründung der E(W)G und dem Vertrag zur Gründung der Europäischen Union. Zum Primärrecht zählen aber auch die Änderungsverträge[202] ebenso wie das Gemeinschaftsgewohnheitsrecht, die allgemeinen Rechtsgrundsätze und die gemeinschaftsrechtlichen Grund- und Menschenrechte.[203] Das Primärrecht in seiner Gesamtheit bildet gewissermaßen als *loi fundamentale* die „Verfassung“ der Gemeinschaft.[204]

Das sog. sekundäre Gemeinschaftsrecht dagegen besteht aus Rechtsakten, welche aufgrund von primärrechtlich begründeten Befugnissen der Gemein-

---

199 Bogdany, A. v. / Nettesheim, M., Gemeinschaften, NJW 1995, S. 2326

200 Vgl. Streck, M., Recht, DStR 1993, S. 418; Bleckmann, A., Rechtsquellen, NVwZ 1993, S. 825

201 Vgl. Tumpel, M., Mehrwertsteuer, 1997, S. 30

202 Vgl. Hakenberg, W., Grundzüge 1994, S. 62

203 Vgl. hierzu Oppermann, T., Europarecht, 1999, S. 184ff.

204 Vgl. Oppermann, T., Europarecht, 1999, S. 196

schaftsorgane entstanden sind.[205] Das Primärrecht ist damit sozusagen die Keimzelle für das sekundäre Gemeinschaftsrecht. Das sekundäre Gemeinschaftsrecht ist nachrangig gegenüber dem primären Gemeinschaftsrecht.[206]

II. Das Verhältnis zwischen Gemeinschaftsrecht und Recht der Mitgliedstaaten

Fraglich ist, in welchem Verhältnis das Gemeinschaftsrecht zum Recht der Mitgliedstaaten steht.
Grundlegend für die Beantwortung dieser Frage ist die Feststellung, daß das Gemeinschaftsrecht und das Recht der einzelnen Mitgliedstaaten entsprechend einer dualistischen völkerrechtlichen Betrachtungsweise[207] als autonome Rechtsordnungen nebeneinander stehen.[208] Das europäische Gemeinschaftsrecht bildet einen eigenständigen Normkreis[209], was mit dem Schlagwort der „Supranationalität“[210] umschrieben wird. Diese Autonomie der Gemeinschaftsrechtsordnung bedeutet, daß das Gemeinschaftsrecht prinzipiell keiner mitgliedstaatlichen Transformation, also keiner *„interpositio auctoritatis“* [211] bedarf, um gegenüber seinen jeweiligen Adressaten wirksam zu werden.[212] Wie ein Blick auf die Rechtsprechung verdeutlicht, vertritt auch der EuGH diese Auffassung. In der konstitutiven Entscheidung in der Rechtssache „Costa / ENEL“[213] führte der Gerichtshof nämlich aus, daß im Unterschied zu gewöhnlichen völkerrechtlichen Verträgen durch den Abschluß des EWG-Vertrages eine eigene, autonome Rechtsordnung geschaffen wurde. Diese autonome Rechtsquelle sei durch Inkrafttreten des EWG-Vertrages in die Rechtsordnungen der Mitgliedstaaten auf-

---

205 Vgl. Zacker, C., Europarecht 1997, S. 35

206 Vgl. Oppermann, T., Europarecht, 1999, S. 196; Bleckmann, A., in: Bleckmann, A. (Hrsg.), Europarecht, 1997, S. 198

207 Vgl. Herrmann, H. J., EG-Richtlinien, RIW 1982, S. 569

208 Vgl. hierzu Spetzler, W., Wirkung, DB 1993, S. 553; Tumpel, M., Mehrwertsteuer, 1997, S. 29; Oppermann, T., Europarecht, 1999, S. 230; Wasmeier, M., Umweltabgaben, 1995, S. 47; Arndt, H.-W. / Haas, M., EG-Abgaben, RIW 1989, S. 714f.; Erhart, M., Umsetzung, in: Gassner, W. / Lechner, E. (Hrsg.), Steuerrecht, 1992, S. 32; Chwolik-Lanfermann, E., Grundrechtsschutz, 1994, S. 34; Epping, V., Union, Jura 1995, S. 456

209 Vgl. Tumpel, M., Mehrwertsteuer, 1997, S. 29; Birkenfeld, W., Rechtsverwirklichung, StuW 1998, S. 55f.

210 Chwolik-Lanfermann, E., Grundrechtsschutz, 1994, S. 37; vgl. hierzu auch Pieper, U., Union, in: Birk, D. (Hrsg.), Handbuch, 1995, S. 28

211 Vgl. Grabitz, E., Verhältnis, in: Kruse, H. (Hrsg.), Zölle, 1988, S. 38

212 Vgl. Oppermann, T., Europarecht, 1999, S. 230

213 EuGH-Urteil v. 15.7.1964, Rs. 6/64 „Costa / ENEL“, EuGHE 1964, 1267ff.

genommen worden. Diese Auffassung des Gemeinschaftsrechts als autonomen Rechtskreis wurde in zahlreichen Entscheidungen immer wieder bestätigt.[214] Erst diese Koexistenz von Gemeinschaftsrecht und staatlichem Recht als jeweils autonome Rechtsordnung kann dann überhaupt die Frage aufwerfen, welche Rechtsordnung im Kollisionsfall vorgeht.[215] Bezüglich dieser Frage sind ebenfalls die Ausführungen des EuGH im Fall Costa/ENEL von grundlegender Bedeutung. Dem EuGH zufolge können zeitlich spätere staatliche Maßnahmen keinen Vorrang vor dem Gemeinschaftsrecht besitzen.[216] Der Gerichtshof argumentiert, daß dem Gemeinschaftsrecht „keine wie immer gearteten innerstaatlichen Rechtsvorschriften vorgehen"[217] können. Das bedeutet, daß das Gemeinschaftsrecht Vorrang gegenüber dem nationalen Recht jeder Rangstufe genießt, also auch verfassungsrechtlichen Bestimmungen.[218] Aus diesem Vorrang läßt sich auch ableiten, daß die *Lex-posterior*-Regel nicht gelten kann, also das Gemeinschaftsrecht auch zeitlich später erlassenem mitgliedstaatlichem Recht vorgeht. Die Auffassung vom unbedingten Vorrang des Gemeinschaftsrechts findet ihre Begründung in erster Linie in der Funktionsfähigkeit der Gemeinschaft.[219] Der Vorrang des Gemeinschaftsrechts vor den Rechtsordnungen der Mitgliedstaaten ist eine elementare Voraussetzung für die Existenz und Akzeptanz der Gemeinschaft.[220] Diese vom EuGH herausgearbeitete Doktrin zum Vorrang des Gemeinschaftsrechts wird im wesentlichen auch von den Mitgliedstaaten anerkannt und akzeptiert.[221] Das BVerfG hatte sich schon in den 60er Jahren der Auffassung von der autonomen Gemeinschaftsrechtsordnung im Grundsatz angeschlossen.[222] Im „Solange-Beschluß"[223] schränkte es die Vorrangthese aufgrund des nicht hinreichenden Grundrechtsschutzes auf Ebene der Gemeinschaft

---

214 Vgl. EuGH-Urteil v. 5.2.1963, Rs. 26/62 „Van Gend & Loos", EuGHE 1963, S. 3ff.; EuGH-Urteil v. 17.12.1970, Rs. 11/70 „Internationale Handelsgesellschaft mbH", EuGHE 1970, S. 125ff.; EuGH-Urteil v. 9.3.1978, Rs. 106/77 „SPA Simmenthal", EuGHE 1978, S. 629ff.; EuGH-Urteil v. 12.7.1979, Rs 237/78 „Toia", EuGHE 1979, S. 2645

215 Vgl. Grabitz, E., Verhältnis, in: Kruse, H. (Hrsg.), Zölle, 1988, S. 41; Birkenfeld, W., Rechtsverwirklichung, StuW 1998, S. 56

216 Vgl. EuGH-Urteil v. 15.7.1964, Rs. 6/64 „Costa / ENEL", EuGHE 1964, 1267ff.

217 EuGH-Urteil v. 15.7.1964, Rs. 6/64 „Costa / ENEL", EuGHE 1964, 1267ff.; Dickstein, M., Verfassungsbegriff, 1998, S. 74f.

218 Vgl. Oppermann, T., Europarecht, 1999, S. 231; vgl. Jarass H. D., Wirkung, NJW 1990, S. 2421; vgl. auch Huber, P., Bundesverfassungsgericht, AöR 1991, S. 216; Zacker, C., Europarecht 1997, S. 53

219 Vgl. hierzu Lenz, C. O., Geltung, DVBl. 1990, S. 905

220 Vgl. Oppermann, T., Europarecht, 1999, S. 233

221 Vgl. Oppermann, T., Europarecht, 1999, S. 231

222 Vgl. BVerfG 22, 292ff.

223 BVerfG 37, 271ff.; vgl. hierzu ausführlich Pfrang, E., Gemeinschaftsrecht, 1996, S. 34-36

dahingehend ein, daß es sich die Prüfung sekundärer Gemeinschaftsrechtsakte auf Konformität mit den deutschen Grundrechten vorbehielt, „solange" die Gemeinschaft nicht über einen eigenen ausformulierten Grundrechtskatalog verfüge. Angesichts der Tatsache, daß der EuGH in der darauffolgenden Zeit auf der Grundlage allgemeiner Rechtsgrundsätze einen verhältnismäßig weitreichenden Grundrechtsschutz aufgebaut hatte[224], fand das BVerfG aber im „Solange II-Beschluß"[225] wieder zur Anerkennung des Vorrangprinzips zurück. Im Maastricht-Urteil versuchte das BVerfG allerdings den Prüfungsvorbehalt „vorsichtig-sibyllinisch"[226] zu reaktivieren. Den Ausführungen in dieser Entscheidung zufolge kann der Vorrang der Gemeinschaftsrechtsordnung in Deutschland nur insoweit gelten, als es nicht zu einer übermäßigen Ausdehnung der Gemeinschaftsbefugnisse durch exzessive Auslegung der Vertragsvorschriften kommt.[227] Ein Vorrang des Gemeinschaftsrechts vor deutschem Recht soll diesem Urteil zufolge nur solange in Frage kommen, als das Gemeinschaftsrecht „die wesentlichen Rechtsprinzipien des Grundgesetzes, insbesondere dessen Grundrechte, achtet und sich in den Grenzen der der Gemeinschaft eingeräumten Hoheitsrechte hält."[228] Das BVerfG will in Kooperation mit dem EuGH als *final arbiter* darüber entscheiden, ob bestimmte Rechtshandlungen der Gemeinschaftsorgane als Akte *ultra vires* anzusehen und damit unzulässig sind.[229] Eine solche Begrenzung des Vorrangs des Gemeinschaftsrechts durch einzelne Mitgliedstaaten birgt allerdings großes Konfliktpotential."[230] Abgesehen von den aufgezeigten „Extremfällen" stellt das BVerfG den Grundsatz des Vorrangs des Gemeinschaftsrechts aber prinzipiell nicht in Frage.[231] Auch in den anderen Mitgliedstaaten ist der Vorrang des Gemeinschaftsrechts anerkannt.[232] Der Vor-

---

224 Vgl. Meessen, K., Maastricht, NJW 1994, S. 550; Di Fabio, U., Richtlinienkonformität, NJW 1990, S. 947; Everling, U., „Solange III", EuR 1990, S. 201-203; zu den Grundrechten im Gemeinschaftsrecht vgl. Lenz, C. O., Grundrechtsstandard, EuGRZ 1993, S. 585-589; Rengeling, H.-W., Grundrechtsschutz, 1992, S. 171ff.

225 BVerfGE 52, 187ff.; Pfrang, E., Gemeinschaftsrecht, 1996, S. 39-42

226 Oppermann, T., Europarecht, 1999, S. 232

227 Vgl. BVerfG 89, S. 155ff.; vgl. hierzu die Anmerkungen von Häde, U., Bundesverfassungsgericht, BB 1993, S. 2460-2463

228 Hirsch, G., Einflüsse, DStZ A 1998, S. 491

229 Vgl. Dickstein, M., Verfassungsbegriff, 1998, S. 76; vgl. auch Kewenig, W., Gemeinschaften, JZ 1990, S. 459

230 Hirsch, G., Einflüsse, DStZ A 1998, S. 491; eine solche Auffassung würde wohl zu einer Zersplitterung des Gemeinschaftsrechts führen und würde die Rechtseinheit in der Gemeinschaft gefährden; ähnlich Steindorff, E., EG-Kompetenzen, 1990, S. 20; vgl. zu dieser Problematik auch Schockweiler, F., Zuständigkeitsgrenzen, EuR 1996, S. 135f.

231 Vgl. Müller, J., Kapitalverkehrsfreiheit, 1998, S. 360; Ullmann, E., Union, JZ 1994, S. 929

232 Siehe hierzu den Überblick bei Oppermann, T., Europarecht, 1999, S. 232

rang des Gemeinschaftsrechts vor dem innerstaatlichen Recht ist somit weitgehend gesichert.[233]
Vorrangwirkung vor entgegenstehenden innerstaatlichen Bestimmungen können allerdings nach der Rechtsprechung des EuGH lediglich diejenigen Normen des Gemeinschaftsrechts entfalten, welche der Sache nach abschließend, vollständig und rechtlich perfekt sind, d.h. keiner Ausführungsakte bedürfen.[234]
Besteht nun ein Konflikt zwischen einer Norm des mitgliedstaatlichen Rechts und einer Norm des Gemeinschaftsrechts, wäre es denkbar, von der Nichtigkeit der gemeinschaftsrechtswidrigen Bestimmung auszugehen.[235] Der Rechtsprechung des EuGH zufolge ist allerdings eine gemeinschaftsrechtswidrige Norm „ohne weiteres unanwendbar“[236], so daß von einem *Anwendungsvorrang* des Gemeinschaftsrechts auszugehen ist.[237]
Ein weiterer Aspekt des Verhältnisses von Gemeinschaftsrecht zu mitgliedstaatlichen Rechtsordnungen ist die Frage der unmittelbaren Wirkung von Normen des Gemeinschaftsrechts für den einzelnen.[238] Der EuGH hat hierzu grundlegend entschieden, daß Normen des Gemeinschaftsrechts unter bestimmten Bedingungen in den Mitgliedstaaten unmittelbare Wirksamkeit für den einzelnen entfalten können. Diese unmittelbare Wirksamkeit einer Norm des Gemeinschaftsrechts hat für den Bürger „die wichtige praktische Bedeutung, daß er sich vor den mitgliedstaatlichen und EG-Behörden und Gerichten auf sie berufen kann.“[239]

C. Der Einfluß primärrechtlicher Vorschriften auf das Steuerrecht der Mitgliedstaaten

I. Allgemeines

Entsprechend der Unterscheidung zwischen primärem und sekundärem Gemeinschaftsrecht ist nun zunächst einmal zu untersuchen, welche Normen des europäischen Primärrechts einen Einfluß auf die indirekten Steuern der Mitgliedstaaten im Hinblick auf die Vertragsziele besitzen.

233 Vgl. Oppermann, T., Europarecht, 1999, S. 233
234 Vgl. EuGH-Urteil v. 5.2.1963, Rs. 26/62 „Van Gend & Loos“, EuGHE 1963, S. 3ff.
235 Vgl. Oppermann, T., Europarecht, 1999, S. 235
236 Vgl. hierzu EuGH-Urteil v. 4.4.1968, Rs 34/67 „Lück“, EuGHE 1968, S. 359ff.; EuGH-Urteil v. 9.3.1978, Rs 106/77 „SPA Simmenthal“, EuGHE 1978, S. 629ff.
237 Vgl. Birkenfeld, W., Rechtsprechung, UR 1997, S. 243; Grabitz, E., Verhältnis, in: Kruse, H. (Hrsg.), Zölle 1988, S. 43; vgl. auch Reiß, W., Steuerrecht, DSWR 1998, S. 255
238 Vgl. hierzu Jarass H. D., Wirkung, NJW 1990, S. 2420
239 Oppermann, T., Europarecht, 1999, S. 234; vgl. EuGH-Urteil v. 9.3.1978, Rs. 106/77 „SPA Simmenthal“, EuGHE 1978, S. 629ff.

II. Das Verbot von Zöllen und Abgaben gleicher Wirkung

Die Zollunion gem. Art. 23 [9] EGV stellt eine der Grundlagen der Europäischen Gemeinschaft dar und ist ein unverzichtbares Element bei der Verwirklichung des Gemeinsamen Marktes. Art. 23 [9] EGV wendet sich direkt an die Mitgliedstaaten und untersagt ihnen, im innergemeinschaftlichen Handel jegliche Art von Zöllen zu erheben, welche als die klassischen Instrumente zur Abkapselung der nationalen Märkte betrachtet werden können.[240]
Angesichts dieses Zollverbotes könnten die Mitgliedstaaten aber versuchen, den innergemeinschaftlichen Warenverkehr durch andere finanzielle Belastungen, welche keine Zölle sind, zu beeinflussen, um die inländische Wirtschaft vor Konkurrenzprodukten aus dem Ausland zu schützen.[241] Um derartige Umgehungen des Zollverbotes zu verhindern, untersagt es Art. 23 [9] EGV den Mitgliedstaaten auch, Abgaben mit gleicher Wirkung wie Zölle im innergemeinschaftlichen Wirtschaftsverkehr zu erheben.[242] Damit wurde eine notwendige Ergänzung zum Zollverbot kodifiziert.[243]
Fraglich ist nun, durch welche Merkmale *die Abgaben mit gleicher Wirkung wie Zölle* gekennzeichnet sind. Im einem Urteil hat der EuGH ausgeführt, daß eine Abgabe gleicher Wirkung wie ein Zoll eine bei der Einfuhr oder später erhobene, einseitig auferlegte Belastung sei, die dadurch, daß sie speziell die eingeführten Waren betrifft, diese relativ zu den inländischen Waren verteuert und damit die gleiche Auswirkung auf den freien Warenverkehr hat wie ein Zoll.[244] Damit wurde in dieser Definition einer zollgleichen Abgabe wesentlich auf die protektionistische Wirkung einer Abgabe Bezug genommen.
Dem EuGH zufolge ist unter einer zollgleichen Abgabe „eine – noch so geringe – den in- und ausländischen Waren wegen des Grenzübertritts einseitig auferlegte Belastung“[245] zu verstehen. Zollgleiche Abgaben können z.B. Gebühren für gesundheitspolizeiliche Untersuchungen sein, welche nur bei eingeführten

---

240 Vgl. Uelner, A., Steuergesetzgebung, DStR 1977, S. 459; s.a. Baur, J., Binnenmarkt, JA 1992, S. 97

241 Vgl. Behrens, P., Wirtschaftsrecht, Jura 1989, S. 564; Börner, B., Rechtssystem, in: Reichert-Facilides, F. u.a.(Hrsg.), Festschrift, 1976, S. 147f.

242 Vgl. Moritz, H., Umweltabgaben, 1999, S. 102

243 Vgl. Ohler, C., Integration, 1997, S. 42; vgl. auch Behrens, P., Wirtschaftsrecht, Jura 1989, S. 564;

244 Vgl. EuGH-Urteil v. 14.12.1962, verb. Rs. 2/62 und 3/62 „Kommission / Belgien“, EuGHE 1962, S. 855ff.; s. hierzu auch Ohler, C., Integration, 1997, S. 42

245 Baur, J., Binnenmarkt, JA 1992, S. 97

Gütern erhoben werden.[246] Auch Gebühren für eine Einfuhrstatistik können unter bestimmten Bedingungen eine zollgleiche Abgabe darstellen.[247]
Nicht unter das Verbot zollgleicher Abgaben fallen aber solche Abgaben, die gleichartige oder vergleichbare inländische und eingeführte Erzeugnisse gleichermaßen treffen.[248] Somit sind Abgaben, welche zwar anläßlich des Grenzübergangs erhoben werden, sich aber nicht spezifisch gegen Importe richten, sondern Bestandteil einer allgemeinen inländischen Abgabenregelung sind, die einheimische und eingeführte Erzeugnisse nach denselben Merkmalen erfaßt, vom Verbot zollgleicher Abgaben nicht betroffen.[249]
Im übrigen ist das Verbot der Zölle und Abgaben gleicher Wirkung als *lex specialis* zu Art. 30 ff. EGV anzusehen, wo mengenmäßige Einfuhrbeschränkungen und Maßnahmen gleicher Wirkung geregelt werden.[250]

III. Das allgemeine gemeinschaftsrechtliche Diskriminierungsverbot

Gem. Art. 12 [6] EGV ist im Anwendungsbereich des EGV jede Diskriminierung aus Gründen der Staatsangehörigkeiten verboten. Mit diesem Diskriminierungsverbot wird ein Leitmotiv des ganzen Vertrages aufgestellt.[251] Es ist ein „tragendes Prinzip"[252] des Gemeinschaftsrechts.
Zur Konkretisierung des Diskriminierungsverbotes ist zu klären, was unter einer Diskriminierung zu verstehen ist. Diskriminierung bedeutet allgemein „Schlechterstellung"[253], „ungerechtfertigte unterschiedliche Behandlung"[254] oder „Benachteiligung"[255]. Unzulässig ist demnach gem. Art. 12 [6] EGV jede Benachteiligung aus Gründen der Staatsangehörigkeit. Daraus läßt sich zunächst einmal die Forderung ableiten, daß Bürger aus anderen Mitgliedstaaten im Anwendungsbereich des Vertrages nicht gegenüber Bürgern des eigenen Mitglied-

246 Vgl. EuGH-Urteil v. 7.3.1972, Rs. 84/71, „Marimex", EuGHE 1972, S. 89; vgl. auch EuGH-Urteil v. 5.2.1976, Rs. 87/75 „Bresciani", EuGHE 1976, S. 129ff.
247 Vgl. EuGH-Urteil v. 22.3.1977, Rs. 78/76 „Steinike und Weinlig", EuGHE 1977, S. 59ff.; vgl. auch Grabitz, E. / Bogdany, A. v., Markt, JuS 1990, S. 171
248 Vgl. hierzu Ohler, C., Integration, 1997, S. 42; vgl. Bongartz, M. / Schröer-Schallenberg, S., Stromsteuer, DStR 1999, S. 963
249 Vgl. EuGH-Urteil v. 22.3.1977, Rs. 78/76 „Steinike und Weinlig", EuGHE 1977, S. 595ff.; vgl. auch Baur, J., Binnenmarkt, JA 1992, S. 97
250 Vgl. Moritz, H., Umweltabgaben, 1999, S. 104 unter Hinweis auf EuGH 11.3.1992, Rs. 78-83/90, Slg. I-1847
251 Vgl. Wolfarth, E., Wirtschaftsgemeinschaft 1960, S. 15
252 Langeheine, B., Integration, EuR 1983, S. 239
253 Fischer, H.-G., Europarecht, 1997, S. 227
254 Wolfarth, E., Wirtschaftsgemeinschaft 1960, S. 15
255 Lenz, C. O., in: Lenz, C. O. (Hrsg.), EG-Handbuch, 1994, S. 36; vgl. zur Terminologie auch Klein, E., Einfluß, in: Lehner, M. (Hrsg.), Steuerrechtsordnungen, 1996, S. 12

staates benachteiligt werden.[256] Eigene Staatsangehörige eines Mitgliedstaates dürfen somit aufgrund ihrer Staatsangehörigkeit nicht bevorzugt werden.[257] Es hat eine rechtliche Gleichstellung der Angehörigen anderer Mitgliedstaaten mit den Inländern zu erfolgen.[258] Man spricht vom Gebot der Inländergleichbehandlung.[259]

Fraglich ist, wie eine Diskriminierung im Sinne des Art. 12 [6] EGV im konkreten Fall zu erkennen ist. Eine offene Diskriminierung liegt jedenfalls immer dann vor, wenn eine differenzierte Behandlung unmittelbar an die ausländische Staatsangehörigkeit einer betroffenen Person anknüpft.

Neben solchen offenen Diskriminierungen ist es aber auch denkbar, daß eine unterschiedliche Behandlung zweier Personen zwar nicht unmittelbar an die Staatsangehörigkeit, wohl aber an andere Kriterien anknüpft, welche typischerweise nur ein inländischer bzw. ausländischer Staatsangehöriger erfüllt.[260] Zum Beispiel kann eine Diskriminierung dann vorliegen, wenn die Gewährung bestimmter steuerlicher Vorteile von der Existenz eines Wohnsitz im jeweiligen Mitgliedstaat abhängig gemacht wird.[261] Faktisch haben solche Differenzierungen die gleiche Wirkung wie eine Anknüpfung an die Staatsangehörigkeit und sind als „versteckte Diskriminierung"[262] zu werten. Diese sind ebenfalls vom Verbot des Art. 12 [6] EGV erfaßt.

Dem Wortlaut des Art. 12 [6] EGV könnte darüber hinaus auch eine Gleichbehandlung der Inländer gegenüber den Angehörigen anderer Mitgliedstaaten entnommen werden[263], so daß „sowohl die Ausländer- wie auch die Inländerdiskriminierung untersagt wäre.[264] Eine *discrimination a rebours* verbietet Art. 12 [6] EGV allerdings nicht in jedem Fall.[265] So können die Mitgliedstaaten ihre eigenen Staatsangehörigen schlechter stellen als andere Unionsbürger, sofern es um rein innerstaatliche Sachverhalte geht und jeglicher Bezug zu den Freiheiten

---

256 Vgl. Lenz, C. O., in: Lenz, C. O. (Hrsg.), EG-Handbuch, 1994, S. 36

257 Vgl. Thun-Hohenstein, C. / Cede, F., Europarecht, 1996, S. 151

258 Vgl. Lenz, C. O., in: Lenz, C. O. (Hrsg.), EG-Handbuch, 1994, S. 36

259 Vgl. Fischer, H.-G., Europarecht, 1997, S. 227; s.a. EuGH-Urteil v. 14.7.1977, Rs. 8/77 „Sagulo", EuGHE 1977, 1495ff.

260 Vgl. Schweitzer, M. / Hummer, W., Europarecht, 1996, S. 324; Lenz, C. O., in: Lenz, C. O. (Hrsg.), EG-Handbuch, 1994, S. 36; Thun-Hohenstein, C. / Cede, F., Europarecht, 1996, S. 151

261 Vgl. Schweitzer, M. / Hummer, W., Europarecht, 1996, S. 324; vgl. hierzu De Weerth, J., Steuerrecht, RIW 1995, S. 396

262 Schweitzer, M. / Hummer, W., Europarecht, 1996, S. 324

263 Vgl. Menner, S. / Haufler, A., Harmonisierung 1991, S. 23

264 Vgl. Menner, S. / Haufler, A., Harmonisierung 1991, S. 23

265 Vgl. Herdegen, M., Europarecht, 1997, S. 60

des Gemeinschaftsrechts fehlt.[266] Das Diskriminierungsverbot des Art. 12 [6] EGV greift nämlich nur in Fällen, welche in den Anwendungsbereich des EGV fallen. Ungleichbehandlungen in Bereichen, für die keine Zuständigkeit der Gemeinschaft besteht, werden nicht erfaßt.[267] Es muß ein „Auslandsbezug"[268] vorliegen.
Im übrigen hat das allgemeine Diskriminierungsverbot subsidiären Charakter, d.h. es kommt nur dann zur Anwendung, „wenn ihm keine speziellere Norm vorgeht"[269].

IV. Die speziellen steuerlichen Diskriminierungsverbote im EGV

1. Das Verbot höherer Abgaben auf Waren aus anderen Mitgliedstaaten

a) Allgemeines

Art. 90 [95] EGV in seiner Gesamtheit ist gegen die steuerliche Schlechterstellung von Gütern aus anderen Mitgliedstaaten im Vergleich zu inländischen Gütern gerichtet. Somit kann die Vorschrift gewissermaßen als eine „Konkretisierung des allgemeinen Diskriminierungsverbotes"[270] angesehen werden. Ihr kommt also die Eigenschaft als *lex specialis* gegenüber dem allgemeinen Diskriminierungsverbot des Art. 12 [6] EGV zu.[271] Art. 90 [95] EGV besteht aus zwei Absätzen, welche unterschiedliche Tatbestände regeln, sich aber in ihrer übergeordneten Funktion ergänzen.

b) Der Regelungsgehalt des Art. 90 [95] Abs. 1 EGV

Art. 90 [95] Abs. 1 EGV bestimmt, daß die Mitgliedstaaten auf Waren aus anderen Mitgliedstaaten weder unmittelbar noch mittelbar höhere inländische Abgaben gleich welcher Art erheben, als sie gleichartige inländische Waren unmittelbar oder mittelbar zu tragen haben.

---

266 Vgl. Herdegen, M., Europarecht, 1997, S. 60; Wasmeier, M., Umweltabgaben, 1995, S. 192

267 Thun-Hohenstein, C. / Cede, F., Europarecht, 1996, S. 151

268 Wasmeier, M., Umweltabgaben, 1995, S. 192

269 Sapusek, A., Harmonisierung, 1997, S. 310; Thun-Hohenstein, C. / Cede, F., Europarecht, 1996, S. 151; Moritz, H., Umweltabgaben, 1999, S. 108

270 Bahlmann, K., Steuerrecht, EuR 1985, S. 47; vgl. Sapusek, A., Harmonisierung, 1997, S. 312; Eilers, S., in: Groeben, H. v. d. u.a. (Hrsg.), Handbuch, Stand: 1999, Art. 95, Art. 95, S. 66

271 Vgl. Klein, F. / Wolffgang, H., in: Lenz, C. O. (Hrsg.), Kommentar, 1994, Art. 95, S. 590; vgl. auch Sedemund, J., Steuerharmonisierung, EuZW 1991, S. 659

aa) Inländische Abgaben auf Waren

Fraglich ist in diesem Zusammenhang zunächst einmal, welche Abgaben überhaupt in den Anwendungsbereich des Art. 90 [95] Abs. 1 EGV fallen können. Zunächst einmal fällt auf, daß *von Abgaben gleich welcher Art* und nicht etwa von Steuern die Rede ist. Dies deutet darauf hin, daß der Kreis der potentiell von Art. 90 [95] Abs. 1 EGV erfaßten Abgaben weit sein soll.[272] Die weit gefaßte Formulierung soll verhindern, daß durch die Benennung einer Abgabe die Anwendung der Vorschrift umgangen werden könnte.[273] Auf die Bezeichnung einer Abgabe innerhalb eines Mitgliedstaates kommt es also nicht an.[274] Wenn der Kreis der potentiell von der Bestimmung erfaßten Abgaben weit ist, muß es sich aber auf jeden Fall um hoheitlich auferlegte Belastungen handeln.[275] Sind die übrigen Tatbestandsmerkmale erfüllt, können auch Gebühren oder Beiträge unter Art. 90 [95] EGV fallen.[276]
Voraussetzung ist aber in jedem Fall, daß diese Abgaben unmittelbar oder mittelbar Waren belasten. Dabei ist von einem weit gefaßten Begriff der Ware auszugehen. Eine unmittelbare Belastung einer Ware liegt wohl dann vor, wenn eine Abgabe unmittelbar auf ein Fertigprodukt erhoben wird.[277] Eine mittelbare Belastung einer Ware ist anzunehmen, wenn zwar das jeweilige Fertigprodukt keiner Besteuerung unterliegt, die für seine Herstellung verwendeten Rohstoffe oder Halbfertigerzeugnisse aber mit einer Abgabe belegt wurden.[278] Eine mittelbare Belastung einer Ware mit einer Abgabe kann auch dann eintreten, wenn

---

[272] Vgl. Klein, F. / Wolffgang, H., in: Lenz, C. O. (Hrsg.), Kommentar, 1994, Art. 95, S. 593; s.a. EuGH-Urteil v. 16.2.1977, Rs. 20/76 „Schöttle" EuGHE 1977, S. 247ff.

[273] Vgl. Stumpf, C., Entwicklungen, EuZW 1991, S. 714; s.a. Förster, J., in: Bleckmann, A. (Hrsg.), Europarecht, 1997, S. 724; Schröer-Schallenberg, S., Diskriminierung, in: Birk, D. (Hrsg.), Handbuch, 1995, S. 438

[274] Vgl. Balke, B., Warenverkehr 1997, S. 20 mit Hinweis auf die autonome Auslegung des Gemeinschaftsrechts

[275] Vgl. Balke, B., Warenverkehr 1997, S. 22; EuGH-Urteil v. 25.11.1981, Rs. 4/81 „Andresen", EuGHE 1981, 2835

[276] Vgl. Schröer-Schallenberg, S., Diskriminierung, in: Birk, D. (Hrsg.), Handbuch, 1995, S. 438 mit Hinweisen auf die Rechtsprechung; Oppermann, T., Europarecht, 1999, S. 395; zu indirekten *Steuern* vgl. EuGH-Urteil v. 16.2.1977, Rs. 20/76 „Schöttle", EuGHE 1977, 247ff.; *Beiträge*: EuGH-Urteil v. 18.6.1975, Rs. 94/74 „IGAV", EuGHE 1975, S. 699ff.; EuGH-Urteil v. 22.3.1977, Rs. 74/76 „Ianelli", EuGHE 1977, S. 557ff.; EuGH-Urteil v. 22.3.1977, Rs. 78/76 „Steinike und Weinlig"", EuGHE 1977, 595ff.; *Gebühren*: EuGH-Urteil v. 15.12.1976, Rs. 35/76 „S.P.A. Simmenthal", EuGHE 1976, 871ff.; EuGH-Urteil v. 25.1.1977, Rs. 46/76 „W.J.G. Bauhuis", EuGHE 1977, 5ff.

[277] Vgl. Sapusek, A., Harmonisierung, 1997, S. 314

[278] Vgl. Sapusek, A., Harmonisierung, 1997, S. 313; vgl. hierzu auch Wägenbaur, R., Diskriminierung, EuR 1969, S. 28

beispielsweise der Beförderungsvorgang einer Besteuerung unterliegt.[279] Voraussetzung für die Anwendbarkeit des Art. 90 [95] EGV ist also, daß sich eine gewisse Produktbezogenheit der zu prüfenden Abgabe nachweisen läßt. Das ist hauptsächlich bei den indirekten Steuern wie zum Beispiel der Umsatz- oder den speziellen Verbrauchsteuern der Fall, welche letztlich auf den Preis von Waren durchschlagen.[280] Dabei ist es unerheblich, auf welcher Produktions- oder Handelsstufe die Abgabe erhoben wird.[281]

bb) Begriff der gleichartigen inländischen Ware

Gem. Art. 90 EGV dürfen die auf eingeführte Waren erhobenen Abgaben nicht höher sein als diejenigen, welche *gleichartige inländische Waren* zu tragen haben. Was dieser Terminus bedeutet, ist unklar.[282] Gleichwohl kommt ihm aber bei der Anwendung der Vorschrift zentrale Bedeutung zu.[283] Eine Begriffsbestimmung oder nähere Konkretisierung kann dem EGV nicht entnommen werden.[284] Zunächst ist festzuhalten, daß der Wortlaut in allen Amtssprachen der EG auf einen Anwendungsbereich hindeutet, der über identische oder gleiche Produkte hinausgeht.[285] Gleichartigkeit bedeutet allein schon vom allgemeinen Sprachgebrauch her nicht Gleichheit.[286] Damit ist aber noch keine Aussage darüber getroffen, anhand welcher Kriterien die Gleichartigkeit mehrerer Waren festzustellen ist.

In der Rechtsprechung des EuGH bezüglich dieser Frage stand zunächst eine sehr enge, formale Betrachtung im Vordergrund.[287] Die Beurteilung der Gleichartigkeit von Waren wurde anhand von Kriterien wie beispielsweise der Zuordnung der Waren nach steuerrechtlichen oder zollrechtlichen Gesichtspunkten

---

279 Vgl. Schröer-Schallenberg, S., Diskriminierung, in: Birk, D. (Hrsg.), Handbuch, 1995, S. 438; s.a. EuGH-Urteil v. 16.2.1977, Rs. 20/76 „Schöttle und Söhne“, EuGHE 1977, S. 258

280 Vgl. Eilers, S., in: Groeben, H. v. d. u.a. (Hrsg.), Handbuch, Stand: 1999, Art. 95, S. 72

281 Vgl. Schröer-Schallenberg, S., Diskriminierung, in: Birk, D. (Hrsg.), Handbuch, 1995, S. 438

282 Vgl. Bahlmann, K., Steuerrecht, EuR 1985, S. 50; Endres, W., Harmonisierung, 1965, S. 17

283 Vgl. Förster, J., in: Bleckmann, A. (Hrsg.), Europarecht, 1997, S. 723; Schröer-Schallenberg, S., Diskriminierung, in: Birk, D. (Hrsg.), Handbuch, 1995, S. 438

284 Vgl. Schröer-Schallenberg, S., Diskriminierung, in: Birk, D. (Hrsg.), Handbuch, 1995, S. 439; Easson, A., Tax, 1980, S. 25

285 Vgl. Ohler, C., Integration, 1997, S. 100

286 Vgl. Schröer-Schallenberg, S., Diskriminierung, in: Birk, D. (Hrsg.), Handbuch, 1995, S. 439; vgl. auch Wägenbaur, R., Diskriminierungen, RIW/AWD 1980, S. 128

287 Vgl. Schröer-Schallenberg, S., Diskriminierung, in: Birk, D. (Hrsg.), Handbuch, 1995, S. 440

vorgenommen.[288] Eine rein nach formalen Merkmalen vorgenommene Beurteilung ist aber abzulehnen[289], da die Einordnung nicht einheitlich in der gesamten Gemeinschaft stattfinden würde, sondern in der Hand der nationalen Gesetzgebung läge.[290] Auch der Gerichtshof ist von dieser zunächst praktizierten formalen Beurteilung[291] später dazu übergegangen, Waren dann als gleichartig anzusehen, wenn diese in den Augen des Verbrauchers die gleichen Eigenschaften haben und denselben Bedürfnissen dienen. Mit anderen Worten wurde die gleiche oder vergleichbare Verwendung aus der Sicht des Verbrauchers für die Gleichartigkeit von Waren als maßgeblich angesehen.[292] Fraglich ist hierbei aber, anhand welcher Kriterien eine gleiche oder vergleichbare Verwendung zweier Güter beurteilt werden soll. Dabei ist „von einem durchschnittlichen und vernünftigen Verbraucher auszugehen, dessen Bedürfnisse herkömmlichen Standards entsprechen"[293] und der „aufgeschlossen und bereit ist, Produkte aus den Mitgliedstaaten der Gemeinschaft zu verbrauchen"[294]. Für die Ermittlung des Verwendungszweckes bzw. der Verwendungsgewohnheiten dürfen nicht nur die Gewohnheiten in bestimmte Regionen als Grundlage herangezogen werden.[295] Der EuGH hat beispielsweise Aquavit und Getränke, die aus neutralem Alkohol hergestellt werden und ihren Geschmack dem Zusatz von Aromastoffen verdanken, als gleichartig angesehen.[296] Eine Gleichartigkeit von Bananen und Tafelobst typisch italienischer Erzeugung wurde aber verneint.[297]

cc) Belastungsvergleich zwischen importierter und inländischer Ware

Damit eine abgabenrechtliche Bestimmung in einem Mitgliedstaat gegen Art. 90 [95] Abs. 1 EGV verstößt, muß die Belastung der eingeführten Ware im Ver-

---

288 Vgl. hierzu Sapusek, A., Harmonisierung, 1997, S. 313

289 Vgl. Schröer-Schallenberg, S., Diskriminierung, in: Birk, D. (Hrsg.), Handbuch, 1995, S. 440; EuGH-Urteil v. 7.5.1987, Rs. 184/85 „Kommission / Italien", EuGHE 1987, S. 2025

290 Vgl. Schröer-Schallenberg, S., Diskriminierung, in: Birk, D. (Hrsg.), Handbuch, 1995, S. 440

291 Vgl. EuGH-Urteil v. 4.4.1968, Rs. 27/67 „Fink-Frucht GmbH", EuGHE 1968, S. 347; EuGH-Urteil v. 15.4.1970, Rs. 28/69 „Kommission / Italien", EuGHE 1970, S. 194

292 Vgl. Schröer-Schallenberg, S., Diskriminierung, in: Birk, D. (Hrsg.), Handbuch, 1995, S. 440; s.a. Sapusek, A., Harmonisierung, 1997, S. 313

293 Ohler, C., Integration, 1997, S. 103

294 Ohler, C., Integration, 1997, S. 103

295 Vgl. Schröer-Schallenberg, S., Diskriminierung, in: Birk, D. (Hrsg.), Handbuch, 1995, S. 440

296 Vgl. EuGH-Urteil v. 27.2.1980, Rs. 171/78 „Kommission / Dänemark", EuGHE 1980, S. 471

297 Vgl. EuGH-Urteil v. 7.5.1987, Rs. 184/85 „Kommission / Italien", EuGHE 1987, S. 2013; EuGH-Urteil v. 7.5.1987, Rs. 193/85 „Co-Frutta", EuGHE 1987, S. 2085

gleich zu der inländischen Ware höher sein. Ob dies der Fall ist, ist mit Hilfe eines Belastungsvergleichs zwischen importierter und inländischer Ware zu ermitteln. Eine deutliche und leicht erkennbare Höherbelastung einer importierten Ware wäre beispielsweise dann gegeben, wenn für die Besteuerung importierter und inländischer Waren jeweils unterschiedlich hohe Steuersätze zur Anwendung kommen. Steuerrechtliche Diskriminierungen beruhen allerdings „nur in den seltensten Fällen auf der Anwendung evident diskriminierender Steuersätze“[298]. Sehr viel häufiger sind Fälle, in denen die Diskriminierung der eingeführten Waren auf Differenzierungen in der steuerlichen Bemessungsgrundlage, den Befreiungstatbeständen oder im Besteuerungsverfahren beruhen.[299] So „können Steuertatbestände so zugeschnitten sein, daß sie zwar eingeführte und einheimische Waren nach formal gleichen Kriterien erfassen, faktisch aber ausländische Produkte benachteiligen und einheimische Produkte begünstigen.“[300] Die Belastung inländischer Abgaben stellt die Obergrenze für eine zulässige Belastung importierter Güter dar.[301] Eine darüber hinausgehende steuerliche Belastung ist als verbotene Diskriminierung i.S.v. Art. 90 [95] EGV anzusehen. Dabei kommt es nicht auf die Intensität der Diskriminierung an, so daß auch Steuerrechtsvorschriften mit nur schwach diskriminierender Wirkung gegen Art. 90 [95] Abs. 1 EGV verstoßen können.[302] Art. 90 [95] Abs. 1 EGV untersagt es den Mitgliedstaaten im übrigen nicht, importierte Waren im Inland einer niedrigeren Besteuerung zu unterwerfen, als sie inländische Produkte zu tragen haben.[303] Eine solche umgekehrte Diskriminierung von inländischen Waren, welche auch im Inland verbleiben, fällt nach der Rechtsprechung des EuGH nicht in den Vertragsbereich.[304] Damit ist die Finanzhoheit der Mitgliedstaaten für rein

---

298 Oppermann, T., Europarecht, 1999, S. 396

299 Vgl. Oppermann, T., Europarecht, 1999, S. 396; vgl. auch Arndt, H.-W., Diskriminierungsverbot, DStR 1989, S. 472

300 Stumpf, C., Entwicklungen, EuZW 1991, S. 715; EuGH-Urteil v. 5.5.1970, Rs. 77/69 „Kommission / Belgien“, EuGHE 1970, 237; EuGH-Urteil v. 21.5.1980, Rs. 73/79 „Kommission / Italien“, EuGHE 1980, S. 1548; EuGH-Urteil v. 9.5.1985, Rs. 112/84 „Humblot“, EuGHE 1985, 1367; EuGH-Urteil v. 11.7.1985, Rs. 278/83 „Kommission / Italien“, EuGHE 1985, S. 2503; EuGH-Urteil v. 17.9.1987, Rs. 433/85 „Feldain“, EuGHE 1987, S. 3521; EuGH-Urteil v. 28.4.1988, Rs. 76/87 „Seguela“, EuGHE 1988, S. 2397

301 Vgl. Bahlmann, K., Steuerrecht, EuR 1985, S. 51

302 Vgl. Stumpf, C., Entwicklungen, EuZW 1991, S. 713 EuGH-Urteil v. 3.7.1985, Rs. 277/83 „Kommission / Italien“, EuGHE 1985, S. 2058; vgl. auch Bahlmann, K., Steuerrecht, EuR 1985, S. 52

303 Vgl. EuGH-Urteil v. 13.3.1979, Rs. 86/78 „Peureux“, EuGHE 1979, 913; EuGH-Urteil v. 7.5.1981 „Hansen“, EuGHE 1981, S. 1165ff.

304 Vgl. Bahlmann, K., Steuerrecht, EuR 1985, S. 48; Behrens, P., Wirtschaftsrecht, Jura 1989, S. 564; s.a. EuGH v. 13.3.1979, Rs. 86/78 „Peureux“, EuGHE 1979, S. 897; Balke, B., Warenverkehr 1997, S. 41

innerstaatliche Sachverhalte gewahrt.[305] Eine Anwendung des Art. 90 Abs. 1 EGV kommt im übrigen dann nicht in Frage, wenn eine nennenswerte oder überhaupt keine Produktion gleichartiger inländischer Waren vorhanden ist.[306]

c) Der Regelungsgehalt des Art. 90 [95] Abs. 2 EGV

Art. 90 [95] Abs. 2 EGV bestimmt, daß die Mitgliedstaaten auf Waren keine inländischen Abgaben erheben dürfen, welche geeignet sind, bestimmte inländische Produktionen mittelbar zu schützen. Damit wird denjenigen Fällen Rechnung getragen, in denen zwar gleichartige inländische Waren nicht existieren, von der Abgabe aber eine Protektionswirkung zugunsten bestimmter anderer inländischer Erzeugnisse ausgeht.[307] Art. 90 Abs. 2 [95] EGV wendet sich gegen protektionistische abgabenrechtliche Maßnahmen unterschiedlicher Art[308] und stellt eine Ergänzung zu Absatz 1 dar.[309]
Das „Protektionsverbot"[310] des Art. 90 [95] Abs. 2 EGV setzt zunächst einmal ein (potentielles) Wettbewerbsverhältnis zwischen einer eingeführten Ware und einem inländischen Produkt voraus. Es muß die hypothetische Möglichkeit bestehen, „daß die Importware und bestimmte inländische Erzeugnisse an irgendeiner Stelle auf dem Inlandsmarkt derart in Konkurrenz treten, daß nicht ausgeschlossen werden kann, daß der Verkauf des **Inlandserzeugnisses** die **Absatzchancen** der Importware mindert."[311] Bei dieser Beurteilung sind nicht nur der jeweils aktuelle Zustand des Marktes zu berücksichtigen, sondern auch die **Entwicklungsmöglichkeiten**, die sich aus einem verstärkten innergemeinschaftli-

305 Vgl. Stumpf, C., Entwicklungen, EuZW 1991, S. 715
306 Vgl. EuGH-Urteil v. 9.7.1987, Rs. 356/85 „Kommission / Belgien", EuGHE 1987, S. 2013
307 Vgl. Eilers, S., in: Groeben, H. v. d. u.a. (Hrsg.), Handbuch, Stand: 1999, Art. 95, S. 72; Stumpf, C., Entwicklungen, EuZW 1991, S. 715; EuGH-Urteil v. 4.4.1968, Rs. 27/67 „Fink-Frucht GmbH", EuGHE 1968, S. 347; Stumpf, C., Entwicklungen, EuZW 1991, S. 716 EuGH-Urteil v. 4.4.1968, Rs. 27/67 „Fink-Frucht GmbH", EuGHE 1968, S. 360; EuGH-Urteil v. 27.2.1980, Rs. 168/78 „Kommission / Frankreich", EuGHE 1980, S. 400; EuGH-Urteil v. 15.7.1982, Rs. 216/81 „Cogis", EuGHE 1982, 2701; EuGH-Urteil v. 27.2.1980, Rs. 170/78 „Kommission / Großbritannien", EuGHE 1980, S. 417; EuGH-Urteil v. 27.2.1980, Rs. 171/78 „Kommission/ Dänemark", EuGHE 1980, 447; EuGH-Urteil v. 7.5.1987, Rs. 184/85 „Kommission / Italien", EuGHE 1987, 2013; EuGH-Urteil v. 9.7.1987, Rs. 356/85 „Kommission / Belgien", EuGHE 1987, S. 3299
308 Vgl. Voß, R., Verbrauchsteuern, in: Kruse, H. (Hrsg.), Zölle, 1988, S. 273
309 Vgl. Klein, F. / Wolffgang, M., in: Lenz, C. O. (Hrsg.), Kommentar, 1994, Art. 95, S. 599
310 Arnold, N., Getränkesteuer, Ecolex 1998, S. 427
311 Ehle, D., Auslegungsprobleme, NJW 1967, S. 1691

chen Handel ergeben können.[312] Ein derartiges Wettbewerbsverhältnis hat der EuGH beispielsweise zwischen leichten Weinen und Bier bejaht.[313]
Liegt ein solches Wettbewerbsverhältnis zwischen importierter und inländischer Ware vor, ist unter Berücksichtigung sämtlicher Umstände des jeweiligen Einzelfalls zu prüfen, ob die inländische Abgabenregelung eine Schutzwirkung zugunsten der einheimischen Ware ausübt.[314] Ob eine Abgabe protektionistische Wirkung besitzt, hängt beispielsweise auch von den jeweiligen Verkaufspreisen der zu vergleichenden Waren ab. Je größer der Preisunterschied zwischen den Produkten ohnehin ist, desto geringer ist der Einfluß der jeweiligen Abgabe.[315] Der Nachweis einer tatsächlichen Schutzwirkung ist nicht erforderlich, da es allein auf eine hypothetische Schutzwirkung ankommt.[316] Bezüglich leichtem Wein und Bier hat der EuGH entschieden, daß die Verbrauchergewohnheiten zugunsten des Konsums von Bier und zu Lasten des Konsums ausländischen Weins durch die Höherbelastung des Weins festgefügt werden.[317] Daher wurde ein Verstoß gegen Art. 90 [95] Abs. 2 EGV festgestellt.

2. *Das Verbot überhöhter Rückvergütungen bei der Ausfuhr von Waren in andere Mitgliedstaaten*

Das Bestimmungslandprinzip sieht vor, daß bei der Ausfuhr eine Rückvergütung für die indirekten Steuern gewährt wird. Gem. Art. 91 [96] EGV dürfen aber derartige Rückvergütungen keinesfalls höher sein als die insgesamt auf die exportierte Ware zuvor im Ursprungsland mittelbar oder unmittelbar tatsächlich

---

312 Vgl. Stumpf, C., Entwicklungen, EuZW 1991, S. 716; EuGH-Urteil v. 27.2.1980, Rs. 170/78 „Kommission / Großbritannien", EuGHE 1980, S. 432; EuGH-Urteil v. 12.7.1983, Rs. 170/78 „Kommission / Großbritannien", EuGHE 1983, S. 2266; EuGH-Urteil v. 27.2.1980, Rs. 169/78 „Kommission / Italien", EuGHE 1980, S. 385; EuGH-Urteil v. 15.7.1982, Rs. 216/81 „Cogis", EuGHE 1982, S. 2701; EuGH-Urteil v. 15.3.1983, Rs. 319/81 „Kommission / Italien", EuGHE 1983, S. 601ff.; s.a. Sapusek, A., Harmonisierung, 1997, S. 315

313 Vgl. EuGH-Urteil v. 27.2.1980, Rs. 170/78 „Kommission / Großbritannien", EuGHE 1980, S. 417; EuGH-Urteil v. 12.7.1983, Rs. 170/78 „Kommission / Großbritannien", EuGHE 1983, S. 2265; EuGH-Urteil v. 9.7.1987, Rs. 356/85 „Kommission / Belgien", EuGHE 1987, S. 3299

314 Vgl. EuGH-Urteil v. 27.2.1980, Rs. 170/78 „Kommission / Großbritannien", EuGHE 1980, S. 418; EuGH-Urteil v. 27.2.1980, Rs. 171/78 „Kommission / Dänemark", EuGHE 1980, S. 448; EuGH-Urteil v. 16.12.1986, Rs. 200/85 „Kommission / Italien", EuGHE 1986, S. 3953; EuGH-Urteil v. 9.7.1987, Rs. 356/85 „Kommission / Belgien", EuGHE 1987, 3299

315 Vgl. Sapusek, A., Harmonisierung, 1997, S. 315

316 Vgl. Sapusek, A., Harmonisierung, 1997, S. 315

317 Vgl. Behrens, P., Wirtschaftsrecht, Jura 1989, S. 565; vergleiche zu diesem Fall auch Bahlmann, K., Steuerrecht, EuR 1985, S. 53f.

erhobenen Abgaben.[318] Die Vorschrift stellt gewissermaßen das Gegenstück zu Art. 90 [95] EGV dar und sichert eine symmetrische Behandlung von Ein- und Ausfuhr.[319]
Fraglich ist, welche Abgaben unter diese Vorschrift fallen können. In der Rechtsprechung des EuGH wurde die Erstattung von Eintragungs-, Stempel- und Hypothekensteuern sowie von Abgaben auf Lizenzen und Konzessionen ebenso anhand Art. 91 [96] geprüft, wie bestimmte Kraftfahrzeug- und Werbungssteuern.[320] Der Anwendungsbereich von Art. 91 [96] EGV ist demnach analog zu Art. 90 [95] EGV grundsätzlich weit. Im übrigen kann auf die dortigen Ausführungen verwiesen werden.
Eine gewährte Rückvergütung derartiger Abgaben darf nicht höher sein als die tatsächlich auf den Exportwaren lastenden Abgaben.[321] Diese Regelung wird verständlich, wenn man sich vor Augen hält, daß jede Rückvergütung, welche über den Betrag der tatsächlich auf einer Ware lastenden Abgaben hinausgeht, wirtschaftlich betrachtet einer Exportsubvention gleichkäme.[322] Eine derartige „Exportsubvention" hätte Wettbewerbsverfälschung zugunsten der subventionierten Ware auf dem Markt des Bestimmungslandes zur Folge.[323]
Das Verbot überhöhter Rückvergütungen will somit verhindern, daß inländischen Produzenten auf den Märkten der anderen Mitgliedsländer auf dem Wege des Steuerrechts Vorteile gewährt werden.[324] Der Wettbewerb auf dem Markt des Bestimmungslandes soll unverfälscht bleiben.[325]

---

318 Vgl. hierzu Weides, P., Steuerrechtsangleichung, JZ 1965, S. 11; Meyding, B., Umsatzbesteuerung, 1991, S. 112

319 Vgl. Ehle, D., Auslegungsprobleme, NJW 1967, S. 1693

320 Vgl. Schröer-Schallenberg, S., Diskriminierung, in: Birk, D. (Hrsg.), Handbuch, 1995, S. 459

321 Vgl. Andel, N., Harmonisierung, FA 1959/1960, S. 238

322 Vgl. Ehle, D., Auslegungsprobleme, NJW 1967, S. 1693; Wägenbaur, R., in: Grabitz, E. / Hilf, M. (Hrsg.), Kommentar, Stand: 1999, Art. 96, Rdnr. 1; s.a. EuGH-Urteil v. 19.11.1969, Rs. 45/64 „Kommission / Italien", EuGHE 1969, S. 433; Groeben, H. v. d., Steuersysteme, EStZ 1962, S. 540

323 Vgl. Wägenbaur, R., in: Grabitz, E. / Hilf, M. (Hrsg.), Kommentar, Stand: 1999, Art. 96, Rdnr. 1; s.a. EuGH-Urteil v. 19.11.1969, Rs. 45/64 „Kommission / Italien", EuGHE 1969, S. 433; Ehle, D., Auslegungsprobleme, NJW 1967, S. 1690; Moritz, H., Umweltabgaben, 1999, S. 119

324 Vgl. Nowack, R., in: Groeben, H. v. d. u.a. (Hrsg.), Handbuch, Stand: 1999, Art. 96, S. 81; Förster, J., in Bleckmann, A. (Hrsg.), Europarecht, 1997, S. 728 vgl. auch Klein, F. / Wolffgang, H., in: Lenz, C. O. (Hrsg.), Kommentar, 1994, Art. 96, S. 605; Stumpf, C., Entwicklungen, EuZW 1991, S. 716

325 Vgl. Schröer-Schallenberg, Diskriminierung, in: Birk, D. (Hrsg.), Handbuch, 1995, S. 457 mit Hinweisen auf die Rechtsprechung;

Anzumerken bleibt noch, daß Art. 91 [96] EGV lediglich eine Obergrenze für die Rückvergütung inländischer Abgaben regelt.[326] Den Mitgliedstaaten steht es also frei, Rückvergütungen unterhalb dieser Obergrenze in beliebiger Höhe zu gewähren oder sogar ganz auf Erstattungen zu verzichten.[327] Art. 91 [96] EGV basiert damit auf dem fakultativen Bestimmungslandprinzip.[328] Exportwaren sind daher nicht zwingend von den auf ihnen lastenden inländischen Abgaben zu befreien.[329] Dies hat Wettbewerbsnachteile der exportierten Güter auf dem Markt des jeweiligen Bestimmungslands zur Folge.[330] Diese Art von Wettbewerbsverfälschung widerspricht ebenfalls der Forderung nach unverfälschten Wettbewerbsbedingungen im Binnenmarkt, wird aber durch die primärrechtlichen Vorschriften nicht verhindert.[331] Derartige Wettbewerbsverfälschungen können nur durch Maßnahmen der Steuerrechtsangleichung beseitigt werden.[332]

3. Das Verbot diskriminierender Durchschnittssätze für die Rückvergütung inländischer Abgaben bei der Ausfuhr von Waren

Als der Vertrag zur Gründung der Europäischen Gemeinschaft geschlossen wurde, haben die damaligen Mitgliedstaaten die Umsatzbesteuerung in Form von Steuern vorgenommen, welche auf mehreren Stufen des Wirtschaftsverkehrs erhoben wurden und deren Berechnung an das jeweilige Bruttoentgelt anknüpfte.[333] Bei derartigen Steuern ist es nicht oder nur unter unverhältnismäßig großem Aufwand möglich, zu ermitteln, in welcher Höhe eine einzelne Ware mit dieser Steuer belastet ist.[334] Diese Schwierigkeiten basieren vor allem darauf, daß es zum Zeitpunkt der Ausfuhr praktisch unmöglich ist, festzustellen, wie viele Produktions- und Vertriebsstufen ein Produkt bis dahin bereits durchlaufen hat, d.h. wie oft also die kumulative Umsatzsteuer bereits angefallen

---

326 Vgl. Nowack, R., in: Groeben, H. v. d. u.a. (Hrsg.), Handbuch, Stand: 1999, Art. 96, S. 82; Ehle, D., Auslegungsprobleme, NJW 1967, S. 1693

327 Vgl. Wägenbaur, R., in: Grabitz, E. / Hilf, M. (Hrsg.), Kommentar, Stand: 1999, Art. 96, Rdnr. 7; vgl. Wasmeier, M., Umweltabgaben, 1995, S. 152

328 Vgl. Meyding, B., Umsatzbesteuerung, 1991, S. 43

329 Vgl. Klein, F. / Wolffgang, H., in: Lenz, C. O. (Hrsg.), Kommentar, 1994, Art. 96, S. 605; Meyding, B., Umsatzbesteuerung, 1991, S. 43

330 Vgl. Wägenbaur, R., in: Grabitz, E. / Hilf, M. (Hrsg.), Kommentar, Stand: 1999, Art. 96, Rdnr. 7

331 Vgl. Wägenbaur, R., in: Grabitz, E. / Hilf, M. (Hrsg.), Kommentar, Stand: 1999, Art. 96, Rdnr. 7

332 Vgl. Wägenbaur, R., in: Grabitz, E. / Hilf, M. (Hrsg.), Kommentar, Stand: 1999, Art. 96, Rdnr. 7 mit Hinweis auf Art. 93[99] EGV

333 Vgl. Guieu, P. / Bonnet, C., Taxation, JCMS 1987, S. 210

334 Vgl. Klein, F. / Wolffgang, H., in: Lenz, C. O. (Hrsg.), Kommentar, 1994, Art. 97, S. 608

ist.[335] Angesichts dieser Problematik hat es Art. 97 EGV a.F.[336] denjenigen Mitgliedstaaten, welche eine Umsatzsteuer nach dem kumulativen Mehrphasensystem erhoben haben, gestattet, bei der Rückvergütung für Exportwaren Durchschnittssätze zugrundezulegen. Den Mitgliedstaaten stand es aber frei, eine exakte Ermittlung zu wählen.[337] Wurde allerdings die Anwendung von Durchschnittssätzen gewählt, mußten diese den Grundsätzen der Art. 90 [95] und Art. 91 [96] EGV entsprechen.[338] Das bedeutete, daß die Durchschnittssätze für die Rückerstattung höchstens einem entsprechend ermittelten Durchschnittssatz einer entsprechenden im Inland verbleibenden Ware betragen durften.[339] Darüber hinaus wurde in einem Protokoll festgehalten, daß die Anwendung der Durchschnittssätze keinesfalls protektionistische Wirkung haben darf.[340]
Anzumerken ist, daß die Zulässigkeit von Durchschnittssätzen auf jeden Fall mit der Forderung nach wettbewerbsneutralen Verhältnissen in Widerspruch stand. Ein Durchschnittssatz kann nämlich die Höhe der inneren Belastung einer Ware niemals genau wiedergeben.[341] Außerdem war die Anwendung von Durchschnittssätzen anfällig für Manipulationen durch die Mitgliedstaaten, welche häufig versuchten, durch entsprechend ermittelte Durchschnittssätze ihren Unternehmern Vorteile auf den Absatzmärkten zu verschaffen.[342]

V. Das Verbot staatlicher Beihilfen und seine Bedeutung für die indirekte Besteuerung in den Mitgliedstaaten

Vorbehaltlich bestimmter Ausnahmen sieht Art. 87 [92] EGV vor, daß staatliche Beihilfen gleich welcher Art, welche durch die Begünstigung bestimmter Unternehmen oder Produktionszweige den Wettbewerb verfälschen oder zu verfälschen drohen, mit dem Gemeinsamen Markt unvereinbar sind, soweit sie den

---

335 Vgl. Stumpf, C., Entwicklungen, EuZW 1991, S. 717; s.a. EuGH-Urteil v. 1.3.1966, Rs. 48/65 „Lütticke", EuGHE 1966, S. 75; EuGH-Urteil v. 3.4.1968, Rs. 28/67 „Molkerei Zentrale", EuGHE 1968, 215; EuGH-Urteil v. 16.5.1968 „Kurt A. Becher", EuGHE 1968, S. 294; EuGH-Urteil v. 4.4.1968, Rs. 25/67, „Milch-, Fett- und Eierkontor", EuGHE 1968, S. 305ff.; Förster, J., in: Bleckmann, A. (Hrsg.), Europarecht, 1997, S. 728

336 Art. 97 EGV a.F. wurde durch den Vertrag von Amsterdam aus dem EGV gestrichen;

337 Vgl. Ehle, D., Auslegungsprobleme, NJW 1967, S. 1693; Bleckmann, A., Steuerhoheit, FR 1969, S. 55 mit weiteren Ausführungen zu den Restriktionen bei der Anwendung von Durchschnittssätzen zur Rückvergütung inländischer Abgaben

338 Zum Verhältnis des früheren Art. 97 EGV zu Art. 90 [95] und Art. 91 [96] EGV vgl. Wendt, P., Umsatzausgleichsteuer, AWD 1967, S. 348f.

339 Vgl. Andel, N., Harmonisierung, FinArch 1959/1960, S. 238

340 Vgl. Andel, N., Harmonisierung, FinArch 1959/1960, S. 238

341 Vgl. Groeben, H. v. d., Steuersysteme, EStZ 1962, S. 8

342 Vgl. Andel, N., Directions, in: Cnossen, S., Studies 1983, S. 295; Cnossen, S., Harmonisation, British Tax Review 1983, S. 236

Handel zwischen Mitgliedstaaten beeinträchtigen.[343] Um die Bedeutung dieser Vorschrift für die indirekte Besteuerung zu klären, ist zunächst einmal zu untersuchen, was in diesem Zusammenhang unter einer Beihilfe zu verstehen ist.
Der Begriff Beihilfe hat der herrschenden Meinung zufolge einen weiteren Inhalt als der Begriff der Subvention. Auf einen weiten Begriffsinhalt deutet auch die gewählte Formulierung in Art. 87 [92] EGV hin, wo von „Beihilfen gleich welcher Art" die Rede ist. Eine Beihilfe muß nicht unbedingt eine Mittelzuwendung an ein Unternehmen sein, sondern kann auch aus einer Minderung von Belastungen bestehen, welche ein Unternehmen im Normalfall zu tragen hätte.[344] Aufgrund des weiten Begriffsinhalts können auch steuerrechtliche Tatbestände als Beihilfe aufzufassen sein. Zu denken ist hierbei etwa an bestimmte Befreiungen oder Minderungen von Steuern und Abgaben.[345]
Art. 87 [92] EGV setzt außerdem voraus, daß die Beihilfe lediglich bestimmte Unternehmen oder Produktionszweige begünstigt. Damit können auch nur solche Steuervergünstigungen unter Art. 87 [92] EGV fallen, welche nur bestimmten Unternehmen oder Produktionszweigen gewährt werden.[346] Diese sind von Steuervergünstigungen und Steuerbefreiungen abzugrenzen, welche prinzipiell allen Unternehmen zugute kommen, die den entsprechenden Tatbestand erfüllen.[347]
Weiteres Tatbestandsmerkmal des Art. 87 [92] EGV ist, daß durch die jeweilige Begünstigung der Wettbewerb verfälscht wird oder verfälscht zu werden droht und sich dies negativ auf den innergemeinschaftlichen Handel auswirkt. Wettbewerbsverfälschungen allein innerhalb eines Mitgliedstaates sind unerheblich. Die Kausalität einer Beihilfe für eine Wettbewerbsverfälschung wird üblicherweise anhand von Plausibilitätserwägungen geprüft, so daß ein konkreter Nachweis nicht erforderlich ist.[348]
Eine gewisse Aktualität hat Art. 87 [92] EGV im Zusammenhang mit der Diskussion um die als indirekte Verbrauchsteuer ausgestaltete deutsche Stromsteuer gewonnen.[349] Dieses Beispiel zeigt, daß bestimmte umweltpolitisch motivierte

343 Vgl. hierzu zum Beispiel Ruppe, H. G., Österreich, 1988, S. 22; auch Voß, R., Steuerrecht, in: Dauses, M. (Hrsg.), Handbuch, Stand: 1999, S. 23; Sprung, R., Bestimmungen, FinArch 1959/1960, S. 210-216

344 Vgl. Voß, R., Steuerrecht, in: Dauses, M. (Hrsg.), Handbuch, Stand: 1999, S. 23; vgl. Bongartz, M. / Schröer-Schallenberg, S., Stromsteuer, DStR 1999, S. 965

345 Vgl. Ruppe, H. G., Österreich, 1988, S. 22

346 Vgl. Ruppe, H. G., Österreich, 1988, S. 22; Hidien, J., Steuern, BB 1999, S. 342

347 Vgl. Voß, R., Steuerrecht, in: Dauses, M. (Hrsg.), Handbuch, Stand: 1999, S. 23

348 Vgl. Ruppe, H. G., Österreich, 1988, S. 22

349 Vgl. Hidien, J., Steuern, BB 1999, S.342; vgl. hierzu auch Arndt, H.-W., Rechtsfragen, 1995, S. 109

Steuervergünstigungen evtl. in Konflikt mit dem Beihilfeverbot kommen können.[350]
Dem EuGH wurde kürzlich außerdem die Frage vorgelegt, ob es im Hinblick auf das Verbot von Beihilfen zulässig ist, daß Österreich im Rahmen seiner Getränkesteuer die sog. „Ab-Hof-Verkäufe" von Wein von der Getränkebesteuerung ausnimmt und somit den Winzern *de facto* einen Wettbewerbsvorteil beispielsweise gegenüber Supermärkten verschafft. In seinem Urteil hat es der EuGH allerdings abgelehnt, zu dieser Frage Stellung zu nehmen, da diese in keinem Zusammenhang mit dem Ausgangsverfahren stehe und somit lediglich hypothetischer Natur sei.[351]
Insgesamt dient somit auch das Verbot von Beihilfen gem. Art. 87 [92] EGV der Verwirklichung vertragszielkonformer Bedingungen im Bereich der indirekten Besteuerung, indem es insbesondere gegen steuerliche Wettbewerbsverfälschungen gerichtet ist. Die Anwendung des Art. 87 [92] auf steuerrechtliche Tatbestände kommt im übrigen neben den Art. 90-92 [95-98] in Frage.[352]

VI. Verbot von Abgaben in Zusammenhang mit staatlichen Handelsmonopolen

Gem. Art. 31 [37] Abs. 1 EGV sind die Mitgliedstaaten vertraglich verpflichtet, ihre staatlichen Handelsmonopole derart umzuformen, daß jede Diskriminierung in den Versorgungs- und Absatzbedingungen zwischen den Angehörigen der Mitgliedstaaten ausgeschlossen ist.
Unter Handelsmonopolen i.S.d. Art. 31 [37] EGV sind staatliche Einrichtungen zu verstehen, die den Handel mit Waren betreffen und denen durch Hoheitsakt bestimmte Ausschließungsrechte verliehen worden sind, wobei eine fortdauernde Einflußmöglichkeit des Staates besteht.[353] In den Anwendungsbereich der Vorschrift fallen auch Abgaben, welche zu einer Diskriminierung von eingeführten Erzeugnissen gegenüber den einem Monopol unterliegenden Erzeugnissen führen.[354] Eine Abgabe ist demnach beispielsweise dann unzulässig, wenn ein Mitgliedstaat ausschließlich Einfuhren aus anderen Mitgliedstaaten damit belastet, um den Unterschied zwischen den Verkaufspreisen im Herkunftsland und dem höheren Preis, den das Monopol inländischen Erzeugern zahlt, auszugleichen.[355] Ein Verstoß gegen Art. 31 [37] EGV liegt hingegen nicht vor, wenn auf eingeführte und inländische Erzeugnisse eine gleiche Abgabe erhoben wird

[350] Vgl. Gosch, D., Öko-Steuern, StuW 1990, S. 213
[351] Vgl. EuGH-Urteil v. 9.3.2000, Rs. 437/97 „Wein & Co.", Rdnr. 52 und Rdnr. 53
[352] Vgl. Spengler, A., Wettbewerbsverfälschungen, DB 1961, S. 1511
[353] Vgl. Matthies, in: Grabitz, E. / Hilf, M. (Hrsg.), Kommentar, Stand: 1999, Art. 37, Rz. 8
[354] Vgl. Moritz, H., Umweltabgaben, 1999, S. 120
[355] Vgl. hierzu Moritz, H., Umweltabgaben, 1999, S. 120

und die von inländischen Erzeugnissen erhobene Abgabe dem Monopol, die Einfuhrabgaben hingegen dem allgemeinen Staatshaushalt zufließen.[356]

VII. Fazit

Durch die beschriebenen Vorschriften waren und sind die Mitgliedstaaten gezwungen, die Ausgestaltung ihrer indirekten Steuern an den dort vorgeschriebenen Grundsätzen auszurichten. Da diese Regeln für alle Staaten der europäischen Gemeinschaft in gleicher Weise verbindlich sind, bewirken diese einen gewissen Angleichungseffekt, gewissermaßen eine „unmittelbar durch den EWG-Vertrag exekutierte Steuerharmonisierung"[357], im Bereich der indirekten Steuern. Die Wirkungen sind letztlich aber doch nur kasuistisch[358] und stellen quasi einen „Mindestkodex"[359] für eine faire indirekte Besteuerung in der Gemeinschaft dar. Die Gesetzgebungshoheit der Mitgliedstaaten bleibt durch diese Bestimmungen relativ unangetastet, „sie muß aber unter den vorgegebenen Rahmenbedingungen ausgeübt werden.[360]
Durch die primärrechtlichen Vorschriften ist es gelungen, das Ziel eines steuerlich unverfälschten Wettbewerbs innerhalb der Gemeinschaft voranzutreiben. Allerdings ist festzustellen, daß diese uneingeschränkt auf dem klassischen Bestimmungslandprinzip basieren.[361] Insofern bewirken diese Vetragsvorschriften abgesehen von der Abschaffung der Zölle und der damit verbundenen Zollkontrollen bezüglich des freien Waren-, Personen- und Dienstleistungsverkehrs innerhalb der Gemeinschaft keine Fortschritte, da die Existenz von Grenzkontrollen von diesen Bestimmungen akzeptiert wird.
Alleine auf Grundlage des Primärrechts können somit keine binnenmarktkonformen Verhältnisse im Bereich der indirekten Besteuerung realisiert werden.[362]

---

356 Vgl. Moritz, H., Umweltabgaben, 1999, S. 120; zu letzterem s. EuGH-Urteil v. 17.2.1976, Rs 45/75 „REWE GmbH", EuGHE 1976, S. 181ff.

357 Höppner, H.-D., EG-Steuerharmonisierung, EuR 1977, S. 123

358 Vgl. Ritter, W., Steuerharmonisierung, BB 1989, S. 78; Fehr, H., Harmonisierung, 1992, S. 13

359 Meyding, B., Umsatzbesteuerung, 1991, S. 108

360 Vgl. Gilchrist, J., Grenzen, in: Vogel, B. (Hrsg.), Föderalismus, 1992, S. 51

361 Vgl. Easson, A., Tax, 1980, S. 4

362 Vgl. Menner, S., Umsatzsteuer-Harmonisierung , 1992, S. 26

D. Beeinflussung des Steuerrechts der Mitgliedstaaten durch das sekundäre Gemeinschaftsrecht

I. Allgemeines

Unter sekundärem Gemeinschaftsrecht werden wie oben dargelegt Rechtsakte verstanden, welche von den Organen der Europäischen Gemeinschaft erlassen wurden. Nachfolgend ist nun zu prüfen, welche Befugnisse zur aktiven Rechtsetzung die Gemeinschaftsorgane nach dem EGV besitzen.

II. Die Kompetenzverteilung nach dem Prinzip der begrenzten Ermächtigung

Staaten besitzen kraft ihrer Souveränität eine umfassende Regelungskompetenz.[363] Sie können in ihrer Eigenschaft als völkerrechtlich souveräne Gemeinwesen sämtliche ihr Staatsgebiet betreffenden öffentlichen Angelegenheiten umfassend regeln.[364] Durch die Gründung der Europäischen Gemeinschaften sollte aber kein neuer Staat geschaffen werden, sondern eine zwischenstaatliche Einrichtung. Auch die Europäische Union besitzt nach herrschender Meinung nicht den Charakter eines Staates.[365] Es handelt sich vielmehr um eine supranationale Staatenverbindung *sui generis* auf völkerrechtlicher Grundlage[366], um einen „Staatenverbund"[367].

Derartige supranationale Organisationen besitzen demzufolge nicht wie souveräne Staaten von vornherein eine umfassende Regelungsgewalt, sondern verfügen nur über diejenigen Befugnisse, welche ihnen von den Mitgliedstaaten vertraglich eingeräumt worden sind.[368] Auf Ebene der Europäischen Union kommt dies durch Art. 5 [E] EUV deutlich zum Ausdruck. In dieser Vertragsbestimmung wird festgelegt, daß die Organe der Europäischen Union ihre Befugnisse nur nach Maßgabe und im Sinne der europäischen Verträge ausüben. Dem Charakter des EUV als Dachvertrag entspricht es, daß dieser Grundsatz für den Bereich der Europäischen Gemeinschaft in der Bestimmung des Art. 5 [3b] EGV nochmals aufgegriffen wird. Dort ist kodifiziert, daß die Gemeinschaft nur in-

---

363 Vgl. Becker, U., Umweltschutz, 1991, S. 37-39

364 Vgl. Wasmeier, M., Umweltabgaben, 1995, S. 53 mit weiteren Nachweisen

365 Vgl. Thun-Hohenstein, C. / Cede, F., Europarecht, 1996, S. 167; Becker, U., Umweltschutz, 1991, S. 37-39; Bleckmann, A. / Pieper, S. U., in: Bleckmann, A. (Hrsg.), Europarecht, 1997, S. 76; vgl. BVerfG 22, 293 (296); 89, 155 Maastricht; vgl. hierzu auch Badura, P., Staatsziel, in: Hengstschläger, J. (Hrsg,), Festschrift 1994, S. 888

366 Vgl. Thun-Hohenstein, C. / Cede, F., Europarecht, 1996, S. 167

367 BVerfG 89, 155 Maastricht; vgl. hierzu auch Steindorff, E., Integration, EWS 1993, S. 345

368 Vgl. Borries, R. v., Subsidiaritätsprinzip, EuR 1994, S. 267

nerhalb der Grenzen der ihr im EGV zugewiesenen Befugnisse und gesetzten Ziele tätig wird.[369] Dies bedeutet, daß die Gemeinschaft über ihre Organe überhaupt nur dann handeln kann, wenn ihr in den Verträgen eine entsprechende Kompetenz eingeräumt wurde.[370] Ist eine entsprechende Befugnis zum Tätigwerden innerhalb der Verträge nicht festgelegt, kommt ein Tätigwerden der Gemeinschaftsorgane auf keinen Fall in Frage. Hieran hat sich auch durch den Vertrag von Amsterdam nichts geändert.

Diese fundamentale Festlegung wird als „Prinzip der begrenzten Ermächtigung" bezeichnet. Weitgehend synonym hierzu werden die Termini „Prinzip der begrenzten Einzelzuständigkeit"[371], „Prinzip der begrenzten Einzelermächtigung"[372] oder „Prinzip der enumerativen Einzelermächtigung"[373] gebraucht.

Das Prinzip der begrenzten Ermächtigung galt zwar auch schon vor seiner expliziten Kodifizierung, wird durch diese aber unterstrichen.[374]

Welche Form eine somit für jedes Handeln der Gemeinschaftsorgane erforderliche vertragliche Ermächtigung besitzen muß, ist klärungsbedürftig. Eine solche vertragliche Ermächtigung zum Tätigwerden liegt unzweifelhaft dann vor, wenn eine explizite und ausdrückliche Bestimmung im EGV besteht. Wie weit diese Ermächtigung dann im Einzelfall reicht, ist durch Auslegung zu ermitteln. Der üblichen Rechtsprechungspraxis des EuGH zufolge sind die in den Verträgen enthaltenen Ermächtigungsnormen so auszulegen, daß sie im Hinblick auf die Ziele des Vertrages die größtmögliche Wirkung entfalten. Man spricht von einer Auslegung nach dem *effet utile*, also der nützlichen Wirkung.[375] Dabei ist allerdings darauf zu achten, daß durch eine solche Auslegung nach dem *effet utile*

---

369 Ergänzend sei angemerkt, daß dieser Grundsatz auch schon vor der Kodifizierung in EUV und EGV gegolten hat. Er wurde aus Art. 3 Abs. 1 EGV, Art. 3 Abs. 1 sowie Art. 145, 155, 189 EGV abgeleitet s. hierzu Ipsen, H., Gemeinschaftsrecht, 1972, S. 425; vgl. hierzu Mickel, W., Handlexikon, 1998, S. 400; Oppermann, T., Europarecht, 1999, S. 198;

370 Vgl. Pieper, S. U., Subsidiarität, 1993, S. 1251; Grabitz, E., Stillhalte-Verpflichtungen, 1988, S. 36; Bogdany, A. v. / Nettesheim, M., in: Grabitz, E. / Hilf, M. (Hrsg.), Kommentar, Stand: 1999, Art. 3b, S. 4; Müller, J., Kapitalverkehrsfreiheit, 1998, S. 362; Kuntze, C., Kompetenzen, 1998, S. 58; Baetge, D., Maastricht, BayVBl. 1992, S. 713; Mickel, W., Handlexikon, 1998, S. 400; Pieper, U., Gemeinschaft, SteuerStud 1994, S. 406; Beyer, T., Ermächtigung, Der Staat 1996, S. 191; Herdegen, M., Europarecht, 1997, S. 91; Fischer, H.-G., Europarecht, 1997, S. 85; Schweitzer, M. / Hummer, W., Europarecht, 1996, S. 98; vgl. EuGH-Urteil v. 6.7.1982, verb. Rs. 188-190/80 „Frankreich u.a. / Kommission", EuGHE 1982, S. 2545ff.

371 Jarass, H. D., EG-Kompetenzen, EuGRZ 1994, S. 209

372 Herdegen, M., Europarecht, 1997, S. 122

373 Arndt, H.-W., Europarecht, 1998, S. 60

374 Ress, G., Kulturkompetenz, DÖV 1992, S. 948; Jarasss H. D., Kompetenzverteilung, AöR 1996, S. 174; Schwartz, I., Subsidiarität, AfP 1993, S. 410

375 Vgl. hierzu Jickeli, J., Binnenmarkt, JZ 1995, S. 61ff.

nicht die Grenzen des Prinzips der begrenzten Ermächtigung gesprengt werden. Eine Auslegung nach dem *effet utile* darf nicht *de facto* einer Vertragsänderung gleichkommen.[376]

Teilweise wird die Auffassung vertreten, daß die Organe der Europäischen Gemeinschaft über die ihnen im EGV explizit zugewiesenen Befugnisse entsprechend der völkerrechtlichen „Implied-Powers-Theorie“[377] auch über ungeschriebene Kompetenzen verfügen.[378] Der Theorie der *implied powers* zufolge hätten die Gemeinschaftsorgane auch dann die Befugnis zum Tätigwerden, wenn dies zwar nicht explizit im europäischen Primärrecht vorgesehen ist, aber ein enger Sachzusammenhang zu einer explizit eingeräumten Kompetenz besteht.[379] Solche ungeschriebenen Kompetenzen wären also beispielsweise dann anzunehmen, wenn diese zur Wahrnehmung einer vertraglich zugewiesenen Aufgabe unerläßlich sind.[380] Auf der Grundlage der *Implied-Powers*-Theorie wurde in Zusammenhang mit Bereichen, in denen die Gemeinschaft innerhalb ihres Gebietes zum Erlaß von Rechtsakten befugt ist (zum Beispiel Verkehrs- oder Fischereipolitik) auch die entsprechende Kompetenz zum Abschluß diesbezüglicher völkerrechtlicher Verträge mit Drittstaaten bejaht, obwohl diese nicht explizit im Primärrecht enthalten ist.[381] Die Bejahung von *implied powers* der Europäischen Gemeinschaft ist kritisch zu beurteilen, da faktisch das fundamentale Prinzip der begrenzten Ermächtigung verlassen wird. Das Bundesverfassungsgericht hat in seiner Maastricht-Entscheidung deutlich gemacht, daß es diese Bedenken teilt. Ein Tätigwerden der Gemeinschaftsorgane auf Grundlage von *implied powers* kommt aufgrund dieser Überlegungen – wenn überhaupt – nur im alleräußersten Ausnahmefall in Betracht.

Wird von den Organen der Gemeinschaft ein Rechtsakt erlassen, für den sich keine primärrechtliche Rechtsgrundlage nachweisen läßt, ist dieser nichtig und entfaltet weder für die Mitgliedstaaten, die einzelnen Bürger noch für die Organe der Gemeinschaft selbst Bindungswirkung.[382] Gleiches gilt, wenn die Gemeinschaftsorgane bei der Ausübung einer bestehenden Kompetenz den durch

---

376 Vgl. Badura, P., Staatsziel, in: Hengstschläger, J. (Hrsg.), Festschrift, 1994, S. 892

377 Vgl. hierzu Nicolaysen, G., Theorie, EuR 1966, S. 129-142; s.a. Ipsen, H., Gemeinschaftsrecht 1972, S. 436f.

378 Vgl. Ahlt, M., Europarecht, 1996, S. 40; Jarass H. D., Kompetenzverteilung, AöR 1996, S. 176f.; Endres, W., Harmonisierung, 1965, S. 19

379 Vgl. Ahlt, M., Europarecht, 1996, S. 40

380 Vgl. Fischer, H.-G., Europarecht, 1997, S. 85; Thun-Hohenstein, C. / Cede, F., Europarecht, 1996, S. 167; Oppermann, T., Europarecht, 1999, S. 171; vgl. EuGH-Urteil v. 29.11.1956, Rs. 8/55 „Fédération charbonnière de Belgique / Hohe Behörde“, EuGHE 1955, S. 311

381 Vgl. Fischer, H.-G., Europarecht, 1997, S. 85; vgl. auch EuGH-Urteil v. 31.3.1971, Rs. 22/70 „Kommission / Rat“, EuGHE 1971, S. 263

382 Vgl. Fischer, H.-G., Europarecht, 1997, S. 1470

Auslegung der entsprechenden Kompetenzzuweisung zu ermittelnden maximalen Umfang der eingeräumten Befugnis überschreitet.[383] Die Nichtigkeit eines Rechtsaktes ist auch dann anzunehmen, wenn die Gemeinschaftsorgane eine unzutreffende Rechtsgrundlage gewählt haben.[384]

III. Vertragliche Rechtsgrundlagen für den Erlaß von Maßnahmen auf dem Gebiet der indirekten Steuern durch die Gemeinschaftsorgane

1. Grundsätzliches

Zu prüfen ist nun, welche Ermächtigungen der EGV für den Erlaß von Rechtsakten durch die Organe der Europäischen Gemeinschaft auf dem Gebiet der indirekten Steuern bereithält. Bei der Suche nach den hier einschlägigen Kompetenzgrundlagen stellt man zunächst einmal fest, daß im europäischen Gemeinschaftsrecht anders als in föderalistisch organisierten Staaten kein einheitlicher und zusammenhängender Zuständigkeitskatalog existiert, welcher die Befugnisse der Gemeinschaft von denen der Mitgliedstaaten abgrenzt.[385] Vielmehr sind die erforderlichen Ermächtigungen für eine Rechtsetzungstätigkeit im gesamten Vertrag verstreut.[386] Hinzu tritt noch die Problematik, daß sich die Zuständigkeitsverteilung vielfach nicht an bestimmten Sachgebieten orientiert, sondern daß eine finale, also funktionsbezogene Kompetenzzuweisung erfolgt.[387] Den Gemeinschaftsorganen wird in der Regel die Kompetenz zugewiesen, einen bestimmten Zustand herzustellen, ohne diese Kompetenz auf einen bestimmten Sachbereich zu beschränken.[388] Derartige funktionale bzw. finale Kompetenzzuweisungen besitzen aber in der Regel „sehr unscharfe Kontu-

383 Vgl. Furrer, A., Sperrwirkung, 1994, S. 143

384 Vgl. Wasmeier, M., Umweltabgaben, 1995, S. 257

385 Vgl. Pieper, S. U., Subsidiarität, 1993, S. 186; Hakenberg, W., Grundzüge, 1994, S. 20 zieht einen Vergleich zum Zuständigkeitskatalog der Art. 73 und 74 GG

386 Vgl. Pieper, S. U., Subsidiarität, 1993, S. 186

387 Vgl. Pieper, S. U., Subsidiarität, 1993, S. 186; Müller, J., Kapitalverkehrsfreiheit, 1998, S. 369; Kirchner, C. / Haas, J., Kompetenzübertragungen, JZ 1993, S. 761; Kühner, H., Rechtsetzung, 1997, S. 2; Jarass H. D., EG-Kompetenzen, EuGRZ 1994, S. 209

388 Vgl. Pieper, S. U., Subsidiarität, 1993, S. 186

ren"[389]. Prinzipiell lassen sich im EGV Generalermächtigungen und Spezialermächtigungen für Rechtsakte unterscheiden.[390]

2. *Allgemeine Rechtsgrundlagen für sekundärrechtliche Maßnahmen*

a) Art. 94 [100] EGV – Angleichung mitgliedstaatlicher Rechts- und Verwaltungsvorschriften

aa) Allgemeines

Art. 94 [100] EGV ermächtigt den Rat dazu, einstimmig Richtlinien zur Angleichung derjenigen Rechts- und Verwaltungsvorschriften der Mitgliedstaaten zu erlassen, welche sich unmittelbar auf die Errichtung oder das Funktionieren des Gemeinsamen Marktes auswirken.

bb) Der Begriff der Rechts- und Verwaltungsvorschriften

Gegenstand einer Angleichung im Sinne von Art. 94 [100] EGV können dem Wortlaut der Vorschrift nach Rechts- und Verwaltungsvorschriften sein. Der Terminus ist wohl so zu interpretieren, daß darunter Gesetze, Verordnungen, Kollektivverträge, Gewohnheitsrecht und selbst die ständige Rechtsprechung zu subsumieren sind.[391] Da Art. 94 [100] keine Beschränkung auf bestimmte Sachbereiche enthält, können unter diese Rechts- und Verwaltungsvorschriften prinzipiell auch Vorschriften des Steuerrechts fallen.

cc) Unmittelbare Auswirkung auf den Gemeinsamen Markt

Eine Kompetenz der Gemeinschaftsorgane zur Angleichung besteht allerdings nur für solche Rechts- und Verwaltungsvorschriften, welche sich unmittelbar auf die Errichtung oder das Funktionieren des Gemeinsamen Marktes auswirken.[392] Wann eine solche unmittelbare Auswirkung auf den Gemeinsamen Markt vor-

---

389 Jarass H. D., EG-Kompetenzen, EuGRZ 1994, S. 209; Kühner, H., Rechtsetzung, 1997, S. 2; Kuntze, C., Kompetenzen, 1998, S. 58; s.a. Bogdany, A. v. /Nettesheim, M., in: Grabitz, E. / Hilf, M. (Hrsg.), Kommentar, Stand: 1999, Art. 3b, S. 3ff.; Langguth, G. in: Lenz, C. O. (Hrsg,), Kommentar, 1994, Art. 3b, S. 21; Nettesheim , M. Kompetenzkonflikte, EuR 1993, 243; vgl. hierzu auch Bleckmann, A., Integration, ZRP 1990, S. 268

390 Vgl. Gilchrist, J., Grenzen, in: Vogel, B. (Hrsg.), Föderalismus, 1992, S. 51; Leleux, P., Rapprochement, CDE 1968, S. 136

391 Vgl. Eiden, H., in: Bleckmann, A. (Hrsg.), Europarecht, 1997, S. 763

392 Vgl. Eiden, H. C., in: Bleckmann, A. (Hrsg.), Europarecht, 1997, S. 765; Fichna, G., Gesetzgeber, RIW 1988, S. 889

liegt, wird weder im EGV selbst näher erläutert, noch ist diese Frage durch die Rechtsprechung des EuGH eindeutig geklärt.[393]
Richtigerweise ist davon auszugehen, daß sich Rechts- und Verwaltungsvorschriften dann unmittelbar auf den Gemeinsamen Markt auswirken, wenn diese die Verwirklichung der Freizügigkeit, der Wettbewerbsfreiheit oder eines der anderen Teilelemente des Gemeinsamen Marktes deutlich spürbar beeinträchtigen.[394] Sie müssen beträchtliche Hemmnisse für die Verwirklichung des Gemeinsamen Markt darstellen.[395] Diese tatbestandliche Einschränkung hat somit den Zweck, die Gemeinschaftsaktivität auf die Bereiche zu beschränken, in denen sie unbedingt notwendig erscheint.[396] Ohne diese Einschränkung könnte für erheblich mehr Rechtsvorschriften irgendeine Auswirkung auf den Gemeinsamen Markt gefunden werden.[397]

dd) Der Begriff der Angleichung

Die Vorschrift des Art. 94 [100] EGV ermächtigt den Rat zur *Angleichung* der Rechtsvorschriften. In diesem Zusammenhang ist fraglich, was unter einer Angleichung genau zu verstehen ist.[398] Der herrschenden Auffassung zufolge ist der Begriff Angleichung synonym zu den an anderen Stellen im Vertrag verwendeten Begriffen *Koordination* oder *Harmonisierung*.[399] Darunter ist ein Einwirken der Gemeinschaftsorgane auf das Recht der Mitgliedstaaten zu verstehen, um dieses an gemeinschaftsrechtlich definierte einheitliche Vorgaben anzupassen. Die Intensität der Angleichung ist an dieser Stelle aber als offen zu bezeichnen und wird erst durch andere Vertragsvorschriften beschränkt.
Fraglich ist, ob eine Angleichung im Sinne des Art. 94 [100] EGV die Existenz voneinander abweichender Rechtsvorschriften in den Mitgliedstaaten voraussetzt.[400] Diesbezüglich ist davon auszugehen, daß eine Angleichung auch mög-

393 Vgl. Eiden, H. C., in: Bleckmann, A. (Hrsg.), Europarecht, 1997, S. 765
394 Vgl. Oppermann, T., Europarecht, 1999, S. 417; vgl. auch Eiden, H. C., in Bleckmann, A. (Hrsg.), Europarecht, 1997, S. 765
395 Vgl. Helm, H., Rechtsangleichung, AWD 1968, S. 454
396 Vgl. Everling, U., Rechtsangleichung, in: Capotorti, F. u.a. (Hrsg.), Droit, 1987, S. 230; Fischer, A., Harmonisierung, 1996, S. 3
397 Zeitler, F.-C. / Jüptner, R., Steuerharmonisierung, BB 1988, Beilage 17, S. 3
398 Vgl. hierzu Vogelaar, T., Approximation, CMLR 1975, S. 212f.
399 Eiden, H. C., in Bleckmann, A. (Hrsg.), Europarecht, 1997, S. 762; hinsichtlich der Annahme, daß diese Begriffe übereinstimmen, wird immer wieder auf die grundlegende rechtsvergleichende Untersuchung von Lochner, N., Begriffe, ZgesStW 1962, S. 35-61 hingewiesen; vgl. hierzu auch ausführlich Seidl-Hohenveldern, I., Rechtsakte, in: Carstens, K. / Börner, B., Angleichung, 1971, S. 170-174; Schmeder, W., Rechtsangleichung, 1978, S. 5
400 Vgl. Eiden, H. C., in Bleckmann, A. (Hrsg.), Europarecht, 1997, S. 762

lich ist, wenn entsprechendes Recht nur in einem oder sogar in keinem Mitgliedstaat besteht.[401]
Teleologische und systematische Überlegungen zeigen, daß Rechtsangleichung i.S.d. EGV auf keinen Fall bloßer Selbstzweck sein kann, sondern immer nur im Dienste des Gemeinsamen Marktes zu stehen hat. Sie ist nur ein Mittel bzw. Instrument zur Verwirklichung des Gemeinsamen Marktes.[402]

ee) Angleichung durch Richtlinien

Eine Angleichung der Rechtsvorschriften nach. Art. 94 [100] EGV darf ausschließlich durch Richtlinien im Sinne von Art. 249 [189] EGV stattfinden. Die Gemeinschaftsorgane besitzen damit keinen Ermessensspielraum bezüglich der Wahl der geeigneten Handlungsform.

ff) Subsidiarität gegenüber spezielleren Vertragsbestimmungen

Allein aufgrund seiner Tatbestandsmerkmale könnte Art. 94 [100] EGV als Rechtsgrundlage für Gemeinschaftsmaßnahmen auf dem Gebiet der indirekten Steuern in Betracht kommen. Zu beachten ist aber, daß auch im Gemeinschaftsrecht der Grundsatz *lex specialis derogat legi generali* gilt. Existiert demzufolge im EGV eine speziellere Ermächtigungsnorm, geht diese der „Generalklausel"[403] des Art. 94 [100] EGV vor.

b) Art. 95 [100a] EGV – Angleichung von Rechts- und Verwaltungsvorschriften zur Verwirklichung des Binnenmarktes

Art. 95 [100a] EGV ermächtigt den Rat, Maßnahmen zur Angleichung der Rechts- und Verwaltungsvorschriften der Mitgliedstaaten, welche die Errichtung und das Funktionieren des Binnenmarktes zum Gegenstand haben, zu erlassen. Liegen die Tatbestandsmerkmale des Art. 95 [100a] EGV vor, ermöglicht diese Vorschrift eine umfassende Rechtsangleichung unter vereinfachten Verfahrensvorschriften.[404] Die Wahl der Handlungsform ist nicht beschränkt, so daß u.a.

401 Vgl. Eiden, H. C., in Bleckmann, A. (Hrsg.), Europarecht, 1997, S. 765
402 Vgl. Groeben, H. v. d., Rechtsangleichung, NJW 1970, S. 359; Stumpf, C., Mehrwertsteuer-Harmonisierung, EuZW 1990, S. 543; Genot, A., Harmonisation, ELR 1978, S. 357; Groeben, H. v. d., Steuerangleichung 1968, S. 4
403 Taschner, H., Rechtsangleichung, in: Lüke, G. (Hrsg.), Rechtsvergleichung, 1983, S. 766; Lehner, M., Perspektiven, in: Lehner, M. (Hrsg.), Einfluß, 1996, S. 19; Saß, G., Einflüsse, in: Lehner, M. (Hrsg.), Steuerrechtsordnungen, 1996, S. 31
404 Vgl. Eiden, H. C., in Bleckmann, A. (Hrsg.), Europarecht, 1997, S. 765

auch Verordnungen zulässig sind.[405] Der Anwendungsbereich des Art. 95 [100a] Abs. 1 EGV wird allerdings durch Art. 95 [100a] Abs. 2 EGV dahingehend eingeschränkt, daß für die dort genannten Sachbereiche eine Angleichung nicht nach dieser Vorschrift erfolgen darf. Zu diesen Sachbereichen gehören aufgrund expliziter Nennung auch die Bestimmungen über die Steuern. Art. 95 [100a] Abs. 1 EGV scheidet damit als Rechtsgrundlage für den Erlaß von Rechtsakten auf dem Gebiet der indirekten Steuern definitiv aus.[406]

c) Art. 96 [101] EGV – Maßnahmen der Gemeinschaft gegen wettbewerbsverzerrende Rechtsvorschriften in den Mitgliedstaaten

Der „Spezialtatbestand"[407] des Art. 96 [101] EGV ermöglicht es dem Rat, Richtlinien zur Beseitigung von Verzerrungen des Wettbewerbs zu erlassen. Voraussetzung dafür ist aber, daß aufgrund bestehender Unterschiede in den Rechts- und Verwaltungsvorschriften der Mitgliedstaaten eine Verfälschung des Wettbewerbs besteht, die ihrerseits wiederum kausal für eine Wettbewerbsverzerrung ist. Entgegen der früher verbreiteten Auffassung besitzt der Begriff *Verzerrung* in diesem Zusammenhang lediglich die Bedeutung, daß damit eine höhere Intensität der negativen Auswirkung auf den Wettbewerb gegenüber einer bloßen Verfälschung zum Ausdruck gebracht werden soll. Eine Verzerrung des Wettbewerbs ist demnach eine besonders nachhaltige Verfälschung.[408] Dem Tatbestand nach können auch abgabenrechtliche Normen als Auslöser einer Verzerrung i.S.d. Art. 96 [101] EGV in Frage kommen. Zu denken ist insbesondere an „partiell (regional) geltende Sondervorschriften, zum Beispiel Steuervergünstigungen"[409].

3. Spezielle Rechtsgrundlagen für sekundärrechtliche Maßnahmen

a) Art. 93 [99] EGV – Harmonisierung der indirekten Steuern

aa) Grundlegendes

Bis zu seiner Neufassung durch die Einheitliche Europäische Akte enthielt Art. 93 [99] eine Aufforderung an die Kommission zu prüfen, wie die Rechtsvor-

405 Vgl. Eiden, H. C., in Bleckmann, A. (Hrsg.), Europarecht, 1997, S. 767; s.a. Hayder, R., Rechtsangleichung, RabelsZ 1989, S. 667

406 Vgl. Buekenhoudt, J., TVA, RDMC 1992, S. 866

407 Hey, J., Harmonisierung, 1997, S. 81

408 Vgl. Hey, J., Harmonisierung, 1997, S. 82; vgl. zu dieser Problematik auch Runge, C., Steuerhoheit, AWD 1963, S. 228; Zweigert, K., Rechtsangleichung, in: Caemmerer, E. v., Recht 1963, S. 407-410; Bauer, D., Wettbewerbsverzerrungen, WuW 1968, S. 728-737

409 Altheim, M., Steuerharmonisierung, in: Ensthaler, J. (Hrsg.), Binnenmarkt, 1995, S. 116

schriften der einzelnen Mitgliedstaaten über die Umsatzsteuern, die Verbrauchsabgaben und die sonstigen indirekten Steuern im Interesse des gemeinsamen Marktes harmonisiert werden können und dem Rat entsprechende Vorschläge zu unterbreiten.[410] Seit seiner Änderung beinhaltet Art. 93 [99] EGV eine Ermächtigung des Rates, Bestimmungen zur Harmonisierung der Rechtsvorschriften über die Umsatzsteuern, die Verbrauchsabgaben und sonstige indirekte Steuern zu erlassen, soweit diese Harmonisierung für die Errichtung und das Funktionieren des Binnenmarktes innerhalb der in Art. 14 [7a] EGV gesetzten Frist notwendig ist.

Bis zur Neufassung der Vorschrift war angesichts des Vorbehaltes zugunsten Art. 94 [100] und Art. 95 [101] EGV unklar, ob diese als selbständige Grundlage für Rechtsakte der Gemeinschaftsorgane herangezogen werden konnte.[411] Teilweise wurde vertreten, daß Maßnahmen der Gemeinschaft auf dem Gebiet der indirekten Steuern zumindest ergänzend auf Art. 94 [100] EGV gestützt werden müßten.[412] Spätestens seit der Neuformulierung ist aber klar, daß es sich bei dieser Vorschrift um eine eigenständige und gleichberechtigte Rechtsgrundlage für Akte der Gemeinschaftsorgane handelt.[413] Im übrigen ist Art. 93 [99] EGV damit die einzige Ermächtigungsgrundlage im EGV, welche der Gemeinschaft die Befugnis zur Rechtsetzung auf dem Gebiet des Steuerrechts *expressis verbis* verleiht.[414]

Fraglich ist, ob Art. 93 [99] EGV eine zwingende Verpflichtung zur Rechtsetzung enthält oder ob den Gemeinschaftsorganen lediglich die *Möglichkeit* eingeräumt wird.[415] Dabei ist aber davon auszugehen, daß die Gemeinschaftsorgane

---

[410] Vgl. hierzu auch Berthold, M., Steuerharmonisierung, 1966, S. 60

[411] Bejahend Höppner, H.-D., EG-Steuerharmonisierung, EuR 1977, S. 127

[412] Vgl. hierzu die Ausführungen bei Hellinger, F., Harmonisierung, RIW 1976, S. 364

[413] Vgl. Mick, M., Steuerharmonisierung, in: Birk, D., (Hrsg.), Handbuch, 1995, S. 654; Becker, U., Umweltschutz, 1991, S. 37-39 Nowack, R., in: Groeben, H. v. d. u.a. (Hrsg.), Handbuch, Stand: 1999, Art. 96, S. 96; Förster, J., in: Bleckmann, A. (Hrsg.), Europarecht, 1997, S. 730; Klein, F. / Wolffgang, H., in: Lenz, C. O. (Hrsg.), Kommentar, 1994, Art. 99, S. 611; Kuntze, C., Kompetenzen, 1998, S. 180; Voß, R., Steuerrecht, in: Dauses, M. (Hrsg.), Handbuch, Stand: 1999, S. 20; Förster, J., Verbrauchsteuern, 1989, S. 40; Jatzke, H., Verbrauchsteuerrecht, BB 1993, S. 41-49; Wägenbaur, R., Art. 99, in: Grabitz, E.; Langeheine, B., in Grabitz, E., Art. 100; Jatzke, H., Verbrauchsteuerrecht, BB 1993, S. 42

[414] Vgl. Hellinger, F., Harmonisierung, RIW 1976, S. 363; Kuntze, C., Kompetenzen, 1998, S. 180; Weide, K.-M, Harmonisierung 1996, S. 22; Bengs, W.-R., Harmonisierungsbestrebungen, WPg 1977, S. 626; Uelner, A., Umsatzsteuer-Harmonisierung, DStR 1987, S. 475

[415] Vgl. hierzu Mick, M., Steuerharmonisierung, in: Birk, D., (Hrsg.), Handbuch, 1995, S. 654, der von einer „ausdrückliche[n] Verpflichtung" spricht; ebenso Thömmes, O., in: Lenz, C. O. (Hrsg.), EG-Handbuch, 1994, S. 635 der einen „ausdrücklichen Harmonisierungsauftrag" annimmt; ebenso Klezath, P., Umsatzsteuer, in: Woerner, L. (Hrsg.), Um-

sehr wohl verpflichtet sind, auch im Bereich der indirekten Steuern binnenmarktkonforme Verhältnisse herzustellen.[416]

bb) Begriff der Rechtsvorschriften

Die den Gemeinschaftsorganen durch Art. 93 [99] EGV grundsätzlich eingeräumte Kompetenz auf dem Gebiet der indirekten Steuern wird tatbestandlich zunächst einmal dadurch eingegrenzt, daß diese nur zur Harmonisierung von *Rechtsvorschriften* besteht. Man könnte folgern, daß unter den Begriff der *Rechtsvorschriften* alle wie auch immer gearteten hoheitlichen Regelungen zu subsumieren sind.[417] Zieht man aber einen Vergleich zu Art. 94 [100] EGV, so stellt man fest, daß in Art. 93 [99] EGV lediglich die Rechtsvorschriften nicht aber die Verwaltungsvorschriften genannt werden.[418] Somit bezieht sich Art. 93 [99] EGV nur auf Rechtsvorschriften im Sinne von Gesetzen, nicht aber auf reine Verwaltungsvorschriften.[419]

cc) Umsatzsteuern, Verbrauchsabgaben und sonstige indirekte Steuern

Die Befugnis der Gemeinschaftsorgane zur Harmonisierung besteht ferner lediglich hinsichtlich derjenigen Rechtsvorschriften, welche sich auf *Umsatzsteuern, Verbrauchsabgaben* und *sonstige indirekte Steuern* beziehen. Was in diesem Zusammenhang im einzelnen unter Umsatzsteuern, Verbrauchsabgaben und sonstigen indirekten Steuern zu verstehen ist, wird weder in Art. 93 [99] EGV noch an anderer Stelle im EGV definiert. Dem Wortlaut nach steht aber zumindest fest, daß die explizit genannten Umsatzsteuern und Verbrauchsabgaben als indirekte Steuern angesehen werden. Sie sind gewissermaßen als Teil einer beispielhaften Aufzählung neben den sonstigen indirekten Steuern in der Vorschrift genannt.[420]

Somit kommt es für die Feststellung einer Kompetenz der Gemeinschaft bezüglich der Harmonisierung einer bestimmten Steuer nicht unbedingt darauf an, diese als Umsatzsteuer oder Verbrauchsabgabe einzuordnen, sondern vielmehr darauf, ob es sich um eine indirekte Steuer im Sinne des Gemeinschaftsrechts handelt. Dadurch daß Art. 93 [99] den Gemeinschaftsorganen eine Harmonisierungskompetenz lediglich für die indirekten Steuern einräumt, knüpft der EGV

satzsteuer, 1990, S. 169; Arndt., H.-W., Diskriminierungsverbot, DStR 1989, S. 471 spricht von einem Harmonisierungsgebot

416 Vgl. Becker, U., Umweltschutz, 1991, S. 101

417 Vgl. Taschner, H., Art. 100, in: G/T/E, Rdnr. 22

418 Vgl. hierzu Kuntze, C., Kompetenzen, 1998, S. 181

419 Vgl. hierzu Kuntze, C., Kompetenzen, 1998, S. 181

420 Vgl. Terra, B. / Wattel, Tax, 1997, S. 71; Ohler, C., Integration, 1997, S. 194

explizit an die vielfach kritisierte Unterscheidung zwischen direkten und indirekten Steuern an. Wie bereits im ersten Kapitel dargelegt wurde, ist eine Abgrenzung der indirekten und direkten Steuern anhand der sich ergänzenden Kriterien Überwälzbarkeit und Belastung der Einkommensverwendung im Rahmen einer Gesamtbetrachtung der jeweiligen Abgabe vorzunehmen. Es kommt letztlich darauf an, ob sie aufgrund ihrer objektiven Ausgestaltung eher dem Typus einer direkten oder einer indirekten Steuer entspricht.

Im übrigen stellt sich auch die Frage, ob die Harmonisierungskompetenz nur Steuern im Sinne des (rigiden) deutschen Steuerbegriffes umfaßt oder ob auch andere Formen von Abgaben wie etwa Gebühren oder Beiträge in den Kompetenzbereich der Gemeinschaftsorgane fallen.[421] So wird einerseits vertreten werden, daß nur Steuern im Sinne der deutschen Terminologie unter die Harmonisierungsvorschrift fallen.[422] Dieser Ansicht kann aber entgegengehalten werden, daß die im deutschen Abgabenrecht übliche strikte Unterscheidung zwischen Steuern, Gebühren und Beiträgen nicht ohne weiteres auf das Gemeinschaftsrecht übertragen werden kann.[423] Daß im Gemeinschaftsrecht eine weniger exakte Unterscheidung dieser Begriffe vorgenommen wird, zeigt sich unter anderem auch in Art. 93 [99] selbst, wo von Verbrauchs*abgaben* und nicht Verbrauch*steuern* die Rede ist.

Somit ist von einem relativ weiten Steuerbegriff auszugehen, so daß prinzipiell alle Abgaben, „die nicht streng gegenleistungsbezogen sind, also keine Entgeltfunktion haben“[424] unter die Harmonisierungskompetenz fallen können. Entscheidend muß letztlich die Wirkungsweise einer Abgabe sein.[425] Da die Funktion des Art. 93 [99] EGV darin besteht, den Binnenmarkt zu fördern, wäre es nicht nachvollziehbar, „weshalb zweckgebundene und/oder in erster Linie lenkende Abgaben gemeinschaftsrechtlich nicht unter Art. 99 subsumiert werden sollten.“[426] Dies wird umso deutlicher, wenn man sich vor Augen hält, daß auch lenkende Sonderabgaben bzw. parafiskalische Abgaben die Errichtung bzw. das Funktionieren des Binnenmarktes empfindlich stören können.[427] Auch Abgaben, bei denen die Einnahmeerzielung nur der Nebenzweck ist, können daher in den

421 Vgl. Nowack, R., in: Groeben, H. v. d. u.a. (Hrsg.), Handbuch, Stand: 1999, Art. 99, S. 98f.

422 Vgl. Nowack, R., in: Groeben, H. v. d. u.a. (Hrsg.), Handbuch, Stand: 1999, Art. 99, S. 98f.; Wasmeier, M., Umweltabgaben, 1995, S. 233; Wägenbaur, R., Art. 99, Rz. 15; Grabitz, E. / Nettesheim, M., in Grabitz, E., Art. 130s, Rz. 34; vgl. auch Hilf, M., Umweltabgaben, in: Hansmeyer, K.-H. (Hrsg.), Umweltschutz, 1992, S. 129

423 Vgl. Klein, F. / Wolffgang, M., in: Lenz, C. O. (Hrsg.), Kommentar, 1994, Art. 99, S. 613

424 Wasmeier, M., Umweltabgaben, 1995, S. 39

425 Vgl. Klein, F. / Wolffgang, M., in: Lenz, C. O. (Hrsg.), Kommentar, 1994, Art. 99, S. 613

426 Wasmeier, M., Umweltabgaben, 1995, S. 232

427 Vgl. Wasmeier, M., Umweltabgaben, 1995, S. 232

Anwendungsbereich des Art. 93 [99] EGV fallen.[428] Voraussetzung ist aber auf jeden Fall, daß es sich um hoheitlich durch die Mitgliedstaaten auferlegte finanzielle Belastungen handelt.

dd) Der Begriff der Harmonisierung

Art. 93 [99] EGV erteilt den Gemeinschaftsorganen die Befugnis zur *Harmonisierung* der Rechtsvorschriften über die indirekten Steuern. Der Begriff Harmonisierung ist „unscharf"[429], eine Begriffsbestimmung im Gemeinschaftsrecht ist nicht ersichtlich.[430] Die Meinungen darüber, was unter einer Harmonisierung i.S.d. Art. 93 [99] EGV zu verstehen ist, gehen daher weit auseinander. Wie bereits erwähnt, gilt als gesicherte Erkenntnis, daß sich die im EGV verwendeten Begriffe *Koordinierung*, *Rechtsangleichung* und *Harmonisierung* inhaltlich decken, also Synonyme sind. Demzufolge ist auch unter einer Harmonisierung i.S.d. Art. 93 [99] EGV die Anpassung des Rechts der Mitgliedstaaten an einen gemeinschaftsrechtlich definierten Standard im Rahmen eines geordneten Verfahrens zu verstehen.[431] Bei einer Harmonisierung geht es also um die Beeinflussung des mitgliedstaatlichen Rechts durch die Gemeinschaftsorgane.[432] Allein aus dem Terminus *Harmonisierung* kann aber keinerlei Aussage über die zulässige Intensität von Gemeinschaftsmaßnahmen abgeleitet werden.[433] Eine derartige Begrenzung kann sich allein aus dem noch zu diskutierenden Erforderlichkeitsprinzip bzw. anderen Kompetenzausübungsschranken ergeben.

Im Zusammenhang mit dem Inhalt des Harmonisierungsbegriffes des Art. 93 [99] EGV stellt sich auch die Frage, ob eine Harmonisierung zwingend voraussetzt, daß in den Mitgliedstaaten entsprechendes Recht schon besteht oder ob es auch denkbar erscheint, durch Harmonisierung neues Recht zu schöpfen. Konkret wird die Frage diskutiert, ob der Begriff der Harmonisierung eine Neuschöpfung von Steuern zulassen würde, welche in noch keinem der Mitgliedstaaten existieren. Zum einen wird hierzu die Auffassung vertreten, daß eine Harmonisierung voraussetzt, daß entsprechende Rechtsvorschriften bereits in

---

428 Vgl. Ohler, C., Integration, 1997, S. 106

429 Kohler, R., Harmonisierung, StBJB 1988/1989, 1989, S. 325

430 Vgl. Mick, M., Steuerharmonisierung, in: Birk, D., (Hrsg.), Handbuch, 1995, S. 645; Klein, F. / Wolffgang, M., in: Lenz, C. O. (Hrsg.), Kommentar, 1994, Art. 99, S. 613; Neumark, F., Steuerangleichung, in: Steuer-Kongreß-Report 1963, S. 30; Juretzek, W., Umsatzsteuer, DStZ A 1962, S. 110

431 Vgl. Arndt, H.-W., Europarecht, 1998, S. 122; vgl. auch Klein, F. / Wolffgang, M., in: Lenz, C. O. (Hrsg.), Kommentar, 1994, Art. 99, S. 611; ähnlich Viegener, J., Mehrwertsteuer, UR 1990, S. 329

432 Vgl. Klein, E., Einfluß, in: Lehner, M. (Hrsg.), Steuerrechtsordnungen, 1996, S. 12

433 Vgl. Menner, S. / Haufler, A., Wettbewerbsverzerrungen, RIW 1991, S. 129; vgl. auch Sedemund, J., Steuerharmonisierung, EuZW 1991, S. 659

den Mitgliedstaaten existieren, welche dann aneinander anzugleichen sind.[434] Demzufolge hätten die Gemeinschaftsorgane nicht die Kompetenz, den Mitgliedstaaten vorzuschreiben, eine bislang in keinem der Mitgliedstaaten existierende Steuer einzuführen.[435] Dies wird vor allem damit begründet, daß eine Verpflichtung der Mitgliedstaaten zur Einführung einer neuen Steuer keine ausreichende demokratische Legitimierung besitzen würde[436] und insofern der Grundsatz „*no taxation without representation*" umgangen würde.[437] „Die Harmonisierungskompetenz bezieht sich also nur auf das „Wie" und nicht auf das „Ob" der Besteuerung."[438] Eine Richtlinie, welche den Mitgliedstaaten zwingend die Einführung einer bestimmten neuen Steuer vorschreibt, wäre demnach abzulehnen, denn auf dem Umweg der Steuerharmonisierung würde eine Steuergesetzgebungskompetenz der Union geschaffen, die tatsächlich nicht besteht.[439] Teilweise wird vorgebracht, daß der Erlaß von Harmonisierungsakten die Existenz entsprechender Rechtsvorschriften oder zumindest konkrete Pläne für die Einführung entsprechender Vorschriften in zumindest einem Mitgliedstaat voraussetze.[440] Dies würde dazu führen, daß die Existenz einer bestimmten Steuer in nur einem einzigen Mitgliedstaat harmonisierungsbegründend wäre[441] was dann aber für die anderen Mitgliedstaaten die gleiche Wirkung hätte, als wenn eine solche Regelung in überhaupt keinem Staat bestünde.[442] Insgesamt ist daher davon auszugehen, daß eine Harmonisierung i.S.d. Art. 93 [99] EGV es nicht zwingend voraussetzt, daß auf dem jeweiligen Gebiet bereits entsprechende Rechtsvorschriften in den Mitgliedstaaten bestehen.[443] Eine Harmonisierung kann daher theoretisch auch darin bestehen, die Mitgliedstaaten einheitlich zur Einführung einer neuen Steuer zu verpflichten, also in der Neuschöpfung von Rechtsnormen.[444] Ob die Gemeinschaftsorgane allerdings im praktischen Einzelfall ihre Befugnisse zur Harmonisierung in einer solchen Weise ausüben dürfen, ist wiederum eine Frage der noch zu erörternden Kompetenzausübungsgrenzen,

---

434 Vgl. Birk, D., Gemeinschaftsteuern, in: Birk, D. (Hrsg.), Handbuch, 1995, S. 307

435 Vgl. Birk, D., Gemeinschaftsteuern, in: Birk, D. (Hrsg.), Handbuch, 1995, S. 307

436 Vgl. Birk, D., Gemeinschaftsteuern, in: Birk, D. (Hrsg.), Handbuch, 1995, S. 309

437 Vgl. hierzu Birk, D., Gemeinschaftsteuern, in: Birk, D. (Hrsg.), Handbuch, 1995, S. 309

438 Birk, D., Gemeinschaftsteuern, in: Birk, D. (Hrsg.), Handbuch, 1995, S. 309

439 Vgl. Mick, M., Steuerharmonisierung, in: Birk, D. (Hrsg.), Handbuch, 1995, S. 646

440 Vgl. Streinz, R., Europarecht, 1996, S. 286

441 Vgl. Eiden, H. C., in: Bleckmann, A. (Hrsg.), Europarecht, 1997, Rdnr. 1510

442 Vgl. Ohler, C., Integration, 1997, S. 196

443 Vgl. Nowack, R., in: Groeben, H. v. d. u.a. (Hrsg.), Handbuch, Stand: 1999, Art. 96, S. 124

444 Vgl. Ohler, C., Integration, 1997, S. 197; vgl. hierzu Arndt, H.-W., Europarecht, 1998, S. 122; gegenteiliger Auffassung Bach, S., Steuerreform, StuW 1995, S. 277; Nowack, R., in: Groeben, H. v. d. u.a. (Hrsg.), Handbuch, Stand: 1999, Art. 96, S. 124

welche sozusagen als Regulativ zu den grundsätzlich weiten Kompetenzzuweisungen wirken.

ee) Der Begriff der Bestimmungen

Der Rat ist gem. Art. 93 [99] EGV dazu ermächtigt, zur Harmonisierung *Bestimmungen* zu erlassen. Dieser neutrale Wortlaut ermöglicht es dem Rat im Gegensatz zu Art. 94 [100] EGV grundsätzlich, auf sämtliche in Art. 249 [189] vorgesehenen Handlungsformen zurückzugreifen. Damit können prinzipiell Richtlinien, Verordnungen und Empfehlungen zur Harmonisierung der indirekten Steuern erlassen werden.[445] Diese grundsätzliche Wahlfreiheit bezüglich der Handlungsform wird allerdings unter Umständen durch die noch zu erörternden Kompetenzausübungsschranken eingeschränkt.

ff) Die Notwendigkeit der Harmonisierung für den Binnenmarkt

Eine Harmonisierung gem. Art. 93 [99] EGV soll allerdings nur erfolgen, soweit dies für die Errichtung und das Funktionieren des Binnenmarktes notwendig ist. Auch dieses Tatbestandsmerkmal war oftmals „Anlaß für langwierige Auseinandersetzungen unter den Mitgliedstaaten"[446]. Richtig ist, daß dieser Formulierung die Funktion als Kompetenzausübungsschranke zukommt. Ein Blick auf andere Sprachversionen bestätigt, daß es sich hierbei um eine Begrenzung der Intensität von Harmonisierungsmaßnahmen handelt.

Deutsch	**Dänisch**	**Englisch**	**Französisch**	**Italienisch**
soweit	i det omfang	to the extent	dans la mesure	nella misura
Niederländisch	**Portugiesisch**	**Schwedisch**	**Spanisch**	
voorzover	na medida	i den mån en sådan	en la medida	

Die grundsätzlich bestehende Kompetenz zur Harmonisierung der Rechtsvorschriften über die indirekten Steuern soll nur so weit, d.h. in dem Maße ausgeübt werden, als dies für den Binnenmarkt notwendig ist. Damit ist dieser Terminus als eine Ausprägung des Verhältnismäßigkeitsprinzips für die Beziehung der

445 Vgl. Nowack, R., in: Groeben, H. v. d. u.a. (Hrsg.), Handbuch, Stand: 1999, Art. 99, S. 99; s.a. Klein, F. / Wolffgang, H., in Lenz, C. O. (Hrsg.), Kommentar, 1994, Art. 99, S. 612; Voß, R., Steuerrecht, StuW 1993, S. 157; Förster, J., in: Bleckmann, A. (Hrsg.), Europarecht, 1997, S. 731; Wägenbaur, R., in: Grabitz, E. / Hilf, M. (Hrsg.), Kommentar, Stand: 1999, Art. 99, Rdnr. 24; Lechner, E., Harmonisierung, in: Gassner, W. / Lechner, E. (Hrsg.), Steuerrecht, 1992, S. 5; Jatzke, H., Verbrauchsteuerharmonisierung, 1997, S. 28

446 Thömmes, O., in: Lenz, C. O. (Hrsg.), EG-Handbuch, 1994, S. 636

Gemeinschaft zu den Mitgliedstaaten zu sehen und dient der Konkretisierung des Begriffs der Harmonisierung.[447] Aufgrund seiner Funktion als Kompetenzausübungsschranke und der damit verbundenen Verwandtschaft zu dem in Art. 5 [3b] Abs. 3 EGV enthaltenen Erforderlichkeitsgrundsatz ist dort noch einmal darauf zurückzukommen. An dieser Stelle sei aber auch darauf hingewiesen, daß eine Harmonisierung bereits aus systematischen und teleologischen Gesichtspunkten heraus niemals ein „Selbstzweck“[448] sein darf. Die Harmonisierung der indirekten Steuern ist kein *l'art pour l'art,* sondern besitzt instrumentellen Charakter im Dienste des Binnenmarktes.[449] Darauf deutet die Bezugnahme auf den Binnenmarkt in Art. 93 [99] EGV hin.

gg) Die Bedeutung des Zieldatums

Art. 93 [99] EGV nimmt Bezug auf das auch in Art. 14 [7a] EGV enthaltene Zieldatum. Allein dem Wortlaut des Art. 93 [99] EGV nach ließe sich die Auffassung vertreten, „daß Bestimmungen zur Harmonisierung der indirekten Steuern nach diesem Datum zumindest nicht mehr auf Art. 99 EGV gestützt werden dürften.“[450] Das Datum sollte aber nur den festen politischen Willen zum Ausdruck bringen, den Binnenmarkt bis zum 31.12.1992 verwirklicht zu haben[451], so daß Art. 93 [99] auch danach als Rechtsgrundlage für Gemeinschaftsmaßnahmen zur Harmonisierung der indirekten Steuern herangezogen werden kann.[452]

b) Art. 71 [75] EGV – Maßnahmen im Rahmen der gemeinsamen Verkehrspolitik

Zum Zuständigkeitsbereich der Europäischen Gemeinschaft gehört gem. Art. 70 [74] EGV auch eine gemeinsame Verkehrspolitik. In diesem Zusammenhang gewährt Art. 71 [75] EGV dem Rat die Befugnis, Rechtsvorschriften zu erlassen. Die weit gefaßte und nicht auf bestimmte Sachgebiete begrenzte Norm kommt grundsätzlich auch für Rechtsakte auf dem Gebiet der indirekten Steuern in Frage. Allerdings gilt, daß Art. 93 [99] vorgeht, falls auch dessen Vorausset-

---

[447] Vgl. Kuntze, C., Kompetenzen, 1998, S. 194
[448] Forst, C., Umsatzsteuerharmonisierung, DStZ 1992, S. 651; Theile, C., Wettbewerbsneutralität, 1995, S. 25
[449] Vgl. Mick, M., Steuerkonzeption, 1995, S. 69
[450] Kuntze, C., Kompetenzen, 1998, S. 183
[451] In der Zusatzerklärung zu Art. 8a EWGV BGBl 1986 II, S. 1116 heißt es, daß die Festsetzung des Termins „keine automatische Wirkung habe.“ Zur Bedeutung von Protokollerklärungen vgl. Pechstein, M., Protokollerklärungen, EuR 1990, S. 249-260
[452] Vgl. Kuntze, C., Kompetenzen, 1998, S. 183

zungen vorliegen.[453] Sind die Voraussetzungen beider Vorschriften gegeben, kommt die Abstützung eines Gemeinschaftsrechtsaktes auf beide Normen in Betracht.

c) Art. 175 [130s] EGV – Maßnahmen im Rahmen der gemeinsamen Umweltschutzpolitik

Ebenfalls in den prinzipiellen Zuständigkeitsbereich der Europäischen Gemeinschaft fällt der Schutz der Umwelt. Die Ziele der gemeinsamen Umweltpolitik sind in Art. 130r Abs. 1 EGV kodifiziert[454] und bestehen aus der Erhaltung und dem Schutz der Umwelt, dem Schutz der menschlichen Gesundheit, der umsichtigen und rationellen Verwendung der natürlichen Ressourcen und der Förderung von Maßnahmen zur Bewältigung regionaler und globaler Umweltprobleme. Um diese Ziele zu erreichen, räumt Art. 175 [130s] dem Rat eine weit gefaßte Kompetenz zum Erlaß entsprechender Maßnahmen ein. Denkbar sind auch Maßnahmen, welche auf die Beeinflussung des Steuerrechts der Mitgliedstaaten gerichtet sind. Daß bei der Formulierung der Vorschrift offensichtlich auch an derartige Maßnahmen gedacht wurde, verdeutlicht Art. 175 [130s] Abs. 2 EGV, in dem *expressis verbis* von „Vorschriften überwiegend steuerlicher Art" die Rede ist.[455]
Maßnahmen der Gemeinschaftsorgane auf dem Gebiet der indirekten Steuern auf Grundlage des Art. 175 [130s] Abs. 2 EGV kommen aber nur unter der Bedingung in Frage, daß diese ein gewisses Maß an Lenkungsqualität auf dem Gebiet des Umweltschutzes besitzen.[456] Dies ergibt sich zum einen daraus, daß Art. 176 [130t] EGV von „Schutzmaßnahmen, die aufgrund Art. 175 [130s] getroffen werden, spricht.[457] Das gleiche Ergebnis bringt zum anderen auch die Berücksichtigung der systematischen Stellung des Art. 175 [130s] Abs. 2 EGV im EGV unter dem Titel Umwelt.[458] Eine Maßnahme, welche lediglich eine zufällig bewirkte oder untergeordnete positive Wirkung auf die Umwelt besitzt, kann auf Art. 93 [99] EGV und Art. 175 [130s] Abs. 2 EGV gestützt werden. Dagegen finden steuerliche Maßnahmen, welche eine bewußt bewirkte bzw. sogar vorrangig gewollte Lenkungswirkung besitzen, ihre Rechtsgrundlage in Art. 175

453 Vgl. Hilf, M., Umweltabgaben, in: Hansmeyer, K.-H. (Hrsg.), Umweltschutz, 1992, S. 133
454 Vgl. hierzu Voß, R., Steuerrecht, in: Dauses, M. (Hrsg.), Handbuch, Stand: 1999, S. 21
455 Vgl. Ohler, C., Integration, 1997, S. 211; vgl. auch Stobbe, L., Harmonisierung, DStZ A 1993, S. 717
456 Vgl. Ohler, C., Integration, 1997, S. 211
457 Vgl. Ohler, C., Integration, 1997, S. 211
458 Vgl. Ohler, C., Integration, 1997, S. 211

[130s] Abs. 2 EGV.[459] „Bei der Angleichung mitgliedstaatlicher Verbrauchsteuern, wie sie zum Beispiel bei der Einführung einer kombinierten CO2- und Energiesteuer vorgesehen ist, geht die sachlich-gegenständliche Vorschrift des Art. 99 EWGV der final umschriebenen Norm des Art. 130s EWGV vor."[460] Teilweise wird die Auffassung vertreten, daß auf der Grundlage dieser Vorschrift eine Öko-Abgabe auf Ebene der Gemeinschaft selbst erhoben werden kann, welche den Schutz der Umwelt bezweckt.[461]

4. Art. 308 [235] EGV als Vertragsabrundungsklausel

Die bereits dargestellten Kompetenznormen werden ergänzt durch Art. 308 [235] EGV.
Auf Grundlage dieser Vertragsbestimmung kann der Rat geeignete Vorschriften erlassen, falls ein Tätigwerden der Gemeinschaft erforderlich erscheint, um im Rahmen des Gemeinsamen Marktes eines ihrer Ziele zu verwirklichen und eine entsprechende Rechtsgrundlage im Vertrag nicht vorgesehen ist. Diese auf den ersten Blick weite Formulierung hat Art. 308 [235] die Bezeichnung als „Generalermächtigung"[462] oder „Vertragsabrundungsklausel"[463] eingebracht. Um die tatsächliche Reichweite der Norm zu ermitteln, sind die einzelnen Tatbestandsmerkmale einer näheren Betrachtung zu unterziehen.
Auf Art. 308 [235] EGV gestützte Maßnahmen müssen der Verwirklichung von Zielen der Gemeinschaft dienen. Dabei ist aber unklar, auf welche Ziele Bezug genommen wird.[464] Man könnte annehmen, daß zu diesen Zielen sämtliche „in Art. 2 und 3 genannten Ziele"[465] gehören. Richtigerweise ist aber davon auszugehen, daß die in Art. 2 EGV als bloße Erwartungen zum Ausdruck gebrachten Ziele wie zum Beispiel die Förderung engerer Beziehungen zwischen den Mitgliedstaaten nicht als Ziele i.S.v. Art. 308 [235] EGV aufgefaßt werden können. Ziele im Sinne von Art. 308 [235] EGV können nur die in Art. [3] EGV konkretisierten Ziele sein.
Zu klären ist auch, welche Bedeutung der Begriff *Gemeinsamer Markt* in Art. 308 [235] EGV besitzt.

---

459 Vgl. hierzu Ohler, C., Integration, 1997, S. 211; vgl. zu der Frage der Kompetenzgrundlage von Umweltsteuern auch Hilf, M., Umweltabgaben, in: Hansmeyer, K.-H. (Hrsg.), Umweltschutz, 1992, S. 128; vgl. hierzu auch Hilf, M., Umweltabgaben, NVwZ 1992, S. 107

460 Nettesheim, M., Umweltrecht, JA 1994, S. 341

461 Vgl. Voß, R., Steuerrecht, in: Dauses, M. (Hrsg.), Handbuch, Stand: 1999, S. 21

462 Bieg, T., Gerichtshof, 1997, S. 45

463 Thun-Hohenstein, C. / Cede, F., Europarecht, 1996, S. 171

464 Vgl. Ahlt, M., Europarecht, 1996, S. 135

465 Kaiser, J., EG-Zuständigkeit, EuR 1980, S. 116; Dorn, D.-W., Generalermächtigung, 1986, S. 112

So wird die Auffassung vertreten, daß dieser im vorliegenden Zusammenhang anders auszulegen sei, als in Art. 2 EGV. Unter dem Begriff Gemeinsamer Markt in Art. 308 [235] EGV soll demzufolge „das ganze durch den EWG-Vertrag errichtete ökonomische, politische und institutionelle System“[466] verstanden werden. Richtig dürfte aber sein, den Begriff des Gemeinsamen Marktes in Art. 308 [235] EGV in Übereinstimmung mit Art. 2 [2] EGV zu interpretieren.
Allein von den Tatbestandsvoraussetzungen her könnte Art. 308 [235] EGV auch als Rechtsgrundlage für Maßnahmen der Gemeinschaft auf dem Gebiet der indirekten Steuern dienen.[467] Zu berücksichtigen ist aber, daß Art. 308 [235] EGV gegenüber allen anderen Ermächtigungsnormen des Vertrages subsidiären Charakter besitzt.[468] Ein Rechtsakt darf nur dann auf Art. 308 [235] EGV gestützt werden, falls der Vertrag die erforderlichen Befugnisse nicht an anderer Stelle vorsieht.[469] Selbst eine ergänzende Bezugnahme auf Art. 308 [235] EGV kommt dann nicht in Betracht.[470] Da aber im EGV zur Harmonisierung der indirekten Steuern zwecks Verwirklichung des Gemeinsamen Marktes bzw. Binnenmarktes mit Art. 93 [99] EGV eine Spezialnorm enthalten ist, hat Art. 308 [235] diesbezüglich keine Bedeutung.[471]
Im übrigen ist anzumerken, daß keinesfalls die Möglichkeit besteht, auf der Grundlage von Art. 308 [235] EGV primäres Gemeinschaftsrecht zu schaffen. Neue Ziele und die damit verbundenen Befugnisse für die Gemeinschaftsorgane können auf der Grundlage dieser Vertragsnorm somit nicht in den Vertrag aufgenommen werden.[472] Art. 308 [235] begründet also keine „Kompetenz-Kompetenz“[473].

5. Sonstiges

Gelegentlich werden im Zusammenhang mit den vertraglichen Ermächtigungsgrundlagen für Maßnahmen der Gemeinschaftsorgane noch zwei weitere Normen des europäischen Primärrechts genannt.

---

466 Dorn, D.-W., Generalermächtigung, 1986, S. 121

467 Vgl. Brinkmann, J., Unternehmensbesteuerung, 1996, S. 10; Farmer, P. / Lyal, R., Tax, 1994, S. 8; Bieg, T., Gerichtshof, 1997, S. 45; Voß, R., Steuerrecht, in: Dauses, M. (Hrsg.), Handbuch, Stand: 1999, S. 23

468 Vgl. Brinkmann, J., Unternehmensbesteuerung, 1996, S. 10; Ahlt, M., Europarecht, 1996, S. 135; vgl. auch Röttinger, M., Rechtsgrundlage, EuZW 1993, S. 119

469 Vgl. Brinkmann, J., Unternehmensbesteuerung, 1996, S. 10; Bieg, T., Gerichtshof, 1997, S. 45; Dorn, D.-W., Generalermächtigung, 1986, S. 39

470 Vgl. Ahlt, M., Europarecht, 1996, S. 135

471 Vgl. auch Kuntze, C., Kompetenzen, 1998, S. 218

472 Vgl. ; Dorn, D.-W., Generalermächtigung, 1986, S. 143

473 Bleckmann, A. / Pieper, S. U., in: Bleckmann, A. (Hrsg.), Europarecht, 1997, S. 76

Dies ist zum einen Art. 6 [F] Abs. 4 EUV, welcher vorsieht, daß sich die Union mit den Mitteln ausstattet, die zum Erreichen ihrer Ziele und zur Durchführung ihrer Politiken erforderlich sind. Diese Vorschrift stellt aber keine Rechtsgrundlage für Handlungen der Gemeinschaftsorgane dar, sondern es handelt sich lediglich um einen Programmsatz. Somit können auch keine steuerlichen Maßnahmen der Gemeinschaft darauf gestützt werden. Auf keinen Fall handelt es sich dabei, wie teilweise befürchtet, um die Einräumung einer Kompetenz-Kompetenz.[474]

Andererseits ist Art. 269 [201] EGV zu erwähnen, welcher vorsieht, daß der Rat auf Vorschlag der Kommission und nach Anhörung des Europäischen Parlaments einstimmig die Bestimmungen über das System der Eigenmittel der Gemeinschaft festlegt und den Mitgliedstaaten zur Annahme gemäß ihrer verfassungsrechtlichen Vorschriften empfiehlt. Die Vorschrift ermöglicht es der Gemeinschaft aufgrund eines speziellen Verfahrens, das demjenigen einer Vertragsänderung ähnelt, sich bestimmte finanzielle Mittel zuzuweisen.[475] In diesem Zusammenhang wird die Auffassung vertreten, daß die Gemeinschaft auf dieser Rechtsgrundlage eigene Steuern zu ihrer Finanzierung einführen kann. So wurde beispielsweise der Vorschlag für die Einführung einer Fettsteuer durch die Gemeinschaft auf diesen Artikel gestützt.[476] Als Rechtsgrundlage für die Harmonisierung des Steuerrechts der Mitgliedstaaten kommt Art. 269 [201] EGV aber nicht in Frage.[477]

IV. Das Verfahren der Sekundärrechtsetzung auf dem Gebiet der indirekten Steuern

Besitzen die Gemeinschaftsorgane aufgrund einer der erörterten vertraglichen Rechtsgrundlagen die Befugnis zum Erlaß von Rechtsakten auf dem Gebiet der indirekten Steuern, stellt sich die Frage, welche verfahrensmäßigen Vorgaben im Rahmen des Rechtsetzungsprozesses zu berücksichtigen sind.

Zunächst einmal ist in allen für das Gebiet der indirekten Steuern relevanten Kompetenzgrundlagen übereinstimmend ein „Initiativrecht"[478] der Kommission vorgesehen.[479] Ein Tätigwerden der Gemeinschaft setzt immer einen Vorschlag

---

474 So aber ausdrücklich Schachtschneider, K. A. u.a., Vertrag, JZ 1993, S. 753

475 Zum System der Eigenmittelfinanzierung vgl. Kapitel 4

476 Vgl. hierzu Fischer, H., Harmonisierung, NJW 1968, S. 324; der Vorschlag wurde aber nicht realisiert;

477 Vgl. Ohler, C., Integration, 1997, S. 375; so aber wohl Fredersdorf, H., Harmonization, Intertax 1978, S. 390

478 Berthold, M., Steuerharmonisierung 1966, S. 76

479 Zum Gemeinschaftsorgan *Kommission* allgemein vgl. Pieper, U., System, in: Birk, D. (Hrsg.), Handbuch, 1995, S. 39-45

der Kommission voraus.[480] Diese besitzt somit die „zentrale Verantwortung für Anstoß, Zielrichtung und Fortgang des steuerlichen Harmonisierungsprozesses."[481]

Ebenfalls übereinstimmend ist in sämtlichen relevanten Rechtsgrundlagen eine Anhörung des Europäischen Parlaments[482] bezüglich der vorgeschlagenen Gemeinschaftsmaßnahme zwingend vorgeschrieben. Eine Mitentscheidungsbefugnis wird dem Europäischen Parlament aber nicht zugebilligt.[483] Gibt das Europäische Parlament eine ablehnende Stellungnahme zu einem vorgeschlagenen Rechtsakt ab, hat dies möglicherweise politische Bedeutung, rechtliche Konsequenzen sind damit aber nicht verbunden.[484] Diese schwache Stellung des Europäischen Parlaments innerhalb des europäischen Rechtsetzungsprozesses ist mit der Grund für das vielfach kritisierte „Demokratiedefizit"[485] in der Gemeinschaft. Gerade das Steuerrecht als ein Eingriffsrecht des Staates erfordert aber ausreichende demokratische Legitimation[486], so daß längerfristig über eine entsprechende Stärkung der demokratischen Elemente nachgedacht werden muß.

Art. 93 [99] und Art. 94 [100] EGV sehen darüber hinaus noch eine Anhörung des Wirtschafts- und Sozialausschusses i.S.v. Art. 257 [193] EGV vor[487], welcher ebenfalls nur politische Bedeutung zukommt.

Anschließend hat der Rat über den vorgeschlagenen Rechtsakt zu entscheiden. Das Steuerrecht gehört dabei zu denjenigen Bereichen, in denen bei der Abstimmung im Rat nach wie vor die „Hürde der Einstimmigkeit"[488] zu nehmen ist.[489] Daran hat sich auch im Zuge der Verträge von Maastricht und Amsterdam nichts geändert.[490] Die Aufrechterhaltung des Einstimmigkeitsprinzips für steuerliche Maßnahmen der Gemeinschaft zeigt deutlich, daß das Steuerrecht eines

480 Vgl. Baur, J., Binnenmarkt, JA 1992, S. 65

481 Weide, K.-M., Harmonisierung 1996, S. 30; vgl. auch Debatin, H., Gewandung, DB 1973, S. 683

482 Zum Europäischen Parlament vgl. Pieper, U., System, in: Birk, D. (Hrsg.), Handbuch, 1995, S. 45- 53

483 Vgl. Mick, M., Steuerkonzeption, 1995, S. 62; vgl. auch Voß, R., Steuerrecht, StuW 1993, S. 155; vgl. Rau, G., EG-Richtlinien, in: Costede, J. (Hrsg.), Umsatzsteuerkongreß-Bericht, 1985, S. 50, der die mangelnde Beteiligung der Parlamente erheblich kritisiert;

484 Vgl. Mick, M., Steuerkonzeption, 1995, S. 62

485 Bleckmann, A., Integration, ZRP 1990, S. 266; vgl. auch Everling, U., Gemeinschaft, in: Reichert-Facilides, F. u.a. (Hrsg.), Festschrift 1976, S. 184f.

486 Vgl. Mick, M., Steuerkonzeption, 1995, S. 62; Voß, R., Steuerrecht, StuW 1993, S. 155

487 Zum Wirtschafts- und Sozialausschuß vgl. Pieper, U., System, in: Birk, D. (Hrsg.), Handbuch, 1995, S. 64f.

488 Ritter, W., Steuerharmonisierung, BB 1989, S. 77

489 Vgl. Forst, C., Steuerharmonisierung, in: Birk, D. / Ehlers, D. (Hrsg.), Rechtsfragen, 1995, S. 16; Schwartz, I., EG-Rechtsangleichung, in: Mestmäcker, E.-J. (Hrsg.), Ordnungspolitik, 1987, S. 367

490 Vgl. Kohler, R., Harmonisierung, StBJB 1988/1989, 1989, S. 324

derjenigen Rechtsgebiete ist, in denen es den Mitgliedstaaten der Gemeinschaft „am schwersten fällt, sich zu Gemeinsamkeiten verführen zu lassen."[491] Das Einstimmigkeitsprinzip ist zu kritisieren, da es eine weitere Anpassung des Steuerrechts der Mitgliedstaaten an die Zielvorgaben der Gemeinschaft verlangsamt bzw. behindert. Häufig scheitern notwendige Maßnahmen am Veto eines oder mehrerer Mitgliedstaaten.[492] Die Zustimmung aller Mitgliedstaaten ist in vielen Fällen aufgrund der momentan 15 divergierenden Partikularinteressen nur auf Basis des kleinsten gemeinsamen Nenners möglich, so daß teilweise nur suboptimale Ergebnisse und Kompromißlösungen erzielt werden können.[493] Dies führt vielfach zu „Schwierigkeiten, entscheidende Erfolge zu erzielen."[494] Das Einstimmigkeitsprinzip wird von den Mitgliedstaaten häufig dazu genutzt, „für sie vorteilhafte oder vermeintlich vorteilhafte Bestimmungen"[495] vor einer Harmonisierung zu schützen, obwohl diese im krassen Gegensatz zu den Zielsetzungen der Gemeinschaft stehen. Das Einstimmigkeitsprinzip erweist sich somit in vielen Fällen als „Hemmschuh"[496] des Fortschritts. Wegen der Suche nach dem Konsens gerät der Rechtsetzungsprozeß häufig zu einem mühseligen und langwierigen Verfahren[497], welches durch ein erhebliches Mißtrauen der Finanzminister untereinander und gegenüber den Gemeinschaftsorganen geprägt ist.[498] Häufig fehlt es auch ganz einfach am politischen Einigungswillen.[499] Das Steuerrecht erweist sich daher in vielerlei Hinsicht als verhältnismäßig resistent gegen Harmonisierungsmaßnahmen.[500] Diese Probleme des Einstimmigkeitsprinzips werden sich mit Sicherheit noch verstärken, wenn die Anzahl der im Rat vertretenen Mitgliedstaaten in naher Zukunft auf 20 angestiegen sein wird. Bleibt es bei der Beibehaltung des Einstimmigkeitsprinzips, ist ein völliger Stillstand u.a. bei der Steuerharmonisierung zu befürchten. Auf der anderen Seite muß aber auch festgehalten werden, daß das Einstimmigkeitsprinzip natürlich sicherstellt, daß den einzelnen Mitgliedstaaten auf dem für sie wichtigen Gebiet

491 Ritter, W., Steuerharmonisierung, BB 1989, S. 77

492 Vgl. Mick, M., Steuerharmonisierung, in: Birk, D. (Hrsg.), Handbuch, 1995, S. 657

493 Vgl. Jatzke, H., Abgaben, IStR 1999, S. 139

494 Thömmes, O., in: Lenz, C. O. (Hrsg.), EG-Handbuch, 1994, S.635

495 Dziadkowski, D., Mehrwertsteuersystem, StuW 1997, S. 151

496 Mick, M., Steuerharmonisierung, in: Birk, D. (Hrsg.), Handbuch, 1995, S. 657

497 Vgl. Everling, U., Rechtsvereinheitlichung, RabelsZ 1986, S. 194; vgl. auch Everling, U., Rechtsangleichung, in: Bauer, F. (Hrsg.), Festschrift 1990, S. 1165; Wilmowsky, P. v., Einführung, JA 1992, S. 343; vgl. Schürmann, J., Harmonisierung, 1991, S. 30

498 Vgl. Mette, S., EU-Umsatzsteuerrecht, UVR 1994, S. 133; Franzmeyer, F., Steuergrenzen, in: Grabitz, E. (Hrsg.), Integration, 1984, S. 197

499 Vgl. Schlienkamp, A., Umsatzsteuerharmonisierung, UR 1994, S. 9

500 Franzmeyer, F., Steuergrenzen, in: Grabitz, E. (Hrsg.), Integration 1984, S. 197

des Steuerrechts eine gewichtige Mitsprachemöglichkeit verbleibt.[501] Mehrheitsentscheidungen auf dem Gebiet des Steuerrechts hätten dagegen den Verlust eines Teils der Steuerhoheit der nicht zustimmenden Mitgliedstaaten zur Folge.[502] Wird ein Rechtsakt vom Rat verabschiedet, ist dieser gem. Art. 253 [190] EGV mit einer Begründung zu versehen, welche vor allem die Kontrolle der Rechtmäßigkeit des Rechtsaktes ermöglichen soll.[503] In dieser Begründung sind die wesentlichen Erwägungen wiederzugeben, auf denen der Rechtsakt beruht.[504] Anschließend ist der Rechtsakt gem. Art. 254 [191] EGV im Amtsblatt der EG zu veröffentlichen.

V. Die rechtlichen Konsequenzen aus der Sekundärrechtsetzung für die Mitgliedstaaten

1. Allgemeines

Wie bereits mehrfach erwähnt, stehen den Gemeinschaftsorganen zum Erlaß von Rechtsakten verschiedene Handlungsformen zur Verfügung. Der „Handlungstypenkatalog“[505] des Art. 249 [189] EGV nennt Verordnungen, Richtlinien, Entscheidungen und Stellungnahmen.[506] Da jede dieser Handlungsformen in unterschiedlicher Weise auf die Rechtsordnungen der Mitgliedstaaten einwirkt, erscheint eine getrennte Betrachtung der jeweiligen Rechtsfolgen angebracht.

2. Die Konsequenzen von Maßnahmen in Form von Verordnungen

Art. 249 [189] EGV zufolge hat eine Verordnung allgemeine Geltung, ist in allen ihren Teilen verbindlich und gilt unmittelbar *in* jedem Mitgliedstaat.[507]
Die unmittelbare Geltung in jedem Mitgliedstaat bedeutet, daß die Verordnung keinerlei Umsetzungs- oder Transformationsmaßnahmen durch die Mitgliedstaaten bedarf. Eine Verordnung wirkt unter „Durchdringung des Schutzmantels staatlicher Souveränität“ [508] direkt in den Mitgliedstaaten. Die mitgliedstaatli-

[501] Vgl. Mick, M., Steuerharmonisierung, in: Birk, D. (Hrsg.), Handbuch, 1995, S. 657; Merkert, H., EG-Richtlinien, in: Birk, D. / Ehlers, D. (Hrsg.), Rechtsfragen, 1995, S. 10
[502] Vgl. Mick, M., Steuerharmonisierung, in: Birk, D. (Hrsg.), Handbuch, 1995, S. 657
[503] Vgl. hierzu Oppermann, T., Europarecht, 1999, S. 250; EuGH-Urteil v. 20.3.1959, Rs. 17/58 „Nold“, EuGHE 1959, S. 89
[504] Vgl. hierzu Oppermann, T., Europarecht, 1999, S. 250; Hen, CDE 1977, S. 49ff.
[505] Thun-Hohenstein, C. / Cede, F., Europarecht, 1996, S. 168
[506] Vgl. Lüdemann, P., EG-Recht, BB 1992, S. 1609
[507] Vgl. hierzu beispielsweise Stobbe, L., Besteuerung, DStZ A 1992, S. 226
[508] Thun-Hohenstein, C. / Cede, F., Europarecht, 1996, S. 177; Ahlt, M., Europarecht, 1996, S. 13; Takacs, P., Steuerrecht, 1998, S. 96; Pieper, S. U., Gemeinschaftsrecht, in: Birk, D. (Hrsg.), Handbuch, 1995, S. 79; Lüdemann, P., EG-Recht, BB 1992, S. 1609

chen Behörden und Gerichte haben die Bestimmungen der Verordnung zu beachten und zu vollziehen.[509] Diese „sind daher generell von den Gerichten der Mitgliedstaaten wie nationales Recht anzuwenden."[510] Verordnungen begründen Rechte und Pflichten auch unmittelbar für alle Bürger der Mitgliedstaaten.[511] Der supranationale Charakter des Gemeinschaftsrechts wird bei Rechtsakten der Gemeinschaft in Form von Verordnungen besonders pointiert sichtbar.[512] Entsprechend dem Grundsatz des Vorrangs des Gemeinschaftsrechts ist mitgliedstaatliches Recht, welches zu den Bestimmungen der Verordnung in Widerspruch steht, unanwendbar.[513] Die Verordnung ist *de facto* ein europäisches Gesetz. Der Erlaß einer Verordnung durch die Gemeinschaftsorgane stellt damit einen erheblichen Eingriff in die Rechtsetzungsautonomie der Mitgliedstaaten dar.[514]

3. ***Die Konsequenzen von Maßnahmen in Form von Richtlinien***

a) Verpflichtung der Mitgliedstaaten zur Richtlinientransformation

Rechtsakte der Gemeinschaftsorgane können auch in Form von Richtlinien i.S.v. Art. 249 [189] EGV erlassen werden.[515] Richtlinien dienen einer zweistufigen Rechtsetzung.[516] Das bedeutet, daß die Bestimmungen einer Richtlinie zunächst einmal nur als Auftrag an die Organe der Mitgliedstaaten zu verstehen sind, ihre innerstaatlichen Rechtsvorschriften an den Inhalt der Richtlinie anzupassen[517], diese also richtlinienkonform umzugestalten.[518] Richtlinien sollen also „eine Rechtsentwicklung im nationalen Rechtsraum anstoßen"[519] und sind ihrem Wesen nach nicht darauf angelegt, unmittelbar geltendes Recht zu schaffen. Richt-

---

509 Vgl. Bieg, T., Gerichtshof, 1997, S. 31; Baur, J., Binnenmarkt, JA 1992, S. 67

510 Jarass H. D., Konflikte, DVBl. 1995, S. 956

511 Vgl. Baur, J., Binnenmarkt, JA 1992, S. 67

512 Vgl. Thun-Hohenstein, C. / Cede, F., Europarecht, 1996, S. 177

513 Vgl. Thun-Hohenstein, C. / Cede, F., Europarecht, 1996, S. 178

514 Vgl. Baur, J., Binnenmarkt, JA 1992, S. 67; Furrer, A., Sperrwirkung 1994, S. 64

515 Grundlegend zum Instrument der Richtlinie Everling, U., EG-Richtlinien, in: Börner, B. u.a. (Hrsg.), Einigkeit, 1984, S. 95ff.

516 Vgl. Seeger, S., Rechtsprechung, in: Costede, J. (Hrsg.), Umsatzsteuerkongreß-Bericht, 1985, S. 36; Thun-Hohenstein, C. / Cede, F., Europarecht, 1996, S. 178; Fischer, H. G., Europarecht, 1997, S. 81; Vedder, C., Einwirkungen, in: Vogel, K. (Hrsg.), Steuerrecht 1994, S. 6; Bieg, T., Gerichtshof, 1997, S. 32; vgl. Herlinghaus, A., Bedeutung 1997, S. 19

517 Vgl. Bieg, T., Gerichtshof, 1997, S. 31; Seeger, S., Rechtsprechung, in: Costede, J. (Hrsg.), Umsatzsteuerkongreß-Bericht, 1985, S. 36; Endres, D., Integration, RIW 1994, S. 574; Tumpel, M., Mehrwertsteuer, 1997, S. 60

518 Vgl. Voß, R., Steuerrecht, in: Dauses, M. (Hrsg.), Handbuch, Stand: 1999, S. 25

519 Pieper, S. U., Gemeinschaftsrecht, in: Birk, D. (Hrsg.), Handbuch, 1995, S. 87

linien sind prinzipiell „lediglich indirekte Rechtsquellen"[520]. Anders als bei Verordnungen müssen die Bestimmungen einer Richtlinie nämlich erst in nationales Recht transformiert werden, um innerstaatliche Wirkung zu entfalten.[521] Bei der Umsetzung von Richtlinien in innerstaatliches Recht sind die Mitgliedstaaten gem. Art. 249 [189] EGV an die Ziele der Richtlinie gebunden.[522] Unter den Zielen einer Richtlinie sind alle in ihr enthaltenen Regelungen in ihrer Gesamtheit zu verstehen. Gemeint ist nicht nur das abstrakt formulierte Ziel der Richtlinie, sondern der gesamte Richtlinieninhalt. Die Verbindlichkeit des Ziels einer Richtlinie „bedeutet nicht etwa, daß die Mitgliedstaaten von den Regelungen der Richtlinie abweichen dürfen, wenn sie auf andere Weise zum gleichen sachlichen Effekt zu kommen meinen."[523]

Eng mit dieser Problematik verbunden ist die Frage, wie detailliert die Bestimmungen einer Richtlinie sein dürfen. Typischerweise beläßt eine Richtlinie den Mitgliedstaaten einen gewissen Entscheidungsspielraum.[524] Der Charakter der Richtlinie schließt aber nicht von vornherein aus, daß deren Inhalt sehr detailliert und präzise ausformuliert ist und den Mitgliedstaaten deshalb nur ein geringer oder gar kein inhaltlicher Dispositionsspielraum mehr verbleibt.[525] Die Frage der Regelungsintensität einer Richtlinie ist keine Frage der Handlungsform, sondern vielmehr eine Frage der Kompetenzausübung unter Beachtung entsprechender Grundsätze wie beispielsweise dem Grundsatz der Erforderlichkeit.[526] Die Mitgliedstaaten sind durch den aus Art. 10 [5] EGV ableitbaren Grundsatz der Gemeinschaftstreue i.V.m. Art. Art. 249 [189] EGV dazu verpflichtet, den Richtlinieninhalt vollständig in innerstaatliches Recht umzusetzen.[527] Die Wahl der Form und Mittel ist den Mitgliedstaaten dabei freigestellt.[528] Die Mitgliedstaaten müssen aber diejenige Form der Umsetzung der Richtlinie wählen, welche am besten geeignet erscheint, die Wirksamkeit der

---

520 Däubler, W., Delegation, DVBl. 1966, S. 660

521 Vgl. Pieper, U., Gemeinschaft, SteuerStud 1994, S. 401; Pieper, S. U., Gemeinschaftsrecht, in: Birk, D. (Hrsg.), Handbuch, 1995, S. 87

522 Vgl. hierzu Widmann, W., EG-Richtlinien, DB 1990, S. 2491

523 Friedrich, K., Verbrauchsteuerrecht, DB 1992, S. 2000

524 Vgl. Langenfeld, C., EG-Richtlinien, DÖV 1992, S. 955

525 Vgl. Ruppe, H. G., Österreich, 1988, S. 11; vgl. Langenfeld, C., EG-Richtlinien, DÖV 1992, S. 955; Tumpel, M., Mehrwertsteuer, 1997, S. 61; Ahlt, M., Europarecht, 1996, S. 13; Zuleeg, M., Richtlinien, ZGR 1980, S. 471f.

526 siehe unten; vgl. auch Vgl. Thun-Hohenstein, C. / Cede, F., Europarecht, 1996, S. 179

527 Vgl. Birkenfeld, W. / Forst, C., Umsatzsteuerrecht, 1992, S. 26; Arndt, H.-W. / Haas, M., EG-Abgaben, RIW 1989, S. 716

528 Vgl. Art. 249 [189] EGV; Tumpel, M., Mehrwertsteuer, 1997, S. 61

Richtlinienvorschriften optimal zu gewährleisten.[529] In Deutschland kommt zum Beispiel eine Umsetzung von Richtlinien zur Steuerharmonisierung nur durch ein förmliches Gesetz in Betracht.[530] Auf jeden Fall muß es sich um eine klare und Rechtssicherheit gewährleistende Umsetzung handeln.[531] Eine Umsetzung von Richtlinienbestimmungen durch Regionen oder Bundesländer ist zulässig, wobei aber auch in diesem Fall sichergestellt sein muß, daß die Bestimmungen der Richtlinie ihre volle Wirkung entfalten können.[532] Wenn die Umsetzung auch nicht durch ein spezielles Gesetz erfolgen muß[533], ist doch erforderlich, daß es sich um einen deutlich erkennbaren Umsetzungsakt handelt.[534] Seit 1990 enthalten Richtlinien aus diesem Grund die ausdrückliche Verpflichtung, bei der Richtlinientransformation auf die zugrundeliegende Richtlinie Bezug zu nehmen, und der Kommission die jeweiligen Umsetzungsakte zu benennen.[535]

---

529 Vgl. Thun-Hohenstein, C. / Cede, F., Europarecht, 1996, S. 179; Vedder, C., Einwirkungen, in: Vogel, K. (Hrsg.), Steuerrecht 1994, S. 5; s.a. EuGH-Urteil v. 26.2.1976, Rs. 52/75 „Kommission / Italien", EuGHE 1976, S. 277ff.

530 Vgl. Voß, R., Steuerrecht, in: Dauses, M. (Hrsg.), Handbuch, Stand: 1999, S. 25; vgl. Reiß, W., Umsetzung, StuW 1994, S. 327

531 Vgl. Thun-Hohenstein, C. / Cede, F., Europarecht, 1996, S. 179

532 Vgl. Weber-Grellet, H., Steuerrecht, StuW 1995, S. 340; s.a. EuGH-Urteil v. 28.2.1991, Rs. C-131/88 „Kommission / Deutschland", EuGHE 1991, S. I- 868 u. I-881

533 Vgl. Tumpel, M., Mehrwertsteuer, 1997, S. 61 mit Hinweis auf EuGH v. 28.2.1991 Rs. C-131/88 „Kommission / Deutschland", EuGHE 1991, I-825; EuGH 17.10.1991, Rs. C-58/89, „Kommission / Deutschland", EuGHE 1991, I-4983; EuGH-Urteil v. 30.5.1991, Rs. C-59/89 „Kommission / Deutschland", EuGHE 1991, I-2607; EuGH-Urteil v. 17.11.1993, Rs. C-71/92 „Kommission / Spanien", EuGHE 1993, I-5923; vgl. auch Weber-Grellet, H., Steuerrecht, StuW 1995, S. 340; EuGH-Urteil v. 9.4.1987, Rs. 363/85 „Kommission / Italien", EuGHE 1987, S. 1733; EuGH-Urteil v. 30.5.1991, Rs. C 361/88 „Kommission / Deutschland", EuGHE 1991, S. I-2596 u. I-2601; EuGH-Urteil v. 30.5.1991, Rs. C-59/89 „Kommission / Deutschland", EuGHE 1991, S. I-2607; EuGH-Urteil v. 17.10.1991, Rs. C-58/89 „Kommission / Deutschland", EuGHE 1991, S. I-4983; Birkenfeld, W., Verwaltungsvorschriften, UR 1993, S. 272

534 Vgl. Thun-Hohenstein, C. / Cede, F., Europarecht, 1996, S. 179

535 Vgl. Thun-Hohenstein, C. / Cede, F., Europarecht, 1996, S. 179; so bestimmt beispielsweise Art. 31 RL 92/12/EWG: „Wenn die Mitgliedstaaten Vorschriften nach Unterabsatz 1 erlassen, nehmen sie in den Vorschriften selbst oder durch einen Hinweis bei der amtlichen Veröffentlichung auf diese Richtlinie Bezug. Die Mitgliedstaaten regeln die Einzelheiten der Bezugnahme. (2) Die Mitgliedstaaten teilen der Kommission den Wortlaut der wichtigsten innerstaatlichen Rechtsvorschriften mit, die sie erlassen, um dieser Richtlinie nachzukommen"; Lechner, E., Harmonisierung, in: Gassner, W. / Lechner, E. (Hrsg.), Steuerrecht, 1992, S. 49

b) Sperrwirkung der Richtlinienbestimmungen

Wurden die Richtlinienbestimmungen in nationales Recht transformiert, dürfen diejenigen innerstaatlichen Rechtsvorschriften, welche auf den Vorgaben einer Richtlinie basieren, nicht mehr in einer Weise abgeändert werden, die in Widerspruch zu den Vorgaben der Richtlinie steht.[536] Die Bindungswirkung der Richtlinie für den nationalen Gesetzgeber besteht daher ungeschmälert auch hinsichtlich zeitlich späteren Gesetzgebungsvorhaben.[537] Die Organe der Mitgliedstaaten bleiben an die Richtlinie gebunden.[538] Dies scheint sinnvoll, da andernfalls die Mitgliedstaaten jederzeit den erreichten Integrationsstand beseitigen könnten.[539] Man spricht in diesem Zusammenhang von der Sperrwirkung einer Richtlinie.[540] Wie weit diese Sperrwirkung reicht, hängt wiederum von der Intensität der einzelnen Richtlinienbestimmungen ab.[541] Enthält eine Richtlinie beispielsweise nur bestimmte Ober- oder Untergrenzen bezüglich bestimmter Steuersätze, können die Mitgliedstaaten selbstverständlich innerhalb dieser Grenzen frei tätig werden.[542] Die Sperrwirkung greift also nur insoweit, als eine abschließende und umfassende Regelung getroffen wurde.[543]
Dem Grundsatz der Gemeinschaftstreue nach „sind alle Träger öffentlicher Gewalt in den Mitgliedstaaten verpflichtet, die zur Erfüllung der Ziele des EWGV geeigneten Maßnahmen zu treffen."[544] Für die Gerichte in den Mitgliedstaaten bedeutet dies, daß sie das durch Richtlinienumsetzung entstandene innerstaatliche Recht „im Lichte des Wortlauts und des Zwecks der Richtlinie" auszulegen"[545] haben. „Bei Konkurrenz zwischen den Interpretationsmethoden muß folglich der richtlinienkonformen Auslegung der Vorrang gebühren, da sich nur so ein einheitliches Rechtsverständnis erreichen läßt."[546]

---

[536] Vgl. Oppermann, T., Europarecht, 1999, S. 424;Grabitz, E., Stillhalte-Verpflichtungen, 1988, S. 35

[537] Vgl. Wasmeier, M., Umweltabgaben, 1995, S. 47f.; EuGH-Urteil v. 26.4.1988, Rs. 74/86 „Kommission / Deutschland", EuGHE 1988, S. 2149

[538] Vgl. Oppermann, T., Europarecht, 1999, S. 424; vgl. auch Zuleeg, M., Richtlinien, ZGR 1980, S. 481

[539] Vgl. Mick, M., Steuerkonzeption, 1995, S. 61

[540] Vgl. Takacs, P., Steuerrecht, 1998, S. 97; Tumpel, M., Mehrwertsteuer, 1997, S. 62

[541] Vgl. Tumpel, M., Mehrwertsteuer, 1997, S. 62; Becker, U., Umweltschutz, 1991, S. 103

[542] Vgl. Tumpel, M., Mehrwertsteuer, 1997, S. 62

[543] Vgl. Wasmeier, M., Umweltabgaben, 1995, S. 210

[544] Lüdemann, P., EG-Recht, BB 1992, S. 1610

[545] Lüdemann, P., EG-Recht, BB 1992, S. 1610; Forst, C., Umsatzsteuer, UR 1989, S. 265; Seeger, S., Rechtsprechung, in: Costede, J. (Hrsg.), Umsatzsteuerkongreß-Bericht, 1985, S. 47; vgl. auch Reiß, W., Steuerrecht, DSWR 1998, S. 256; vgl. EuGH-Urteil v. 10.4.1984, Rs. 14/83 „Von Colson und Kamann", EuGHE 1984, S. 1891

[546] Lüdemann, P., EG-Recht, BB 1992, S. 1610; speziell zur richtlinienkonformen Auslegung des Umsatzsteuerrechts vgl. Ahlt, M., Umsatzsteuer, in: Dziadkowski, D. / Reiß,

Zu untersuchen ist, welche Folgen eintreten, wenn ein Mitgliedstaat entgegen seinen Verpflichtungen die Bestimmungen einer Richtlinie nicht ordnungsgemäß in innerstaatliches Recht umsetzt. Eine nicht fristgerechte oder nicht ordnungsgemäße Transformation einer Richtlinie stellt einen Verstoß gegen die Pflichten aus Art. 10 [5] EGV und damit eine Vertragsverletzung dar.[547] Stellt die Kommission eine solche Vertragsverletzung fest, hat sie als „Hüterin der Verträge"[548] die Möglichkeit, ein Vertragsverletzungsverfahren einzuleiten.[549] Jedem Bürger der Gemeinschaft steht es frei, ein solches Verfahren bei der Kommission anzuregen,[550] er kann es aber nicht erzwingen.[551]

c) Die Folgen einer nicht-ordnungsgemäßen Transformation der Richtlinien durch die Mitgliedstaaten

Wie bereits erläutert, verpflichten Richtlinien grundsätzlich erst einmal nur die Organe der Mitgliedstaaten zur Anpassung des innerstaatlichen Rechts.[552] Im Normalfall wirken sich Bestimmungen einer Richtlinie für die Bürger erst „auf dem Wege der von dem Mitgliedstaat ergriffenen Vollzugsmaßnahme"[553] aus. Unter bestimmten Voraussetzungen kann aber einzelnen Bestimmungen einer Richtlinie auch unmittelbare Wirkung für die Bürger zukommen.[554]
Nach der Rechtsprechung des EuGH setzt dies zunächst voraus, daß ein Bürger sich vor Gericht auf eine Bestimmung einer Richtlinie beruft.[555] Ein Anrufungs-

W., Umsatzsteuerkongreß-Bericht, 1998, S. 33-36; Birkenfeld, W., Rechtsverwirklichung, StuW 1998, S. 63f.; Spetzler, E., Auslegung, RIW 1991, S. 579-582; Birkenfeld, W., Umsatzbesteuerung, 1996, S. 48f.

547 Vgl. Tumpel, M., Mehrwertsteuer, 1997, S. 62; Lüdemann, P., EG-Recht, BB 1992, S. 1609

548 Tumpel, M., Mehrwertsteuer, 1997, S. 81

549 Vgl. Stobbe, L., Besteuerung, DStZ A 1992, S. 226

550 Vgl. Huschens, F., Entwicklung, EuZW 1997, S. 261; das Vertragsverletzungsverfahren wird erläutert bei Pieper, U., Verfahrensarten, in: Birk, D. (Hrsg.), Handbuch, 1995, S. 260-263

551 Vgl. Erhart, M., Umsetzung, in: Gassner, W. / Lechner, E. (Hrsg.), Steuerrecht, 1992, S. 49; Kotschnigg, M., Europarecht, ÖStZ 1996, S. 388

552 Vgl. Lüdemann, P., EG-Recht, BB 1992, S. 1609

553 Spetzler, E., Kollision, RIW 1990, S. 288

554 Vgl. Nagel, B., Wirtschaftsrecht, 1998, S. 47; vgl. zur unmittelbaren Wirkung speziell von Steuerrichtlinien Herrmann, H. J., EG-Richtlinien, RIW 1982, S. 567; Forst, C., Umsatzsteuer, UR 1989, S. 264; Birkenfeld, W., Umsatzsteuerrecht, UR 1989, S. 335; Birkenfeld, W., Rechtsprechung, UR 1997, S. 243-244; Miller, F., Recht, DB 1979, S. 2053

555 Vgl. hierzu Lüdemann, P., EG-Recht, BB 1992, S. 1609;

recht von Behörden besteht im übrigen nicht.[556] Es muß sich dabei um eine Bestimmung handeln, welche für den Bürger gegenüber einer geltenden innerstaatlichen Regelung vorteilhaft ist. Die unmittelbare Anwendbarkeit von Richtlinienbestimmungen, welche nachteilig für den Bürger sind, kommt nicht in Frage.[557] Somit kann es niemals zu einer Schlechterstellung der Bürger aufgrund einer noch nicht transformierten Richtlinienbestimmung kommen.[558] Ohnehin wird sich aber kein Bürger auf eine für ihn weniger vorteilhafte nicht umgesetzt Richtlinienbestimmung berufen.[559] Nach der Rechtsprechung des EuGH muß die Richtlinienbestimmung außerdem inhaltlich hinreichend genau und eindeutig[560] sein, von keinen weiteren Bedingungen mehr abhängen[561] und insgesamt so beschaffen sein, daß sie sich für eine unmittelbare Anwendung durch die Gerichte eignet.[562] Hinreichend genau dürfte eine Richtlinienbestimmung sein, „die allgemein und unzweideutig Vorgaben zum sachlichen Regelungsgehalt und zum erfaßten Personenkreis trifft."[563] Eine Richtlinienbestimmung ist unbedingt, wenn die jeweils festgelegten Rechtsfolgen nicht im Ermessen eines EG-Organs oder der Mitgliedstaaten stehen und den Mitgliedstaaten kein Ermessens- oder Beurteilungsspielraum eingeräumt ist.[564] Die Voraussetzungen sind in Zusammenhang mit der Rechtsprechung zu der unmittelbaren Wirkung von Bestimmungen des Primärrechts zu sehen.[565] Entspricht eine Richtlinienbestimmung

---

556 Vgl. Birkenfeld, W., Rechtsverwirklichung, StuW 1998, S. 67; vgl. EuGH v. 7.12.1995, Rs. C-472/93 „Fiat Geotech", EuGHE 1995, S. I-4328; EuGH-Urteil v. 14.7.1994, Rs. C-91/92 „Faccini Dori", EuGHE 1992, S. I-3325ff.; Lenz, C. O., Geltung, DVBl. 1990, S. 909

557 Vgl. Pieper, U., Gemeinschaftsrecht, in: Birk, D. (Hrsg.), Handbuch, 1995, S. 89; m.w.N. Haneklaus, DVBl. 1993, S. 129ff.;

558 Vgl. Voß, R., Steuern, DStR 1991, S. 927; s.a. EuGH-Urteil v. 8.10.1987, Rs. 80/86 „Kolpinghuis Nijmegen", EuGHE 1987, S. 3986; Lüdemann, P., EG-Recht, BB 1992, S. 1609; Weber-Grellet, H., Steuerrecht, StuW 1995, S. 341

559 Theile, C., Wettbewerbsneutralität, 1995, S. 20

560 Vgl. hierzu EuGH 22.5.1980, Rs. 131/79 „Regina", EuGHE 1980, S. 1600; EuGH-Urteil v. 25.1.1983, Rs. 126/82 „D. J. Smit Transport B. V.", EuGHE 1983, S. 88; EuGH-Urteil v. 19.1.1982, Rs. 8/81 „Ursula Becker", EuGHE 1982, S. 71 u. 75

561 Vgl. EuGH 4.12.1974, Rs. 41/74 „Yvonne van Duyn", EuGHE 1974, 1337; EuGH-Urteil v. 3.2.1976, Rs. 59/76 „Manghera", EuGHE 1976, S. 101; EuGH-Urteil v. 17.2.1976, Rs. 45/75 „REWE GmbH", EuGHE 1976, S. 196; EuGH-Urteil v. 12.7.1990, Rs. C-188/89 „A. Foster", EuGHE 1990 S. I-3343 u. I-3348; Voß, R., Steuerrecht, StuW 1993, S.

562 Vgl. EuGH-Urteil v. 22.5.1980, Rs. 131/79 „Regina", EuGHE 1980, S. 1585; EuGH-Urteil v. 25.1.1983, Rs. 126/82 „D. J. Smit Transport B. V.", EuGHE 1983, S. 73

563 Lüdemann, P., EG-Recht, BB 1992, S. 1610; EuGH-Urteil v. 19.1.1982, Rs. 8/81 „Ursula Becker", EuGHE 1982, S. 53

564 Vgl. Lüdemann, P., EG-Recht, BB 1992, S. 1610; Jarass, Wirkung, NJW 1990, S. 2422

565 Vgl. Seeger, S., Rechtsprechung, in: Costede, J. (Hrsg.), Umsatzsteuerkongreß-Bericht, 1985, S. 36

nicht diesen Kriterien, „kann der einzelne die daraus resultierenden Rechte nicht geltend machen“[566].
Liegen die Voraussetzungen vor, ist der Marktbürger so zu stellen, als hätte der Mitgliedstaat seine gemeinschaftsrechtlichen Verpflichtungen zutreffend erfüllt.[567] Die Richtlinienbestimmung entfaltet unmittelbare Wirkung. Begründet wird dieses „Anrufungsrecht“[568] oder „Evokationsrecht“[569] damit, daß ein Mitgliedstaat, welcher gegen seine Pflichten aus dem Vertrag verstoßen hat, nicht auch noch einen Vorteil dadurch erlangen soll, daß er seinen Bürgern günstigere Regelungen vorenthält.[570] Die unmittelbare Wirkung der Richtlinie beruht also auf Rechtsschutzgesichtspunkten zugunsten der Bürger und Sanktionsaspekten zu Lasten der Mitgliedstaaten.[571] Nicht vertragskonformes Verhalten der Mitgliedstaaten soll sanktioniert werden.[572] Die unmittelbare Anwendbarkeit von Richtlinienbestimmungen ist damit Ausdruck des *venire-contra-factum-proprium-* und des *nemo-auditur*-Grundsatzes.[573]
Unter bestimmten Bedingungen kann ein Bürger von einem Mitgliedstaat, welcher eine Richtlinie nicht entsprechend seinen Vertragspflichten umgesetzt hat, den Ersatz des ihm daraus entstandenen Schadens verlangen.[574] Dabei muß aber ein (sehr) enger Kausalzusammenhang zwischen der Nichtumsetzung und dem Schaden bestehen.[575]
Zusammenfassend ist festzustellen, daß den Mitgliedstaaten bei der Umsetzung von Richtlinien nur noch ein geringer Spielraum verbleibt, der sich auf den formellen Umsetzungsakt beschränkt, da der materielle Inhalt der Richtlinie für die Mitgliedstaaten verbindlich ist.[576] Je detaillierter eine Richtlinie, umso weniger

566 Wellinger, G., Gemeinschaftsrecht, SWK 1996, S. 260
567 Vgl. Birkenfeld, W. / Forst, C., Binnenmarkt, 1992, S. 38; Unterberger, A., Rechtsprechung, ÖStZ 1998, S. 421
568 Widmann, W., EG-Richtlinien, DB 1990, S. 2492
569 Lüdemann, P., EG-Recht, BB 1992, S. 1610
570 Vgl. Seeger, S., Rechtsprechung, in: Costede, J. (Hrsg.), Umsatzsteuerkongreß-Bericht, 1985, S. 37; Voß, R., EG-Richtlinien, RIW 1982, S. 570
571 Vgl. Jarass H. D., Wirkung, NJW 1990, S. 2422; Lüdemann, P., EG-Recht, BB 1992, S. 1610
572 Vgl. Ress, G., Union, JuS 1992, S. 985; vgl. auch Robisch, M., Wertabgaben, 1997, S. 28
573 Vgl. Jarass, Wirkung, NJW 1990, 2420, 2422; Lüdemann, P., EG-Recht, BB 1992, S. 1610; GA Mischo, EuGHE 1987, 3969 (3977); vgl. Lüdemann, P., EG-Recht, BB 1992, S. 1610
574 Vgl. Ahlt, M., Europarecht, 1996, S. 72f.; vgl. hierzu auch Dänzer-Vanotti, W., Rechtsfortbildung, RIW 1992, S. 734
575 Vgl. Birkenfeld, W., Verwaltungsvorschriften, UR 1993, S. 274; s. hierzu EuGH v. 19.11.1991, Rs. 6/90 „Francovic“, EuGHE 1991, S. I-5357; vgl. hierzu Bieg, T., Gerichtshof, 1997, S. 35f.
576 Vgl. Rau, G., EG-Richtlinien, in: Costede, J. (Hrsg.), Umsatzsteuerkongreß-Bericht, 1985, S. 50; Langenfeld, C., EG-Richtlinien, DÖV 1992, S. 955

Spielraum bleibt den Staaten. Eine Mitwirkungsmöglichkeit der mitgliedstaatlichen Parlamente besteht damit *de facto* nicht mehr.[577] Lehnt ein Parlament die Umsetzung einer Richtlinie ab, löst dies nach Ablauf der Umsetzungsfrist sofort die beschriebenen Sanktionsmechanismen aus. Die Rechte der Mitgliedstaaten im Regelungsbereich der Richtlinie sind mit dem Erlaß des Rechtsaktes durch den Rat also faktisch verbraucht.[578] Jede weitere Richtlinie hat einen erneuten Souveränitätsverzicht zur Folge.[579]

4. *Sonstige Handlungsformen*

Als weitere Handlungsform sieht Art. 249 [189] EGV die Entscheidung vor. Entscheidungen sind verbindliche Einzelfallregelung gegenüber einem, mehreren oder allen Mitgliedstaaten oder einer natürlichen oder juristischen Person.[580] Entscheidungen sind unmittelbar anwendbar, verbindlich und bedürfen keiner nationalen Umsetzung.[581] Die ebenfalls in Art. 249 [189] EGV erwähnten Empfehlungen und Stellungnahmen besitzen keinen verbindlichen Charakter und können beispielsweise angewandt werden, um Mitgliedstaaten auf Verpflichtungen aus dem Vertrag hinzuweisen.[582]

E. Zwischenergebnis

Die vorstehenden Ausführungen haben ergeben, daß das Steuerrecht der Mitgliedstaaten vielfältigen Einflüssen des Gemeinschaftsrechts ausgesetzt ist.
Während die primärrechtlichen Vorschriften in erster Linie eine punktuelle Wirkung entfalten, besitzen die Organe der Europäischen Gemeinschaft auf der Grundlage verschiedener Vertragsvorschriften die Möglichkeit, durch den Erlaß von Rechtsakten aktiv auf das Recht der indirekten Besteuerung der Mitgliedstaaten einzuwirken. Haben die Gemeinschaftsorgane von ihren Kompetenzen im Bereich des Steuerrechts Gebrauch gemacht, ergeben sich hieraus weitreichende Folgen für die Mitgliedstaaten, welche im Extremfall den vollständigen

---

[577] Vgl. Rau, G., EG-Richtlinien, in: Costede, J. (Hrsg.), Umsatzsteuerkongreß-Bericht, 1985, S. 50

[578] Vgl. Mann, S., Harmonisierung, DB 1990, S. 1737; Lenz, C. O., Grenzen, EuGRZ 1993, S. 60; Kotschnigg, M., EG-Steuerrichtlinien, ÖStZ 1997, S. 275

[579] Vgl. Forst, C., Steuerharmonisierung, in: Birk, D. / Ehlers, D. (Hrsg.), Rechtsfragen, 1995, S. 17

[580] Vgl. Birkenfeld, W. / Forst, C., Umsatzsteuerrecht, 1992, S. 27; vgl. auch Ahlt, M., Europarecht, 1996, S. 14

[581] Vgl. Pieper, U., Gemeinschaft, SteuerStud 1994, S. 402; Pieper, U., Gemeinschaftsrecht, in: Birk, D. (Hrsg.), Handbuch, 1995, S. 90

[582] Vgl. Voß, R., Steuerrecht, in: Dauses, M. (Hrsg.), Handbuch, Stand: 1999, S. 26

Verlust der Regelungsbefugnis auf dem jeweiligen Gebiet zur Konsequenz haben kann.

Kapitel 4

Spezielle Grenzen der Kompetenzausübung zum Schutz der steuerlichen Hoheitsrechte der Mitgliedstaaten

A. Allgemeines

Wie bereits im Kapitel 2 erläutert, zählen die steuerrechtlichen Befugnisse zu den elementarsten Hoheitsrechten eines Staates. Das Steuerrecht ist damit einer „der sensibelsten Bereiche eigenständiger nationalstaatlicher Politik“[583]. Aufgrund dieser immensen Bedeutung des Steuerrechts für die Eigenständigkeit und Souveränität der Mitgliedstaaten haben diese ein berechtigtes Interesse daran, daß ihre steuerrechtlichen Befugnisse weitgehend vor einer Einflußnahme der Gemeinschaft geschont werden. Ob die Gemeinschaftsorgane bei der Ausübung ihrer oben erläuterten Befugnisse auf dem Gebiet der indirekten Steuern an bestimmte Schranken oder Grenzen gebunden sind, welche die Steuerhoheit der Mitgliedstaaten schützen, ist nachfolgend zu erörtern.

B. Das Prinzip der Subsidiarität im Gemeinschaftsrecht

I. Allgemeine Grundlagen des Prinzips

Das aus der katholischen Soziallehre stammende Prinzip der Subsidiarität besagt ganz allgemein, daß eine größere Einheit nicht Aufgaben übernehmen soll, welche von der jeweils kleineren Einheit zufriedenstellend bewältigt werden können.[584] Die größere Einheit soll nur subsidiär, d.h. unterstützend und hilfsweise tätig werden.[585] Übertragen auf die Politik bedeutet dieses Prinzip, daß eine höhere staatliche Ebene keine Aufgaben übernehmen darf, die von untergeordneten Ebenen aus eigener Kraft erfüllt werden können.[586] Damit ist das Prinzip der Subsidiarität ein Prinzip gegen Zentralismus und für eine staatliche Organisation, in welcher die jeweils übergeordnete staatliche Ebene die Wirkungsmöglichkeiten der untergeordneten anerkennt.[587] In Artikel 5 [3b] EGV ist das gemeinschaftsrechtliche Subsidiaritätsprinzip kodifiziert.[588]

---

[583] Vgl. Winter, M., Umsatzsteuer, UR 1991, S. 337; Hakenberg, W., Grundzüge, 1994, S. 207

[584] Vgl. Thun-Hohenstein, C. / Cede, F., Europarecht, 1996, S. 153; Merten, D., Verfassungsprinzip, in: Merten, D. (Hrsg.), Subsidiarität, 1993, S. 90

[585] Vgl. Mickel, W., Handlexikon, 1998, S. 452

[586] Vgl. Mickel, W., Handlexikon, 1998, S. 452

[587] Vgl. hierzu Mickel, W., Handlexikon, 1998, S. 452

[588] Teilweise wird angenommen, daß das Prinzip der Subsidiarität auch schon vor seiner Kodifizierung als allgemeiner Rechtsgrundsatz im Gemeinschaftsrecht gegolten hat; vgl.

Dieses gemeinschaftsrechtliche „Grundprinzip“[589] besteht in seiner Gesamtheit aus drei sich ergänzenden Teilprinzipien.

II. Das Prinzip der begrenzten Ermächtigung

Artikel 5 [3b] Abs. 1 EGV enthält zunächst die Feststellung, daß die Gemeinschaft nur innerhalb der Grenzen der ihr im EGV zugewiesenen Befugnisse und dort gesetzten Ziele tätig werden kann.[590] Dieses Prinzip der beschränkten Ermächtigung wurde bereits in anderem Zusammenhang ausführlich besprochen. Infolgedessen wird es hier nur der Vollständigkeit halber noch einmal erwähnt.

III. Das Subsidiaritätsprinzip im engeren Sinne

1. Grundlegendes

In Art. 5 [3b] Abs. 2 EGV wird das Subsidiaritätsprinzip im engeren Sinne geregelt, welches das Kernelement[591] der „europarechtlichen Schrankentrias“[592] verkörpert. Die Gemeinschaft wird demnach nur tätig, sofern und soweit die Ziele einer in Betracht gezogenen Maßnahme auf der Ebene der Mitgliedstaaten nicht ausreichend verwirklicht werden können und sich daher wegen ihres Umfangs oder ihrer Wirkungen besser auf Gemeinschaftsebene erreichen lassen.

2. Das Subsidiaritätsprinzip als Kompetenzausübungsregel

Die Anwendung des Art. 5 [3b] Abs. 2 EGV setzt das Bestehen einer prinzipiellen Zuständigkeit der Gemeinschaft für eine in Betracht gezogene Maßnahme voraus.[593] Fehlt bereits eine vertragliche Kompetenzzuweisung im Sinne des Prinzips der beschränkten Ermächtigung, kommt ein Handeln der Gemeinschaftsorgane auf keinen Fall in Betracht. Das Subsidiaritätsprinzip kann und braucht in einem solchen Fall nicht zur Anwendung kommen.
Besitzen die Gemeinschaftsorgane aber prinzipiell die Kompetenz zum Tätigwerden, tritt das Folgeproblem auf, ob diese grundsätzlich gegebene Kompetenz

hierzu Heintzen, M., Subsidiaritätsprinzip, JZ 1991, S. 318-319; Gutknecht, B., Subsidiaritätsprinzip, in: Hengstschläger, J. (Hrsg.), Festschrift, 1994, S. 928

589 Frowein, J., Legitimation, in: Müller-Graff, P.-C. (Hrsg.), Perspektiven, 1998, S. 108

590 Vgl. hierzu Pipkorn, J., Subsidiaritätsprinzip, EuZW 1993, S. 698

591 Vgl. Hochbaum, I., Subsidiarität, DÖV 1992, S. 291

592 Merten, D., Verfassungsprinzip, in: Merten, D. (Hrsg.), Subsidiarität, 1993, S. 78

593 Vgl. Müller-Graff, P.-C., Binnenmarktauftrag, ZHR 1995, S. 47; Lambers, H.-J., Subsidiarität, EuR 1993, S. 232; Bieber, R., Subsidiarität, in: Nörr, K. / Oppermann, T. (Hrsg.), Subsidiarität, 1997, S. 175; Beermann, A., Harmonisierung, in: Mösslang, G. (Hrsg.), Umsatzsteuer-Binnenmarkt, 1996, S. 22; BVerfG-Urteil v. 12.10.1993 „Maastricht“

ausgeübt werden soll oder nicht.[594] Das Subsidiaritätsprinzip entscheidet also nicht über die Verteilung von Zuständigkeiten zwischen den Organen der Gemeinschaft und denjenigen ihrer Mitgliedstaaten[595], sondern stellt für die Gemeinschaftsorgane gewissermaßen eine „Kompetenzausübungsmaxime"[596] dar. Sie regelt die Wahrnehmung von Befugnissen, welche der Gemeinschaft grundsätzlich zustehen.[597] Das Subsidiaritätsprinzip in Art. 5 [3b] Abs. 1 EGV ist eine Kompetenzausübungsregel.[598]

Die teilweise vertretene Einordnung des Subsidiaritätsprinzips als Kompetenzverteilungsregel ist somit fehl am Platze.[599] Art. 5 [3b] Abs. 2 EGV soll nämlich, wie gezeigt, gerade nicht die Zurücknahme bestehender Gemeinschaftskompetenzen bewirken.[600] Andernfalls würde Art. 5 [3b] EGV als eine Art „Supernorm"[601] interpretiert, durch welche sämtliche Kompetenzzuweisungen im Vertrag in Frage gestellt würden. Die Rechtsfolge der Vorschrift kann aber nicht darin bestehen, der Gemeinschaft Kompetenzen wieder zu nehmen, welche ihr aufgrund des Vertrages ausdrücklich zustehen.[602]

---

594 Vgl. Bogdany, A. v. / Nettesheim, M., in: Grabitz, E. / Hilf, M. (Hrsg.), Kommentar, Stand: 1999, Art. 3b, Rdnr. 19

595 Vgl. Bieber, R., Subsidiarität, in: Nörr, K. / Oppermann, T. (Hrsg.), Subsidiarität, 1997, S. 175

596 Vgl. Koenig, C. / Haratsch, A., Europarecht, 1996, S. 60

597 Vgl. Schwartz, I., Subsidiarität, AfP 1993, S. 411

598 Vgl. Zuleeg, M., Justiziabilität, in:, Nörr, K. / Oppermann, T. (Hrsg.), Subsidiarität, 1997, S. 190; s.a. Lambers, H.-J., Subsidiarität, EuR 1993, S. 232; Müller-Graff, P.-C., Binnenmarktauftrag, ZHR 1995, S. 47; Jarass H. D., EG-Kompetenzen, EuGRZ 1994, S. 213; Borries, R. v., Tragweite, in: Everling, U. (Hrsg.), Europarecht, 1993, S. 26; Klein, E / Haratsch, A., Entwicklungen, DÖV 1993, S. 791; Schoch, F., Europäisierung, JZ 1995, S. 172; Schwartz, I., Subsidiarität, AfP 1993, S. 411; Hey, J., Harmonisierung, 1997, S. 99; Pfrang, E., Gemeinschaftsrecht, 1996, S. 176; Beermann, A., Harmonisierung, in: Mösslang, G. (Hrsg.), Binnenmarkt, 1996, S. 22 anders Merten, D., Verfassungsprinzip, in: Merten, D. (Hrsg.), Subsidiarität, 1993, S. 81; ebenfalls anders Kahl, W., Möglichkeiten, AöR 1993, S. 433

599 Vgl. Zuleeg, M., Justiziabilität, in:, Nörr, K. / Oppermann, T. (Hrsg.), Subsidiarität, 1997, S. 190; vgl. aber gegenteiliger Ansicht: Stewing, C., Subsidiaritätsprinzip, DVBl. 1992, S. 1516-1518

600 Vgl. Thun-Hohenstein, C. / Cede, F., Europarecht, 1996, S. 153

601 Kilian, W., Wirtschaftsrecht, 1996, S. 133

602 Vgl. Koenig, C. / Haratsch, A., Europarecht, 1996, S. 60

3. *Die Arten von Zuständigkeitsbereichen im Gemeinschaftsrecht*

a) Grundsätzliches

Eine Anwendung von Art. 5 [3b] Abs. 2 EGV kommt nur in Bezug auf Maßnahmen der Gemeinschaftsorgane in Frage, welche in einen Bereich fallen, der nicht der ausschließlichen Zuständigkeit der Gemeinschaft unterliegt.[603]
Aus dieser Formulierung ergibt sich, daß offenbar Bereiche existieren, welche in die ausschließliche Zuständigkeit der Gemeinschaft fallen, und solche, bei welchen dies nicht der Fall ist. Diese Unterscheidung erfordert eine Abgrenzung. Problematisch dabei ist, daß der EGV keine Aussagen darüber enthält, durch welche Merkmale die Bereiche ausschließlicher oder nicht-ausschließlicher Zuständigkeit der Gemeinschaft gekennzeichnet sind.[604] Auch eine katalogmäßige Zuordnung der einzelnen Zuständigkeiten in einen der beiden Bereiche fehlt im Vertrag, so daß in jedem Einzelfall unter Berücksichtigung von Wortlaut, Zweck und Zusammenhang durch Auslegung zu ermitteln ist, ob eine bestimmte Zuständigkeit den ausschließlichen oder den nicht-ausschließlichen Kompetenzen zuzuordnen ist.[605]

b) Die Bereiche ausschließlicher Gemeinschaftszuständigkeit

Der Begriff der ausschließlichen Zuständigkeit hat „allenfalls verschwommene Konturen“[606], so daß bezüglich dessen Inhalt große Meinungsverschiedenheiten bestehen.
Von der Kommission wird das Vorliegen einer ausschließlichen Zuständigkeit der Gemeinschaft dann angenommen, wenn der EGV eine zwingend formulierte und klare Verpflichtung der Gemeinschaft zur Ergreifung von Maßnahmen enthält, insbesondere wenn die Gemeinschaft innerhalb einer bestimmten vorgegebenen Frist ergebnisorientiert tätig werden soll.[607] Um eine bestimmte Kompetenz einzuordnen, prüft die Kommission zunächst, ob die jeweilige vertragliche Kompetenzgrundlage eine Verpflichtung der Gemeinschaft enthält, als allein zuständige Instanz bei der Wahrnehmung einer bestimmten Aufgabe tätig zu

---

[603] Vgl. hierzu auch Kuntze, C., Kompetenzen, 1998,. S. 227: vgl. auch Duckwitz, E., Union, 1992, S. 10; Idot, L., Subsidiarité, 1993, S. 5

[604] Vgl. Bischof, H.-H., Europarecht, 1996, S. 6-7; Konow, G., Subsidiaritätsprinzip, DÖV 1993, S. 407; Kuntze, C., Kompetenzen, 1998, S. 227; Toth, A. G., Principle, CMLRev. 1992, S. 1087; Toth, A. G., Subsidiarity, ELR 1994, S. 269

[605] Vgl. Borries, R. v., Subsidiaritätsprinzip, EuR 1994, S. 273; Müller-Graff, P.-C., Binnenmarktauftrag, ZHR 1995, S. 47; Huber, P., Recht, 1996, S. 159; Stewing, C., Subsidiaritätsprinzip, DVBl. 1992, S. 104

[606] Callies, C., Subsidiaritätsprinzip, EuZW 1995, S. 693

[607] Vgl. Kuntze, C., Kompetenzen, 1998, S. 228; Kommission, Subsidiaritätsprinzip, S. 119

werden.[608] Eine solche Verpflichtung liegt nach Ansicht der Kommission dann vor, wenn der entsprechende Vertragsartikel vom Wortlaut her eine solche Verpflichtung enthält. („..trifft").[609] Diese Verpflichtung muß dem Wortlaut der Kompetenzzuweisung nach innerhalb einer vorgegebenen Frist erfüllt sein.[610] Aus diesen Überlegungen heraus betrachtet die Kommission beispielsweise die Beseitigung der Hindernisse für den freien Verkehr von Waren, Personen, Dienstleistungen und Kapital zur Schaffung des Binnenmarktes als Aufgaben, welche in den Bereich der ausschließlichen Zuständigkeiten der Gemeinschaft fallen.[611] Würde man der Auffassung der Kommission folgen, fiele die Kompetenz zur Steuerharmonisierung nach Art. 93 [99] EGV in den Bereich der ausschließlichen Zuständigkeit der Gemeinschaft.[612]
Eine andere Auffassung besagt, daß eine ausschließliche Zuständigkeit der Gemeinschaft nur dort angenommen werden kann, „wo die Mitgliedstaaten unabhängig vom konkreten Tätigwerden der Gemeinschaft nicht handlungsbefugt sind."[613] Ausschließliche Zuständigkeiten sind danach also solche Kompetenzen, welche allein in den Tätigkeitsbereich der Gemeinschaftsorgane fallen und die Mitgliedstaaten nicht mehr zum Erlaß von Maßnahmen auf dem jeweiligen Gebiet befugt sind.[614] Die bloße Existenz der Handlungsbefugnis und nicht erst ein Handeln der Gemeinschaft auf diesem Sektor hindert die Mitgliedstaaten an einer eigenen Tätigkeit.[615] Eine ausschließliche Kompetenz der Gemeinschaft würde also immer dann vorliegen, wenn „eine vollständige Zuständigkeitsübertragung stattgefunden hat, so daß allein die Gemeinschaft die Befugnis zur Rechtsetzung hat.[616] Die Bereiche der ausschließlichen Zuständigkeit der Gemeinschaft sind damit dadurch gekennzeichnet, daß ein Tätigwerden der Mit-

608 Vgl. Kommission, Subsidiaritätsprinzip, S. 119
609 Vgl. Kommission, Subsidiaritätsprinzip, S. 119
610 Vgl. Kommission, Subsidiaritätsprinzip, S. 120
611 Vgl. auch Reichenbach, H., Finanzverfassung 1992, S. 3; sehr kritisch hierzu Brunner, M., Subsidiaritätsprinzip, in: Merten, D. (Hrsg.), Subsidiarität, 1993, S. 19, der (zu Recht) darauf hinweist, daß bei einer solchen Auslegung das Subsidiaritätsprinzip praktisch überhaupt niemals angewendet werden müßte.
612 Vgl. Kuntze, C., Kompetenzen, 1998, S. 229-230
613 Jarass H. D., EG-Kompetenzen, EuGRZ 1994, S. 209; Huber, P., Recht, 1996, S. 159; Callies, C., Subsidiaritätsprinzip, EuZW 1995, S. 696
614 Vgl. Pieper, S. U., Subsidiarität, 1993, S. 252; Borries, R. v., Tragweite, in: Everling, U. (Hrsg.), Europarecht, 1993, S. 28
615 Vgl. Fischer, H.-G., Europarecht, 1997, S. 92; Ahlt., M., Europarecht, 1996, S. 40
616 Vgl. Schweitzer, M. / Hummer, W., Europarecht, 1996, S. 100; s.a. Müller, J., Kapitalverkehrsfreiheit, 1998, S. 368

gliedstaaten nicht einmal mehr dann in Betracht kommt, wenn die Gemeinschaft von ihrer Regelungsbefugnis noch keinen Gebrauch gemacht hat.[617]
Auch der EuGH scheint davon auszugehen, daß eine ausschließliche Zuständigkeit der Gemeinschaft nur dann vorliegt, wenn sich aus der entsprechenden Kompetenzgrundlage eindeutig ergibt, daß allein die Gemeinschaft zuständig sein soll und die Mitgliedstaaten nicht mehr befugt sein sollen zu handeln.[618] In den Bereich der ausschließlichen Zuständigkeit der Gemeinschaft fallen demnach beispielsweise der gemeinsame Zolltarif, die Maßnahmen zur Erhaltung der Fischerei und die gemeinsame Handelspolitik.[619] Gleiches gilt seit der Einführung des Euro für die Währungspolitik.
Insgesamt ist festzuhalten, daß die Kompetenzen der Gemeinschaft nur „ausnahmsweise ausschließlicher Art"[620] sind. Der Begriff der ausschließlichen Kompetenz hat somit also eine enge Bedeutung.[621] Bezüglich Maßnahmen der Gemeinschaftsorgane in einem Bereich ausschließlicher Zuständigkeit der Gemeinschaft scheidet die Durchführung einer Subsidiaritätsprüfung von vornherein aus.[622]

c) Die Bereiche nicht-ausschließlicher Gemeinschaftszuständigkeit

Alle Befugnisse, welche der Gemeinschaft nach den vertraglichen Vorschriften zustehen und sich nicht dem Bereich der ausschließlichen Zuständigkeit der Gemeinschaft zuordnen lassen, fallen in den Bereich der nicht-ausschließlichen Zuständigkeit der Gemeinschaft. Dazu zählen auf jeden Fall die Bereiche der konkurrierenden Zuständigkeiten. Darunter werden solche Bereiche verstanden, in denen die Gemeinschaftsorgane zwar grundsätzlich die Befugnis zum Erlaß von Maßnahmen besitzen, die Mitgliedstaaten aber solange und soweit keine Regelung auf Ebene der Gemeinschaft vorliegt, ihre Zuständigkeit behalten.[623]

---

617 Vgl. Ahlt., M., Europarecht, 1996, S. 40; Jarass H. D., Kompetenzverteilung, AöR 1996, S. 186

618 Vgl. hierzu EuGH Gutachten 1/75, Slg. 1975, S. 1335; Gutachten 1/78, Slg. Slg. 1979, 2871; Gutachten 2/91 ABlEG 1993 Nr. C 109 v. 19.4.1993

619 Vgl. Kuntze, C., Kompetenzen, 1998, S. 230f; Müller, J., Kapitalverkehrsfreiheit, 1998, S. 367; Moritz, H., Umweltabgaben, 1999, S. 84; Bischof, H.-H., Europarecht, 1996, S. 41; Bogdany, A. v./ Nettesheim, M., in: Grabitz, E. / Hilf, M. (Hrsg.), Kommentar, Stand: 1999, Art. 3b, Rdnr. 10ff.

620 Zuleeg, M., Gemeinschaft, in: Blomeyer, W. / Schachtschneider, K. (Hrsg.), Union, 1995, S. 12; Wasmeier, M., Umweltabgaben, 1995, S. 59

621 Vgl. Callies, C., Subsidiaritätsprinzip, EuZW 1995, S. 700

622 Vgl. Thun-Hohenstein, C. / Cede, F., Europarecht, 1996, S. 154

623 Vgl. Schweitzer, M. / Hummer, W., Europarecht, 1996, S. 101; vgl. auch Ahlt, ., M., Europarecht, 1996, S. 40; Müller, J., Kapitalverkehrsfreiheit, 1998, S. 367; Huber, P., Recht, 1996, S. 161; Fischer, H.-G., Europarecht, 1997, S. 92; Klein, E., Verfassungsstaat, S. 94

Die Regelungsbefugnis der Mitgliedstaaten ist bei konkurrierenden Zuständigkeiten nicht von vornherein ausgeschlossen.[624] Derartige konkurrierende Kompetenzen stellen im Europäischen Gemeinschaftsrecht den Regelfall dar.[625] Zu den konkurrierenden Zuständigkeiten zählen beispielsweise die Agrarpolitik und die Kompetenzen zur Herstellung der Freiheit des Personen- und Dienstleistungsverkehrs. Aber auch und vor allem die Befugnisse zur Rechtsangleichung sind konkurrierender Art, insbesondere diejenigen nach Art. 93 [99] EGV und Art. 94 [100] EGV.[626]
Zu den Bereichen der nicht ausschließlichen Zuständigkeit der Gemeinschaft zählen darüber hinaus auch diejenigen der parallelen Zuständigkeiten. Dies sind die Bereiche, in denen sowohl die Gemeinschaften als auch die Mitgliedstaaten rechtsetzend tätig werden dürfen.[627] Hierbei bestehen also die Zuständigkeiten - mit Schwerpunkt bei den Mitgliedstaaten – nebeneinander und ihr Gebrauch muß aufeinander abgestimmt werden.[628] Es handelt sich meist um Sachgebiete, „in denen die Tätigkeit der Gemeinschaft darauf beschränkt ist, die Politik der Mitgliedstaaten zu unterstützen und „Beiträge" hierzu zu leisten."[629] Als Beispiele können das Kartell- und Monopolrecht, die Forschungs- und Technologiepolitik sowie die Regionalpolitik genannt werden.[630] Für den gesamten Bereich der nicht ausschließlichen Kompetenzen ist das Subsidiaritätsprinzip des Art. 5 [3b] Abs. 2 EGV anzuwenden. Es muß von den Gemeinschaftsorganen somit zwingend auch im Rahmen der Harmonisierung der indirekten Steuern berücksichtigt werden.

4. Nicht-ausreichender Handlungserfolg auf Ebene der Mitgliedstaaten als Voraussetzung für Maßnahmen der Gemeinschaftsorgane

Da das Subsidiaritätsprinzip auf die Steuerharmonisierung anwendbar ist, ist bei einer diesbezüglichen Maßnahme der Gemeinschaftsorgane also zu prüfen, ob die Ziele dieser Maßnahme nicht ausreichend auf der Ebene der Mitgliedstaaten verwirklicht werden können. In diesem Zusammenhang ist zunächst zu klären, was unter den Zielen einer Maßnahme zu verstehen ist. Dabei dürfte es „weniger

624 Vgl. Jarass H. D., EG-Kompetenzen, EuGRZ 1994, S. 210
625 Vgl. Huber, P., Recht, 1996, S. 161; Klein, E., Verfassungsstaat, S. 94; Müller, J., Kapitalverkehrsfreiheit, 1998, S. 368
626 Vgl. Wasmeier, M., Umweltabgaben, 1995, S. 61; vgl. auch Forst, C., Steuerharmonisierung, in: Birk, D. / Ehlers, D. (Hrsg.), Rechtsfragen, 1995, S. 10; Kuntze, C., Kompetenzen, 1998, S. 230; Fischer, H.-G., Europarecht, 1997, S. 92
627 Vgl. Müller, J., Kapitalverkehrsfreiheit, 1998, S. 369; Huber, P., Recht, 1996, S. 162; Ahlt, M., Europarecht, 1996, S. 40
628 Vgl. Fischer, H.-G., Europarecht, 1996, S. 92
629 Fischer, H.-G., Europarecht, 1996, S. 92
630 Vgl. Müller, J., Kapitalverkehrsfreiheit, 1998, S. 369

um die allgemeinen in Art. 2 [2] EGV formulierten Ziele gehen, sondern in erster Linie um die mit der jeweiligen Maßnahme verfolgten, konkreten Einzelziele.[631]

Steht das Ziel der zu prüfenden Maßnahme fest, ist zu ermitteln, ob dieses Ziel auf der Ebene der Mitgliedstaaten ausreichend verwirklicht werden kann oder nicht.[632] Ausreichende Verwirklichung bedeutet dabei bereits dem Wortlaut nach nicht bestmögliche oder optimale Verwirklichung.

Anhand welcher Kriterien allerdings festzustellen ist, ob Maßnahmen auf Ebene der Mitgliedstaaten zu ausreichenden Ergebnissen führen oder nicht, ist umstritten. Der Wortlaut der Vorschrift legt es nahe, diese Beurteilung anhand des Umfangs und der Wirkung einer Maßnahme vorzunehmen. Fraglich ist dabei aber, wie diese beiden „unbestimmten Rechtsbegriffe"[633] zu konkretisieren sind, da der EGV keine nähere Umschreibung liefert. Angesichts dieser Unklarheit wird den beiden Begriffen teilweise jegliche Bedeutung abgesprochen.[634]

Der Rat nimmt keine Differenzierung zwischen den beiden Begriffen vor, sondern prüft pauschalierend, ob eine Maßnahme transnationale Aspekte beinhaltet[635], ob also mehrere Mitgliedstaaten betroffen sind.[636]

Die Kommission rückt zur näheren Bestimmung von Umfang und Wirkung beispielhaft die den Mitgliedstaaten zur Verfügung stehenden Mittel der nationalen, regionalen oder kommunalen Gesetzgebung in den Vordergrund.[637] Sie berücksichtigt darüber hinaus die Grenzen einer auf einzelstaatlicher Ebene durchgeführten Maßnahme, die Vermeidung von Wettbewerbsverzerrungen im Binnenmarkt, die Kosten der Nichtdurchführung der Maßnahme, sowie die finanziellen Mittel zur Erreichung der Ziele.[638] Damit nimmt die Kommission ebensowenig wie der Rat eine explizite Unterscheidung zwischen Umfang und Wirkung einer Maßnahme vor.

In der Literatur wird die Auffassung vertreten, daß der Umfang einer Maßnahme im verwaltungsmäßigen oder finanziellen Aufwand für die Umsetzung derselben zum Ausdruck kommt.[639] Diese Kriterien sind aber wohl wenig geeignet, da es ausgeschlossen sein dürfte, daß die Mitgliedstaaten eine bestimmte Aufgabe

---

631 Vgl. Pieper, S. U., Subsidiaritätsprinzip, DVBl. 1993, S. 709; unklar Schmidhuber, M. / Hitzler, G., Verfassung, NVwZ 1992, S. 723

632 Vgl. hierzu Toth, A. G., Subsidiarity, CMLRev. 1992, S. 1098f.

633 Stein, T., VVStRL 1994, S. 40

634 Vgl. Schoch, F., Europäisierung, JZ 1995, S. 121

635 Vgl. Rat, Edinburgh, S. 140

636 Vgl. Schmidhuber, P., Subsidiaritätsprinzip, DVBl. 1993, S. 418

637 Vgl. Kommission, Subsidiaritätsprinzip, S. 113

638 Vgl. Kommission, Subsidiaritätsprinzip, S. 113

639 Vgl. Konow, G., Subsidiaritätsprinzip, DÖV 1993, S. 408

wegen des damit verbundenen finanziellen Aufwands nicht ausreichend erfüllen können.
Bei der Beurteilung des Umfangs einer geplanten Maßnahme i.S.v. Art. 5 [3b] Abs. 2 EGV können nur rechtliche Gründe den Ausschlag geben.[640] Bezüglich ihrer Wirkung ist zu fragen, ob eine Maßnahme wegen ihres Inhalts und ihrer Tragweite grenzüberschreitende Lösungen verlangt und damit nach der Natur der Sache zentral und einheitlich gestaltet werden müssen.[641] Berücksichtigt werden auch die Folgen, die im Hinblick auf das angestrebte Ziel der Maßnahme zu erwarten sind, und wie weit die Maßnahme an das anvisierte Ziel heranführt.

5. *Effizienzvergleich zwischen Maßnahmen der Gemeinschaftsorgane und Maßnahmen auf Ebene der Mitgliedstaaten*

Umstritten ist auch, welche Bedeutung die Formulierung „..und daher besser..“ für die Anwendung des gemeinschaftsrechtlichen Subsidiaritätsprinzips besitzt.
Die Formulierung deutet darauf hin, daß ein Effizienzvergleich zwischen dem Tätigwerden der Gemeinschaft und demjenigen der Mitgliedstaaten durchzuführen ist. Falls dieser Effizienzvergleich ergibt, daß das Gemeinschaftshandeln bessere Ergebnisse bringt als das Handeln der Mitgliedstaaten, wird einer Auffassung zufolge auf jeden Fall die Handlungsbefugnis der Gemeinschaftsorgane bejaht. Diese auch von der Kommission vertretene Meinung bedeutet bezüglich des Steuerrechts, daß die Gemeinschaftsorgane ihre steuerrechtliche Kompetenz auf jeden Fall dann ausüben, wenn dies hinsichtlich der angestrebten Ziele zu *besseren* Ergebnissen führt als ein Handeln der Mitgliedstaaten.[642]
Ein derartige Auffassung ist aber insofern zu kritisieren, da ein Handeln auf Gemeinschaftsebene immer *bessere* Ergebnisse liefert und somit der Zweck des Subsidiaritätsprinzips, nämlich der Schutz der Kompetenzen der Mitgliedstaaten, nicht erfüllt würde.[643]
Richtigerweise ist aber anzunehmen, daß bei der Anwendung des Art. 5 [3b] Abs. 2 EGV die entscheidende Bedeutung dem Tatbestandsmerkmal der *nicht ausreichenden* Zielverwirklichung auf Ebene der Mitgliedstaaten zukommt.
Eine Prüfung der weiteren Tatbestandsmerkmale des Art. 5 [3b] Abs. 2 EGV kommt überhaupt nur dann in Betracht, wenn festgestellt wurde, daß die Ziele der Maßnahme nicht ausreichend durch die Mitgliedstaaten verwirklicht werden

[640] Vgl. Winter, G., Subsidiarität, EuR 1996, S. 267
[641] Vgl. Konow, G., Subsidiaritätsprinzip, DÖV 1993, S. 408
[642] Vgl. hierzu Kuntze, C., Kompetenzen, 1998, S. 246
[643] Vgl. hierzu Goppel, T., Bedeutung, EuZW 1993, S. 367; Pieper, S. U., Subsidiarität, DVBl. 1993, S. 709; v. Borries, R., Subsidiaritätsprinzip, EuR 1994, S. 276f.; Konow, G., Subsidiaritätsprinzip, DÖV 1993, 409

können.[644] Selbst wenn eindeutig feststehen sollte, daß die Gemeinschaft ein bestimmtes Ziel wesentlich *besser* als die Mitgliedstaaten erreichen könnte, ist den Gemeinschaftsorganen ein Tätigwerden dann dennoch untersagt, wenn die Mitgliedstaaten das angestrebte Ziel zumindest in ausreichender Weise realisieren können.[645] Die beiden Tatbestandsmerkmale stehen konsekutiv hintereinander. Das bedeutet, daß sich die Frage nach dem besseren Handeln überhaupt nur dann stellt, wenn ein nicht ausreichendes Tätigwerden der Mitgliedstaaten festgestellt ist.[646] Steht fest, daß die Mitgliedstaaten die Ziele der Maßnahme nicht ausreichend verwirklichen können, muß dann allerdings eine über diese *nicht ausreichende* Zielerreichung hinausgehende, also bessere Zielverwirklichung durch die Gemeinschaft möglich sein.[647]

6. *Rechtsfolgen*

Sind sämtliche Voraussetzungen des Art. 5 [3b] Abs. 2 EGV erfüllt, ist es den Gemeinschaftsorganen gestattet, ihre Befugnis auszuüben, also beispielsweise eine Maßnahme auf dem Gebiet der indirekten Steuern zu erlassen. Zu beachten ist, daß gem. Art. 5 [3b] Abs. 2 EGV i.V.m. Art. 253 [190] EGV innerhalb der Begründung des Rechtsaktes dargelegt werden muß, warum eine Ausübung der Kompetenz durch die jeweils fragliche Maßnahme hinsichtlich des Subsidiaritätsprinzips gerechtfertigt ist. Diese Begründungspflicht wirkt im Ergebnis als Beweislastregel, da die Gemeinschaftsorgane ihre Zuständigkeit nachweisen müssen und nicht die Mitgliedstaaten einen Verstoß gegen das Prinzip.[648] Eine Rückwirkung des Subsidiaritätsprinzips ist nicht vorgesehen, um den erreichten Integrationsstand zu wahren.[649]

7. *Beurteilung des Subsidiaritätsprinzips*

Fraglich ist allerdings, ob das Subsidiaritätsprinzip des Art. 5 [3b] EGV tatsächlich geeignet ist, in der Realität die Befugnis der Gemeinschaftsorgane zur Har-

---

644 Vgl. Pieper, S. U., Subsidiaritätsprinzip, DVBl. 1993, S. 709; Konow, G., Subsidiaritätsprinzip , DÖV 1993, S. 409; Lambers, H.-J., Subsidiarität, EuR 1993, S. 237; Schmidhuber, P., Ratifikation, in: Randelshofer, A. u.a. (Hrsg.), Gedächtnisschrift, 1995, S. 667

645 Vgl. Goppel, T., Bedeutung, EuZW 1993, S. 367; Schmidhuber , M. /Hitzler, G, Verfassung, NVwZ 1992, S. 723; v. Borries, R., Subsidiaritätsprinzip, EuR 1994, S. 277

646 Vgl. Merten, D., Verfassungsprinzip, in: Merten, D. (Hrsg.), Subsidiarität, 1993, S. 78; vgl. Constantinesco, V., Handlungsprinzip, EuZW 1991, S. 563

647 Vgl. Borries, R. v., Subsidiaritätsprinzip, EuR 1994, S. 277

648 Vgl. Pieper, S. U., Subsidiaritätsprinzip, DVBl. 1993, S. 711

649 Vgl. Kilian, W., Wirtschaftsrecht, 1996, S. 86

monisierung der indirekten Steuern entscheidend zu begrenzen. Insbesondere die Frage der Justitiabilität des Prinzips durch den EuGH ist umstritten.[650]
So wird in der Literatur teilweise die Auffassung geäußert, daß dem Subsidiaritätsprinzip lediglich die Bedeutung einer politischen Handlungsmaxime oder Leitidee zukomme, darüber hinaus sich aber keine konkreten rechtlichen Folgen daraus ergeben.[651] Insbesondere die Wirksamkeit des Subsidiaritätsprinzips als "Regelungsbremse"[652] wird als gering eingeschätzt, da es in seinen einzelnen Tatbestandsvoraussetzungen sehr „aussageschwach"[653] formuliert ist. In Übereinstimmung mit der herrschenden Lehre ist aber durchaus eine gerichtliche Überprüfbarkeit des Prinzips gegeben.[654] Zwar hat der EuGH den weiten Beurteilungsspielraum der Gemeinschaftsorgane zu respektieren[655] und darf nicht sein Ermessen an die Stelle des Ermessens des Rates setzen.[656] Der EuGH ist aber nach Art. 220 [164] EGV i.V.m. Art. 230 [173] Abs. 2 EGV aufgerufen, zu überprüfen, ob die Gemeinschaftsorgane beispielsweise eine Maßnahme zur Harmonisierung der indirekten Steuern am Grundsatz der Subsidiaritätsprinzip ausgerichtet haben[657] und insbesondere ob Fehler bei der Ermittlung der Fakten aufgetreten sind und das Ermessen fehlerfrei ausgeübt wurde.[658] Er hat die Pflicht, die zutreffende Anwendung des Subsidiaritätsprinzips zu überwachen.[659] Dies gilt auch bezüglich Maßnahmen auf dem Gebiet der indirekten Steuern.
Auf jeden Fall kann aus Art. 5 [3b] Abs. 2 EGV aber eine wichtige Grundaussage abgeleitet werden, welche auch bei der Auslegung sämtlicher anderer Vorschriften des Gemeinschaftsrechts zu beachten ist. Aus Art. 5 [3b] Abs. 2 EGV läßt sich nämlich ableiten, daß die Gemeinschaft gerade nicht nach dem Grundsatz *in dubio pro comunitate* handeln soll, sondern vielmehr umgekehrt, daß einer Zuständigkeit der Mitgliedstaaten im Zweifel Vorrang zu gewähren ist.[660]
Dies bedeutet, daß die Auslegung von steuerrechtlich relevanten Kompetenznormen des Gemeinschaftsrechts im Zweifel so zu erfolgen hat, daß die steuer-

---

650 Vgl. Baetge, D., Maastricht, BayVBl. 1992, S. 713
651 Vgl. Kuntze, C., Kompetenzen, 1998, S. 250
652 Heidenhain, M., Subsidiaritätsprinzip, EuZW 1993, S. 73
653 Heintzen, M., Subsidiaritätsprinzip, JZ 1991, S. 319
654 Vgl. Schoch, F., Europäisierung, JZ 1995, S. 122; Stein, T., Union, VVDStRL 1994, S. 40; Kalhjl, AöR 1993, 419; Lambers, H.-J., Subsidiarität, EuR 1993, 239; Armbrüster, C., Schuldvertragsrecht, RabelsZ 1996, S. 88; Winter, G., Subsidiarität, EuR 1996, S. 264; vgl. auch Duckwitz, E., Union, 1992, S. 10
655 Vgl. Schwarze, J., Kompetenzverteilung, DVBl. 1995, S. 1267
656 Vgl. Müller-Graff, P.-C., Binnenmarktauftrag, ZHR 1995, 63
657 Vgl. Armbrüster, C., Schuldvertragsrecht, RabelsZ 1996, S. 88
658 Vgl. Toth, A., Subsidiarity, ELR 1994, S. 283
659 Vgl. Kuntze, C., Kompetenzen, 1998, S. 247
660 Vgl. Gutknecht, B., Subsidiaritätsprinzip, in: Hengstschläger, J. (Hrsg.), Festschrift, 1994, S. 935

lichen Hoheitsrechte der einzelnen Mitgliedstaaten, wann immer möglich, geschützt werden.[661] Die Befürchtung, daß es aufgrund des Subsidiaritätsprinzips zu einer Ausweitung der Kompetenzen der Gemeinschaftsorgane kommen könnte, erscheint abwegig.[662]

IV. Der Grundsatz der Erforderlichkeit von Maßnahmen der Gemeinschaftsorgane für die Verwirklichung der Vertragsziele

1. Allgemeines zur Funktion des Grundsatzes der Erforderlichkeit

Das soeben erläuterte Subsidiaritätsprinzip im engeren Sinne wird ergänzt durch den Grundsatz der Erforderlichkeit des Gemeinschaftshandelns für die Verwirklichung der Vertragsziele. Art. 5 [3b] Abs. 3 EGV bestimmt wörtlich, daß Maßnahmen der Gemeinschaft nicht über das für die Erreichung der Ziele des EGV erforderliche Maß hinausgehen. Auch dieser Grundsatz ist generell darauf ausgerichtet, dem Schutz der nationalen Identität der Mitgliedstaaten und der Aufgaben und Befugnisse ihrer Parlamente zu dienen. Maßnahmen der Gemeinschaft dürfen gem. Art. 5 [3b] Abs. 3 EGV nicht über das zur Erreichung der Vertragsziele erforderliche Maß hinausgehen. Diese Formulierung erinnert an den auch im Gemeinschaftsrecht anerkannten Verhältnismäßigkeitsgrundsatz. Dieser war allerdings nach der Rechtsprechung des EuGH zuvor allein im Verhältnis zwischen den Gemeinschaftsorganen und Individuen zu beachten.[663]
In Art. 5 [3b] Abs. 3 EGV kommt dieser Gedanke dergestalt zum Ausdruck, daß die Befugnisse und die Identität der Mitgliedstaaten vor übermäßigen Eingriffen in ihre Rechtsordnungen geschützt werden sollen.[664] Art. 5 [3b] Abs. 3 EGV will die Mitgliedstaaten vor einer Beeinträchtigung ihres Handlungsspielraums durch Überregulierungen durch die Gemeinschaftsorgane schützen.

2. Der Anwendungsbereich des Erforderlichkeitsgrundsatzes

Ebenso wie in Art. 5 [3b] Abs. 2 EGV wird vorausgesetzt, daß der Gemeinschaft im Vertrag bereits eine entsprechende Befugnis für den Erlaß bestimmter Maß-

---

661 Vgl. Altheim, M., Steuerharmonisierung, in: Ensthaler, J. (Hrsg.), Binnenmarkt, 1995, S. 129

662 So aber Schnabel, A., Subsidiaritätsprinzip, BayVBl. 1993, S. 394

663 Vgl. Bischof, H.-H., Europarecht, 1996, S. 9; vgl. Wasmeier, M., Umweltabgaben, 1995, S. 212; Borries, R. v., Subsidiaritätsprinzip, EuR 1994, S. 269; Ahlt, M., Europarecht, 1996, S. 41; Jarass H. D., EG-Kompetenzen, EuGRZ 1994, S. 209

664 Vgl. BVerfG-Urteil v. 12.10.1993, „Maastricht-Urteil“

nahmen eingeräumt wurde.[665] Das bedeutet, daß Art. 5 [3b] Abs. 2 EGV ebenfalls ein Grundsatz der Kompetenzausübung, nicht der Kompetenzzuweisung ist. [666] Im Gegensatz zu Art. 5 [3b] Abs. 2 EGV ist der Anwendungsbereich des Erforderlichkeitsprinzips allerdings nicht auf die Bereiche beschränkt, welche in die ausschließliche Zuständigkeit der Gemeinschaft fallen. Das bedeutet, daß sich der Grundsatz der Erforderlichkeit auf jegliche Handlung der Gemeinschaftsorgane bezieht, also sowohl auf Handlungen aus dem Bereich der ausschließlichen als der nicht-ausschließlichen Zuständigkeit.[667]

3. Die Bedeutung des Erforderlichkeitsgrundsatzes für die Harmonisierung der indirekten Steuern

Fraglich ist nun, welche Bedeutung der Erforderlichkeitsgrundsatz für den Bereich der Steuerharmonisierung besitzt.

Dabei ist zu beachten, daß der Gedanke der Erforderlichkeit für den Bereich der Rechtsangleichung insgesamt bereits in Art. 3 [3] lit. h EGV zum Ausdruck kommt. Dort wird festgelegt, daß die Rechtsangleichung, wozu auch die Harmonisierung der indirekten Steuern zählt, nur erfolgen dürfe, soweit dies für das Funktionieren des Gemeinsamen Marktes erforderlich ist.[668] Eine noch speziellere Ausprägung hat der Grundsatz der Erforderlichkeit in Art. 93 [99] EGV gefunden, wo geregelt wird, daß eine Angleichung der Rechtsvorschriften über die indirekten Steuern nur zulässig ist, soweit diese Harmonisierung der indirekten Steuern für die Errichtung bzw. das Funktionieren des Binnenmarktes notwendig ist.[669]

Fraglich ist in diesem Zusammenhang, wie die Begriffe *erforderlich* bzw. *notwendig* zu interpretieren sind.

Richtigerweise wird man diese im Sinne von *unbedingt erforderlich* bzw. *unbedingt notwendig* verstehen. Allein in dieser Interpretation können sie im Rahmen des Grundsatzes der Erforderlichkeit bzw. der Notwendigkeit ihren Zweck

---

665 Vgl. Stein, T., Subsidiarität, in: Merten, D. (Hrsg.), Subsidiarität, 1993, S. 29; EuGH-Urteil v. 7.7.1976, Rs. 118/75 „Lynne Watson", EuGHE 1976, S. 185; EuGH-Urteil v. 20.2.1979, Rs. 122/78 „Buitoni", EuGHE 1979, S. 677

666 Stein, T., Subsidiarität, in: Merten, D. (Hrsg.), Subsidiarität, 1993, S. 29

667 Vgl. BVerfG-Urteil v. 12.10.1993 „Maastricht-Urteil", S. 212; Möschel, W., Subsidiaritätsprinzip, NJW 1993, S. 3026; Schwartz, I., Subsidiarität, AfP 1993, S. 416; unklar Schmidhuber, M. / Hitzler, G., Verfassung, NVwZ 1992, S. 722; Konow, G., Subsidiaritätsprinzip, DÖV 1993, S. 407; Bieber, R., Subsidiarität, Nörr, K. / Oppermann, T. (Hrsg.), Subsidiarität, 1997, S. 171f.

668 Zur Bedeutung des Art. 3 lit. h vgl. Bruha, T., Rechtsangleichung, ZaöRV 1986, S. 12-14

669 Vgl. hierzu Herlinghaus, A., Bedeutung 1997, S. 8, FN 11, der zu Recht darauf hinweist, daß die Forderung nach einer Notwendigkeit der Harmonisierung für den Binnenmarkt in Art. 93 [99] EGV nicht mit dem Subsidiaritätsprinzip verwechselt werden darf;

erfüllen, nämlich die Mitgliedstaaten vor übermäßigen Eingriffen in ihre Souveränität zu schützen. Die Gemeinschaftsorgane sind also nur befugt, solche Maßnahmen zu erlassen, welche *unbedingt erforderlich* sind, um die Ziele des Vertrags zu verwirklichen. Konkretisierend gilt, daß Maßnahmen zur Harmonisierung der indirekten Steuern *unbedingt notwendig* für die Errichtung und das Funktionieren des Binnenmarktes sein müssen. Eine Maßnahme ist dann unbedingt erforderlich bzw. unbedingt notwendig, wenn die Verwirklichung des jeweiligen Vertragszieles ohne diese Maßnahme unmöglich ist. Sind andere, insbesondere für die Mitgliedstaaten weniger einschränkende Wege und Möglichkeiten vorhanden, das Ziel zu realisieren, ist diesen der Vorzug zu gewähren.
Bei der Harmonisierung der indirekten Steuern nach Art. 93 [99] EGV müssen die Maßnahmen unbedingt notwendig für die Errichtung des Binnenmarktes sein. Binnenmarktkonforme Verhältnisse sind gekennzeichnet durch die Freiheit des Waren-, Personen-, Dienstleistungs- und Kapitalverkehrs sowie einen unverfälschten Wettbewerb. Aufgabe der Harmonisierung ist es also, binnenmarktkonforme Bedingungen auf dem Gebiet der indirekten Steuern durchzusetzen.
Zweifellos würde eine vollständige Angleichung der indirekten Steuern das Ziel binnenmarktkonformer Besteuerungsbedingungen in idealer Weise erfüllen.[670] Der steuerliche Binnenmarkt wäre *par excellence* in die Realität umgesetzt.[671] Allerdings ist fraglich, ob eine vollständige Vereinheitlichung der indirekten Steuern auch *unbedingt notwendig* zur Verwirklichung der Ziele des Binnenmarktes ist. So müßten unterschiedliche Bestimmungen zwischen den Mitgliedstaaten, welche keinen Bezug zu der Errichtung bzw. dem Funktionieren des Binnenmarktes aufweisen, von einer Harmonisierung verschont bleiben und damit weiterhin der alleinigen Kompetenz der mitgliedstaatlichen Organe unterliegen.[672] Die Rechtfertigung und der Umfang einer Harmonisierungsmaßnahme sind aus einer Behinderung des grenzüberschreitenden Verkehrs oder einer Beeinträchtigung des freien und unverfälschten Wettbewerbs abzuleiten.[673]
Unbedingt notwendig für den Binnenmarkt sind solche Harmonisierungsmaßnahmen, welche dem Abbau von Wettbewerbsverfälschungen bzw. dem Abbau von Hindernissen für den freien Verkehr dienen.[674] Damit sind steuerliche Belastungsunterschiede hinzunehmen, „wenn der gemeinsame Binnenmarkt oder die Verwirklichung der gemeinsamen Grundfreiheiten dadurch nicht beein-

---

670 Vgl. Mesenberg, H., Harmonisierung, EA 1963, S. 734
671 Vgl. Mesenberg, H., Fragen, EA 1957, S. 9625
672 Vgl. Mick, M., Steuerkonzeption, 1995, S. 71; vgl. hierzu Reicherts, M., in: Groeben, H. v. d. u.a. (Hrsg.), Handbuch, Stand: 1999, Art. 96, S. 31
673 Vgl. Mann, S., Harmonisierung, DB 1990, S. 1735
674 Vgl. Klein, E., Einfluß, in: Lehner, M. (Hrsg.), Steuerrechtsordnungen, 1996, S. 23

trächtigt werden."[675] So erfordert die Herstellung von wettbewerbsneutralen Bedingungen im Bereich der indirekten Steuern mit Sicherheit „keine völlige Angleichung der Besteuerung"[676] Für den unverfälschten Wettbewerb zwischen den Mitgliedstaaten ist eine Vereinheitlichung der indirekten Steuern keine *conditio sine qua non* und ist unter diesem Aspekt nicht zulässig.[677] Eine Harmonisierung sämtlicher Vorschriften über die indirekten Steuern, insbesondere über die Umsatzsteuer ist zur Gewährleistung des *unverfälschten Wettbewerbs* nicht *unbedingt notwendig.*

Fraglich ist allerdings, ob eine Rechtsvereinheitlichung im Bereich der indirekten Steuern evtl. nicht für die Verwirklichung des *freien Verkehrs* innerhalb der Gemeinschaft *unbedingt notwendig* ist. Würde eine Möglichkeit bestehen, den freien Verkehr zu realisieren, ohne die rechtlichen Grundlagen der indirekten Besteuerung zu vereinheitlichen, wäre diese Lösung im Hinblick auf die unbedingte Notwendigkeit für den Binnenmarkt einer Rechtsvereinheitlichung auf jeden Fall vorzuziehen. Eine Unifizierung wäre in diesem Fall nicht unbedingt notwendig im Sinne des Art. 93 [99] EGV. Legt man der Auslegung aber die These zugrunde, daß der freie Verkehr innerhalb der Gemeinschaft *überhaupt nicht* verwirklicht werden kann, außer wenn eine Vereinheitlichung der Rechtsvorschriften über die indirekten Steuern stattfindet, wäre eine Vereinheitlichung unbedingt notwendig für die Errichtung des Binnenmarktes. Aus dem Blickwinkel des Notwendigkeitsgrundsatzes wäre die Rechtsvereinheitlichung somit zulässig. Sie könnte aber mit anderen Prinzipien des Gemeinschaftsrechts kollidieren. Dabei spielt vor allem auch das im Anschluß zu erörternde Prinzip der Rücksichtnahme auf die Interessen der Mitgliedstaaten eine wichtige Rolle.

Letztlich muß bei der Prüfung, ob eine bestimmte Maßnahme für den Binnenmarkt unbedingt notwendig ist, auch der jeweilige Integrationsstand berücksichtigt werden, worin die Dynamik des Gemeinschaftsrechts zum Ausdruck kommt.[678] Das Tatbestandsmerkmal der Erforderlichkeit bzw. der Notwendigkeit ist damit eine „Quelle der Dynamik"[679].

Es bleibt festzuhalten, daß sich aus Art. 5 [3b] Abs. 3 EGV bzw. dem Notwendigkeitsgrundsatz in Art. 93 [99] EGV die Forderung an die Gemeinschaftsorgane ableiten läßt, wann immer möglich, nur Grundsatzbestimmungen vorzu-

---

675 Birk, D., Besteuerungsgleichheit, in: Lehner, M. (Hrsg.), Steuerrecht, 1996, S. 76

676 Mesenberg, H., Wirtschaftsgemeinschaft, BB 1958, S. 982 mit Hinweis auf die von Ort zu Ort verschieden hohe Gewerbesteuer sowie auf das Beispiel der Sales Taxes in den USA; ebenso Rau, G., EG-Richtlinien, in: Costede, J. (Hrsg.), Umsatzsteuerkongreß-Bericht, 1985, S. 55

677 Vgl. Mesenberg, H., Angleichung, EA 1963, S. 734

678 Vgl. Wasmeier, M., Umweltabgaben, 1995, S. 234

679 Beermann, A., Harmonisierung, in: Mösslang, G. (Hrsg.), Binnenmarkt, 1996, S. 23

schreiben[680] und nationale Vorschriften, wo immer möglich, gegenseitig anzuerkennen.[681]
Aus den genannten Grundsätzen lassen sich auch Aussagen bezüglich der (in vielen Ermächtigungsgrundlagen offenen) Auswahl der adäquaten Handlungsform durch die Gemeinschaftsorgane ableiten.[682] So ist zu fordern, daß die Gemeinschaftsorgane von mehreren geeigneten Handlungsformen aus dem Katalog des Art. 249 [189] EGV diejenige auswählen müssen, welche mit dem geringsten Eingriff in die Souveränität der Mitgliedstaaten verbunden ist.[683] Es muß eine Güterabwägung zwischen den Zielen der Gemeinschaft und den Interessen der Mitgliedstaaten bzw. den mitgliedstaatlichen Rechtspositionen stattfinden.[684] Die aus einer Maßnahme der Gemeinschaft resultierenden Belastungen für die Mitgliedstaaten müssen in einem angemessenen Verhältnis zu dem mit der Gemeinschaftsmaßnahme verfolgten Ziel stehen.[685] Für den Fall, daß der Erlaß einer unverbindlichen Stellungnahme oder Empfehlung zur Verwirklichung eines konkreten Zieles bereits ausreichend ist, ist diesen Handlungsformen der Vorzug vor den verbindlichen Rechtsakten zu gewähren.[686] Die Gemeinschaftsorgane haben beispielsweise eine Empfehlung einer Richtlinie und einer Richtlinie wiederum einer Verordnung vorzuziehen, falls das jeweils angestrebte Ziel durch jede der Handlungsformen verwirklicht werden kann.[687] Diesen Grundsätzen entsprechend hat sich beim Erlaß von auf Art. 93 [99] EGV gestützten Rechtsetzungsakten die Richtlinie als das regelmäßig zulässige steuerrechtliche Handlungsinstrument herausgebildet, da diese im Gegensatz zur unmittelbar wirkenden Verordnung der nationalen Transformation bedarf.[688]

680 Vgl. Ahlt, M., Europarecht, 1996, S. 41
681 Vgl. Schlecht, O., Vollendung, Konjunkturpolitik 6/1987, S. 305; Schelter, K., Subsidiarität, EuZW 1990, S. 218
682 Vgl. Zuleeg, M., Justiziabilität, in: Nörr, K. / Oppermann, T. (Hrsg.), Subsidiarität, 1997, S. 197; Zuleeg, M., Justiziabilität, in:, Nörr, K. / Oppermann, T. (Hrsg.), Subsidiarität, 1997, S. 197
683 Vgl. Förster, J., Verbrauchsteuern, 1989, S. 40; Friedrich, K., Verbrauchsteuerrecht, DB 1992, S. 2000; Voß, R., Steuerrecht, StuW 1993, S. 156
684 Vgl. Pfrang, E., Gemeinschaftsrecht, 1996, S. 174
685 Vgl. Jarass H. D., Kompetenzverteilung, AöR 1996, S. 193
686 Vgl. Klein, F. / Wolffgang, M., in: Lenz, C. O. (Hrsg.), Kommentar, 1994, Art. 99, S. 613; Schelter, K., Subsidiarität, EuZW 1990, S. 218
687 Vgl. Ahlt, M., Europarecht, 1996, S. 41
688 Vgl. Förster, J., Verbrauchsteuern, 1989, S. 40; Friedrich, K., Verbrauchsteuerrecht, DB 1992, S. 2000; Voß, R., Steuerrecht, StuW 1993, S. 156

C. Das Prinzip der Rücksichtnahme auf die Interessen der Mitgliedstaaten

I. Allgemeines

Gem. Art. 6 [F] Abs. 1 EUV sind die Organe der Europäischen Union bei der Ausübung ihrer Kompetenzen an die Grundsätze der Freiheit, der Demokratie, der Menschenrechte und die Grundfreiheiten sowie die Rechtsstaatlichkeit gebunden. Gem. Art. 6 [F] Abs. 2 EUV ist zudem die nationale Identität der Mitgliedstaaten zu achten.[689] Aufgrund des Charakters des EUV als „Dachvertrag" entfaltet Art. 6 [F] seine Wirkung prinzipiell auch im Anwendungsbereich des EGV. Er ist daher auch im Rahmen der Steuerharmonisierung zu beachten. Aus Art. 6 [F] Abs. 2 EUV kann der Gedanke entnommen werden, daß die Gemeinschaftsorgane bei der Ausübung ihrer Kompetenz zumindest bis zu einem gewissen Grad die verfassungsrechtliche Situation in den Mitgliedstaaten zu berücksichtigen haben.[690] Eine Bindung der Gemeinschaftsorgane an jede einzelne Bestimmung der nationalen Verfassungen kann damit allerdings nicht gemeint sein. Dies würde der Anerkennung des Gemeinschaftsrechts als autonome Rechtsordnung und des damit verbundenen Vorrangs des Gemeinschaftsrechts gegenüber jeder Art innerstaatlicher Rechtsnormen widersprechen. Im Interesse der Einheitlichkeit des Gemeinschaftsrechts wäre eine Verpflichtung der Gemeinschaftsorgane, auf sämtliche verfassungsrechtliche Regelungen der Mitgliedstaaten Rücksicht zu nehmen, nämlich als problematisch einzustufen.[691] Die jeweiligen staatlichen Interessen der Mitgliedstaaten zum Ausdruck zu bringen ist in erster Linie auch die Aufgabe der Vertreter der einzelnen Mitgliedstaaten im Rat.[692]

Art. 6 [F] EUV verlangt aber auf jeden Fall, daß die Gemeinschaftsorgane die in allen Mitgliedstaaten anerkannten Grundprinzipien wie die Achtung der Demokratie und der Menschenrechte ihrer Tätigkeit zugrundelegen. Art. 6 [F] Abs. 1 EUV verweist letztlich auf das Selbstverständnis der Mitgliedstaaten, wie es in ihren grundlegenden Verfassungsprinzipien zum Ausdruck kommt.[693]

Gem. Art. 6 [F] Abs. 3 EUV ist die Gemeinschaft auch verpflichtet, die nationale Identität der Mitgliedstaaten zu wahren. Was unter nationaler Identität zu

---

689 Vgl. Kuntze, C., Kompetenzen, 1998, S. 220

690 Vgl. Bleckmann, A., in: Bleckmann, A. (Hrsg.), Europarecht, 1997, S. 255; vgl. auch BVerfG-Urteil v. 12.10.1992 „Maastricht"; Krausser, H.-P., Strukturprinzip, 1991, S. 136; Streinz, R., Grundrechtsschutz, S. 329; Pfrang, E., Gemeinschaftsrecht, 1996, S. 172; vgl. Thun-Hohenstein, C. / Cede, F., Europarecht, 1996, S. 149

691 Vgl. Herdegen, M., Europarecht, 1997, S. 60

692 Vgl. Herdegen, M., Europarecht, 1997, S. 60

693 Vgl. Klein, E., Einfluß, in: Lehner, M. (Hrsg.), Steuerrechtsordnungen, 1996, S. 28

verstehen ist, ist umstritten, dazu dürfte aber beispielsweise für Deutschland das Bundesstaatsprinzip gehören. „Mit der Pflicht, die nationale Identität zu achten, wird vor allem die Staatlichkeit der Mitgliedstaaten i.S. ihrer Völkerrechtsunmittelbarkeit bekräftigt."[694] Unter dem Begriff der nationalen Identität sind über die grundlegenden Verfassungsprinzipien hinaus auch sozio-kulturelle und geschichtlich-politische Eigenarten[695] zu verstehen. Das Steuerrecht gehört dabei aber wohl dem Identitätsumfeld an, keinesfalls aber dem Identitätskern, so daß es letztlich nicht in den Schutzbereich des Art.6 [F] EUV fällt.
Über Art. 6 [F] EUV hinaus ist von der Rechtsprechung ein Gebot der Rücksichtnahme auf die Interessen der Mitgliedstaaten anerkannt.
Wie bereits in anderem Zusammenhang erwähnt, bestimmt Art. 10 [5] Abs. 1 EGV, daß die Mitgliedstaaten zur sorgfältigen Erfüllung aller Vertragspflichten angehalten sind und den Organen der Gemeinschaft die Erfüllung ihrer Aufgaben erleichtern müssen. Die Mitgliedstaaten sollen darüber hinaus nach Art. 10 [5] Abs. 2 EGV sämtliche Maßnahmen unterlassen, welche die Verwirklichung der Ziele des EGV gefährden könnten. Den Organen der Mitgliedstaaten wird also eine loyale Zusammenarbeit mit der Europäischen Gemeinschaft abverlangt. Man spricht vom Prinzip der Gemeinschaftstreue. Aus der Überlegung heraus, daß aber die Verpflichtung zur loyalen Zusammenarbeit nicht nur einseitig die Mitgliedstaaten treffen kann[696], hat der EuGH unter Rückgriff auf Art. 10 [5] EGV[697] auch eine Verpflichtung der Gemeinschaftsorgane zur loyalen und solidarischen Zusammenarbeit mit den Mitgliedstaaten als allgemeinen Rechtsgrundsatz hergeleitet.[698] Es handelt sich dabei um ein Gebot der Rücksichtnahme auf die Interessen der Mitgliedstaaten im Rahmen der Tätigkeiten der Gemeinschaftsorgane. Diesem Grundsatz zufolge sind die Gemeinschaftsorgane bei der Ausübung ihrer Kompetenzen dazu verpflichtet, den Mitgliedstaaten eine gewisse Rücksichtnahme hinsichtlich deren legitimer Interessen entgegenzubringen[699] Dieser Grundsatz der Rücksichtnahme kann demnach als eine Kompetenzausübungsschranke verstanden werden.[700]

---

694 Vgl. Klein, E., Einfluß, in: Lehner, M. (Hrsg.), Steuerrechtsordnungen, 1996, S. 28

695 Vgl. Klein, E., Einfluß, in: Lehner, M. (Hrsg.), Steuerrechtsordnungen, 1996, S. 29

696 Vgl. Jarass H. D., Kompetenzverteilung, AöR 1996, S. 196

697 Vgl. EuGH-Urteil v. 10.2.1983, Rs. 230/81 „Luxemburg / Parlament", EuGHE 1983, S. 255; Pfrang, E., Gemeinschaftsrecht, 1996, S. 170

698 Vgl. Schweitzer, M. / Hummer, W., Europarecht, 1996, S. 322; vgl. Thun-Hohenstein, C. / Cede, F., Europarecht, 1996, S. 149; Jarass H. D., Kompetenzverteilung, AöR 1996, S. 196 schlägt vor, Art. 10 [5] EGV um einen Absatz zu erweitern, der die Gemeinschaftsorgane explizit auffordert, auf die Belange und internen Strukturen der Mitgliedstaaten Rücksicht zu nehmen;

699 Vgl. Schweitzer, M. / Hummer, W., Europarecht, 1996, S. 322; Wasmeier, M., Umweltabgaben, 1995, S. 50; EuGH-Urteil v. 6.12.1990, Rs. 2/88-IMM „Zwartveld", EuGHE

II. Die Bedeutung des Prinzips der Rücksichtnahme für die Steuerharmonisierungstätigkeit der Gemeinschaftsorgane

Dem so anerkannten Grundsatz der Rücksichtnahme kann aber vor allem auch auf dem Gebiet der Steuerharmonisierung Bedeutung zukommen. Zur Beachtung der legitimen Interessen der Mitgliedstaaten könnte auch gehören, im Rahmen von Steuerharmonisierungsmaßnahmen die Haushaltssituation der Staaten mit in Betracht zu ziehen.[701] Dieser Aspekt kam im früheren Art. 6 Abs. 2 EWGV deutlich zum Ausdruck. Dort wurde *expressis verbis* festgelegt, daß die Gemeinschaften die innere und äußere Stabilität der Mitgliedstaaten - insbesondere in haushaltsmäßiger Hinsicht – nicht gefährden dürfen.[702]
Es ist also zu fordern, daß die Gemeinschaftsorgane bei jeder geplanten Maßnahme zur Harmonisierung der indirekten Steuern nicht nur untersuchen, ob diese für die Verwirklichung des Binnenmarktes notwendig ist, sondern auch deren vermutliche Auswirkungen auf den Haushalt der Mitgliedstaaten in ihre Überlegungen mit einbeziehen.[703] Kommt es durch eine geplante Harmonisierungsmaßnahme der Gemeinschaft vermutlich zwangsläufig zu Einnahmeausfällen bei einzelnen Mitgliedstaaten, ist zu prüfen, ob den betroffenen Mitgliedstaaten reelle Möglichkeiten verbleiben, die Mindereinnahmen auszugleichen.[704] Ergibt diese Prüfung, daß die von Einnahmeausfällen betroffenen Mitgliedstaaten keine Möglichkeit besitzen, die Einnahmeverluste auszugleichen, wäre die Harmonisierungsmaßnahme unzulässig.[705]
In diesem Zusammenhang ist besonders problematisch, daß die Haushaltsstrukturen in den einzelnen Mitgliedstaaten extrem unterschiedlich sind. Diese bringen „politisch-ideologische Grundüberzeugungen“[706] zum Ausdruck und repräsentieren auch die unterschiedlichen Steuermentalitäten in den Mitgliedstaaten

1990, S. I-4405ff.; Herdegen, M., Europarecht, 1997, S. 59; Grabitz, E., Stillhalte-Verpflichtungen, 1988, S. 43

700 Vgl. Krausser, H.-P., Strukturprinzip, 1991, S. 140; Grabitz, E., Stillhalte-Verpflichtungen, 1988, S. 43

701 Vgl. Meyding, B., Umsatzbesteuerung, 1991, S. 122

702 Vgl. hierzu Meyding, B., Umsatzbesteuerung, 1991, S. 122

703 Vgl. Wägenbaur, R., in: Grabitz, E. / Hilf, M. (Hrsg.), Kommentar, Stand: 1999, vor Art. 95, S. 4, Rndr. 20

704 Vgl. Kuntze, C., Kompetenzen, 1998, S. 222; s.a. Randzio-Plath, C., Notwendigkeit, in: Randzio-Plath, C. (Hrsg.), Steuerpolitik, 1993, S. 12; Ress, G., Überlegungen, in: Ress, G. / Will, M. (Hrsg.), Wirtschaftsgemeinschaft 1988, S. 26; Klein, E., Einfluß, in: Lehner, M. (Hrsg.), Steuerrechtsordnungen, 1996, S. 29

705 Vgl. hierzu Kuntze, C., Kompetenzen, 1998, S. 221 mit weiteren Nachweisen

706 Schrömbges, U., Steuerschranken, ZfZ 1990, S. 102; vgl. hierzu auch Cnossen, S., Harmonization, BIFD 1986, S. 561; Cnossen, S., Tax, in: Cnossen, S. (Hrsg.), Coordination, 1987, S. 49

der Europäischen Gemeinschaft.[707] Vor allem das Anteilsverhältnis zwischen den direkten und den indirekten Steuern am Gesamtsteueraufkommen ist in den Mitgliedstaaten zum Teil sehr verschieden.[708] Dänemark beispielsweise finanziert sein Sozialversicherungssystem aus dem Aufkommen der indirekten Steuern, welche demzufolge einen erheblichen Anteil an den Staatseinnahmen aufweisen.[709] Eine auch nur teilweise Harmonisierung beispielsweise im Bereich der Steuersätze kann für einige Mitgliedstaaten zu „drastischen fiskalischen Auswirkungen“[710] führen. Dies gilt vor allem für Länder mit hohen Anteilen der indirekten Steuern, wie beispielsweise Italien oder Frankreich.[711]
Harmonisierungsmaßnahmen dürfen also nach dem Prinzip der Rücksichtnahme für die Mitgliedstaaten nicht zu einer erheblichen, nicht ausgleichsfähigen Minderung der Steuereinnahmen führen.[712] Eine kurzfristige Vereinheitlichung beispielsweise der Steuersätze wäre daher unter dem Aspekt der zu erwartenden Auswirkungen auf die Finanzlage der Staaten nicht zulässig.[713] Den Mitgliedstaaten darf nämlich keinesfalls die finanzielle Grundlage entzogen werden, welche sie benötigen, „um als kraftvoll-eigenständige Potenzen ihre Verfassungsaufgaben nach ihrer eigenen Definition erfüllen zu können.“[714]

D. Zwischenergebnis

Die Ausführungen in diesem Kapitel haben gezeigt, daß die Gemeinschaftsorgane bei der Ausübung ihrer vertraglichen Kompetenzen auf dem Gebiet der indirekten Steuern nicht jede beliebige Maßnahme ergreifen dürfen, welche der Verwirklichung der Vertragsziele in irgendeiner Weise dient. Vielmehr sind sie im Rahmen ihrer Tätigkeit an verschiedene gemeinschaftsrechtlich verankerte

---

707 Vgl. Kuntze, C., Kompetenzen, 1998, S. 221; Schrömbges, U., EG-Binnenmarkt, DB 1989, 2560; Mick, M., Steuerharmonisierung, in Birk, D. (Hrsg.), Handbuch, 1995, Rdnr. 2; Wingert, K.-D., Steuerplanung, DStZ A 1989, S. 317; Ritter, Voraussetzung, in: Mellwig, W. (Hrsg.), Steuerreform, 1991, S. 11f.

708 Vgl. Thömmes, Steuerrecht, in: Lenz, C. O. (Hrsg.), EG-Handbuch, 1994, S. 565; Schrömbges, U., EG-Binnenmarkt, DB 1989, S. 2560; Bierwagen, R., Steuern, in: Oppermann, T. / Moersch, E.-W. (Hrsg.), Europa-Leitfaden, 1992, S. 166; Overbeck, W., EG-Steuern, EG Magazin 7/1987, S. 12; vgl. hierzu auch Cornilleau, G., TVA, Observations et diagnostics économiques 1988, S. 111f.

709 Vgl. Bierwagen, R., Steuern, in: Oppermann, T. / Moersch, E.-W. (Hrsg.), Europa-Leitfaden, 1992, S. 166

710 Schrömbges, U., Steuerschranken, ZfZ 1990, S. 102

711 Vgl. Schmidt, B., Verbrauchsteuern, DStZ A 1973, S. 426; vgl. hierzu auch Mann, S., Harmonisierung, DB 1990, S. 1736

712 Vgl. Ohler, C., Integration, 1997, S. 233

713 Vgl. Merkert, H., EG-Richtlinien, in: Birk, D. / Ehlers, D. (Hrsg.), Rechtsfragen, 1995, S. 34

714 Klein, E., Einfluß, in: Lehner, M. (Hrsg.), Steuerrechtsordnungen, 1996, S. 29

Grenzen gebunden, welche letztlich dem Schutz der Mitgliedstaaten vor übermäßigen Eingriffen in ihre Souveränität dienen. Die Gemeinschaftsorgane verfügen also insgesamt gesehen lediglich über eine „begrenzte Normgebungshoheit“[715] zur Anpassung des mitgliedstaatlichen Steuerrechts an die vertraglich vorgegebenen Zielsetzungen.
Aus der Zusammenschau der Kompetenznormen und der Kompetenzausübungsschranken wird somit deutlich, daß den steuerrechtlich relevanten Vorschriften des EGV der Leitgedanke:

Soviel Harmonisierung wie unbedingt notwendig, soviel Freiheit für die Mitgliedstaaten wie möglich

zugrundeliegt.[716]

715 Voß, R., Steuerrecht, in: Dauses, M. (Hrsg.), Handbuch, Stand: 1999, S. 9
716 Vgl. Dann, W., EG-Harmonisierung, BFuP 1993, S. 519

Kapitel 5

Die Entwicklung und der aktuelle Stand des europäischen Sekundärrechts auf dem Gebiet der indirekten Steuern

A. Allgemeines

Nachdem im vorstehenden Kapitel geklärt wurde, welche Möglichkeiten das Gemeinschaftsrecht den Organen der Europäischen Gemeinschaft bietet, Maßnahmen auf dem Gebiet der indirekten Steuern zu erlassen, soll nun festgestellt werden, inwieweit von diesen Befugnissen tatsächlich Gebrauch gemacht wurde. Die weiteren Ausführungen basieren in Anlehnung an Art. 93 [99] EGV auf der Untergliederung nach der Harmonisierung der Umsatzsteuern, der speziellen Verbrauchsteuern und der sonstigen indirekten Steuern.

B. Das Sekundärrecht zur Umsatzbesteuerung

I. Wissenschaftliche Untersuchungen und Vorarbeiten

1. Tinbergen-Bericht

Historischer Ausgangspunkt für die Aktivitäten der Gemeinschaft auf dem Gebiet der Umsatzbesteuerung war der sog. Steuerstreit zwischen Deutschland und Frankreich, der sich bald nach der Gründung der Europäischen Gemeinschaft für Kohle und Stahl im Jahr 1953 zwischen den beiden Ländern entzündete.[717] Deutschland, das zu dieser Zeit wie die meisten anderen Mitgliedstaaten der EGKS eine kumulative Allphasen-Bruttoumsatzsteuer erhoben hatte, fühlte sich insbesondere im Bereich der Stahlindustrie gegenüber Frankreich im Rahmen des Grenzausgleichs benachteiligt.[718] Frankreich besaß nämlich schon damals eine Nettoumsatzsteuer mit Vorsteuerabzug und konnte auf dieser Basis einen exakten Grenzausgleich realisieren.[719] Deutschland forderte zur Lösung des Problems den Übergang zur Umsatzbesteuerung nach dem sog. Ursprungslandprinzip. Frankreich dagegen bestand auf der Beibehaltung der bestehenden Besteuerungspraxis. Die daraufhin zur Beilegung des Streits von der Hohen Behörde der

---

717 Vgl. Theile, C., Wettbewerbsneutralität, 1995, S. 33

718 Vgl. hierzu Flick, H., Steuerharmonisierung, WPg 1963, S. 315-316; Fehr, H., Harmonisierung, 1992, S. 10

719 Zur damaligen französischen Mehrwertsteuer („taxe sur la valeur ajoutée") s. ausführlich Mesenberg, H., Mehrwertsteuer, UStR 1963, S. 198 – 200; zur historischen Entstehung dieser französischen Mehrwertsteuer vgl. Klenk, F., Mehrwertsteuer, StuW 1994, S. 277; Viegener, J., Mehrwertsteuer, UR 1990, S. 330; vgl. auch Menck, T., Steuern, DStZ A 1972, S. 353

EGKS berufene Untersuchungskommission hatte unter dem Vorsitz des Niederländers Tinbergen die Aufgabe, das Ursprungslandprinzip und das Bestimmungslandprinzip bezüglich der Umsatzbesteuerung im Hinblick auf den Gemeinsamen Markt zu untersuchen.
In ihrem Abschlußbericht stellte die Untersuchungskommission zunächst fest, daß das Bestimmungslandprinzip seiner theoretischen Konzeption nach grundsätzlich einen völlig unverfälschten Handel zwischen den Mitgliedstaaten ermöglicht.[720] Es wurde aber auch erkannt, daß der Grenzausgleich unter Umständen unvollkommen bleibt, wenn ein Mitgliedstaat ein System der kumulativen Bruttoumsatzsteuer anwendet. Ein exakter Grenzausgleich sei nämlich nur bei einer Nettoallphasenumsatzsteuer gewährleistet.[721] Die Untersuchungskommission stellte außerdem fest, daß eine Besteuerung nach dem Ursprungslandprinzip ohne Wettbewerbsverfälschungen zwischen den Mitgliedstaaten die Vereinheitlichung der Steuersysteme und sogar der Steuersätze voraussetzen würde.[722]
Der Untersuchungsausschuß ist aufgrund dieser Überlegungen zu dem Ergebnis gekommen, daß das Bestimmungslandprinzip prinzipiell das geeignete Besteuerungsprinzip für den Gemeinsamen Markt im Sinne des EGKSV sei. Unter Umständen in Randbereichen auftretende Wettbewerbsverfälschungen würden nach Auffassung der Untersuchungskommission durch den Wechselkursmechanismus ausgeglichen werden.[723]

2. *Neumark-Bericht*

Auf der Grundlage des Prüfungsauftrags, welcher der Kommission durch Art. 93 [99] EGV in seiner ursprünglichen Fassung erteilt wurde, setzte diese einen Ausschuß unter dem Vorsitz von Fritz Neumark ein. Dieser sog. Steuer- und Finanzausschuß hatte die Aufgabe zu analysieren, ob und gegebenenfalls wie sich Unterschiede in der öffentlichen Finanzwirtschaft der Mitgliedstaaten negativ auf die Errichtung des Gemeinsamen Marktes auswirken und welche Möglichkeiten bestünden, diese Hindernisse aus dem Weg zu räumen. Der Ausschuß beschäftigte sich sowohl mit der indirekten als mit der direkten Besteuerung. Das Ergebnis der Untersuchungen war ein Bericht, welcher oft plakativ als die „Bibel der europäischen Steuerharmonisierung“[724] oder als ein „Programm für die Zukunft“[725] bezeichnet wurde.[726]

---

720 Vgl. EGKS, Tinbergen-Bericht, 1953, S. 33
721 Vgl. Theile, C., Wettbewerbsneutralität, 1995, S. 33
722 Vgl. EGKS, Tinbergen-Bericht, 1953, S. 25
723 Eine detaillierte Auseinandersetzung mit den Ergebnis des Tinbergen-Berichts findet sich bei Flume, W. / Schmidt, K., EWG-Vertrag, 1962, S. 928
724 Hahn, W., Willensbildungsprozesse, 1988, S. 93
725 Mersmann, W., EWG-Steuerrecht, DStZ A 1963, S. 293

In diesem Abschlußbericht stellten die Mitglieder des Ausschusses bezüglich der Umsatzbesteuerung zunächst einmal in Übereinstimmung mit den Erkenntnissen des Tinbergen-Berichts fest, daß die damals in den meisten Mitgliedstaaten praktizierte Umsatzbesteuerung nach einem Allphasen-Bruttosystem zur Folge hat, daß immer wieder Wettbewerbsverfälschungen im innergemeinschaftlichen Wirtschaftsverkehr entstehen, da ein exakter Grenzausgleich nicht durchführbar ist.[727]
Aufbauend auf die grundlegende Feststellung, daß die kumulativen Allphasensteuersysteme deshalb nicht mit dem Konzept des Gemeinsamen Marktes zu vereinbaren sind, stellte der Ausschuß Überlegungen zu alternativen Formen der Umsatzbesteuerung an. Eine Einzelhandelsteuer wurde unter Hinweis auf die potentiell sehr große Zahl an Steuerpflichtigen, welche zu einer exakten Buchführung nicht fähig sind, abgelehnt.[728] Der Ausschuß sprach sich grundsätzlich für die Ersetzung der kumulativen Umsatzsteuern durch eine Allphasen-Nettoumsatzsteuer aus.[729] Es wurde darauf hingewiesen, daß für die Ausgestaltung einer solchen Nettoumsatzsteuer wiederum verschiedene Möglichkeiten zur Verfügung stehen würden. Der Ausschuß zog dabei eine Nettoumsatzsteuer nach dem „*income type*" und eine solche nach dem „*consumption type*" als alternative Besteuerungsformen in Betracht.[730]
Letztlich schlug der Neumark-Ausschuß die Abschaffung der Bruttoallphasenumsatzsteuern und die Einführung einer Nettoallphasenumsatzsteuer mit Vorumsatzabzug in den Mitgliedstaaten vor.[731] Die vorgeschlagene Steuer sollte allerdings nur bis (ausschließlich) zur Einzelhandelsstufe angewendet werden und gegebenenfalls von den Mitgliedstaaten in eigener Verantwortung um eine separate Einzelhandelsteuer ergänzt werden können.[732] Im Anschluß an die Einführung eines solchen gemeinsamen Besteuerungssystems sollten dann allmählich die Steuersätze, Befreiungen etc. angeglichen werden, um schließlich zu einer Besteuerung nach dem Ursprungslandprinzip übergehen zu können.[733]

---

726 Vgl. auch Neumark, F., Steuerangleichung, in: Bundeskammer der Steuerbevollmächtigten (Hrsg.), Steuer-Kongreß-Report 1963, S. 29 – 47; Mersmann, W., EWG-Steuerrecht, DStZ A 1963, S. 293 - 296

727 Vgl. Europäische Kommission (Hrsg.), Neumark-Bericht, 1962, S. 43

728 Vgl. Europäische Kommission (Hrsg.), Neumark-Bericht, 1962, S. 44

729 Vgl. Europäische Kommission (Hrsg.), Neumark-Bericht, 1962, S. 44

730 Vgl. Europäische Kommission (Hrsg.), Neumark-Bericht, 1962, S. 44; vgl. zu den beiden Typen auch Pohmer, D., Tax, in: Cnossen, S. (Hrsg.), Studies, 1983, S. 247f.; Terra, B., Systems, International VAT Monitor 1990, S. 9-11

731 Vgl. hierzu Tumpel, M., Mehrwertsteuer, 1997, S. 114; Europäische Kommission (Hrsg.), Neumark-Bericht, 1962, S. 47

732 Vgl. Europäische Kommission (Hrsg.), Neumark-Bericht, 1962, S. 47

733 Vgl. Europäische Kommission (Hrsg.), Neumark-Bericht, 1962, S. 47

3. ABC-Bericht

Zeitgleich mit dem Neumark-Bericht legte noch ein anderer Ausschuß, welchem Regierungsexperten aus den Mitgliedstaaten angehörten, seine Ergebnisse in Form des sog. ABC-Berichtes vor.[734] Die drei Untergruppen dieses Ausschusses hatten unterschiedlichen Fragestellungen nachzugehen.
Die Untergruppe A hatte zu prüfen, ob die Möglichkeit bestehen würde, die innerhalb der Gemeinschaft zur Durchführung des Bestimmungslandprinzips existierenden Grenzkontrollen aufzuheben, ohne vorher allerdings die innerstaatlichen Vorschriften anzugleichen.[735] Die Untergruppe A kam zu der Erkenntnis, daß es wohl im Hinblick auf den Gemeinsamen Markt ausreichend wäre, die Kontrollen in die Unternehmen zu verlegen.[736]
Die Untergruppe B hatte sich der Frage zu widmen, ob die Einführung einer allgemeinen Einphasen-Umsatzsteuer auf der Vorstufe zum Einzelhandel unter Ergänzung durch eine Einzelhandelsteuer für den Gemeinsamen Markt geeignet wäre.[737] Die Mehrheit der Mitglieder der Untergruppe B sah in einer solchen Variante aber keine dem Gemeinsamen Markt adäquate Besteuerungsform.[738]
Die Untergruppe C hatte sich zum Ziel gesetzt, eine Aussage darüber zu treffen, ob eine gemeinsame Steuer auf der Produktionsstufe unter Ergänzung durch eine auf der Verteilerstufe erhobene Abgabe oder aber eine gemeinsame Mehrwertsteuer besser für den Gemeinsamen Markt geeignet sei.[739] In Übereinstimmung mit den Ergebnissen des Steuer- und Finanzausschusses kam sie zu dem Ergebnis, daß eine gemeinsame Mehrwertsteuer den Anforderungen des Gemeinsamen Marktes besser entsprechen würde.[740] Allerdings war man im Gegensatz zum Steuer- und Finanzausschuß der Meinung, daß diese Mehrwertsteuer über einen Vorsteuerabzug verfügen sollte.

---

734 Vgl. Europäische Kommission (Hrsg.), ABC-Bericht, 1962, S. 3

735 Vgl. Europäische Kommission (Hrsg.), ABC-Bericht, 1962, S. 3

736 Dieser Auffassung ist, wie schon erörtert, kritisch gegenüberzustehen; die Untergruppe A erkannte dies allerdings zum Teil auch selbst, indem sie die vermehrten administrativen Verpflichtungen für die Unternehmer und die erhöhte Gefahr der Steuerhinterziehung ansprach; vgl. hierzu auch Rietz, W. / Beck, E., Schlußwort, UStR 1965, S. 64; Juretzek, W., Umsatzsteuer, DStZ 1962, S. 111

737 Vgl. Europäische Kommission (Hrsg.), ABC-Bericht, 1962, S. 36

738 Vgl. Europäische Kommission (Hrsg.), ABC-Bericht, 1962, S. 67

739 Vgl. Europäische Kommission (Hrsg.), ABC-Bericht, 1962, S. 68

740 Vgl. Europäische Kommission (Hrsg.), ABC-Bericht, 1962, S. 135

II. Überblick über die wichtigsten Harmonisierungsschritte

1. Die Einführung eines gemeinsamen Mehrwertsteuersystems durch die 1. und 2. MWSt-RL

Auf Grundlage der Ergebnisse dieser wissenschaftlichen Untersuchungen legte die Kommission der Europäischen Gemeinschaft verschiedene Vorschläge für Richtlinien zur Harmonisierung der Umsatzbesteuerung vor.[741] Schließlich wurde am 11.4.1967 die 1. Richtlinie zur Harmonisierung der Umsatzsteuer vom Rat verabschiedet.[742] Anzumerken ist in diesem Zusammenhang, daß das Bundesverfassungsgericht etwa zeitgleich, aber unabhängig von den Diskussionen auf Ebene der Europäischen Gemeinschaft die damals in Deutschland praktizierte Bruttoumsatzsteuer für verfassungswidrig erklärte, da diese Wettbewerbsverfälschungen innerhalb der Bundesrepublik auslöste.[743]
In Art. 1 der 1. MWSt-RL war vorgesehen, daß die Mitgliedstaaten ihr damals existierendes System der Umsatzbesteuerung durch das in Art. 2 der Richtlinie näher beschriebene gemeinsame System ersetzen sollten.[744]
Gem. Art. 2 der 2. MWSt-RL handelt es sich dabei um ein System, welches auf dem Grundsatz beruht, daß auf Gegenstände und Dienstleistungen, ungeachtet der Zahl der Umsätze, die auf den vor der Besteuerungsstufe liegenden Produktions- und Vertriebsstufen ausgeführt wurden, eine allgemeine zum Preis der Gegenstände und Dienstleistungen genau proportionale Verbrauchsteuer anzuwenden ist. Bei allen Umsätzen soll die Mehrwertsteuer, welche sich durch die Anwendung des jeweiligen Steuersatzes auf den Preis der Leistungen errechnet, aber lediglich abzüglich des Mehrwertsteuerbetrags, der die jeweiligen Vorlei-

---

741 Vgl. hierzu Mick, M., Steuerkonzeption, 1995, S. 77; BullEWG 1962, Sonderbeilage 12, S. 2; BullEWG 1965, Sonderbeilage Nr. 5, S. 19; vgl. Schüle, F., Grundzüge, UStR 1964, S. 249ff.; Wachweger, D., Struktur, UR 1965, S. 183 ff:, Mesenberg, H., Harmonisierung, BB 1964, S. 187 – 190; Müller, F., Harmonisierung, DStZ A 1965, S. 225–229; Juretzek, W., Mehrwertsteuersystem, DStZ 1964, S. 337-341; Beck, E., Mehrwertsteuer, BB 1963, S. 1435-1436; Eckhardt, W., Umsatzsteuerrecht, UStR 1965, S. 1-3; Juretzek, W., Umsatzsteuer, DStZ A 1962, S. 111f.; Mesenberg, H., Umsatzsteuern, AWD 1965, S. 341 – 346; Wachweger, D., Struktur, UStR 1965, S. 183-186; Schüle, F., Grundzüge, UStR 1964, S. 249-253

742 RL 67/227/EWG, ABlEG 1967 L 71/1301; zum Inhalt der Richtlinie vgl. Wachweger, D., Richtlinie, UStR 1967, S. 123

743 Zu der Problematik der mangelnden Wettbewerbsneutralität der damaligen deutschen Umsatzsteuer vgl. Schmidt, O., Mehrwertsteuer, in: Bundeskammer der Steuerbevollmächtigten (Hrsg.), Steuer-Kongreß-Report 1963, S. 51-53; vgl. auch Beck, E., Mehrwertsteuer, BB 1964, S. 399ff. bezüglich eines von der Bundesregierung vorgelegten Vorschlags für eine Mehrwertsteuer in Deutschland

744 Vgl. zu den damals gültigen Umsatzsteuersystemen den Überblick bei Hoorn, J. v., Harmonisierung, DVBl. 1961, S. 315f.

stungen unmittelbar belastet hat, geschuldet werden. Dieses gemeinsame Mehrwertsteuersystem wird gem. Art. 2 der 2. MWSt-RL bis auf die Einzelhandelsstufe einschließlich angewandt. Die Mitgliedstaaten hatten aber die Option, das gemeinsame System nur bis zur Großhandelsstufe anzuwenden und durch eine separate Steuer zu ergänzen.
Begründet wurde der Erlaß der 1. MWSt-RL damit, daß es zur Verwirklichung des Gemeinsamen Marktes vor allem erforderlich sei, Verfälschungen des Wettbewerbs durch steuerliche Unterschiede zwischen den Mitgliedstaaten auszuschalten. In Art. 4 der 1. MWSt-RL ist zudem das längerfristige Ziel enthalten, die Besteuerung der Einfuhr und die steuerliche Entlastung der Ausfuhr im Handelsverkehr zwischen den Mitgliedstaaten abzuschaffen.[745] Diese Zielsetzung hat den weiteren Weg der Harmonisierung wesentlich beeinflußt.
Zeitgleich mit der ersten Richtlinie zur Harmonisierung der Umsatzbesteuerung wurde auch die zweite Richtlinie verabschiedet.[746] Darin wurden die Struktur und die Anwendungsmodalitäten des in der 1. MWSt-RL beschriebenen Mehrwertsteuersystems genauer geregelt.[747] Die 2. MWSt-RL enthält beispielsweise Regelungen bezüglich der Steuertatbestände, der Besteuerungsgrundlage, der Steuerbefreiungen, des Vorsteuerabzugs und der Aufzeichnungspflichten der Steuerpflichtigen.[748] Die 2. MWSt-RL hat aber letztlich nur „den Charakter einer Rahmenvorschrift."[749]
Die beiden ersten Richtlinien zur Harmonisierung der Umsatzbesteuerung haben die Steuersouveränität zwar in einigen Punkten eingeschränkt, den Mitgliedstaaten sind aber auch nach der Umsetzung der Bestimmungen der Richtlinien in innerstaatliches Recht zahlreiche Möglichkeiten verblieben, die Steuer ihren eigenen Bedürfnissen nach auszugestalten. Dies galt uneingeschränkt vor allem auch bezüglich der Steuersätze.[750] Der Erlaß der ersten und zweiten MWSt-RL stand damit in Einklang mit den vertraglich eingeräumten Befugnissen der Gemeinschaftsorgane.
Dem Ziel eine wettbewerbsneutrale Umsatzbesteuerung zu verwirklichen, ist man durch die Einführung des gemeinsamen Mehrwertsteuersystems auf der Grundlage der 1. und 2. MWSt-RL sehr nahe gekommen. Das so geschaffene Besteuerungssystem basierte allerdings uneingeschränkt auf dem klassischen

745 Vgl. hierzu Voß, R., Steuerrecht, in: Dauses, M. (Hrsg.), Handbuch, Stand: 1999, S. 47
746 RL 67/228/EWG, ABlEG 1967 L 71/1303
747 Vgl. hierzu Jansen, J., Mehrwertsteuer, EStZ 1967, S. 519-524
748 Vgl. Tumpel, M., Mehrwertsteuer, 1997, S. 119
749 Rau, G., EG-Richtlinien, in: Costede, J. (Hrsg.), Umsatzsteuerkongreß-Bericht, 1985, S. 54
750 Vgl. hierzu Tumpel, M., Mehrwertsteuer, 1997, S. 119; vgl. auch Wachweger, D., Umsatzsteuerharmonisierung, DStZ 1973, S. 220; Wachweger, D., Richtlinie, 1977, S. 5

Bestimmungslandprinzip mit Grenzkontrollen und bedeutete deshalb bezüglich des freien Verkehrs innerhalb der Gemeinschaft keinen Fortschritt.
Da verschiedene Mitgliedstaaten die beiden Richtlinien nicht fristgerecht in nationales Recht transformieren konnten, mußten durch die 3., 4. und 5. MWSt-RL Fristverlängerungen gewährt werden.[751]

2. *Die Abrundung des Mehrwertsteuersystems durch die 6. MWSt-RL*

a) Allgemeines

Der nächste große Schritt in Richtung eines zielkonformen Umsatzsteuersystems bestand nach „mehrjährigen Geburtswehen"[752] in der Verabschiedung der 6. MWSt-RL[753]. Dem Erlaß dieser Richtlinie gingen wiederum zahlreiche Vorschläge der Kommission voraus, welche in der Literatur intensiv diskutiert wurden.[754]
Ein Blick auf die Begründungserwägungen zeigt, daß der Erlaß der 6. MWSt-RL maßgeblich mit den Erfordernissen aus der Eigenmittelfinanzierung gerechtfertigt wurde. Die Verwirklichung des Gemeinsamen Marktes als Motiv für die Verabschiedung der Sechsten Richtlinie wird erst an zweiter Stelle genannt. Somit scheinen mit der 6. MWSt-RL zwei „völlig verschiedene Ziele"[755] verfolgt worden zu sein. Teilweise wird diesbezüglich sogar von einer „sachfremden Kopplung von Bedarfsdeckung der EG und Harmonisierung zur Verbesserung des Wettbewerbs"[756] ausgegangen, weshalb die 6. MWSt-RL auch als rechtlicher „Hybrid"[757] anzusehen sei.
Damit besteht offensichtlich ein sehr enger Zusammenhang zwischen der 6. MWSt-RL und der Finanzierung der Gemeinschaft.[758] Es erscheint deshalb an-

[751] RL 69/463/EWG, ABlEG 1969 Nr. L 320 v. 20.12.1969, S. 34; RL 71/401/EWG, ABlEG Nr. L 283 v. 24.12.1971, S. 41, RL 72/250/EWG, ABlEG 1972 Nr. L 162 v. 18.7.1972, S. 18.
[752] Schmidt, G., Steuerrecht, DB 1977, S. 2016
[753] RL 77/388/EWG, ABlEG 1977 L 145/1; vgl. auch Lee, C. u.a., Harmonisation, 1989, S. 32
[754] Vgl. Sarrazin, V., Beratungen, UStR 1974, S. 280-287; Sarrazin, V., Umsatzsteuerharmonisierung, UStR 1973, S. 209-215; Wachweger, D., Umsatzsteuern, DStZ A 1975, S. 195ff.; Söhn, H., Harmonisierung, StuW 1976, S. 1-23
[755] Sarrazin, V., Beratungen, UStR 1974, S. 281
[756] Wachweger, D., Vorschlag, DStZ A 1974, S. 115
[757] Vgl. Theile, C., Mehrwertsteuer, UR 1995, S. 48
[758] Vgl. hierzu Wachweger, D., Harmonisierung, DStZ 1974, S. 115; Birkenfeld, W., Umsatzsteuerrecht, UR 1989, S. 330; Farmer, P. / Lyal, R., Tax, 1994, S. 86; Goergen, R., Umsatzsteuerharmonisierung, in: Costede, J. (Hrsg.), Umsatzsteuerkongress-Bericht, 1985, S. 16; Matthöfer, H., Steuerharmonisierung, DStZ A 1967, S. 204; Müller, F., Umsatzsteuerharmonisierung, UStR 1972, S. 18f.; Metzlaff, K., Mehrwertsteuerharmonisie-

gebracht, das System der Eigenmittelfinanzierung in einem Exkurs kurz darzustellen.

b) Exkurs: Die Finanzierung des Haushalts der Europäischen Gemeinschaft durch Eigenmittel

aa) Grundlegendes zur Finanzierung der Gemeinschaft

Die Gründung einer internationalen Organisation bringt für die beteiligten Vertragsstaaten grundsätzlich auch die Verpflichtung mit sich, eine ausreichende finanzielle Ausstattung der Organisation zu gewährleisten.[759] Finanzielle Mittel sind für jede internationale Organisation und erst recht für eine supranationale Organisation wie die EG zur Erfüllung ihrer Aufgaben von größter Bedeutung.[760] Zwecks Sicherstellung der finanziellen Ausstattung der Europäischen Gemeinschaft war in der inzwischen aufgehobenen Regelung des damaligen Art. 200 EGV ein Beitragssystem vorgesehen, wie es für internationale Organisationen üblich ist.[761] Danach mußten die Mitgliedstaaten auf der Grundlage eines festen Beitragsschlüssels finanzielle Mittel an die Europäische Gemeinschaft abführen.[762] Die Herkunft oder die Art der Aufbringung dieser Mittel war vollkommen ohne Bedeutung, so daß die entsprechenden Zahlungen regelmäßig aus dem allgemeinen Haushalt der Mitgliedstaaten finanziert wurden.[763] Der Vorteil einer solchen Beitragsfinanzierung ist, „daß die internationale Gemeinschaft einen Anspruch gegen die Mitgliedstaaten auf Zahlung der Finanzbeiträge hat."[764] Nachteilig ist aber die Abhängigkeit der internationalen Organisation von der Zahlungsbereitschaft der an ihr beteiligten Staaten.[765] Angesichts dieser Nachteile der Beitragsfinanzierung wurde der damalige Art. 201 EGV in den Vertragstext aufgenommen, welcher die Aufforderung enthielt, die zuvor üblichen Beiträge durch sogenannte eigene Mittel der Gemeinschaft zu ersetzen.[766]

---

rung, RIW 1992, S. 657; Guieu, P., VAT, Intertax 1977, S. 246; Johns, T., Grunderwerbsbesteuerung, 1992, S. 54; Mette, S., Binnenmarkt, 1994, S. 47; Hart, C., System, International Tax & Business Lawyer 1994/12, S. 6

759 Vgl. Ohler, C., Integration, 1997, S. 363

760 Vgl. Magiera, S., Finanzierungsgrenzen, in: Börner, B. u.a. (Hrsg.), Einigkeit, 1984, S. 187

761 Vgl. Ohler, C., Integration, 1997, S. 366; vgl. Birk, D., Finanzhoheit, in: Birk, D. (Hrsg.), Handbuch, 1995, S. 119

762 Vgl. Carl D., Finanzverfassung, SteuerStud 1991, S. 181

763 Vgl. Ohler, C., Integration, 1997, S. 366

764 Birk, D., Finanzhoheit, in: Birk, D. (Hrsg.), Handbuch, 1995, S. 120

765 Vgl. Birk, D., Finanzhoheit, in: Birk, D. (Hrsg.), Handbuch, 1995, S. 120

766 Vgl. Ohler, C., Integration, 1997, S. 366

bb) Die Zusammensetzung der Eigenmittel

Die im ersten Eigenmittelbeschluß genannten eigenen Mittel der Gemeinschaft bestanden zunächst lediglich aus den Agrarabschöpfungen (einschließlich Zuckerabgaben) und den Zöllen.
Eine Erweiterung der Eigenmittel brachte der Beschluß des Rates vom 1. Januar 1975.[767] Diesem Beschluß zufolge sollte der Haushalt der Europäischen Gemeinschaft nach Ablauf einer Übergangsphase ab dem 1.1.1975 vollständig aus eigenen Mitteln finanziert werden.[768]
Um dies zu ermöglichen, wurde vorgesehen, daß der Gemeinschaft ein Betrag in Höhe von bis zu maximal 1% der einheitlich zu ermittelnden Bemessungsgrundlage der Mehrwertsteuer als neue Eigenmittelart zustehen sollte.[769] Die Gemeinschaft wurde somit zur „Nutznießerin des Umsatzsteueraufkommens"[770] der Mitgliedstaaten.
Die Mehrwertsteuereigenmittel sollten nach dem Prinzip der Restfinanzierung diejenigen Ausgaben der Gemeinschaft decken, welche nicht durch die anderen Eigenmittel finanziert werden konnten.[771] Durch den Ratsbeschluß vom 7.5.1985[772] wurde der Höchstsatz für die Mehrwertsteuer-Eigenmittel auf 1,4% der dafür vorgesehenen Bemessungsgrundlage aufgestockt. Durch einen weiteren Beschluß[773] begrenzte der Rat die Mehrwertsteuer-Eigenmittel auf maximal 55% des Bruttosozialprodukts jedes Mitgliedstaates. Durch denselben Beschluß wurden der Gemeinschaft auch zusätzliche auf der Grundlage der Bruttosozialprodukte der Mitgliedstaaten errechnete Eigenmittel zugewiesen, welche fortan die Funktion der Restfinanzierung anstelle der Mehrwertsteuer-Eigenmittel übernahmen.[774] Mit den BSP-Eigenmitteln sollte eine bessere Berücksichtigung der Leistungsfähigkeit der Mitgliedstaaten erreicht werden.[775] 1995 wurde die zulässige Gesamthöchstgrenze der Eigenmittel insgesamt bis zum Jahr 1997 auf 1,27% des gesamten BSP der Gemeinschaft erhöht. Gleichzeitig reduzierte man den Satz für die Mehrwertsteuer-Eigenmittel von 1,4% auf 1,0%. Zudem durften

---

[767] Vgl. Vogelaar, T., Steuerharmonisierung, AWD 1970, S. 200; Birk, D., Finanzhoheit, in: Birk, D. (Hrsg.), Handbuch, 1995, S. 121

[768] Tatsächlich konnte der Haushalt aber erst ab dem Haushaltsjahr 1980 aus eigenen Mitteln finanziert werden.

[769] Vgl. Birk, D., Finanzhoheit, in: Birk, D. (Hrsg.), Handbuch, 1995, S. 120; Messal, R., Eigenmittelsystem, 1991, S. 63

[770] Theile, C., Wettbewerbsneutralität, 1995, S. 14

[771] Vgl. Birk, D., Finanzhoheit, in: Birk, D. (Hrsg.), Handbuch, 1995, S. 122; vgl. auch Messal, R., Eigenmittelsystem, 1991, S. 22

[772] ABlEG Nr. L 128 (1985), S. 15

[773] ABlEG Nr. L 185 (1988), S. 24

[774] Vgl. Birk, D., Finanzhoheit, in: Birk, D. (Hrsg.), Handbuch, 1995, S. 122

[775] Vgl. Birk, D., Finanzhoheit, in: Birk, D. (Hrsg.), Handbuch, 1995, S. 120

fortan die Mehrwertsteuer-Eigenmittel derjenigen Mitgliedstaaten, deren Pro-Kopf-BSP im Jahr 1991 weniger als 90% des Gemeinschaftsdurchschnitts ausmachte[776], ab 1995 nur noch maximal 50% deren BSP betragen. Für die übrigen Mitgliedstaaten erfolgte diese Reduzierung schrittweise von 55% auf ebenfalls 50% des BSP.[777]
Art. 269 [201] Abs. 1 EGV in seiner aktuellen Fassung bestimmt auf dieser Grundlage, daß der Haushalt der Gemeinschaft, abgesehen von den sonstigen Einnahmen[778], vollständig aus Eigenmitteln finanziert wird.

cc) Die Berechnung der Mehrwertsteuer-Eigenmittel

Gem. Art. 2 Abs. 1c des Eigenmittelbeschlusses von 1988 sind die Mehrwertsteuer-Eigenmittel umschrieben als „Einnahmen, die sich aus der Anwendung eines für alle Mitgliedstaaten einheitlichen Satzes auf die nach den Gemeinschaftsvorschriften bestimmte einheitliche MWSt-Bemessungsgrundlage eines jeden Mitgliedstaates ergeben"[779]. Diese Bemessungsgrundlage ist definiert als die Summe der steuerpflichtigen Umsätze (Warenlieferungen, Dienstleistungen, Einfuhren) auf der Stufe des Letztverbrauchs.[780] Einzelheiten zu dieser Bemessungsgrundlage sind in einer Verordnung geregelt.[781] Dadurch daß die Mehrwertsteuer-Eigenmittel auf der Grundlage der Mehrwertsteuer*bemessungsgrundlage* erhoben werden, hängt deren Höhe nicht von den Mehrwertsteuersätzen der einzelnen Mitgliedstaaten ab.[782] Eine Änderung der Höhe der Mehrwertsteuersätze in den Mitgliedstaaten hat damit keinerlei Einfluß auf die Eigenmittel der Gemeinschaft.[783] Durch eine Variation der Mehrwertsteuersätze können die Mitgliedsstaaten also ihren Anteil an den Mehrwertsteuer-Eigenmitteln der Gemeinschaft nicht beeinflussen.[784]
Um die Mehrwertsteuerbemessungsgrundlage der einzelnen Mitgliedstaaten aber zu ermitteln, wird rechentechnisch zunächst dennoch von deren tatsächlichen Mehrwertsteuereinnahmen ausgegangen.[785] Die Summe der tatsächlichen Mehrwertsteuereinnahmen wird in einigen Punkten bereinigt und durch den ge-

776 Dies waren Griechenland, Spanien, Irland und Portugal.
777 Vgl. Birk, D., Finanzhoheit, in: Birk, D. (Hrsg.), Handbuch, 1995, S. 124
778 Unter den sonstigen Einnahmen sind zum Beispiel Veräußerungsgewinne, Mieteinnahmen, Zwangsgelder, Geldbußen sowie die EG-Beamtensteuer zu verstehen.
779 Nottelmann, A., Haushalt, 1982, S. 42
780 Vgl. Messal, R., Eigenmittelsystem, 1991, S. 64
781 VO Nr. 1553/89, ABlEG Nr. L 155 1989, S. 9; der Text dieser Verordnung findet sich auch bei Messal, R., Eigenmittelsystem, S. 232
782 Vgl. Terra, B. / Wattel, Tax, 1997, S. 77
783 Vgl. Messal, R., Eigenmittelsystem, 1991, S. 64
784 Vgl. Busch, B., Finanzierung, 1998, S. 15
785 Vgl. Ohler, C., Integration, 1997, S. 388

wogenen mittleren Steuersatz[786] des jeweiligen Mitgliedstaates dividiert. Hieraus ergibt sich dann die reale Besteuerungsgrundlage, welche den tatsächlichen Mehrwertsteuereinnahmen zugrundegelegen hat. Zu dieser werden dann noch diejenigen Umsätze hinzuaddiert, welche aufgrund von Ausnahmeregelungen und Umsetzungswahlrechten in den Richtlinien in den einzelnen Mitgliedstaaten tatsächlich nicht besteuert wurden.[787]
Von seiner Grundidee her erfordert die Berechnung der Mehrwertsteuereigenmittel aber identische Rechtsvorschriften bezüglich der Besteuerungsgrundlage der Mehrwertsteuer in allen Mitgliedstaaten[788], um eine gerechte und vergleichbare Belastung der Mitgliedstaaten zu erreichen.[789] Je einheitlicher die Besteuerungsgrundlage für die Mehrwertsteuer in den Mitgliedstaaten ist, um so weniger aufwendige Korrekturrechnungen sind notwendig, um die fiktive uniforme Bemessungsgrundlage für die Eigenmittelberechnung zu erhalten.

c) Überblick über den Inhalt der 6. MWSt-RL

Die 6. MWSt-RL regelt materielles Umsatzsteuerrecht[790], wobei die erfaßten Regelungsbereiche im wesentlichen mit denjenigen der 2. MWSt-RL übereinstimmen, aber durch eine weit höhere Regelungsintensität gekennzeichnet sind.[791] Die 6. MWSt-RL enthält zunächst detaillierte Bestimmungen zum Anwendungsbereich der Mehrwertsteuer und unterscheidet dabei zwischen der Lieferung von Gegenständen (Art. 5), Dienstleistungen (Art. 6) und der Einfuhr von Gegenständen (Art. 7).[792] Diese werden ergänzt durch sehr genaue Regelungen über den Ort der Lieferung (Art. 8) und den Ort der Dienstleistungen (Art. 9) sowie über die Entstehung des Steueranspruchs (Art. 10). Außerordentlich detailliert wird den Mitgliedstaaten auch vorgeschrieben, wie sie die Besteuerungsgrundlage (Art. 11) zu gestalten haben. Außerdem werden Regelungen bezüglich der zulässigen Steuerbefreiungen (Art. 13-16) getroffen. Es folgen bis in kleinste Einzelheiten gehende Vorschriften über den Vorsteuerabzug (Art. 17-20) und in Zusammenhang damit die Aufteilung von Vorsteuerbeträgen (Art. 17 und 19) sowie die Berichtigung des Vorsteuerabzugs (Art. 20).

---

786 Aufgrund der Anwendung eines Normalsatzes und eines ermäßigten Satzes;
787 Vgl. Theile, C., Wettbewerbsneutralität, 1995, S. 14
788 Theile, C., Wettbewerbsneutralität, 1995, S. 14
789 Vgl. Guieu, P., Directive, 1977, S. 12; Seidel, M., Gemeinschaft, in: Baur, J. (Hrsg.), Festschrift 1990, S. 1463; Burgio, M., Politica, in: Pennacchini, E. u.a. (Hrsg.), Manuale 1984, S. 521
790 Vgl. Thömmes, O., in: Lenz, C. O. (Hrsg.), EG-Handbuch, 1994, S. 637
791 Vgl. Tumpel, M., Mehrwertsteuer, 1997, S. 120; Rau, G., EG-Richtlinien, in: Costede, J. (Hrsg.), Umsatzsteuerkongreß-Bericht, 1985, S. 54
792 Vgl. Thömmes, O., in: Lenz, C. O. (Hrsg.), EG-Handbuch, 1994, S. 637

Die in der 2. MWSt-RL noch verhältnismäßig zahlreich vorhandenen Rahmenvorschriften und Umsetzungsoptionen für die Mitgliedstaaten wurden zu einem großen Teil in der 6. MWSt-RL zugunsten verbindlicher Vorschriften aufgegeben. Aufgrund ihrer Regelungsdichte wurde die 6. MWSt-RL schon plakativ als „europäisches Mehrwertsteuergesetz" bezeichnet[793], da sie insbesondere im Vergleich zur 2. MWSt-RL eher den Charakter eines detaillierten Gesetzes als den einer Rahmenvorschrift hat.[794]

Aufgrund ihrer enormen Regelungsdichte und des verbindlichen Charakters der meisten in ihr enthaltenen Bestimmungen wurde der Spielraum der Mitgliedstaaten im Rahmen der Umsetzung in innerstaatliches Recht stark begrenzt[795] und bestand vor allem nur in „weniger wichtigen Bereichen."[796] Abgesehen von verschiedenen Umsetzungswahlrechten hatten die Mitgliedstaaten nach dem Inkrafttreten der 6. MWSt-RL „nur noch hinsichtlich der Höhe und der Zahl der Steuersätze nationale Souveränität"[797]

Angesichts dieser hohen Regelungsintensität ist die Frage zumindest berechtigt, ob Art. 93 [99] EGV i.V.m. Art. 94 [100] EGV zum damaligen Zeitpunkt eine ausreichende Rechtsgrundlage für den Erlaß der Sechsten Richtlinie war.[798] Es könnte der Schluß naheliegen, daß im Zusammenhang mit der oben dargestellten Eigenmittelfinanzierung der Gemeinschaft Bereiche harmonisiert wurden, welche für die Errichtung des Gemeinsamen Marktes nicht von Bedeutung sind.[799] So wird vorgebracht, daß es allein die Anforderungen der Eigenmittelfinanzierung waren, welche die Kommission veranlaßt hätten, solche „bis ins einzelne gehende Bestimmungen vorzuschlagen."[800] Der einzige Grund für die detaillierten Regelungen der 6. MWSt-RL bestehe in den Erfordernissen der Ei-

---

793 Vgl. Sarrazin, V., Umsatzsteuerharmonisierung, UR 1973, S. 209; Schmidt, G., Steuerrecht, DB 1977, S. 2021; zum Inhalt der Sechsten Richtlinie im einzelnen vgl. Wachweger, D., EG-Richtlinie, UStR 1977, S. 165-170; Schlienkamp, A., EG-Richtlinie, UStR 1977, S. 141-155; Wachweger, D., EG-Richtlinie, UStR 1977, S. 121-135; Schütz, M., Harmonisierung, UStR 1977, S. 185-193; Schmidt, G., Steuerrecht, DB 1977, S. 2021

794 Vgl. Rau, G., EG-Richtlinien, in: Costede, J. (Hrsg.), Umsatzsteuerkongreß-Bericht, 1985, S. 54

795 Wachweger, D., Auswirkungen, DStZ A 1978, S. 13

796 Langer, M. / Rokos, V., EG-Umsatzsteuer-Richtlinie, 1992, S. 7

797 Vgl. Wachweger, D., Auswirkungen, DStZ A 1978, S. 12

798 Vgl. Schlienkamp, A., Ratsentscheidungen, UStR 1977, S. 1

799 Vgl. Forst, C., Umsatzsteuer, UR 1989, S. 264; Johns, T., Grunderwerbsbesteuerung, 1992, S. 54; Easson, A., Taxation, 1993, S. 102

800 Söhn, H., Harmonisierung, StuW 1976, S. 3; Rau, G., EG-Richtlinien, in: Costede, J. (Hrsg.), Umsatzsteuerkongreß-Bericht, 1985, S. 54; vgl. auch Klezath, P., Binnenmarkt, UR 1992, S. 61

genmittelfinanzierung.[801] So wird vorgetragen, daß für den weiteren Ausbau des Gemeinsamen Marktes auf dem Gebiet der indirekten Besteuerung zum damaligen Zeitpunkt weniger intensive Regelungen ausreichend gewesen wären[802], da die Verwirklichung des Gemeinsamen Marktes nämlich einen wesentlich geringeren Grad an Übereinstimmung des Umsatzsteuerrechts erfordere als die Eigenmittelfinanzierung.[803] So wird die Auffassung vertreten, daß Unterschiede zwischen den einzelstaatlichen Regelungen, welche auf den innergemeinschaftlichen Wettbewerb ohne Einfluß seien, grundsätzlich hätten bestehen bleiben können.[804] Es hätte „genügt, die Rechtsangleichung auf die Beseitigung bestehender Wettbewerbsstörungen im Waren- und Dienstleistungsverkehr der Mitgliedstaaten zu beschränken."[805] Beispielhaft wird häufig auf die Grundstücksumsätze verwiesen, welche man allein zur Verwirklichung des Gemeinsamen Marktes nicht einer einheitlichen Regelung hätte unterwerfen müssen.[806] Als weitere Beispiele für Unterschiede, welche im Rahmen der Herstellung des Gemeinsamen Marktes tolerierbar gewesen wären, werden bestimmte Steuerbefreiungstatbestände angeführt.[807]

Dieser Kritik an der Regelungsintensität der Sechsten Mehrwertsteuerrichtlinie könnte aber entgegengehalten werden, daß sie zu pauschal ist und das Harmonisierungsziel zu formal auffaßt.[808] Bei der Beurteilung der Sechsten Richtlinie darf nicht außer acht gelassen werden, daß der Gemeinsame Markt nicht nur die Schaffung wettbewerbsneutraler Verhältnisse verlangt, sondern sozusagen als „Krönung" auch die Verwirklichung des freien Waren-, Personen-, Dienstleistungs- und Kapitalverkehrs. Bestünde das Ziel der Steuerharmonisierung lediglich darin, wettbewerbsneutrale Verhältnisse im Gemeinsamen Markt zu gewährleisten, könnte die Kritik als berechtigt gelten. Für die Verwirklichung einer wettbewerbsneutralen Umsatzbesteuerung innerhalb der Europäischen Gemeinschaft wäre eine so intensive Angleichung, wie sie durch die 6. MWSt-RL erfolgt ist, tatsächlich nicht notwendig gewesen.

---

801 Vgl. Rau, G., EG-Richtlinien, in: Costede, J. (Hrsg.), Umsatzsteuerkongreß-Bericht, 1985, S. 55; vgl. auch Takacs, P., Steuerrecht, 1998, S. 276; Söhn, H., Harmonisierung, StuW 1976, S. 1

802 Vgl. Rau, G., EG-Richtlinien, in: Costede, J. (Hrsg.), Umsatzsteuerkongreß-Bericht, 1985, S. 54

803 Sarrazin, V., Beratungen, UStR 1974, S. 281

804 Vgl. Söhn, H., Harmonisierung, StuW 1976, S. 3; Rau, G., EG-Richtlinien, in: Costede, J. (Hrsg.), Umsatzsteuerkongreß-Bericht, 1985, S. 55

805 Schlienkamp, A., Ratsentscheidungen, UStR 1977, S. 1

806 Vgl. Rau, G., EG-Richtlinien, in: Costede, J. (Hrsg.), Umsatzsteuerkongreß-Bericht, 1985, S. 55

807 Vgl. Rau, G., EG-Richtlinien, in: Costede, J. (Hrsg.), Umsatzsteuerkongreß-Bericht, 1985, S. 55; Wachweger, D., EG-Richtlinie, UStR 1977, S. 122

808 Vgl. Söhn, H., Harmonisierung, StuW 1976, S. 4

Der Verabschiedung der Sechsten Richtlinie lag aber in Übereinstimmung mit dem Konzept des Gemeinsamen Marktes auch das Ziel zugrunde, dem freien Verkehr ein Stück näher zu kommen. Zu diesem Zweck war langfristig vorgesehen, daß die Besteuerung der Einfuhr und die steuerliche Entlastung der Ausfuhr im innergemeinschaftlichen Geschäftsverkehr abgeschafft werden soll, was gleichbedeutend mit einem Übergang zu einer Besteuerung nach dem Ursprungslandprinzip wäre. Betrachtet man die 6. MWSt-RL gewissermaßen als vorbereitende Maßnahme zur Umstellung der Umsatzbesteuerung innerhalb der Gemeinschaft auf das Ursprungslandprinzip, kann die 6. MWSt-RL als durchaus „im Interesse des Gemeinsamen Marktes“[809] angesehen werden. Der Erlaß der 6. MWSt-RL war somit letztlich auch von Art. 93 [99] EGV a.F. gedeckt, zumal den Mitgliedstaaten ja auch nicht jeglicher Handlungsspielraum im Bereich der Mehrwertsteuer entzogen wurde. Auch die 6. MWSt-RL ließ den Mitgliedstaaten noch genügend Freiräume, um die Mehrwertsteuer als Instrument eigenständiger Steuerpolitik einzusetzen.
Außer Zweifel steht jedoch, daß der entscheidende politische Impuls zur Verabschiedung der Richtlinie tatsächlich von den Eigenmittelbeschlüssen ausgegangen ist.
Die Umsetzung der 6. Richtlinie verlief teilweise schleppend. So hatte beispielsweise die französische Nationalversammlung die Umsetzung der 6. Mehrwertsteuerrichtlinie in nationales Recht in erster Lesung abgelehnt, da sie diese als Eingriff in die nationale Souveränität Frankreichs betrachtete.[810] Mehreren Mitgliedstaaten mußten Fristverlängerungen eingeräumt werden.

3. Die Binnenmarkt-Richtlinie

Die Einheitliche Europäische Akte und das von der Kommission vorgelegte „Weißbuch zur Vollendung des Binnenmarktes“[811] leitete eine weitere entscheidende Phase der Entwicklung der Umsatzbesteuerung in der Europäischen Gemeinschaft ein.
Im ihrem Weißbuch vertrat die Kommission die Auffassung, daß es angesichts der durch die Einheitliche Europäische Akte eingetretenen Vertragsänderungen an der Zeit sei, die Abschaffung der „Steuergrenzen“ zu forcieren.
Diesbezüglich bekräftigte die Kommission ihre Meinung, daß zwecks Errichtung des Binnenmarktes nicht nur die Kontrollen an den Grenzübergängen abzuschaffen seien, sondern auch der materielle Grenzausgleich. Um die Umsetzung dieses Ziels voranzutreiben, wurde im Weißbuch ein konkreter Vorschlag zum Übergang von der immer noch bestehenden Besteuerung nach dem Bestim-

809 Vgl. hierzu den Wortlaut des Art. 99 EWGV a.F.
810 Vgl. Herrmann, H. J., EG-Richtlinien, RIW 1982, S. 566
811 KOM (85) 310 endg.

mungslandprinzip zu einer Besteuerung nach dem Ursprungslandprinzip unterbreitet. Die Kommission ging dabei von einem Modell aus, in dem kommerziellen Abnehmern ein grenzüberschreitendes Vorsteuerabzugsrecht gewährt wird. „Jedermann soll an jedermann zu den Bedingungen des Ursprungslandes liefern können.“[812] Den Ausführungen der Kommission lag die Erkenntnis zugrunde, daß eine Umsatzbesteuerung nach dem Ursprungslandprinzip einheitliche Steuersätze und die Beseitigung aller sonstigen Regelungsunterschiede erfordern würde, welche auf Umsetzungsfreiräumen der 6. MWSt-RL beruhten. Außerdem wurde erstmals die Forderung nach einem Clearing-Verfahren gestellt, welches eine Veränderung der Aufkommensverteilung ausgleichen sollte. Diese im Weißbuch skizzierten Vorstellungen der Kommission über die zukünftige Umsatzbesteuerung im Binnenmarkt wurden in entsprechenden Richtlinienvorschlägen weiter konkretisiert.[813] Besonders bedeutsam war ein weitreichender Richtlinienvorschlag, welcher die im Weißbuch entworfenen Ideen aufgriff und präzise ausformulierte.[814]

Sämtlichen Vorschlägen der Kommission wurde von den Mitgliedstaaten zum größten Teil Ablehnung entgegengebracht. Vereinzelt unterbreiteten die Mitgliedstaaten eigene Alternativvorschläge, wie beispielsweise das marktorientierte Konzept des britischen Schatzkanzlers Lawson.[815]

Bis zum Jahr 1989 legte die Kommission verschiedene überarbeitete Vorschläge vor, die aber im wesentlichen an frühere Konzepte anknüpften. Aber auch diese Vorschläge fanden wiederum nicht die erforderliche Zustimmung der Mitgliedstaaten. Frankreich stellte schließlich die Forderung, eine Übergangslösung zu schaffen, um wenigstens die effektiven Kontrollen an den Grenzen zwischen

---

812 Ritter, W., Steuerharmonisierung, BB 1989, S. 80

813 Vgl. den Überblick über die Vorschläge und das Konzept der Kommission bei Tumpel, M., Mehrwertsteuer, 1997, S. 123; vgl. zu den Vorschlägen der Kommission auch Langer, M., Harmonisierung, DB 1989, S. 1738; Rau, G., Gedanken, UR 1986, S. 78 - 83; Langer, M., Binnenmarkt, DB 1991, S. 462-469; Langer, M., Umsatzsteuerharmonisierung, DB 1989, S. 2243 - 2246; Kraeusel, J., Steuersätze, UVR 1989, S. 131-138; Kraeusel, J., Annäherung, UVR 1990, S. 321-328; Kohler, R., Harmonisierung, StBJB 1988/1989, 1989, S. 327-334; Kraeusel, J., Umsatzsteuerharmonisierung, UVR 1989, S. 3 – 6; vgl. auch Faltlhauser, K., Harmonisierung, StuW 1991, S. 329-336; Birkenfeld, W., Umsatzsteuerrecht, UR 1989, S. 332-333; vgl. Weiler, H., Umsatzsteuerharmonisierung, DStR 1992, S. 672; Steppert, H., USt-Harmonisierung, UR 1990, S. 269-271; Forst, C., Umsatzsteuerharmonisierung, UR 1989, S. 73-76; Takacs, P., Mehrwertsteuer, FJ 1989, S. 216f.

814 Zu diesem Zeitpunkt verfolgte die Kommission noch das Ziel, ein Clearingverfahren auf mikroökonomischer Basis einzurichten. Vgl. hierzu Tumpel, M., Mehrwertsteuer, 1997, S. 124; vgl. auch Thiel, S. v., Harmonisation, European Taxation 1988, S. 79-81

815 Vgl. Tumpel, M., Mehrwertsteuer, 1997, S. 125; vgl. die Darstellung der verschiedenen Vorschläge bei Kraeusel, J., Steuergrenzen, UVR 1990, S. 5-6

den Mitgliedstaaten beseitigen zu können, den materiellen Grenzausgleich aber beizubehalten.[816] Dem französischen Vorschlag zufolge sollte „bei grenzüberschreitenden Warenlieferungen an andere Unternehmer der Ort der Lieferung an den Empfangsort verlegt und der Empfänger zum Steuerschuldner gemacht werden."[817] Die Grenzkontrollen sollten durch innerstaatliche Kontrollen und einen verbesserten Informationsaustausch zwischen den Mitgliedstaaten ersetzt werden.[818] Der Rat begrüßte die Vorschläge Frankreichs prinzipiell, woraufhin die Kommission auf deren Grundlage neue Richtlinienvorschläge ausarbeitete.[819] Die so entstandene Übergangsregelung wurde schließlich am 16.12.1991 in Form einer Richtlinie zur Ergänzung und Änderung der 6. MWSt-RL vom Rat verabschiedet.[820] Die sog. Binnenmarktrichtlinie brachte eine Aufspaltung des Umsatzsteuerrechts der Mitgliedstaaten in zwei Blöcke, nämlich in einen die Besteuerung von Umsätzen innerhalb der einzelnen Mitgliedstaaten und mit dem Drittlandsgebiet und einen anderen die innergemeinschaftlichen Umsätze betreffend. Die Bestimmungen zu der Übergangsregelung sind teilweise „sehr schwer verständlich, mitunter irreführend oder schlichtweg unverständlich."[821] Wie sich noch zeigen wird, hat das Umsatzsteuerrecht durch die Binnemarkt-RL „eine kaum mehr zu überbietende technische Kompliziertheit erreicht."[822] Die Schwierigkeiten resultieren aus dem Versuch, ein „Hybridsystem" zu schaffen, welches wirtschaftlich betrachtet eine Besteuerung nach dem Bestimmungslandprinzip ermöglicht, gleichzeitig aber die Abschaffung der Grenzkontrollen erlaubt.

Die Mängel des Übergangssystems wurden durch zwei Vereinfachungsrichtlinien zu kompensieren versucht. Ergänzend regelt eine Verordnung die Zusammenarbeit der Finanzverwaltungen.[823]

816 Vgl. Mick, M., Harmonisierung, in: Birk, D. (Hrsg.), Handbuch, 1995, S. 691

817 Vgl. hierzu Tumpel, M., Mehrwertsteuer, 1997, S. 127

818 Vgl. hierzu Tumpel, M., Mehrwertsteuer, 1997, S. 127

819 Vgl. hierzu Kraeusel, J., Übergangsregelung, UVR 1991, S. 33-42

820 Vgl. zum Inhalt der Richtlinie ausführlich Langer, M., Umsatzsteuer, DB 1992, S. 340 – 349; Kraeusel, J., Mitgliedstaaten, UVR 1992, S. 97-109; Carl, D., Umsatzsteuersystem, INF 1992, S. 337-342; Carl, D., Umsatzsteuersystem, INF 1992, S. 369-375; Carl, D., Umsatzsteuersystem, INF 1992, S. 393-397; Rokos, V., Übergangsregelung, UR 1992, S. 129-135 und S. 89ff.; bezüglich der Umsetzung der Richtlinie in deutsches Recht vgl. Schwarze, R. / Siebert, A., Entwurf, WPg 1992, S. 409

821 Springsguth, U., Grundzüge, BB 1992, S. 748

822 Voß, R., Steuerrecht, in: Dauses, M. (Hrsg.), Handbuch, Stand:1999, S. 48

823 Vgl. hierzu ausführlich Tumpel, M., Mehrwertsteuer, 1997, S. 133

4. Weitere Harmonisierungsmaßnahmen

Im Anschluß wurden weitere Richtlinien, wie beispielsweise die 7. MWSt-RL (Gebrauchtwarenrichtlinie) erlassen, die bestehende Lücken im System schlossen und die Vereinheitlichung weiter vorantrieben. Mit der 18. EG-Richtlinie wurden bestimmte Übergangsregelungen beseitigt, welche den Mitgliedstaaten Handlungsfreiräume gelassen hatten.[824] Eine Annäherung der Umsatzsteuersätze konnte durch die Verabschiedung einer Richtlinie vom 19.10.1992 erreicht werden.[825] Diese Richtlinie verpflichtete die Mitgliedstaaten vom 1.1.1993 an, einen Normalsatz von 15% zu erheben.[826] „Von einer Harmonisierung der Steuersätze zu sprechen, würde allerdings etwas weit gehen."[827]

III. Der aktuelle Stand des europäischen Sekundärrechts zur Umsatzbesteuerung

1. Grundlegendes

Die zahlreichen Harmonisierungsmaßnahmen haben inzwischen ein sehr komplexes System der Umsatzbesteuerung in Europa hervorgebracht. Angesichts der schon erwähnten Tatsache, daß sich das Umsatzsteuerrecht weitgehend in zwei Teile auseinanderentwickelt hat, ist es naheliegend, in der weiteren Darstellung zwischen dem allgemeinen System der Umsatzbesteuerung und den speziellen Regelungen für den innergemeinschaftlichen Geschäftsverkehr zu unterscheiden.

2. Das allgemeine System der harmonisierten Umsatzbesteuerung

a) Der Anwendungsbereich der gemeinsamen Mehrwertsteuer

Gem. Art. 2 der 6. MWSt-RL unterliegen der harmonisierten Mehrwertsteuer zunächst einmal Lieferungen und Dienstleistungen, welche ein Steuerpflichtiger im Inland gegen Entgelt ausführt.[828]
Unter einer Lieferung ist gem. Art. 5 der 6. MWSt-RL die Übertragung des Rechts, wie ein Eigentümer über einen körperlichen Gegenstand verfügen zu

---

[824] Vgl. hierzu Schlienkamp, A., Harmonisierung, UR 1989, S. 268-270
[825] RL 92/77/EWG, ABlEG Nr. L 316 v. 31.10.1992, S. 1
[826] Vgl. hierzu Langer, M., Umsatzsteuerharmonisierung, UVR 1991, S. 229-230; Schlienkamp, A., Annäherung, UR 1993, S. 3; s. auch Terra, B., Frontiers, International VAT Monitor 1993, S. 2 – 7; vgl. auch Buekenhoudt, J., TVA, RMC 1992, S. 870f.
[827] Thömmes, O., in: Lenz, C. O. (Hrsg.), EG-Handbuch, 1994, S. 638
[828] Vgl. Tumpel, M., Mehrwertsteuer, 1997, S. 173; Voß, R., Steuerrecht, in: Dauses, M. (Hrsg.), Handbuch, Stand: 1999, S. 52

können, zu verstehen.[829] Eine Lieferung in diesem Sinne gilt als realisiert, wenn das wirtschaftliche Eigentum übertragen wurde.[830] Als körperliche Gegenstände sind gem. Art. 5 Abs. 2 der 6. MWSt-RL auch Elektrizität, Gas und ähnliche Sachen anzusehen. Die Mitgliedstaaten können im eigenen Ermessen bestimmte Rechte gem. Art. 5 Abs. 3 der 6. MWSt-RL wie körperliche Gegenstände behandeln. Ferner steht es ihnen nach Art. 5 Abs. 5 der 6. MWSt-RL frei, bestimmte Bauleistungen als Lieferungen einzustufen.

Eine Lieferung setzt auf jeden Fall einen Leistungsaustausch voraus, der beispielsweise dann fehlt, wenn ein Straßenmusikant öffentlich Musik darbietet, ohne dafür eine Vergütung zu vereinbaren, selbst wenn er dafür ein Entgelt erbittet und auch gewisse Beträge erhält, deren Höhe jedoch weder bestimmt noch bestimmbar sind.[831] Lieferungen, welche unter ein absolutes Verkehrsverbot fallen (zum Beispiel die Lieferung von Falschgeld oder Drogen) werden nicht vom harmonisierten Mehrwertsteuersystem erfaßt.[832]

Den Bestimmungen des Art. 5 der 6. MWSt-RL zufolge gibt es neben den zwingend als Lieferungen eingestuften Tatbeständen[833] auch Tatbestände, welche die Mitgliedstaaten im Rahmen der Umsetzung der Richtlinie in ihr innerstaatliches Recht optional als Lieferung behandeln können.[834] Gem. Art. 5 Abs. 6 der 6. MWSt-RL ist die Entnahme eines Gegenstandes durch einen Steuerpflichtigen aus seinem Unternehmen für seinen privaten Bedarf, für den Bedarf seines Personals, als unentgeltliche Zuwendung oder allgemein für unternehmensfremde Zwecke einer Lieferung gleichzustellen, wenn dieser Gegenstand oder seine Bestandteile zuvor zu einem vollen oder teilweisen Abzug der Vorsteuer berechtigt haben.[835] Dadurch soll sichergestellt werden, daß auch „der private Verbrauch des Unternehmers und seines Personals der Steuer unterworfen wird."[836]

Unter den Begriff der Dienstleistung wird gem. Art. 6 der 6. MWSt-RL jede Leistung, die keine Lieferung eines Gegenstandes i.S.d. Art. 5 6. MWSt-RL ist, subsumiert.[837] Eine solche Dienstleistung kann u.a. auch in einem Dulden oder

---

829 Vgl. Tumpel, M., Mehrwertsteuer, 1997, S. 174; Voß, R., Steuerrecht, in: Dauses, M. (Hrsg.), Handbuch, Stand: 1999, S. 54

830 Vgl. Tumpel, M., Mehrwertsteuer, 1997, S. 174; vgl. auch EuGH-Urteil v. 8.2.1990, Rs. 320/88 „SAFE", EuGHE 1990, I-285

831 Vgl. hierzu EuGH-Urteil v. 3.3.1994, Rs. C-16/93 „R. J. Tolsma", EuGHE 1994, S. I-743

832 Vgl. EuGH-Urteil v. 5.7.1988, Rs. 289/86 „Happy Family", EuGHE 1988, 3655ff.; EuGH-Urteil v. 6.12.1990, Rs. 343/89 „Witzemann", EuGHE 1990, S. I-4477

833 Vgl. Art. 5 Abs. 1, Abs. 2, Abs. 4 und Abs. 6 RL 77/388/EWG

834 Vgl. Art. 5 Abs. 3, Abs. 5 und Abs. 7 RL 77/388/EWG

835 Vgl. Tumpel, M., Mehrwertsteuer, 1997, S. 174; Voß, R., Steuerrecht, in: Dauses, M. (Hrsg.), Handbuch, Stand: 1999, S. 54

836 Voß, R., Steuerrecht, in: Dauses, M. (Hrsg.), Handbuch, Stand: 1999, S. 54

837 Vgl. Tumpel, M., Mehrwertsteuer, 1997, S. 174; Voß, R., Steuerrecht, in: Dauses, M. (Hrsg.), Handbuch, Stand: 1999, S. 54

Unterlassen bestehen.[838] Den Dienstleistungen werden gem. Art. 6 Abs. 2 der 6. MWSt-RL die Verwendung eines dem Unternehmen zugeordneten Gegenstandes für den privaten Bedarf des Steuerpflichtigen, für den Bedarf seines Personals oder allgemein für unternehmensfremde Zwecke gleichgestellt, wenn für den betroffenen Gegenstand zuvor der volle oder teilweise Vorsteuerabzug in Anspruch genommen wurde.[839]

Die Mitgliedstaaten müssen in ihren innerstaatlichen Vorschriften denjenigen als Steuerpflichtigen vorsehen, der selbständig und unabhängig eine der in Art. 4 Abs. 2 der 6. MWSt-RL genannten wirtschaftlichen Tätigkeiten gleichgültig zu welchem Zweck und mit welchem Ergebnis ausübt.[840]

Als wirtschaftliche Tätigkeiten sind gem. Art. 4 Abs. 2 der 6. MWSt-RL alle Tätigkeiten eines Erzeugers, Händlers oder Dienstleistenden einschließlich der Tätigkeiten der Urproduzenten, der Landwirte sowie der freien Berufe und der diesen gleichgestellten Berufe anzusehen.[841] Die Tätigkeit muß allerdings nachhaltig ausgeübt werden. Wer regelmäßig ausschließlich unentgeltliche Dienstleistungen erbringt, kann kein Steuerpflichtiger sein.[842] Lohn- oder Gehaltsempfänger üben gem. Art. 4 Abs. 4 der 6. MWSt-RL ihre Tätigkeit nicht selbständig aus. Gem. Art. 4 Abs. 4 der 6. MWSt-RL besitzen die Mitgliedstaaten aber die Möglichkeit, Organschaften und Unternehmereinheiten wie einen einzigen Steuerpflichtigen zu behandeln, allerdings nicht über die Grenze hinweg. Staaten, Gemeinden und sonstige Einrichtungen des öffentlichen Rechts sind gem. Art. 4 Abs. 5 6. MWSt-RL prinzipiell nicht der Steuerpflicht zu unterwerfen.[843] Steuerpflichtig sollen allerdings diejenigen Tätigkeiten von öffentlichen Stellen sein, welche auch „unter gleichen Bedingungen von privaten Wirtschaftsteilnehmern ausgeübt werden können, wie zum Beispiel die Vergabe von Grabnischen, der Verkauf von Baugrundstücken für den sozialen Wohnungsbau und dergleichen.[844] Dies erklärt sich mit den ansonst drohenden Wettbewerbsverfälschungen.

Als weiteres Tatbestandsmerkmal sieht die 6. MWSt-RL vor, daß die jeweilige Lieferung oder Dienstleistung im Inland erbracht werden muß. Die Begriffe „Inland“, „Gebiet der Gemeinschaft“ und „Drittlandsgebiet“ werden in Art. 3

838 Vgl. Tumpel, M., Mehrwertsteuer, 1997, S. 174
839 Vgl. Tumpel, M., Mehrwertsteuer, S. 174
840 Vgl. hierzu auch die Ausführungen von Coleclough, S. D., VAT, British Tax Review 1995, S. 378f.
841 Vgl. Tumpel, M., Mehrwertsteuer, 1997, S. 174
842 Vgl. EuGH-Urteil v. 1.4.1982, Rs. 89/81 „Hong-Kong Trade“, EuGHE 1982, S. 1277ff.
843 Vgl. hierzu Forster, E., Einordnung, DStR 1996, S. 654; Forster, E., Umsatzbesteuerung, UR 1996, S. 73-84
844 Vgl. EuGH-Urteil v. 15.5.1990, Rs. C-4/89 „Commune Carpaneto Piacentino“, EuGHE 1990, S. I-1869

der 6. MWSt-RL definiert.[845] Um festzustellen, ob der jeweilige Tatbestand im Inland erfüllt ist, ist der Ort zu bestimmen, an dem die Leistung erbracht wurde.[846] Sofern ein Gegenstand vom Lieferer, vom Erwerber oder von einer dritten Person versandt oder befördert wird, sieht Art. 8 Abs. 1 lit. a der 6. MWSt-RL als Ort der Lieferung grundsätzlich den Ort vor, an dem sich der Gegenstand zum Zeitpunkt des Beginns der Versendung oder Beförderung an den Erwerber befindet.[847] Falls der Gegenstand nicht versandt oder befördert wird, ist nach Art. 8 Abs. 1 lit. b der 6. MWSt-RL der Ort als Leistungsort vorgesehen, an dem sich der Gegenstand zum Zeitpunkt der Lieferung befindet.

Der Ort einer Dienstleistung hängt gem. Art. 9 Abs. 2 und Abs. 3 der 6. MWSt-RL vor allem von der Art der Dienstleistung ab.[848] Grundsätzlich hat gem. Art. 9 Abs. 1 der 6. MWSt-RL der Ort, an dem der Dienstleistende den Sitz seiner wirtschaftlichen Tätigkeit hat, als Ort der Dienstleistung zu gelten. Abweichend von diesem Grundsatz wird in bestimmten Fällen der Ort der Dienstleistung entweder in dem Land des Dienstleistungsempfängers oder in jenem Land, in welchem die Dienstleistung in Anspruch genommen wird, fingiert.[849] Eine derartige Verlagerung des Leistungsortes ist gem. Art. 9 Abs. 2 6. MWSt-RL für Tätigkeiten auf dem Gebiet der Kultur, der Künste, des Sports, der Wissenschaften, des Unterrichts, der Unterhaltung und ähnlichem vorgesehen.[850]

Neben der Lieferung, der Dienstleistung bzw. dem Eigenverbrauch ist als weiterer zwingender Tatbestand die Einfuhr vorgesehen. Eine Einfuhr liegt nach Art. 7 der 6. MWSt-RL vor, wenn ein Gegenstand aus dem Drittlandsgebiet in das Gebiet der Europäischen Gemeinschaft verbracht wird. Der Ort der Einfuhr ist in dem Mitgliedstaat, in dessen Hoheitsgebiet sich der Gegenstand zu dem Zeitpunkt befindet, in dem er in die Gemeinschaft verbracht wird. Die Besteuerung der Einfuhr ist unabhängig davon, ob die Verbringung des Gegenstandes in die Gemeinschaft durch einen Steuerpflichtigen oder durch eine andere Person erfolgt.[851]

Ist einer der genannten Tatbestände erfüllt, entsteht die Steuer gem. Art. 10 Abs. 1 lit. b der 6. MWSt-RL.[852] Die Mitgliedstaaten können aber im Rahmen der Umsetzung der Richtlinie gem. Art. 10 Abs. 2 der 6. MWSt-RL einen abwei-

845 Inland ist demnach das Hoheitsgebiet eines Mitgliedstaates i.S.v. Art. 299 [227] EGV, Gebiet der Gemeinschaft sind alle Hoheitsgebiete der Mitgliedstaaten und Drittlandsgebiet ist jedes Gebiet, das nicht als Inland irgendeines Mitgliedstaates definiert ist.

846 Vgl. Tumpel, M., Mehrwertsteuer, 1997, S. 176

847 Vgl. Tumpel, M., Mehrwertsteuer, 1997, S. 176

848 Voß, R., Steuerrecht, in: Dauses, M. (Hrsg.), Handbuch, Stand: 1999, S. 55

849 Tumpel, M., Mehrwertsteuer, 1997, S. 176; mit Hinweis auf Haunold, Mehrwertsteuer, S. 121ff.

850 Vgl. Voß, R., Steuerrecht, in: Dauses, M. (Hrsg.), Handbuch, Stand: 1999, S. 55

851 Vgl. Tumpel, M., Mehrwertsteuer, 1997, S. 175

852 Vgl. hierzu Tumpel, M., Mehrwertsteuer, 1997, S. 177

chenden Entstehungszeitpunkt, wie zum Beispiel den Zeitpunkt der Ausstellung der Rechnung festlegen.

b) Die Besteuerungsgrundlage der harmonisierten Mehrwertsteuer

Als Besteuerungsgrundlage[853] bezüglich Lieferungen und Dienstleistungen müssen die Mitgliedstaaten gem. Art. 11 Teil A Abs. 1 lit. a der 6. MWSt-RL all das vorsehen, was den Wert der Gegenleistung bildet, die der Lieferer oder Dienstleistende vom Abnehmer bzw. Dienstleistungsempfänger erhält oder erhalten soll.[854] Liefert ein Unternehmen einem Kunden für die eigene Bestellung von Waren oder für die Präsentation eines neuen Kunden ein Werbegeschenk, so stellt das Werbegeschenk die Gegenleistung für eine Dienstleistung des Kunden dar, das mit dem Selbstkostenpreis des Unternehmens für den Erwerb des Werbegeschenks zu bewerten ist.[855] Zwischen der Leistung und der Gegenleistung muß allerdings ein unmittelbarer Zusammenhang bestehen.
Art. 11 A Abs. 2 lit. a und b der 6. MWSt-RL sieht dementsprechend auch vor, daß Zölle, Abschöpfungen und andere Abgaben, sowie sämtliche Nebenkosten mit Ausnahme der Mehrwertsteuer selbst in die Besteuerungsgrundlage einzubeziehen sind. Preisnachlässe durch Skontogewährung für Vorauszahlungen, im Zeitpunkt des Umsatzes bewirkte Rabatte und Rückvergütungen dürfen gem. Art. 11 A Abs. 3 lit. a und b der 6. MWSt-RL nicht in die Besteuerungsgrundlage einbezogen werden. Die mehrwertsteuerrechtliche Handhabung nachträglich gewährter Preisnachlässe in Bezug auf die Besteuerungsgrundlage ist gem. Art. 11 C I 6 der 6. MWSt-RL in das Ermessen der Mitgliedstaaten gestellt.
Als Besteuerungsgrundlage bei der Entnahme von Gegenständen zu unternehmensfremden Zwecken ist gem. Art. 11 A I lit. b der 6. MWSt-RL der Einkaufspreis oder der Selbstkostenpreis vorgesehen. Bei der Entnahme von Dienstleistungen sind gem. Art. 11 A I lit. c 6. MWSt-RL die Ausgaben des Steuerpflichtigen für die Dienstleistung zugrundezulegen.[856]

---

[853] Der in den Mehrwertsteuerrichtlinien verwendete Begriff „Besteuerungsgrundlage“ entspricht der im deutschen Recht üblichen Bezeichnung „Bemessungsgrundlage“; vgl. hierzu Voß, R., Steuerrecht, in: Dauses, M. (Hrsg.), Handbuch, Stand: 1999, S. 56

[854] Vgl. hierzu auch Tumpel, M., Mehrwertsteuer, 1997, S. 177; vgl. hierzu EuGH-Urteil v. 5.2.1981, Rs. 154/80 „Cooeperatieve Aardappelenbewaarplaats“, EuGHE 1981, S. 445; EuGH-Urteil v. 23.11.1988, Rs. 230/87 „Naturally Yours Cosmetics“, EuGHE 1988, S. 6365ff.; EuGH-Urteil v. 8.3.1988, Rs. 102/86 „Apple and Pear Development Council“, EuGHE 1988, 1443ff.; EuGH-Urteil v. 3.3.1994, Rs. C-16/93, „R. J. Tolsma“, EuGHE 1994, I-743ff.

[855] Vgl. EuGH-Urteil v. 2.6.1994, Rs. C-33/93, „Empire Stores“, EuGHE 1994, I-2329

[856] Vgl. Voß, R., Steuerrecht, in: Dauses, M. (Hrsg.), Handbuch, Stand: 1999, S. 57

Für die Einfuhr sieht Art. 11 B Abs. 1 6. MWSt-RL vor, daß der aufgrund der gemeinschaftsrechtlichen Zollvorschriften[857] ermittelte Zollwert als Besteuerungsgrundlage anzusetzen ist.
Bezüglich der Einbeziehung von Kosten für zurückzugebende Warenumschließungen wird den Mitgliedstaaten in Art. 11 C Abs. 3 der 6. MWSt-RL ein Wahlrecht eingeräumt, diese in die Besteuerungsgrundlage einzubeziehen oder unberücksichtigt zu lassen.

c) Die Bestimmungen über die Befreiungen von der Mehrwertsteuer

Die 6. MWSt-RL sieht zunächst einmal vor, daß die Mitgliedstaaten für Ausfuhren zwingend Steuerfreiheit gewähren müssen. Diese Steuerfreiheit der Ausfuhren dient der Verwirklichung des Bestimmungslandprinzips im Geschäftsverkehr mit Staaten außerhalb der Europäischen Gemeinschaft. Unter Ausfuhren versteht die 6. MWSt-RL dabei Lieferungen von Gegenständen, welche durch den Verkäufer oder durch andere Personen für dessen Rechnung an Orte außerhalb des Gemeinschaftsgebietes versandt oder befördert werden. Zwingend zu befreien sind darüber hinaus auch solche Lieferungen, bei denen der Abnehmer den Gegenstand der Lieferung ins Drittlandsgebiet versendet oder befördert, die aktive Lohnveredelung an Gegenständen der Ausfuhr sowie Lieferungen zur Versorgung von Seeschiffen und Luftfahrzeugen.
Von der Mehrwertsteuer auszunehmen sind auch die in Art. 13 A der 6. MWSt-RL aufgeführten, dem Gemeinwohl dienenden Tätigkeiten, wie beispielsweise die medizinische Versorgung in Krankenhäusern. Darüber hinaus müssen die Mitgliedstaaten den Steuerpflichtigen gem. Art. 13 B 6. der MWSt-RL weitere Steuerbefreiungen gewähren, z.B. für Versicherungsumsätze oder die Vermietung und Verpachtung von Grundstücken. Bezüglich der Vermietung und Verpachtung von Grundstücken und bei bestimmten Geschäften des Kreditgewerbes steht es unter anderem den Mitgliedstaaten frei, eine optionale Steuerpflicht vorzusehen. „Aus deutscher Sicht hat die Frage der Beseitigung einer der Ausnahmen von der 6. Richtlinie besonders großes Interesse erregt."[858] Die Kommission hatte in einem Richtlinienvorschlag[859] angeregt, die Lieferung von neu bebauten Grundstücken und Baugrundstücken zwingend der Mehrwertsteuer zu unterwerfen. Dieser Vorschlag wurde nicht umgesetzt. „Angesichts des Umstandes, daß Grundstücksumsätze für den freien Verkehr in der Gemeinschaft

[857] Vgl. hierzu Art. 28-36 Zollkodex und Art. 141-181 ZollkodexVO
[858] Thömmes, O., in: Lenz, C. O. (Hrsg.), EG-Handbuch, 1994, S. 643
[859] Vorschlag für eine 18. Umsatzsteuerrichtlinie vom 4.12.1984 (ABlEG Nr. C 347 v. 29.12.1984, S. 3) i.d.F. vom. 25.6.1987 (ABlEG Nr. C 183 v. 11.7.1987, S. 9)

keine Rolle spielen, ist es auch höchst fraglich, ob eine Einbeziehung der Grundstücke jemals politisch durchsetzbar"[860] wäre.

d) Die Vorschriften bezüglich der Anzahl und der Höhe der Steuersätze

Gem. Art. 12 Abs. 1 der 6. MWSt-RL muß auf steuerpflichtige Umsätze derjenige Steuersatz angewendet werden, der zum Zeitpunkt der Verwirklichung des Tatbestandes gilt. Wie Art. 12 Abs. 3 lit. a der 6. MWSt-RL zeigt, unterscheidet die Richtlinie zwischen einem Normalsatz und ein oder zwei ermäßigten Sätzen. Der sog. Normalsatz ist ein als Prozentsatz ausgedrückter Steuersatz, der von den Mitgliedstaaten einheitlich für die Lieferungen, Dienstleistungen, die Einfuhr und den innergemeinschaftlichen Erwerb festzulegen ist.[861] Der Normalsatz muß mindestens 15% betragen.[862]
Neben diesem Normalsatz steht es den Mitgliedstaaten frei, auf die in Anhang H der 6. MWSt-RL genannten Umsätze wahlweise einen oder zwei ermäßigte Sätze anzuwenden.[863] Die Höhe der derzeitigen Mehrwertsteuersätze läßt sich der nachstehenden Tabelle entnehmen.

Mitgliedstaat	**Normalsatz (v.H.)**	**ermäßigte Sätze (v.H.)**	**Nullsatz (v.H.)**
Belgien	21	1/6/12	für Zeitungen
Dänemark	25		für Zeitungen
Deutschland	16	7	
Finnland	22	6/12/17	
Frankreich	20,6	2,1/5,5	ja
Griechenland	18	4/8	
Großbritannien	17,5	8 (nur für Brennstoffe)	ja
Irland	21	2,8/12,5	ja
Italien	20	4/10/16	für Baugrundstücke, Rohgold, Metallabfälle
Luxemburg	15	3/6/12	
Niederlande	17,5	6	
Österreich	20	10	
Portugal	17	5	
Schweden	25	6/12	ja
Spanien	16	4/7	

Quelle: Bundesamt für Finanzen, http://www.bff.de bzw. http://www.bff-online.de/usegeg.htm

860 Thömmes, O., in: Lenz, C. O. (Hrsg.), EG-Handbuch, 1994, S. 643
861 Vgl. Tumpel, M., Mehrwertsteuer, 1997, S. 178
862 Vgl. Voß, R., Steuerrecht, in: Dauses, M. (Hrsg.), Handbuch, Stand: 1999, S. 57
863 Vgl. Tumpel, M., Mehrwertsteuer, 1997, S. 178

Zum Teil bestehen also erhebliche Differenzen sowohl hinsichtlich der Höhe als auch hinsichtlich der Anzahl der Steuersätze.

e) Die Bestimmungen über den Vorsteuerabzug

Wegen der bereits in der 1. MWSt-RL zum Ausdruck gebrachten Zielsetzung der Mehrwertsteuer, letztlich den Endverbraucher zu belasten, sieht das harmonisierte Mehrwertsteuersystem ein Vorsteuerabzugsrecht vor, durch welches die Unternehmer vollständig von der Steuer entlastet werden sollen.[864] Das bedeutet, daß ein Unternehmer von dem Betrag, den er aufgrund seiner von ihm selbst erbrachten Leistungen, schuldet, unter bestimmten Voraussetzungen die Summe abziehen kann, die ihm andere Unternehmer für an ihn erbrachte Leistungen in Rechnung gestellt haben.[865] Dazu müssen die an den Unternehmer gelieferten Gegenstände bzw. erbrachten Dienstleistungen aber in einem direkten und unmittelbaren Zusammenhang mit den von dem Unternehmer selbst erbrachten Leistungen stehen.[866] Art. 17 Abs. 6 der 6. MWSt-RL sieht vor, daß die Mitgliedstaaten für diejenigen bezogenen Gegenstände und Dienstleistungen, welche keinen streng geschäftlichen Charakter aufweisen, keinen Vorsteuerabzug gewähren dürfen.
Die Mitgliedstaaten können den Regelungen der 6. MWSt-RL zufolge im übrigen alle anderen innerstaatlichen Rechtsvorschriften beibehalten, welche zum Zeitpunkt des Inkrafttretens dieser Richtlinie bestanden haben und den Vorsteuerabzug ausschließen.[867] Gem. Art. 17 Abs. 5 der 6. MWSt-RL dürfen die Mitgliedstaaten einen Vorsteuerabzug für Gegenstände und Dienstleistungen nur insoweit gewähren, als diese auch für die Erbringung von Leistungen verwendet wurden, für welche kein Ausschluß vom Vorsteuerabzug vorgesehen ist. Die Mitgliedstaaten müssen die Aufteilung des Vorsteuerbetrages in Übereinstimmung mit Art. 19 der 6. MWSt-RL regeln.[868]
Gem. Art 20 Abs. 1 der 6. MWSt-RL sind die Mitgliedstaaten verpflichtet, eine Berichtigung des Vorsteuerabzugs durchzuführen, wenn der Vorsteuerabzug höher oder niedriger ist als der, zu dessen Vornahme der Steuerpflichtige berechtigt war, oder wenn sich die Faktoren nachträglich ändern, die bei der Festsetzung des Vorsteuerabzugsbetrages berücksichtigt wurden. Für Investitions-

864 Vgl. Tumpel, M., Mehrwertsteuer, 1997, S. 180; vgl. EuGH-Urteil v. 21.9.1988, Rs. 50/87 „Kommission / Frankreich“, EuGHE 1988, S. 4797ff.
865 Vgl. Art. 17 Abs. 2 lit. a RL 77/388/EWG
866 Vgl. Tumpel, M., Mehrwertsteuer, 1997, S. 180; vgl. EuGH-Urteil v. 6.4.1995, Rs. C-4/94 „BLP Group PLC“, EuGHE 1995, I-983ff.
867 Vgl. Tumpel, M., Mehrwertsteuer, 1997, S. 181
868 Vgl. Tumpel, M., Mehrwertsteuer, 1997, S. 181

güter schreibt Art. 20 Abs. 2 der 6. MWSt-RL zwingend einen Berichtigungszeitraum von fünf Jahren vor. Bei Grundstücken, die als Investitionsgüter erworben wurden, steht es den Mitgliedstaaten frei, den Zeitraum für die Berichtigung auf bis zu 20 Jahre zu verlängern. Art. 17 Abs. 6 und Abs. 7 der 6. MWSt-RL räumt den Mitgliedstaaten im übrigen das Recht ein, die Möglichkeiten zum Vorsteuerabzug einzuschränken.

f) Die Vorschriften über die Steuerschuldnerschaft

Die 6. MWSt-RL schreibt den Mitgliedstaaten ferner exakt vor, wen diese in ihren innerstaatlichen Rechtsvorschriften als Steuerschuldner bestimmen müssen. Gem. Art. 21 Abs. 1 6. MWSt-RL ist dies grundsätzlich der Steuerpflichtige. Ist der Steuerpflichtige allerdings nicht im jeweiligen Inland ansässig, steht es den Mitgliedstaaten frei, einen Steuervertreter oder den Empfänger der Leistung als Schuldner der Steuer vorzusehen. Ferner sieht Art. 21 Nr. 1 lit. c der 6. MWSt-RL vor, daß jeder, der in einer Rechnung oder einem ähnlichen Dokument einen Mehrwertsteuerbetrag ausweist, ohne hierzu berechtigt zu sein, als Steuerschuldner behandelt werden muß.

g) Die Vorgaben bezüglich verfahrensrechtlicher Fragen

Die 6. MWSt-RL schreibt den Mitgliedstaaten auch vor, welche formellen Pflichten diese dem Steuerpflichtigen bzw. dem Steuerschuldner aufzuerlegen haben. Gem. Art. 22 und Art. 23 der 6. MWSt-RL muß der Steuerpflichtige auf jeden Fall dazu verpflichtet sein, die Aufnahme, die Änderung oder die Beendigung seiner wirtschaftlichen Tätigkeit den jeweils zuständigen Behörden der Mitgliedstaaten gegenüber anzuzeigen, Aufzeichnungen zu führen, Rechnungen auszustellen, und Steuererklärungen abzugeben.[869]

h) Die Sonderregelungen für Kleinunternehmer, Landwirte und Reisebüros

Für bestimmte Unternehmer sind aus sozialen und praktischen Gründen bestimmte Sonderregelungen vorgesehen.[870]
Hier sind zunächst einmal die sog. Kleinunternehmer zu nennen.[871] Die Mitgliedstaaten haben gem. Art. 24 Abs. 2 der 6. MWSt-RL die Möglichkeit, solche Steuerpflichtige als *Kleinunternehmer* zu betrachten, deren Jahresumsatz den Gegenwert von 5000 ECU nicht übersteigt. Die Mitgliedstaaten können solche

[869] Vgl. hierzu Voß, R., Steuerrecht, in: Dauses, M. (Hrsg.), Handbuch, Stand: 1999, S. 62
[870] Vgl. Voß, R., Steuerrecht, in: Dauses, M. (Hrsg.), Handbuch, Stand: 1999, S. 60
[871] Zur Problematik der Kleinunternehmer insgesamt vgl. Bannock, G., Taxation, 1990, S. 21ff.

Kleinunternehmer dann von der Mehrwertbesteuerung ausnehmen. Solchen Kleinunternehmern darf dann allerdings im Gegenzug für die Ausnahme aus der Mehrwertsteuerpflicht gem. Art. 24 Abs. 5 der 6. MWSt-RL weder das Recht gewährt werden, Mehrwertsteuer in ihren Rechnungen auszuweisen noch einen Vorsteuerabzug geltend zu machen.
Die Mitgliedstaaten besitzen gem. Art. 25 Abs. 1 der 6. MWSt-RL außerdem die Möglichkeit, für *landwirtschaftliche Erzeuger* eine Pauschalbesteuerung einzurichten. Entscheidet sich ein Mitgliedstaat für die Aufnahme einer solchen Regelung über eine Pauschalbesteuerung für Landwirte in sein nationales Umsatzsteuergesetz, ist er dabei an die diesbezüglichen Vorgaben des Art. 25 der 6. MWSt-RL gebunden.
Eine weitere Sonderregelung besteht bezüglich der Umsatzbesteuerung bei *Reisebüros*. Als Reisebüros im Sinne der 6. MWSt-RL sind gem. Art. 26 Abs. 1 6. MWSt-RL solche Unternehmer anzusehen, welche gegenüber Reisenden im eigenen Namen und nicht nur als Vermittler auftreten und für die Durchführung der Reise Lieferungen und Dienstleistungen anderer Steuerpflichtiger in Anspruch nehmen. Die Leistungen solcher „Reisebüros" sind gem. Art. 26 Abs. 2 der 6. MWSt-RL in dem Mitgliedstaat zu besteuern, in dem der Unternehmer den Sitz seiner wirtschaftlichen Tätigkeit oder eine feste Niederlassung hat, von der aus er seine Dienstleistung erbracht hat. Dabei ist abweichend von den allgemeinen Regelungen gem. Art. 26 Abs. 2 der 6. MWSt-RL die Differenz zwischen dem vom Reisenden zu zahlenden Gesamtpreis für die Reise und den dem Reisebüro für die Durchführung der Reise tatsächlich entstandenen Kosten als Besteuerungsgrundlage anzusetzen.
Hat ein Mehrwertsteuerpflichtiger von einem nicht steuerpflichtigen Verkäufer einen Gegenstand (Gebrauchtgegenstände, Kunstgegenstände, Sammlungsstücke oder Antiquitäten) erworben, könnte eine doppelte steuerliche Belastung dieses Gegenstandes dann eintreten, wenn der Steuerpflichtige diesen weiterverkauft. Auf dem Gegenstand lastet aber bereits ein gewisser Steuerbetrag, da der Verkäufer vorher nicht zum Vorsteuerabzug berechtigt war. Um solche Doppelbesteuerungseffekte zu vermeiden, sieht Art. 26a B der. 6. MWSt-RL vor, daß die Mitgliedstaaten in derartigen Fällen die Differenz zwischen dem vom steuerpflichtigen Wiederverkäufer geforderten Kaufpreis (ausschließlich Umsatzsteuer) und dem Einkaufspreis des betreffenden Gegenstandes als Besteuerungsgrundlage ansetzen müssen. Als Voraussetzung für diese Differenzbesteuerung muß der Steuerpflichtige aber den Gegenstand nachweislich von einer nichtsteuerpflichtigen Person erworben haben. Diese Regelung hat beispielsweise auf dem Gebiet des Gebrauchtwagenhandels große Bedeutung.[872]

---

[872] Vgl. Widmann, W., Umsatzsteuer, BB 1990, S. 2309-2310

i) Schlußbestimmungen

Durch Art 29 der 6. MWSt-RL wurde ein „Beratender Ausschuß für die Mehrwertsteuer" eingerichtet, welcher sich aus Vertretern der Kommission und der Mitgliedstaaten zusammensetzt. Aufgabe des Ausschusses ist es gem. Art. 29 Abs. 4 der 6. MWSt-RL, Fragen im Zusammenhang mit der Durchführung der gemeinschaftlichen Bestimmungen im Bereich der Mehrwertsteuer zu klären. Der Ausschuß besitzt keine Befugnis zur Rechtsetzung. Aus diesem Grund können die Entscheidungen des Ausschusses lediglich die Auslegung und die Anwendung der Bestimmungen der 6. MWSt-RL durch die Organe der Mitgliedstaaten betreffen. Aber selbst eine Bindung der Mitgliedstaaten an die Entscheidungen ist nicht vorgesehen.[873] Dennoch haben die Stellungnahmen dieses Ausschusses einen nicht zu unterschätzenden Einfluß auf die Mehrwertsteuerpraxis. Art. 33 der 6. MWSt-RL bestimmt schließlich, daß es den Mitgliedstaaten trotz der erfolgten Harmonisierung freisteht, bestimmte Steuern zu erheben, sofern es sich dabei nicht um Steuern, Abgaben oder Gebühren handelt, welche den Charakter von Umsatzsteuern aufweisen. Auf diese Vorschrift wird noch zurückzukommen sein.

3. Die gemeinschaftsrechtlichen Spezialregelungen für die Besteuerung des innergemeinschaftlichen Wirtschaftsverkehrs

a) Allgemeines

Wie bereits erwähnt wurde, ist für die Besteuerung des innergemeinschaftlichen Wirtschaftsverkehrs eine Art „Sonderrecht" in Gestalt der Übergangslösung entstanden. Die Regelungen dieser Übergangslösung unterscheiden sich zum Teil deutlich von den allgemeinen Bestimmungen der 6. MWSt-RL.[874] Innerhalb dieser Sonderbestimmungen ist zwischen der steuerlichen Behandlung solcher Leistungen zu unterscheiden, welche an mehrwertsteuerpflichtige Empfänger und solchen Leistungen, die an nicht der Mehrwertsteuerpflicht unterliegende Abnehmer erbracht werden. Die nachfolgende Darstellung orientiert sich an dieser Unterscheidung.

---

[873] Vgl. Tumpel, M., Mehrwertsteuer, 1997, S. 183; ausführlich zum Mehrwertsteuerausschuß Dziadkowski, D., Kompetenzerweiterung, BB 1998, S. 1664-1666

[874] Eine detaillierte Darstellung der Übergangsregelung mit entsprechenden Schaubildern findet sich bei Aujean, M., TVA, RDMUE 3/1994, S. 75-134

b) Die Besteuerung innergemeinschaftlicher Warenlieferungen an mehrwertsteuerpflichtige Abnehmer

aa) Die Steuerbefreiung der innergemeinschaftlichen Lieferung

Kennzeichnend für die umsatzsteuerliche Behandlung innergemeinschaftlicher Warenumsätze ist zunächst einmal die Tatsache, daß die Mitgliedstaaten gem. Art. 28c Teil A der 6. MWSt-RL verpflichtet sind, Lieferungen in andere Mitgliedstaaten von der Mehrwertsteuer zu befreien.
Die Mitgliedstaaten dürfen diese Steuerbefreiung aber nur dann gewähren, wenn die Lieferung durch einen Steuerpflichtigen im Sinne der 6. MWSt-RL erfolgt, der Gegenstand der Lieferung von einem in einen anderen Mitgliedstaat versandt oder befördert wird und der Abnehmer des Gegenstandes ebenfalls ein Steuerpflichtiger oder eine juristische Person ist. Der Lieferant ist selbst dafür verantwortlich, zu prüfen, ob die Voraussetzungen für die Steuerbefreiung einer Lieferung vorliegen. Somit trägt er allein das Risiko fälschlicherweise eine steuerfreie innergemeinschaftliche Lieferung anzunehmen.[875] Damit besteht für ihn auch die Gefahr einer Definitivbelastung.[876] Für innergemeinschaftliche Lieferungen von Steuerpflichtigen, die als Kleinunternehmer behandelt werden, dürfen die Mitgliedstaaten die erwähnte Steuerfreiheit auf keinen Fall gewähren.

bb) Die Besteuerung des innergemeinschaftlichen Erwerbs

Sozusagen als Gegenstück zu der Befreiung innergemeinschaftlicher Lieferungen von der Mehrwertsteuer im Ursprungsland, sind die Mitgliedstaaten verpflichtet, den sog. innergemeinschaftlichen Erwerb von Gegenständen der Besteuerung zu unterwerfen. Die Besteuerung des innergemeinschaftlichen Erwerbs stellt gewissermaßen die faktische Aufrechterhaltung der Einfuhrumsatzsteuer unter einem anderen Etikett dar[877], auch wenn sich die Tatbestände formal unterscheiden.[878]
Das Vorliegen eines innergemeinschaftlichen Erwerbs setzt gem. Art. 28a Abs. 3 der 6. MWSt-RL zunächst einmal voraus, daß der Erwerber des Gegenstandes die Befähigung erlangt, wie ein Eigentümer über einen beweglichen körperli-

---

875 Vgl. Rödder, T., EG-Umsatzsteuerrecht, BFuP 1993, S. 503; Krawitz, N., EG-Steuerharmonisierung, SteuerStud 1993, S. 100

876 Vgl. Rödder, T., EG-Umsatzsteuerrecht, BFuP 1993, S. 503; Thömmes, O., in: Lenz, C. O. (Hrsg.), EG-Handbuch, 1994, S. 647; Rödder, T., Gestaltungsüberlegungen, IStR 1993, S. 52

877 Vgl. Rödder, T., EG-Umsatzsteuerrecht, BFuP 1993, S. 503; Nowack, R., in: Groeben, H. v. d. u.a. (Hrsg.), Handbuch, Stand: 1999, Art. 96, S. 116

878 Vgl. Rau, G., Verbrauchsteuern, ZfZ 1992, S.226

chen Gegenstand zu verfügen, der aus einem anderen Mitgliedstaat zu ihm befördert oder versendet wurde. Der Gegenstand muß somit von einem Mitgliedstaat in einen anderen gelangt sein. Voraussetzung ist ferner, daß der Erwerb im Inland eines Mitgliedstaates erfolgt. Um festzustellen, ob dies zutrifft, ist der Ort des Erwerbes zu bestimmen. Art. 28b Teil A Abs. 1 der 6. MWSt-RL bestimmt zwingend, daß als Ort des Erwerbes der Ort anzusehen ist, wo sich der Gegenstand zum Zeitpunkt der Beendigung des Versands bzw. der Beförderung an den Erwerber befindet. Für innergemeinschaftliche Reihengeschäfte bestehen gesonderte Regelungen, welche aber so kompliziert sind, daß diese „Bestimmungen in der Praxis kaum noch anwendbar sind."[879]
Die Mitgliedstaaten dürfen einen in ihrem Inland erfolgten innergemeinschaftlichen Erwerb aber gem. Art. 28a Abs. 1 Uabs. 2 der 6. MWSt-RL nur dann als steuerpflichtig behandeln, wenn die sog. Erwerbsschwelle in Höhe von 1000 ECU überschritten wird. Wird diese Erwerbsschwelle nicht überschritten, darf keine Besteuerung des innergemeinschaftlichen Erwerbs erfolgen. Dies wiederum hat zur Folge, daß dann auch die Voraussetzung für die Steuerfreiheit der Lieferung im Ursprungsland nicht mehr erfüllt ist.
Die Mitgliedstaaten müssen die Besteuerungsgrundlage für den innergemeinschaftlichen Erwerb analog zur Besteuerungsgrundlage bei Lieferungen definieren.
Auf die so ermittelte Besteuerungsgrundlage sind gem. Art 28e der 6. MWSt-RL dieselben Steuersätze anzuwenden, welche auch für Lieferungen im jeweiligen Inland gelten.[880]
Als Schuldner der Erwerbsteuer ist gem. Art. 21 Nr. 1 lit. d der 6. MWSt-RL in den innerstaatlichen Mehrwertsteuergesetzen der Mitgliedstaaten grundsätzlich derjenige vorzusehen, der den innergemeinschaftlichen Erwerb tätigt.
Art. 21 Nr. 1 lit. d Satz 2 der 6. MWSt-RL gestattet es den Mitgliedstaaten aber, Regelungen zu treffen, nach denen die Steuer nicht vom Erwerber selbst, sondern von einer anderen Person geschuldet wird. Auf Grundlage dieser Vorschrift können die Mitgliedstaaten einen Steuervertreter zum Steuerschuldner machen. Die Mitgliedstaaten haben von dieser Wahlmöglichkeit in unterschiedlicher Weise Gebrauch gemacht und damit die Handhabung des innergemeinschaftlichen Geschäftsverkehrs für grenzüberschreitend tätige Unternehmen wesentlich erschwert"[881].
Der Besteuerung des innergemeinschaftlichen Erwerbs dürfen landwirtschaftliche Erzeuger, für welche im innerstaatlichen Recht eine Pauschalbesteuerung i.S.d. Art. 25 6. der MWSt-RL vorgesehen ist, nicht unterworfen werden. Eben-

[879] Dziadkowski, D., Mehrwertsteuersystem, StuW 1997, S. 150
[880] Vgl. Tumpel, M., Mehrwertsteuer, 1997, S. 192
[881] Vgl. Voß, R., Steuerrecht, 1997, in: Dauses, M. (Hrsg.), Handbuch, Stand: 1999, S. 65

falls keine Erwerbsbesteuerung kommt für Kleinunternehmer sowie für nicht mehrwertsteuerpflichtige juristische Personen in Frage.[882]

c) Die Besteuerung innergemeinschaftlicher Warenlieferungen an nicht der Erwerbsbesteuerung unterliegende Abnehmer

aa) Abhollieferungen an nichtkommerzielle Abnehmer

Erwirbt ein Abnehmer, welcher nicht der soeben erläuterten Besteuerung des innergemeinschaftlichen Erwerbs unterliegt (zum Beispiel eine Privatperson) in einem beliebigen Mitgliedstaat der Europäischen Gemeinschaft einen Gegenstand und transportiert diesen selbst über die Grenze in seinen Heimatstaat, so bleibt die Ware mit der Umsatzsteuer des Mitgliedstaates belastet, in dem sie diese erworben hat. Die Verbringung des Gegenstandes über die innergemeinschaftlichen Staatsgrenzen stellt keinen steuerbaren Tatbestand der 6. MWSt-RL dar. Damit ist für den Fall der sog. Abhollieferungen an nicht erwerbsteuerpflichtige Abnehmer das Ursprungslandprinzip realisiert. Damit hat ein „gegenständlich beschränkter Systemwechsel"[883] bezüglich dieser „Abhollieferungen" an nicht der Erwerbsbesteuerung unterliegenden Abnehmern stattgefunden. Mengen- oder wertmäßige Begrenzungen für diese Abhollieferungen gibt es nicht[884], so daß von dem genannten Abnehmerkreis ungehindert durch mehrwertsteuerrechtliche Vorschriften Einkäufe in anderen Mitgliedstaaten getätigt werden können. Die Verwirklichung des Ursprungslandprinzips für diesen Abnehmerkreis hatte eine gewisse integrationspolitische Signalwirkung.[885]
Von dieser grundsätzlichen Verwirklichung des Ursprungslandprinzips in diesem Bereich ist aber in der 6. MWSt-RL eine zwingende Ausnahme bezüglich neuer Fahrzeuge vorgesehen.[886] Die Mitgliedstaaten müssen demzufolge gem. Art. 28c A lit. b der 6. MWSt-RL die Lieferung eines neuen Fahrzeugs an eigentlich nicht erwerbsteuerpflichtige Abnehmer auf Seiten des Verkäufers von der Besteuerung befreien. Im Gegenzug dazu sind die Mitgliedstaaten nach Art. 28a Abs. 1 lit. b der 6. MWSt-RL verpflichtet, den innergemeinschaftlichen Erwerb eines solchen neuen Fahrzeuges auch dann der Erwerbsbesteuerung zu unterwerfen, wenn der Käufer ansonsten nicht erwerbsteuerpflichtig wäre. Aufgrund dieser Regelung müssen also auch Privatpersonen, Kleinunternehmer und pauschal besteuerte Landwirte bezüglich des innergemeinschaftlichen Erwerbs

[882] Vgl. Voß, R., Steuerrecht, in: Dauses, M. (Hrsg.), Handbuch, Stand: 1999, S. 64
[883] Thömmes, O., in: Lenz, C. O. (Hrsg.), EG-Handbuch, 1994, S. 645
[884] Vgl. Voß, R., Steuerrecht, 1997, in: Dauses, M. (Hrsg.), Handbuch, Stand: 1999, S. 65; Nieskens, H., Umsatzsteuer 1994, S. 14
[885] Vgl. Mick, M., Steuerkonzeption, 1995, S. 106
[886] Vgl. hierzu Langer, M., Schlußfolgerung, UVR 1991, S. 131-132

neuer Fahrzeuge zur Erwerbsbesteuerung herangezogen werden. Eine Überwachung dieser Regelung läßt sich auch bei Privatleuten wegen der erforderlichen Zulassung des Fahrzeugs relativ einfach realisieren.[887] Der Sinn und Zweck dieser Ausnahme von der ansonsten für den genannten Abnehmerkreis realisierten Besteuerung nach dem Ursprungslandprinzip liegt darin, Wettbewerbsverfälschungen auf dem Kfz-Markt zugunsten von Anbietern in umsatzsteuerlichen Niedrigsteuerländern zu vermeiden. Als Folge dieser Wettbewerbsverfälschungen wurden von den Mitgliedstaaten mit hohen Steuersätzen zudem erhebliche Steuerausfälle befürchtet.[888] Diese für die Mitgliedstaaten negativen Folgen der partiellen Realisierung des Ursprungslandprinzips sollten durch die Sonderregelung für neue Fahrzeuge verhindert werden. Daß durch die 6. MWSt-RL eine derartige Ausnahmeregelung jedoch nur für neue Fahrzeuge vorgeschrieben wird, ist als unsystematisch zu werten. Wettbewerbsverfälschungen der beschriebenen Art treten nicht nur bei Fahrzeugen, sondern auch bei anderen teueren Gegenständen (zum Beispiel Schmuck, Wohnungseinrichtungen, Elektronikartikel etc.) auf.[889] So ist generell wegen der abweichenden Steuersätze und gleichzeitiger Geltung des Ursprungslandprinzips für viele Güter ein gewisser „Steuertourismus“[890] entstanden. Dabei gilt der Grundsatz: „Je größer der Unterschied zwischen den Steuersätzen in zwei benachbarten Staaten ist, desto lohnender ist es, unter Umständen weit in das benachbarte Land hineinzufahren, um dort den Bedarf an bestimmten Gütern zu decken“[891]. Somit kommt es zu Wettbewerbsverfälschungen im Binnenmarkt, insbesondere auf dem Markt für teuere und hochwertige Güter wie Unterhaltungselektronik, Haushaltsgeräte, Möbel, Pelze, Schmuck etc.[892]

Bezüglich der Zielsetzung, ein wettbewerbsneutrales Umsatzsteuersystem in der Gemeinschaft zu schaffen, bedeutet die Übergangsregelung gewissermaßen sogar einen Rückschritt, da Wettbewerbsverfälschungen akzeptiert werden, welche zuvor nicht aufgetreten sind. Im Ausgleich wurde aber der freie Verkehr bezüglich dieses Abnehmerkreises verwirklicht, so daß quasi dieses Ziel höher bewertet wurde als der freie Wettbewerb.

---

887 Vgl. Rädler, A., Umsatzbesteuerung, IStR 1992, S. 5

888 Vgl. Rau, G., Umsatzsteuer, in: Mösslang, G. (Hrsg.), Umsatzsteuerkongreß-Bericht, 1992, S. 27; Theile, C., Wettbewerbsneutralität, 1995, S. 294 mit einem anschaulichen Beispiel

889 Vgl. Tumpel, M., Mehrwertsteuer, 1997, S. 193; Dautzenberg / Heyeres, NWB Beilage 3/1994, S. 11

890 Thömmes, O., in: Lenz, C. O. (Hrsg.), EG-Handbuch, 1994, S. 636

891 Thömmes, O., in: Lenz, C. O. (Hrsg.), EG-Handbuch, 1994, S. 636

892 Vgl. Rädler, A., EG-Steuerprogramm, UR 1988, S. 108

bb) Versandhandel innerhalb der Europäischen Gemeinschaft

Wird ein Gegenstand an einen nicht der Erwerbsteuer unterliegenden Abnehmer in einem anderen Mitgliedstaat versendet, sieht Art. 28b B Abs. 1 der 6. MWSt-RL vor, daß als Ort der Lieferung der Ort zu bestimmen ist, an dem sich der Gegenstand zum Zeitpunkt der Beendigung des Versands oder der Beförderung an den Käufer befindet.[893] Das heißt, daß „der für die Entstehung der Steuer maßgebende Leistungsort auf den Empfangsort verlegt“[894] wird. Dies wiederum bedeutet, daß der versendende Unternehmer aus Sicht des Bestimmungslandes eine Lieferung im Inland ausführt, mit welcher er der Besteuerung unterliegt.
Für den Fall, daß der Gesamtbetrag der Versendungslieferungen eines Unternehmers die in Art. 28b B Abs. 2 der 6. MWSt-RL definierte Lieferschwelle bezüglich Lieferungen in einen bestimmten Mitgliedstaat nicht überschreitet, soll der Ort der Lieferung aber am Absendeort liegen. Dies wiederum hat zur Folge, daß dann für Versendungslieferungen speziell dieses Unternehmers das Ursprungslandprinzip zur Anwendung kommt.
Die Mitgliedstaaten sind aber gem. Art. 28b B Abs. 3 der 6. MWSt-RL verpflichtet, den betroffenen Unternehmern die Möglichkeit einräumen, trotz des Unterschreitens der jeweiligen Lieferschwelle für eine Besteuerung im Bestimmungsland der Versendungslieferung zu optieren. So werden beispielsweise dänische Versandunternehmen, welche die Lieferschwelle nach Deutschland nicht überschreiten, wegen der hohen dänischen Umsatzsteuer von 25% von dieser Option Gebrauch machen.[895] Durch diese Optionsmöglichkeit soll also Unternehmern die Möglichkeit eingeräumt werden, Wettbewerbsnachteile aufgrund von Steuersatzunterschieden zu vermeiden.
Für die Fälle, in denen der versendende Unternehmer im Bestimmungsland seiner Versendungslieferung mehrwertsteuerpflichtig wird, soll dieser gem. Art. 21 Nr. 1 lit. a der 6. MWSt-RL grundsätzlich auch der Steuerschuldner sein. Wahlweise können die einzelnen Mitgliedstaaten allerdings gem. Art. 21 Nr. 1 lit. a der 6. MWSt-RL einen steuerlichen Vertreter zum Schuldner der Mehrwertsteuer erklären.
Letztlich hat die in der 6. MWSt-RL für Versendungslieferungen an nicht erwerbsteuerpflichtige Abnehmer in anderen Mitgliedstaaten vorgesehene Regelung zur Folge, daß innergemeinschaftlich tätige Unternehmen mit der Handhabung der Mehrwertsteuerregelungen in all den Mitgliedstaaten vertraut sein müssen, in welchen sie Abnehmer haben. Daraus kann „sich ein Gefühl der

---

893 Vgl. Widmann, W., Umsatzsteuer, in: Lehner, M. (Hrsg.), Steuerrechtsordnungen, 1996, S. 226f. mit einem anschaulichen Beispiel zu den Auswirkungen dieser Regelung auf die Praxis

894 Voß, R., Steuerrecht, 1997, in: Dauses, M. (Hrsg.), Handbuch, Stand: 1999, S. 66

895 Vgl. Voß, R., Steuerrecht, 1997, in: Dauses, M. (Hrsg.), Handbuch, Stand: 1999, S. 66

Rechtsunsicherheit und eine Behinderung des innergemeinschaftlichen Warenverkehrs ergeben"[896]. Die Tatsache, daß Unternehmen im Extremfall mit den Rechtsvorschriften von 15 Mitgliedstaaten und deren praktischer Anwendung bis ins Detail vertraut sein müssen, stellt eine neue Form der Behinderung grenzüberschreitender Wirtschaftstätigkeit dar.[897] „Da sich Unternehmen in Mitgliedstaaten, in denen sie nicht ansässig sind, zum Zwecke der Mehrwertsteuer-Erhebung registrieren lassen müssen, können insbesondere geringwertige Erzeugnisse nicht preisgünstig abgesetzt werden, wodurch die Unternehmen, insbesondere kleine und mittlere Unternehmen, nur begrenzte Möglichkeiten haben, sich auf dem europäischen Markt zu behaupten"[898].

cc) Die Besteuerung innergemeinschaftlicher Dienstleistungen

Die mehrwertsteuerliche Behandlung innergemeinschaftlicher Dienstleistungen soll den Bestimmungen der 6. MWSt-RL zufolge zunächst einmal vom steuerrechtlichen Status des Empfängers der Dienstleistung abhängen.
Wird nämlich eine Dienstleistung an einen Empfänger in einem anderen Mitgliedstaat erbracht, welcher über eine sogenannte Umsatzsteuer-Identifikationsnummer verfügt, sind die Mitgliedstaaten gem. Art. 28b D der 6. MWSt-RL verpflichtet, für diesen Fall als Ort der Dienstleistung zwingend den Mitgliedstaat zu fingieren, der dem Dienstleistungsempfänger die von diesem verwendete Umsatzsteuer-Identifikationsnummer erteilt hat. Bezüglich Dienstleistungen an Empfänger in anderen Mitgliedstaaten, welche keine Umsatzsteuer-Identifikationsnummer besitzen, muß der Ort der Dienstleistung zwingend entsprechend Art. 28b C Abs. 2 und E Abs. 1 der 6. MWSt-RL bestimmt werden.
Insgesamt betrachtet erscheint die Bestimmung des Ortes einer innergemeinschaftlichen Dienstleistung sehr kompliziert und unübersichtlich.[899] Durch die Umsetzung dieser Richtlinienvorschriften in innerstaatliches Recht sind Gesetze entstanden, deren Schwierigkeitsgrad der Handhabung wohl kaum noch überboten werden kann.

---

896 Vgl. Dziadkowski, D., Mehrwertsteuersystem, StuW 1997, S. 151
897 Vgl. Birkenfeld, W., Rechtsprechung, UR 1997, S. 242
898 Vgl. Dziadkowski, D., Mehrwertsteuersystem, StuW 1997, S. 151
899 Vgl. Rödder, T., EG-Umsatzsteuerrecht, BFuP 1993, S. 506, der gar von einer „abstrusen Komplexität" spricht;

dd) Die Vorgaben bezüglich der Kontrolle und Überwachung der Besteuerung des innergemeinschaftlichen Wirtschaftsverkehrs

Zwecks Sicherstellung der Funktionsfähigkeit der Übergangsregelung sieht die 6. MWSt-RL auch den Aufbau eines einheitlichen Kontrollmechanismus vor.[900] Die bereits erwähnte Umsatzsteuer-Identifikationsnummer ist innerhalb dieses Kontrollsystems ein „zentrales Element“[901]. Die Mitgliedstaaten müssen gem. Art. 22 Abs. 1 lit. c und d der 6. MWSt-RL jedem Unternehmer auf Antrag eine persönliche Umsatzsteuer-Identifikationsnummer erteilen.[902] Zudem sind die Mitgliedstaaten durch die Vorschriften der 6. MWSt-RL verpflichtet, den Steuerpflichtigen umfangreiche Aufzeichnungs-, Erklärungs- und Meldepflichten – u.a. eine zusammenfassende Meldung – unter Angabe der Umsatzsteuer-Identifikationsnummern des Leistenden wie des Empfängers der Leistung abzuverlangen.[903]

Auf die Unternehmer sind insgesamt nicht unerhebliche zusätzliche Erklärungspflichten zugekommen.[904] Daraus resultieren erweiterte Belastungen durch Verwaltungsaufwand.[905] Zwar wurden durch die Übergangsregelung die körperlichen Grenzkontrollen zwischen den Mitgliedstaaten beseitigt, was zu gewissen Einsparungen durch den Wegfall der zollrechtlichen Abfertigung geführt hat.[906] Außerdem konnten die Unternehmen durch diesen Wegfall der effektiven Grenzkontrollen bestimmte Kostenvorteile im Bereich der Logistik und des Transportwesens realisieren.[907] Diese Vorteile werden aber durch die außerordentlich hohen Administrationskosten der Übergangsregelungen kompensiert

900 Ausführlich zum Kontrollverfahren bezüglich der Übergangsregelung vgl. Ebermann, F., Ablauf, in: Mösslang, G. (Hrsg.), Umsatzsteuerkongreß-Bericht, 1996, S. 133ff.

901 Rödder, T., EG-Umsatzsteuerrecht, BFuP 1993, S. 503

902 Vgl. Hemmelrath, A. / Busch, B., Umsatzsteuerbinnenmarktgesetz, BB 1992, S. 2192

903 Vgl. hierzu Art. 22 Abs. 2, Abs. 4, Abs. 6-11 RL 77/388/EWG; s. Hemmelrath, A. / Busch, B., Umsatzsteuerbinnenmarktgesetz, BB 1992, S. 2193

904 Vgl. Pohmer, D. / Pflugmann, B., Nettoumsatzsteuer, UR 1993, S. 46; vgl. auch Reiß, W., Umsatzbesteuerung, UR 1997, S. 22

905 Zu Einzelheiten über die Auswirkungen auf das betriebliche Rechnungswesen vgl. Hemmelrath, A. / Busch, B., Umsatzsteuerbinnenmarktgesetz, BB 1992, S. 2193; Thömmes, O., in: Lenz, C. O. (Hrsg.), EG-Handbuch, 1994, S. 647; Rädler, A., Umsatzbesteuerung, IStR 1992, S. 7; Rödder, T., Gestaltungsmöglichkeiten, UR 1994, S. 28; vgl. auch BMF, Gutachten 1994, S. 16

906 Vgl. Krawitz, N., EG-Steuerharmonisierung, SteuerStud 1993, S. 95; vgl. Scrivener, C., Harmonization, European Taxation 1990, S. 357

907 Vgl. die Anmerkungen von Zitzelsberger, H. in der Podiumsdiskussion, abgedruckt in: Lehner, M. (Hrsg.), Steuerrechtsordnungen, 1996, S. 237; s. auch Ursprungslandkommission, S. 16

werden.[908] Von diesen „erheblichen zeit- und kostenintensiven Belastungen“[909] dürften insbesondere kleine und mittlere Unternehmen stärker betroffen sein als international tätige Konzerne.[910] Im übrigen ist festzustellen, daß die genannten zusätzlichen Erklärungspflichten für die Unternehmer letztlich die Folge hatten, daß der Aufwand für die Abwicklung innergemeinschaftlicher Geschäfte gegenüber rein innerstaatlichen Umsätzen wesentlich höher ist.[911] Selbst im Vergleich zu Geschäften mit dem Drittland sind die Kosten für die verwaltungsmäßige Abwicklung von Geschäften mit anderen Mitgliedstaaten für die Unternehmen wesentlich höher.[912]

Dies alles läßt Zweifel daran aufkommen, ob mit der Einführung der Spezialregelungen für den innergemeinschaftlichen Geschäftsverkehr wirklich ein Schritt in Richtung auf einen EG-Binnenmarkt getan worden ist.[913] Die Zweifel werden umso größer, wenn man sich vor Augen hält, daß eine der Grundforderung des Binnenmarktes lautet, daß der Verwaltungsaufwand beim innergemeinschaftlichen Handel nicht größer sein darf als beim innerstaatlichen Handel.[914] Der innergemeinschaftliche Wirtschaftsverkehr wird somit durch „zusätzlichen Formalismus“[915] behindert anstatt gefördert. *De facto* wurden die Grenzkontrollen innerhalb der Europäischen Gemeinschaft nicht beseitigt, sondern lediglich in die Unternehmen verlagert.“[916] Dieser Umstand hat der derzeitigen Besteuerung des innergemeinschaftlichen Geschäftsverkehrs schon die Bezeichnung als eine „Mogelpackung“[917] eingebracht.

---

908 Vgl. die Anmerkungen von Zitzelsberger, H. in der Podiumsdiskussion, abgedruckt in: Lehner, M. (Hrsg.), Steuerrechtsordnungen, 1996, S. 237; auch Ursprungslandkommission, S. 16; Hart, C., System, International Tax & Business Lawyer 1994/12, S. 34

909 Altheim, M., Steuerharmonisierung, in: Ensthaler, J. (Hrsg.), Binnenmarkt, 1995, S. 120

910 Vgl. Rädler, A., Umsatzbesteuerung, IStR 1992, S. 7; Bach, S., Steuerpolitik, 1999, S. 4; vgl. auch Vanistendael, F., System, EC Tax Review 1995, S. 46

911 Vgl. Krawitz, N., EG-Steuerharmonisierung, SteuerStud 1993, S. 100

912 Vgl. die Anmerkungen von Zitzelsberger, H. in der Podiumsdiskussion, abgedruckt in: Lehner, M. (Hrsg.), Steuerrechtsordnungen, 1996, S. 240; Dziadkowski, D., Mehrwertsteuersystem, StuW 1997, S. 151

913 Vgl. Thömmes, O., in: Lenz, C. O. (Hrsg.), EG-Handbuch, 1994, S. 642

914 Vgl. Keil, T., Mehrwertsteuersystem, in: Aujean, M. (Hrsg.), TVA, 1997, S. 90

915 Mick, M., Steuerkonzeption, 1995, S. 106

916 Rödder, T., EG-Umsatzsteuerrecht, BFuP 1993, S. 503; Hemmelrath, A. / Busch, B., Umsatzsteuerbinnenmarktgesetz, BB 1992, S. 2190; Mette, S., EU-Umsatzsteuerrecht, UVR 1994, S. 130; Lesch, H., Umsatzsteuer, DB 1993, S. 857; Immenga, U., Binnenmarkt, JA 1993, S. 257f.; Merz, F., Harmonisierung, Orientierungen zur Wirtschafts- und Gesellschaftspolitik 1991, S. 46; die Anmerkungen von Zitzelsberger, H. in der Podiumsdiskussion, abgedruckt in: Lehner, M. (Hrsg.), Steuerrechtsordnungen, 1996, S. 236; Winter, M., Umsatzsteuer, UR 1991, S. 334; Theile, C., Wettbewerbsneutralität, 1995, S. 291

917 Knobbe-Keuk, B., IWB Fach 2, S. 619

4. Fazit

Zusammenfassend kann festgestellt werden, daß die zahlreichen Harmonisierungsmaßnahmen eine sehr weitgehende Angleichung der Umsatzbesteuerung innerhalb der Gemeinschaft gebracht haben. Vor allem aber die Bestimmungen zur Umsatzbesteuerung des innergemeinschaftlichen Geschäftsverkehrs stellen ein sehr „kompliziertes Recht“[918], welches „für Unternehmen und Finanzbehörden mehr Aufwand und weniger Sicherheit“[919] gebracht hat. Auch das Europäische Parlament stuft die derzeitige Besteuerung insgesamt als „aufwendig, bürokratisch und kostenintensiv“[920] ein. In Teilbereichen ist gar „ein Zustand völliger Rechtsunsicherheit“ entstanden.[921] Letztlich hat sich die Umsatzsteuer dadurch „von einer Buchhaltersteuer zu einer Expertensteuer entwickelt“[922], der die nötige Transparenz fehlt.[923] Die dem Binnenmarkt zugrundeliegenden steuerlichen Ziele konnten nicht vollständig erreicht werden.[924] Der freie Waren- und Dienstleistungsverkehr konnte innerhalb der Gemeinschaft trotz der Abschaffung der effektiven Grenzkontrollen nicht verwirklicht werden, da andere Erschwernisse an deren Stelle getreten sind. Vor allem für kleine und mittlere Unternehmen bestehen erhebliche Hemmnisse, um am innergemeinschaftlichen Handel teilnehmen zu können.[925]
Wie die Ausführungen gezeigt haben, treten zudem bei mehreren Tatbestandskonstellationen Wettbewerbsverfälschungen zwischen Anbietern aus verschiedenen Mitgliedstaaten auf. Diese resultieren aus dem unterschiedlichen Steuersatzniveau der Mitgliedstaaten bzw. der uneinheitlichen Anwendung ermäßigter Steuersätze in Verbindung mit dem partiell geltenden Ursprungslandprinzip.[926] Fraglich ist in diesem Zusammenhang, ob eine Beseitigung der Steuergrenzen auf Kosten der Wettbewerbsneutralität angesichts der Regelung des Art. 3 lit. g EGV mit den primärrechtlichen Vorgaben zu vereinbaren ist.[927] Das Ziel, die

---

918 Krawitz, N., EG-Steuerharmonisierung, SteuerStud 1993, S. 95
919 Pohmer, D. / Pflugmann, B., Nettoumsatzsteuer, UR 1993, S. 46
920 Europäisches Parlament FdR 315954, PE 220.805
921 Vgl. Birkenfeld, W., Rechtsprechung, UR 1997, S. 242
922 Kempf, D., Umsatzsteuer-Binnenmarktgesetz, UR 1994, S. 39
923 Vgl. Widmann, W., Umsatzsteuer, in: Lehner, M. (Hrsg.), Steuerrechtsordnungen, 1996, S. 221
924 Vgl. Pohmer, D. / Pflugmann, B., Nettoumsatzsteuer, UR 1993, S. 46
925 Vgl. Dziadkowski, D., Mehrwertsteuersystem, StuW 1997, S. 155; Pohmer, D. / Pflugmann, B., Nettoumsatzsteuer, UR 1993, S. 46
926 Vgl. hierzu Kilches, R., Harmonisierung, ÖStZ 1998, S. 332 mit verschiedenen Beispielen
927 Vgl. Mick, M., Steuerkonzeption, 1995, S. 108

Steuergrenzen zu beseitigen steht nämlich „allenfalls gleichrangig neben dem Ziel der Schaffung eines wettbewerbsneutralen Steuersystems“[928].
Das teilweise befürchtete „Eldorado der Steuerhinterzieher“[929] ist im Rahmen des derzeitigen Besteuerungssystems allerdings nicht entstanden. Aber man kann davon ausgehen, daß „jede weitere Komplizierung der Besteuerung innergemeinschaftlicher Umsätze zwangsläufig zu bewußten oder unbewußten Steuerverkürzungen“[930] führen würde. Ein „mehr oder weniger willkürliches Nebeneinander des Ursprungsland- und Bestimmungslandprinzips“[931] hat zu einem für viele Praktiker „völlig verwirrenden Umsatzsteuersystem“[932] geführt. Im Bereich der Umsatzsteuer wurde durch die Harmonisierungsbemühungen also lediglich eine Art „Pseudo-Binnenmarkt“[933], der von der Wirtschaft sehr kritisch beurteilt wird.[934]

C. Das Sekundärrecht zur speziellen Verbrauchsbesteuerung

I. Vorarbeiten und Harmonisierungsschritte

Der bereits im Zusammenhang mit der Umsatzsteuerharmonisierung erwähnte Steuer- und Finanzausschuß unter dem Vorsitz von Fritz Neumark beschäftigte sich auch mit den speziellen Verbrauchsteuern. Im Rahmen seiner Untersuchungen stellte der Ausschuß zunächst fest, daß auf dem Gebiet der speziellen Verbrauchsteuern damals große Unterschiede zwischen den Mitgliedstaaten bezüglich der Besteuerungstechnik, der erfaßten Güter und der Steuersätze bestanden.[935]
Der Ausschuß gelangte zu der Erkenntnis, daß ein Übergang zu einer Besteuerung nach dem Ursprungslandprinzip eine sehr weitgehende Angleichung der

928 Mick, M., Steuerkonzeption, 1995, S. 108
929 Widmann, W., Umsatzsteuer-Binnenmarktgesetz, UR 1994, S. 32
930 Dziadkowski, D., Mehrwertsteuersystem, StuW 1997, S. 150
931 Mick, M., Steuerkonzeption, 1995, S. 104
932 Mick, M., Steuerkonzeption, 1995, S. 104
933 Zitzelsberger, H., Umsatzsteuer-Binnenmarkt, UVR 1998, S. 249; vgl. Forst, C., Umsatzsteuerharmonisierung, DStZ 1992, S. 652
934 Vgl. Widmann, W., Umsatzsteuer-Binnenmarktgesetz, UR 1994, S. 32; eine Umfrage unter Unternehmen bezüglich der Übergangsregelung und der Interpretation deren Ergebnisse findet sich bei Ball, A., VAT, International VAT Monitor 1993, S. 3 – 10; ebenfalls die Ergebnisse einer Umfrage finden sich bei Spanakakis, G., Umsatzsteuerübergangsregelung, DSWR 1997, S. 25-26, in der sich die Befragten weit überwiegend kritisch äußerten;
935 Vgl. Europäische Kommission (Hrsg.), Neumark-Bericht, 1962, S. 51; vgl. auch Peters, M., Verbrauchsteuerrecht, 1989, S. 16f.

Verbrauchsteuersätze erfordern würde.[936] Zudem müßte eine Bereinigung der Steuersysteme dahingehend erfolgen, daß im wesentlichen in allen Mitgliedstaaten die gleichen Verbrauchsteuern erhoben würden. Der Ausschuß ging davon aus, daß eine derartige Angleichung erhebliche budgetäre Probleme für einige Mitgliedstaaten zur Folge hätte.

Angesichts dieser Schwierigkeiten sprach sich der Ausschuß schließlich dafür aus, das klassische Bestimmungslandprinzip im Bereich der speziellen Verbrauchsteuern zunächst beizubehalten.[937] Dennoch wurde vorgeschlagen, bestimmte spezielle Verbrauchsteuern, welche nur in einzelnen Staaten erhoben wurden, schrittweise abzuschaffen und so eine gewisse Systembereinigung anzustreben.[938] Sehr langfristig aber sollte auch bei den speziellen Verbrauchsteuern zu einer Besteuerung nach dem Ursprungslandprinzip übergegangen werden.

Auf der Grundlage der Ergebnisse des Neumark-Ausschusses und daran anknüpfender Richtlinienvorschläge der Kommission verabschiedete der Rat 1972 und 1978 Richtlinien zur Harmonisierung der Strukturen der Verbrauchsteuern auf Tabakwaren.[939] Nach einer längeren Phase der Stagnation kam in der Zeit nach der Veröffentlichung des Weißbuches der Kommission zum Binnenmarkt wieder Bewegung in die Verbrauchsteuerharmonisierung.[940] In ihrem Weißbuch hatte die Kommission die Bedingungen aufgezeigt, denen ihrer Meinung nach eine binnenmarktgerechte Verbrauchsbesteuerung genügen müßte und wie diese zu realisieren wären.[941] Die Kommission sah vor, daß die fiskalisch ergiebigsten Verbrauchsteuern in den Mitgliedstaaten, nämlich diejenigen auf Tabakwaren, Bier, Wein, Spirituosen und Mineralöle beibehalten werden sollten.[942] Bezüglich dieser „big five“[943] der Verbrauchsteuern sollten Steuersatzspannen eingeführt werden. Außerdem war die gemeinschaftsweite Einführung einer Weinsteuer vorgesehen. Alle anderen Verbrauchsteuern (in Deutschland zum Beispiel die Kaffee- und die Teesteuer) sollten abgeschafft werden. Um die körperlichen

---

936 Vgl. Europäische Kommission (Hrsg.), Neumark-Bericht, 1962, S. 52

937 Vgl. Europäische Kommission (Hrsg.), Neumark-Bericht, 1962, S. 52

938 Vgl. Europäische Kommission (Hrsg.), Neumark-Bericht, 1962, S. 53; hierbei wurde auf das geringe Aufkommen bestimmter damals erhobener Verbrauchsteuern hingewiesen und beispielhaft wurden die deutschen Steuern auf Salz, Zündwaren, Leuchtmittel, Spielkarten und Süßstoffe genannt.

939 Vgl. Jatzke, H., Verbrauchsteuerrecht, BB 1993, S. 41; RL 72/464/EWG und 79/32/EWG v. 19.212.1972 und vom 18.12.1978 über die anderen Verbrauchsteuern auf Tabakwaren als die Umsatzsteuer, ABlEG Nr. L 303 v. 31.12.1972, S. 1 und ABlEG Nr. L 10 v. 16.1.1979, S. 8

940 Vgl. Jatzke, H., Verbrauchsteuerrecht, BB 1993, S. 41; vgl. Blümich, H. / Jacob, R., Harmonisierung, 1989, S. 6

941 Vgl. hierzu Jatzke, H., Verbrauchsteuerrecht, BB 1993, S. 41

942 Vgl. Huckemann, S., Biersteuerharmonisierung, 1991, S. 3

943 Burke, R., Harmonization, Intertax 1981, S. 12

Kontrollen an den innergemeinschaftlichen Staatsgrenzen beseitigen zu können, wurde die Errichtung eines Steuerlager-Systems vorgeschlagen.
Die Kommission legte auf Grundlage dieses Grobkonzeptes im Jahr 1987 konkrete Richtlinienvorschläge vor, welche sogar eine punktgenaue Angleichung der Steuersätze für Tabakwaren, Alkohol und alkoholische Getränke und Mineralöle vorsahen.[944] Die „Vorschläge stießen auf heftige Kritik bei den Mitgliedstaaten, die große Anpassungsschwierigkeiten und Haushaltsrisiken befürchteten“[945]. Daraufhin legte die Kommission revidierte Richtlinienvorschläge vor, in denen weniger detaillierte und verbindliche Regelungen vorgesehen waren.[946] Anstelle von verbindlich vorgegebenen Steuersätzen forderte die Kommission nur noch eine Bandbreitenlösung oder Mindeststeuersätze. Die Vorschläge bezüglich der Angleichung der Steuersätze wurden durch einen Richtlinienvorschlag zur Harmonisierung der Steuerstrukturen und für eine Richtlinie über das allgemeine System, den Besitz, die Beförderung und die Kontrolle verbrauchsteuerpflichtiger Waren vervollständigt.[947]
Nach mehrjährigen Beratungen und Verhandlungen hat der Rat diese Vorschläge – teils in modifizierter Form – akzeptiert und schließlich die Verbrauchsteuersytem-Richtlinie, die drei Verbrauchsteuer-Struktur-Richtlinien und die zugehörigen Steuersatz-Richtlinien verabschiedet.[948] Die Richtlinien zur Verbrauchsteuerharmonisierung sind im übrigen nicht als Übergangsvorschriften konzipiert, sondern sollen den Bereich der Verbrauchsteuern endgültig regeln.

II. Die Regelungen der Systemrichtlinie als Rahmenvorschriften für die Verbrauchsbesteuerung in der Europäischen Gemeinschaft

1. Allgemeines

Die System-RL bildet den „Kernbereich des geltenden Verbrauchsteuersystems“[949]. Sie nimmt gem. Art. 1 Abs. 1 System-RL prinzipiell in Anspruch, sämtliche Steuern, die unmittelbar oder mittelbar auf den Verbrauch von Waren erhoben werden, zu regeln, allerdings mit Ausnahme der Mehrwertsteuer und den von der Gemeinschaft selbst erhobenen Abgaben.

---

[944] Zu diesen Vorschlägen vgl. Schmutzer, W., Verbrauchsteuern, in: Kruse, H. (Hrsg.), Zölle, 1988, S. 293-298

[945] Jatzke, H., Verbrauchsteuerrecht, BB 1993, S. 41

[946] Vgl. Jatzke, H., Verbrauchsteuerrecht, BB 1993, S. 41

[947] Vgl. Jatzke, H., Verbrauchsteuerrecht, BB 1993, S. 41

[948] Vgl. Beermann, A., Verbrauchsteuer-Binnenmarktgesetz, DStZ A 1993, S. 257-262 zur Umsetzung der Richtlinien in deutsches Recht; dazu auch Rendels, H. Schwerpunkte, DStR 1993, S. 113- 117

[949] Voß, R., Steuerrecht, in: Dauses, M. (Hrsg.), Handbuch, Stand: 1999, S. 66f.

Die in der System-RL geregelten Detailbestimmungen über den Besitz, die Beförderung und die Kontrolle verbrauchsteuerpflichtiger Waren sollen aber gem. Art. 3 Abs. 1 System-RL nur für solche Waren gelten, welche einer gemeinschaftsrechtlich harmonisierten Verbrauchsteuer unterliegen. Dies sind Mineralöle, Alkohol und alkoholische Getränke sowie Tabakwaren. Für die steuerliche Behandlung dieser Waren stellt die System-RL somit gewissermaßen eine Mantel- oder Rahmenvorschrift dar, da ihre Regelungen gem. Art. 3 Abs. 1 System-RL für sämtliche harmonisierten Verbrauchsteuern Gültigkeit besitzen sollen.[950]

2. *Der grundsätzliche Verbrauchsteuertatbestand i.S.d. System-RL*

Art. 5 Abs. 1 System-RL sieht vor, daß die genannten Waren grundsätzlich mit ihrer Herstellung im räumlichen Anwendungsbereich der Richtlinie oder ihrer Einfuhr aus dem Drittlandsgebiet verbrauchsteuerpflichtig werden.[951] Diese unbedingte und eindeutige Richtlinienbestimmung verpflichtet die Mitgliedstaaten, entsprechende Verbrauchsteuern auf die genannten Waren zu erheben.
Der Verbrauchsteueranspruch soll gem. Art. 6 Abs. 1 System-RL erst mit der Überführung der Waren in den freien Verkehr entstehen.[952] Die Entstehung der Steuer wird damit nach der Verwirklichung des prinzipiellen Verbrauchsteuertatbestands zeitlich hinausgezögert.[953] Man spricht in diesem Zusammenhang von der sog. Steueraussetzung. Dieses Verfahren der Steueraussetzung wird „durch die Entnahme der verbrauchsteuerpflichtigen Ware in den freien Verkehr beendet"[954]. Unter der Überführung in den freien Verkehr ist gem. Art. 6 Abs. 1 Uabs. 2 System-RL grundsätzlich jede Entnahme verbrauchsteuerpflichtiger Waren aus dem Verfahren der Steueraussetzung zu verstehen. Der Überführung in den freien Verkehr ist die Herstellung verbrauchsteuerpflichtiger Waren außerhalb des Verfahrens der Steueraussetzung gleichzustellen.
Eine verbrauchsteuerpflichtige Ware kann unter Steueraussetzung dann hergestellt werden, wenn die Herstellung in einem Steuerlager i.S.v. Art. 4 lit. b System-RL erfolgt. Gem. Art. 11 System-RL darf eine Herstellung unter Steueraussetzung nur in einem derartigen Steuerlager erfolgen. Einzelheiten bezüglich der Steuerlager können die Mitgliedstaaten in eigenem Ermessen regeln. Gem. Art. 12 System-RL muß der Einrichtung eines Steuerlagers aber auf

950 Vgl. Jatzke, H., Verbrauchsteuerrecht, BB 1993, S. 42
951 Vgl. Jatzke, H., Verbrauchsteuerrecht 1993, S. 20
952 Vgl. Friedrich, K., Verbrauchsteuerrecht, DB 1992, S. 2002; Schröer-Schallenberg, S., Verbrauchsteuerharmonisierung, ZfZ 1993, S. 302
953 Vgl. Schröer-Schallenberg, S., Diskriminierung, in: Birk, D. (Hrsg.), Handbuch, 1995, S. 732
954 Jatzke, H., Verbrauchsteuerrecht, BB 1993, S. 48

jeden Fall eine Zulassung durch die zuständigen Behörden vorausgehen. Dem Lagerinhaber sind bestimmte Pflichten aufzuerlegen, wobei die Mitgliedstaaten gem. Art. 13 System-RL die Möglichkeit haben, eine Sicherheitsleistung zu verlangen.

3. Der Geschäftsverkehr mit verbrauchsteuerpflichtigen Waren unter fortdauernder Steueraussetzung mit kommerziellen Abnehmern

Grundsätzlich endet das Verfahren der Steueraussetzung, wenn eine verbrauchsteuerpflichtige Ware ein Steuerlager verläßt. Der Verbrauchsteueranspruch ist damit prinzipiell entstanden. Gem. Art. 15 Abs. 1 System-RL ist aber für bestimmte Fälle die Möglichkeit vorgesehen, verbrauchsteuerpflichtige Waren unter fortbestehender Steueraussetzung vom Steuerlager aus an einen anderen Ort transportieren zu können.[955]
So sieht Art. 15 Abs. 1 System-RL vor, daß der Verbrauchsteueranspruch dann noch nicht entstehen soll, wenn die Ware zwar aus dem Steuerlager des Herstellers entfernt, sofort aber in ein anderes Steuerlager weitertransportiert wird.
Verkauft beispielsweise ein Hersteller einer verbrauchsteuerpflichtigen Ware diese an einen Abnehmer in einem anderen Mitgliedstaat, welcher dort ebenfalls ein Steuerlager unterhält, kann der Transport zum Abnehmer unter fortdauernder Steueraussetzung erfolgen. Eine Beförderung verbrauchsteuerpflichtiger Waren unter Steueraussetzung ist auch an einen sog. gewerblichen Wirtschaftsbeteiligten im Sinne von Art. 4 lit. c System-RL möglich, welcher die Waren in Ausübung seines Berufes bezieht. Ein solcher gewerblicher Wirtschaftsbeteiligter muß beim Empfang der Ware allerdings sofort die entsprechende Verbrauchsteuer seines Landes, also des Bestimmungslandes der Ware, entrichten. Ein solcher gewerblicher Wirtschaftsbeteiligter hat gem. Art. 16 Abs. 1 System-RL weder das Recht, die verbrauchsteuerpflichtigen Waren unter Steueraussetzung zu lagern noch weiterzuversenden. Außerdem müssen die Mitgliedstaaten einem solchen gewerblichen Wirtschaftsbeteiligten gem. Art. 16 Abs. 3 System-RL bestimmte formale Pflichten auferlegen.
Die Mitgliedstaaten sind verpflichtet, einem solchen gewerblichen Wirtschaftsbeteiligten gem. Art. 16 Abs. 2 System-RL aber auch die Möglichkeit einzuräumen, sich vor dem Empfang der verbrauchsteuerpflichtigen Waren bei den zuständigen Steuerbehörden registrieren zu lassen. Er gilt dann als registrierter Wirtschaftsbeteiligter i.S.v. Art. 4 lit. d System-RL.[956] Der Verbrauchsteueranspruch entsteht auch bei registrierten Wirtschaftsbeteiligten gem. Art. 16 Abs. 2 System-RL grundsätzlich mit dem Empfang der Waren. Entgegen dem nichtre-

[955] Das deutsche Recht bezeichnet dies als „gebundenen Verkehr".
[956] Vgl. hierzu ; Schröer-Schallenberg, S., Verbrauchsteuerharmonisierung, ZfZ 1993, S. 306

gistrierten Wirtschaftsbeteiligten muß die Steuer aber nicht unbedingt bereits beim Empfang entrichtet werden. Den Mitgliedstaaten wurde nämlich in der System-RL die Möglichkeit eingeräumt, registrierte Wirtschaftsbeteiligte den Inhabern eines Steuerlagers rechtlich gleichzustellen. Mit der Zulassung als registrierter Wirtschaftsbeteiligter sind im übrigen verschiedene formelle Pflichten wie zum Beispiel das Führen entsprechender Aufzeichnungen verbunden.[957] „Die Registrierung als Wirtschaftsbeteiligter kommt für Unternehmen in Betracht, die mit verbrauchsteuerpflichtigen Waren Handel treiben, ohne ein Steuerlager eingerichtet zu haben."[958]

Werden bereits versteuerte verbrauchsteuerpflichtige Waren von einem Mitgliedstaat in einen anderen befördert, muß der Lieferer den Versand der Ware bei den Behörden des Bestimmungslandes anmelden. Im Ursprungsland erhält er eine Steuererstattung.Damit ist praktisch für sämtliche Vorgänge zwischen kommerziellen Wirtschaftsbeteiligten eine Besteuerung nach dem Bestimmungslandprinzip sichergestellt. Wettbewerbsverfälschungen aufgrund der unterschiedlich hohen Verbrauchsteuersätze können also in diesem Bereich nicht auftreten. Durch die Möglichkeit Waren unter Steueraussetzung auch über die innergemeinschaftlichen Staatsgrenzen hinweg zu transportieren, konnten die körperlichen Grenzkontrollen abgeschafft werden. Der Preis dafür ist aber ebenso wie auch im Rahmen der Übergangslösung bei der Umsatzsteuer eine relativ starke Belastung der betroffenen Unternehmer mit verwaltungsmäßigen Mehrkosten gegenüber rein innerstaatlichen Geschäftsvorgängen. Wirklich binnenmarktkonforme Bedingungen für den Geschäftsverkehr unter kommerziellen Abnehmern wurden damit auch auf dem Gebiet der Verbrauchsbesteuerung nicht verwirklicht.[959]

4. Der Geschäftsverkehr mit verbrauchsteuerpflichtigen Waren mit nicht-kommerziellen Abnehmern

a) Allgemeines

Zu klären ist an dieser Stelle, wie auf der Grundlage der System-RL der Geschäftsverkehr mit solchen Abnehmern gehandhabt werden soll, welche weder als Steuerlagerbesitzer noch als gewerbliche bzw. registrierte Wirtschaftsbeteiligte i.S.v. Art. 4 lit. d System-RL in Betracht kommen, da sie die verbrauchsteuerpflichtigen Waren nicht zur Ausübung ihrer beruflichen Tätigkeit benöti-

957 Vgl. Josten, W., Handel, DSWR 1997, S. 23
958 Voß, R., Steuerrecht, in: Dauses, M. (Hrsg.), Handbuch, Stand: 1999, S. 75; Stobbe, E., Verbrauchsteuern. ZfZ 1993, S. 198
959 Vgl. Mick, M., Steuerkonzeption, 1995, S. 120

gen. Unter diesen Abnehmerkreis fallen in erster Linie Privatpersonen.Dabei ist zwischen zwei grundlegenden Fällen zu differenzieren.
Zum einen ist es denkbar, daß ein solcher Abnehmer eine verbrauchsteuerpflichtige Ware unmittelbar in einem anderen Mitgliedstaat erwirbt und im Anschluß an den Erwerb selbst in seinen Heimatstaat transportiert. Zum anderen ist die Situation denkbar, daß der Verkäufer (zum Beispiel der Hersteller) der verbrauchsteuerpflichtigen Ware diese an einen „nichtkommerziellen" Abnehmer in einem anderen Mitgliedstaat versendet.

b) Innergemeinschaftlicher Versandhandel mit nichtkommerziellen Abnehmern

Versendet ein Hersteller oder anderer Steuerlagerinhaber eine verbrauchsteuerpflichtige Ware an einen nichtkommerziellen Abnehmer in einem anderen Mitgliedstaat, ist den Bestimmungen der System-RL zufolge davon auszugehen, daß der versendende Unternehmer die verbrauchsteuerpflichtige Ware in seinem Mitgliedstaat zunächst in den freien Verkehr überführt und eine entsprechende Versteuerung vornimmt.[960]
Art. 10 Abs. 1 und Abs. 2 System-RL sehen aber vor, daß ein Versender im Bestimmungsland seiner innergemeinschaftlichen Versendung zwingend zur Versteuerung der Waren heranzuziehen ist. In diesem Fall ist der Versender gem. Art. 10 Abs. 3 System-RL auch als Schuldner der Verbrauchsteuer, welche gem. Art. 10 Abs. 3 System-RL zum Zeitpunkt der Lieferung entsteht, zu betrachten. Den Mitgliedstaaten steht es aber nach Art. 10 Abs. 3 System-RL wiederum frei, einen im jeweiligen Staat ansässigen Beauftragten des Versenders zum Steuerschuldner zu erklären. Dies darf allerdings auf keinen Fall der Abnehmer der Waren sein. Angesichts der drohenden Doppelbesteuerung sind die Mitgliedstaaten gem. Art. 10 Abs. 4 und Art. 22 Abs. 4 System-RL verpflichtet, einem Versender von verbrauchsteuerpflichtigen Waren die aus Anlaß des Verlassens des Steuerlagers erhobenen Steuern zu erstatten. Um die Besteuerung im Bestimmungsland der innergemeinschaftlichen Versendung sicherzustellen, müssen die Mitgliedstaaten gem. Art. 18 Abs. 1 und Abs. 2 System-RL Versandunternehmern die Pflicht auferlegen, ein Begleitdokument auszustellen und dieses der Warensendung beizufügen.[961]

960 Vgl. Voß, R., Steuerrecht, in: Dauses, M. (Hrsg.), Handbuch, Stand: 1999, S. 76; diese Rechtsfolge ließe sich nur durch die Errichtung eines Steuerlagers im Bestimmungsland vermeiden;

961 Nähere Einzelheiten zu dem Begleitdokument ergeben sich aus Art. 19 System-RL und der VO EWG 2719/92 der Kommission v. 11.9.1992;

c) Erwerb verbrauchsteuerpflichtiger Waren direkt im Ursprungsland durch nichtkommerzielle Abnehmer

Erwerben Privatpersonen verbrauchsteuerpflichtige Waren in einem beliebigen Mitgliedstaat für ihren persönlichen Bedarf und befördern diese dann anschließend selbst in ihren Heimatmitgliedstaat, wird gem. Art. 8 System-RL das Ursprungslandprinzip realisiert.[962]
Entsprechend den allgemeinen Vorschriften der System-RL ist bei Verlassen der Ware aus dem Steuerlager die Besteuerung mit der entsprechenden Steuer vorzunehmen. Transportiert der private Erwerber diese im freien Verkehr befindliche Ware im Anschluß an den Erwerb in seinen Heimatmitgliedstaat, wird sie dort nicht mehr steuerlich erfaßt.[963] Das Ursprungslandprinzip ist verwirklicht. Käufe durch Privatpersonen in anderen Staaten sind also ohne Hindernisse möglich. Ob der Erwerb der verbrauchsteuerpflichtigen Waren tatsächlich für den persönlichen Bedarf des Erwerbers erfolgt ist, müssen die Mitgliedstaaten gem. Art. 9 Abs. 2 System-RL anhand eines bestimmten Beurteilungsrasters bewerten. In dieses Beurteilungsraster sind Kriterien wie die handelsrechtliche Stellung des Erwerbers, die Gründe für den Besitz der Waren, die Art und Weise der Beförderung, die Beschaffenheit sowie die Menge der Ware aufzunehmen.[964] Für Mineralöle gelten besondere Regelungen.
Insgesamt ist festzuhalten, daß für die sog. „Abhollieferungen“ an nichtkommerzielle Abnehmer aus anderen Mitgliedstaaten die Verbrauchsbesteuerung nach dem Ursprungslandprinzip verwirklicht werden konnte. Da aber die Verbrauchsteuersätze innerhalb der Europäischen Gemeinschaft nach wie vor sehr unterschiedlich sind, ergeben sich aufgrund dieser Regelung Wettbewerbsverfälschungen zugunsten der Unternehmer in Mitgliedstaaten, welche die niedrigsten Verbrauchsteuersätze anwenden. So hat beispielsweise die große Differenz der Steuersätze auf alkoholische Getränke zwischen Großbritannien und Frankreich einen regelrechten „Run auf französische Supermärkte“[965] zur Folge. Die Unterschiede der steuerlichen Belastung sind hier so groß, daß sich sogar die verhältnismäßig weite Anreise durch den Eurotunnel nach Frankreich finanziell lohnt, falls größere Mengen eingekauft werden. Um derartige Wettbewerbsverfäl-

---

962 Vgl. Friedrich, K., Verbrauchsteuerrecht, DB 1992, S. 2003

963 Vgl. Jatzke, H., Verbrauchsteuerrecht, BB 1993, S. 42; Schröer-Schallenberg, S., Diskriminierung, in: Birk, D. (Hrsg.), Handbuch, 1995, S. 719; Zeitler, C., Binnenmarkt, ZfZ 1993, S. 339

964 Vgl. Voß, R., Steuerrecht, in: Dauses, M. (Hrsg.), Handbuch, Stand: 1999, S. 76; die Richtmengen, welche als Indiz gegen eine dem persönlichen Bedarf dienenden Verwendung sprechen, dürfen die in Art. 9 Abs. 2 System-RL nicht unterschreiten. Das sind beispielsweise 60 Liter Schaumwein, 90 Liter Wein, 110 Liter Bier, 800 Zigaretten.

965 Novacek, E., Bedenken, ÖStZ 1994, S. 237

schungen zu verhindern, ist eine Vereinheitlichung der Steuersätze notwendig.[966]
Im übrigen ist darauf hinzuweisen, daß auch die Gefahr besteht, daß zahlreiche „Verbringungen, die eigentlich gewerbliche sind, als private durchgeführt werden"[967].
Summa summarum wird deutlich, daß auch hier wiederum die Freiheit des Verkehrs innerhalb des Gemeinschaftsgebietes, also die Abschaffung der Grenzkontrollen, durch neuerliche Wettbewerbsverfälschungen erkauft wurde. Die Verbrauchsbesteuerung nach dem klassischen Bestimmungslandprinzip hatte nämlich zuvor einen wesentlich weitreichenderen Schutz des unverfälschten Wettbewerbs ermöglicht.[968] Wettbewerbsverfälschungen der beschriebenen Art sind aber mit dem Binnenmarktkonzept nicht kompatibel.[969] Offensichtlich wurden von den Entscheidungsträgern auch bei der Verbrauchsteuerharmonisierung die Marktfreiheiten höher bewertet als der unverfälschte Wettbewerb.

d) Die Bestimmungen der System-RL zur Durchführung und Kontrolle der Verbrauchsbesteuerung

Entsprechend den Vorgaben der Verbrauchsteuer-Systemrichtlinie sind die Mitgliedstaaten auch verpflichtet, die Einhaltung und das Funktionieren des harmonisierten Verbrauchsteuersystems zu kontrollieren. Den Steuerpflichtigen sind hierzu zahlreiche formelle Verpflichtungen aufzuerlegen, welche bereits oben angeführt wurden. Daneben sind auch die Fälle der Unregelmäßigkeiten und Verstöße im Rahmen der System-RL geregelt worden.

5. Die Regelungen der Struktur- und Steuersatzrichtlinien

a) Die Besteuerung von Tabakwaren

Nachdem erste Harmonisierungserfolge bei den Tabaksteuern bereits durch die Verabschiedung der Richtlinien 72/464/EWG und 77/805/EWG erzielt werden konnten[970], hat sich die Tabakbesteuerung in den Mitgliedstaaten derzeit neben der System-RL nach der Struktur-RL-Tabak und der Steuersatz-RL-Tabak zu richten. In der Struktur-RL-Tabak werden zunächst einmal die verbrauchsteuerpflichtigen Tabakwaren genau definiert. Art. 4 Struktur-RL-Tabak legt fest, daß

---

966 Vgl. Mick, M., Steuerkonzeption, 1995, S. 120
967 Schröer-Schallenberg, S., Verbrauchsteuerharmonisierung, ZfZ 1993, S. 304; Schröer-Schallenberg, S., Harmonisierung, in Birk, D. (Hrsg.), Handbuch, 1995, S. 719
968 Vgl. Mick, M., Steuerkonzeption, 1995, S. 120
969 Vgl. Mick, M., Steuerkonzeption, 1995, S. 120
970 Vgl. hierzu Dittrich, G., Tabaksteuer, ZfZ 1978, S. 130ff.

auf die Tabakwaren eine Steuer zu erheben ist, die sich aus einem zum Kleinverbrauchspreis proportionalen und einem spezifischen Bestandteil pro Mengeneinheit zusammensetzt. Den Mitgliedstaaten wird gem. Art. 6a Struktur-RL-Tabak die Möglichkeit eingeräumt, für bestimmte Zwecke verwendete oder unter behördlicher Aufsicht vernichtete Tabakwaren von der Besteuerung auszunehmen bzw. die Steuer zu erstatten. In der Steuersatzrichtlinie-Tabak wird eine Mindesthöhe der Verbrauchsteuer vorgegeben.

b) Die Besteuerung von Mineralölen

Art. 2 Abs. 1 Struktur-RL-Mineralöl definiert ebenfalls zunächst die der harmonisierten Verbrauchsteuer unterliegenden Mineralöle unter Anknüpfung an die kombinierte Nomenklatur des Gemeinsamen Zolltarifs näher. Gem. Art. 2 Abs. 3 Struktur-RL-Mineralöl sind auch alle zur Verwendung als Kraftstoff oder als Zusatz- oder Verlängerungsmittel von Kraftstoff bestimmten oder als solche zum Verkauf angebotenen oder verwendeten Erzeugnisse als steuerbare Güter anzusehen.[971] Daneben enthält die Struktur-RL-Mineralöl sehr detaillierte Vorschriften bezüglich der Besteuerungsgrundlagen, der Steuerentstehung, der Fälligkeit, Steuerermäßigungen und Steuerbefreiungen. Beispielhaft erwähnt werden sollen diesbezüglich die obligatorischen Steuerbefreiungen für im Rahmen des gewerblichen Luftverkehrs und der gewerblichen Schiffahrt benötigte Mineralöle.
Die Steuersatz-RL-Mineralöl legt Mindeststeuersätze pro 1000 Liter des jeweiligen Mineralöls fest. Diese unterliegen gem. Art. 10 Steuersatz-RL-Mineralöl alle zwei Jahre einer Überprüfung.

c) Die Besteuerung von Alkohol und alkoholischen Getränken

Analog zu den anderen Strukturrichtlinien werden auch in der Struktur-RL-Alkohol zunächst die Güter genau definiert, welche die Mitgliedstaaten der Verbrauchsbesteuerung zu unterwerfen haben. Dies erfolgt auch durch eine Anknüpfung an die kombinierte Nomenklatur des Gemeinsamen Zolltarifs. Steuergegenstände sind danach Bier, Wein, andere gegorene Getränke, Zwischenerzeugnisse und Äthylalkohol.[972] Wie die Verbrauchsbesteuerung bezüglich dieser Waren im einzelnen vorzunehmen ist, wird in der Struktur-RL-Alkohol jeweils separat geregelt.
Dazu enthält die Struktur-RL-Alkohol Bestimmungen über die Besteuerungsgrundlagen, die Steuerermäßigungen und die Steuerbefreiungen.

---

[971] Vgl. Voß, R., Steuerrecht, in: Dauses, M. (Hrsg.), Handbuch, Stand: 1999, S. 80; Jatzke, H., Verbrauchsteuerrecht, BB 1993, S. 43

[972] Vgl. Jatzke, H., Verbrauchsteuerrecht, BB 1993, S. 43

Den Mitgliedstaaten werden auch einige Transformationswahlrechte eingeräumt. Sie können beispielsweise gem. Art. 4 Struktur-RL-Alkohol auf Bier, das von kleinen unabhängigen Brauereien mit einer Jahreserzeugung von bis zu 200 000 hl gebraut wird, ermäßigte Steuersätze anwenden, die den Mindeststeuersatz aber nicht mehr als 50% unterschreiten dürfen"[973].
In der Steuersatzrichtlinie-Alkohol wird für die einzelnen steuerpflichtigen Güter eine Mindeststeuer festgelegt. Interessant ist dabei, daß diese gem. Art. 5 Steuersatz-RL-Alkohol auf 0 ECU pro hl Wein festgesetzt wurde. Die Mitgliedstaaten können somit *de facto* auf die Erhebung einer Weinsteuer verzichten. Davon hat beispielsweise Deutschland Gebrauch gemacht.

III. Bewertung der Verbrauchsteuerharmonisierung

Die im Bereich der speziellen Verbrauchsteuern durchgeführten Harmonisierungsmaßnahmen besitzen wie bei der Umsatzsteuer weitgehend „Kompromißcharakter"[974] auf der Basis des kleinsten gemeinsamen Nenners.[975] Einem Binnenmarkt adäquate Verhältnisse wurden nicht realisiert[976], das Binnenmarktziel also verfehlt.[977] Dies zeigt sich vor allem in der Existenz von Wettbewerbsverfälschungen bei „Abhollieferungen" an nichtkommerzielle Abnehmer. Diesbezüglich ist sogar ein Rückschritt festzustellen, da das vormals praktizierte Besteuerungsverfahren nach dem klassischen Bestimmungslandprinzip auch in diesem Bereich wettbewerbsneutrale Verhältnisse garantieren konnte.
Die effektiven Grenzkontrollen dagegen konnten sowohl im Bereich des Geschäftsverkehrs mit kommerziellen als auch mit nichtkommerziellen Abnehmern abgeschafft werden, was prinzipiell positiv zu bewerten ist. Allerdings sind die verwaltungsmäßigen Belastungen aufgrund des relativ komplizierten Überwachungsverfahrens im Vergleich zu rein innerstaatlichen Vorgängen deutlich höher, so daß hier ein wesentliches Manko des Besteuerungssystems liegt.[978]

---

973 Vgl. Jatzke, H., Verbrauchsteuerrecht, BB 1993, S. 43
974 Müller, D., Verbrauchsteuern, 1997, S. 25
975 Vgl. Schröer-Schallenberg, S., Harmonisierung, in Birk, D. (Hrsg.), Handbuch, 1995, S. 759; Sapusek, A., Steuerharmonisierung, 1997, S. 775
976 Vgl. Nowack, R., in: Groeben, H. v. d. u.a. (Hrsg.), Handbuch, Stand: 1999, Art. 96, S. 124
977 Vgl. Nowack, R., in: Groeben, H. v. d. u.a. (Hrsg.), Handbuch, Stand: 1999, Art. 96, S. 124
978 Vgl. Schröer-Schallenberg, S., Harmonisierung, in Birk, D. (Hrsg.), Handbuch, 1995, S. 759

D. Das Sekundärrecht zu sonstigen indirekten Steuern i.S.d. Art. 93 [99] EGV

Wie in Kapitel 3 ausführlich erläutert, ermächtigt Art. 93 [99] EGV den Rat, neben dem Erlaß zur Harmonisierung der Umsatzsteuern und der speziellen Verbrauchsteuern auch zu Maßnahmen im Bereich der sonstigen indirekten Steuern. So wurde die Richtlinie betreffend die indirekte Steuer auf die Ansammlung von Kapital vom 17.7.1969 auf Art. 93 [99] EGV gestützt.[979]
Das Ziel dieser Richtlinie war die Förderung des freien Kapitalverkehrs. Demzufolge wurde geregelt, daß eine Steuer auf die Ansammlung von Kapital innerhalb der Gemeinschaft auf ein und denselben Vorgang insgesamt nur einmal erhoben wird. Bezüglich dieser Steuer fand auch eine Harmonisierung der Struktur und der Steuersätze statt. In der Richtlinie wurde es den Mitgliedstaaten freigestellt, die Steuer abzuschaffen. Deutschland hat von dieser Möglichkeit Gebrauch gemacht und die Gesellschaftsteuer beseitigt.
Des weiteren hat der Rat die auf Art. 75 EGV und ergänzend auf Art. 99 EGV gestützte Richtlinie 93/89/EWG vom 25.10.1993 über die Besteuerung bestimmter Kraftfahrzeuge zur Güterbeförderung sowie die Erhebung von Maut- und Benutzungsgebühren für bestimmte Verkehrswege durch die Mitgliedstaaten verabschiedet.[980] Durch diese Richtlinie wurde eine Teilharmonisierung der Kraftfahrzeugsteuern erreicht.[981] Die Bestimmungen der Richtlinie gelten gem. ihres Art. 2 ausschließlich für die Kfz-Steuer von Fahrzeugen, welche für den Güterverkehr bestimmt sind und deren zulässiges Gesamtgewicht mindestens 12 Tonnen beträgt. Die in Art. 3 der Richtlinie genannten Kraftfahrzeugsteuern dürfen gem. Art. 5 nur von demjenigen Mitgliedstaat erhoben werden, in dem das Fahrzeug zugelassen ist. Gebietsfremde Lastkraftwagen dürfen somit keiner Kraftfahrzeugsteuer unterworfen werden. Gem. Art. 6 Abs. 1 i.V.m. dem Anhang der Richtlinie müssen die Mitgliedstaaten mindestens die dort genannten Steuersätze anwenden. Die Strukturen der Kraftfahrzeugsteuern der Mitgliedstaaten sind nicht Gegenstand der Bestimmungen der Richtlinie. Daneben enthält die Richtlinie auch Vorschriften bezüglich Straßenbenutzungsgebühren in den Mitgliedstaaten.[982] Prinzipiell wäre wohl Art. 71 [75] EGV die zutreffende Rechtsgrundlage für die Bestimmungen über die Straßenbenutzungsgebühr ge-

---

[979] Vgl. Ritter, W., Steuerharmonisierung, BB 1989, S. 78

[980] Vgl. Krawitz, N., EG-Steuerharmonisierung, SteuerStud 1993, S. 97; Zur Einordnung der Kraftfahrzeugsteuer vgl. Merzenich, T., Harmonisierung, 1992, S. 30-33

[981] Voß, R., Steuerrecht, in: Dauses, M. (Hrsg.), Handbuch, Stand: 1999, S. 85; vgl. hierzu ausführlicher Jatzke, H., Kraftfahrzeugsteuern, UVR 1998, S. 351-358

[982] Vgl. hierzu Mückenhausen, P., Harmonisierung, EuZW 1994, S. 520

wesen.[983] Die Mehrheit der Mitgliedstaaten bestand aber zusätzlich auf Art. 93 [99] EGV als Rechtsgrundlage.[984]

E. Zwischenergebnis

Die Ausführungen in diesem Kapitel haben gezeigt, daß die Organe der Europäischen Gemeinschaft von ihren Kompetenzen auf dem Gebiet der indirekten Steuern regen Gebrauch gemacht haben und die „Europäisierung"[985] des Rechts der indirekten Steuern weit vorangeschritten ist. Der Erlaß der Harmonisierungsrichtlinien durch den Rat verpflichtet die Mitgliedstaaten aufgrund Art. 10 [5] EGV i.V.m. Art. 249 [189] EGV wie in Kapitel 3 beschrieben, die Richtlinienbestimmungen vollständig in innerstaatliche Rechtsvorschriften umzusetzen. Ist die Umsetzung der Richtlinienbestimmungen erfolgt, dürfen die Mitgliedstaaten auch zeitlich später kein innerstaatliches Recht mehr erlassen, welches in Widerspruch zu den Bestimmungen der Richtlinien steht. Die sich hieraus ergebende Sperrwirkung der Richtlinien im Bereich der indirekten Steuern und die damit verbundene Auswirkung auf die Steuerhoheit der Mitgliedstaaten können zusammenfassend am Beispiel von zwei Fällen aus der Rechtsprechung des EuGH verdeutlicht werden.
Im einem Fall ging es zunächst darum, daß das Königreich Belgien in Artikel 35 des belgischen *Code de la taxe sur la valeur ajoutée*[986] eine Mindestbesteuerungsgrundlage für die Mehrwertsteuer beim Verkauf von neuen Kraftfahrzeugen und von Werkswagen eingeführt hatte. Diese Mindestbesteuerungsgrundlage entsprach gem. Art. 2 des Arrêté royal Nr. 17 für im Inland an den Benutzer gelieferte oder von dem Benutzer eingeführte Kraftfahrzeuge dem zur Zeit der Fälligkeit der Steuer gültigen Katalogpreis.[987] Als Katalogpreis war nach Artikel 2 §2 des Arrêté royal Nr. 17 der Preis anzusehen, den der Hersteller oder, wenn der Hersteller seinen Sitz im Ausland hat, der hierzu bevollmächtigte Beauftragte für den Verkauf neuer Kraftfahrzeuge eines bestimmten Typs einschließlich ihres Zubehörs an den Benutzer festsetzt.[988] Gem. Art. 11 der 6. MWSt-RL müssen die Mitgliedstaaten aber für die Berechnung der Mehrwertsteuer auf Lieferungen und Dienstleistungen im Inland zwingend die jeweilige konkrete Gegenleistung als Besteuerungsgrundlage zugrundelegen.

---

983 Vgl. Mückenhausen, P., Harmonisierung, EuZW 1994, S. 520
984 Vgl. Mückenhausen, P., Harmonisierung, EuZW 1994, S. 520
985 David, R., Rechtsordnungen, in: Zweigert, K. (Hrsg.), Rechtswesen 1955, S. 15
986 Mehrwertsteuergesetz
987 Vgl. EuGH-Urteil v. 10.4.1984, Rs. 324/82 „Kommission / Belgien", EuGHE 1984, S. 1876
988 Vgl. EuGH-Urteil v. 10.4.1984, Rs. 324/82 „Kommission / Belgien", EuGHE 1984, S. 1877

Die innerstaatlichen Rechtsvorschriften in Belgien standen somit nicht in Übereinstimmung mit den Vorschriften der 6. MWSt-RL, weshalb die Kommission ein Vertragsverletzungsverfahren einleitete. Das Verfahren endete in einem Urteil des EuGH, in dem der Gerichtshof ausführte, daß Belgien „dadurch gegen seine Verpflichtungen aus dem EWG-Vertrag verstoßen hat, daß es als von Artikel 11 der Sechsten Richtlinie abweichende Sondermaßnahme den Katalogpreis als Mindestbesteuerungsgrundlage für die Mehrwertsteuer auf im Inland gelieferte oder eingeführte neue Kraftfahrzeuge aufrechterhielt"[989]. Daraufhin kam das Königreich Belgien seinen Verpflichtungen aus dem Urteil insofern nach, als es in seinem *Code de la taxe sur la valeur ajoutée* die fragliche Bestimmung abänderte und die Besteuerungsgrundlage auch für Lieferungen von Fahrzeugen in Übereinstimmung mit der Sechsten Richtlinie regelte.
Gleichzeitig jedoch wurde Art. 5 des *Code des taxes assimilées au timbre*[990] derart geändert, daß die dort geregelte Zulassungssteuer für neue Kraftfahrzeuge fortan auf der Grundlage des jeweiligen gültigen Katalogpreises des Fahrzeugs erhoben werden sollte.
Gem. Artikel 7 Abs. 1 des *Code des taxes assimilées au timbre* war zudem vorgesehen, daß bei der Berechnung der Zulassungssteuer dann allerdings nur der Differenzbetrag von Katalogpreis und tatsächlicher Mehrwertsteuer-Bemessungsgrundlage zugrunde zu legen war, falls bei einer Lieferung auch die Mehrwertsteuer anfiel. Die Kommission sah darin eine faktische Beibehaltung des Katalogpreises als Besteuerungsgrundlage der Mehrwertsteuer[991] und leitete erneut ein Vertragsverletzungsverfahren ein.
In seinem diesbezüglichen Urteil führte der EuGH aus, daß „das Königreich Belgien die vom Gerichtshof mit Urteil vom 10. April 1984 beanstandete Regelung über die Besteuerungsgrundlage für die Mehrwertsteuer zwar außer Kraft gesetzt, zugleich jedoch die ergänzende Regelung über die Zulassungssteuer auf Neuwagen erlassen hat, durch die das Steuersystem so gestaltet werden sollte, daß die Situation in Wirklichkeit so bleiben konnte, wie sie war."[992] Aufgrund der engen tatbestandlichen Verknüpfung und der Abhängigkeit der Zulassungssteuer von der Mehrwertsteuer, zieht der Gerichtshof den Schluß, „daß die belgische Zulassungssteuer hinsichtlich ihres Betrages, ja sogar ihrer Existenz keine unabhängige Steuer darstellt, sondern von der anläßlich der Lieferung oder Einfuhr eines Neuwagens gezahlten Mehrwertsteuer abhängt."[993] Somit

[989] Vgl. EuGH-Urteil v. 10.4.1984, Rs. 324/82 „Kommission / Belgien", EuGHE 1984, S. 1883; vgl. hierzu auch Grabitz, E. / Nettesheim, M., Steuern, EWS 1990, S. 249; EuGH-Urteil v. 10.4.1984, Rs. 324/82 „Kommission / Belgien", EuGHE 1984, S. 1861

[990] Stempelsteuergesetz

[991] Vgl. Sitzungsbericht zur Rs. 391/85 „Kommission-Belgien", EuGHE S. 581

[992] EuGH-Urteil v. 4.2.1988, Rs. 391/85 „Kommission / Belgien", EuGHE 1988, S. 601

[993] EuGH-Urteil v. 4.2.1988, Rs. 391/85 „Kommission / Belgien", EuGHE 1988, S. 602

war die belgische Zulassungssteuer aufgrund des Anrechnungsmechanismus und ihres die Mehrwertsteuer ergänzenden Charakters keine eigenständige Steuer[994] und stand in einem „untrennbaren und komplementären Zusammenhang“[995] zur Mehrwertsteuer. Die Erhebung der Zulassungssteuer in der beschriebenen Form wurde deshalb vom Europäischen Gerichtshof als Vertragsverletzung gewertet und durfte nicht aufrechterhalten werden.[996]
Dieser Fall zeigt deutlich, daß durch die Existenz harmonisierter Regelungen auch gesetzgeberische Maßnahmen der Mitgliedstaaten ausgeschlossen werden, welche *de facto* eine Umgehung zwingender Richtlinienbestimmungen darstellen. Setzt also ein Mitgliedstaat eine Richtlinie zwar ordnungsgemäß in ein bestimmtes Gesetz um[997], umgeht die Bestimmungen der Richtlinie aber durch andere Maßnahmen, sind diese als Verstoß gegen die vertraglichen Pflichten anzusehen. Auf jeden Fall muß dafür aber ein enger faktischer Zusammenhang zu einer Richtlinienbestimmung bestehen. Objektiv betrachtet muß eine mitgliedstaatliche Maßnahme also der gezielten Umgehung von Richtlinienvorschriften dienen, damit sie einen Verstoß gegen den EGV darstellen kann.
Ein weiterer Fall aus der jüngeren Vergangenheit ist in diesem Zusammenhang ebenfalls von Interesse. Einem Verfahren vor dem EuGH lag eine in Österreich erhobene Kammerumlage zugrunde. Diese Kammerumlage wurde von allen juristischen und natürlichen Personen, offenen Handelsgesellschaften und bestimmten eingetragenen Erwerbsgesellschaften erhoben, welche Mitglied der österreichischen Handelskammer sind.[998] Als Bemessungsgrundlage der Kammerumlage I waren die Beträge heranzuziehen, welche „aufgrund der an das Kammermitglied für dessen Unternehmen von anderen Unternehmern erbrachten Lieferungen oder sonstigen Leistungen von anderen Unternehmern, ausgenommen aufgrund von Geschäftsveräußerungen, als Umsatzsteuer geschuldet werden“, sowie die Beträge, die „aufgrund der Einfuhr von Gegenständen für das Unternehmen des Kammermitglieds oder aufgrund des innergemeinschaftlichen Erwerbs für das Unternehmen des Kammermitglieds vom Kammermitglied als Umsatzsteuer geschuldet werden.“[999] Die Umlage wird von der Bundeskammer maximal in Höhe von 4,3‰ der Bemessungsgrundlage festgesetzt und von den Abgabenbehörden entsprechend den Vorschriften der Umsatzsteuer erhoben. Mit anderen Worten betrug die Kammerumlage 4,3 ‰ der dem umlage-

994 Vgl. EuGH-Urteil v. 4.2.1988, Rs. 391/85 „Kommission / Belgien“, EuGHE 1988, S. 603; vgl. hierzu Grabitz, E. / Nettesheim, M., Steuern, EWS 1990, S. 249
995 EuGH-Urteil v. 4.2.1988, Rs. 391/85 „Kommission / Belgien“, EuGHE 1988, S. 604
996 EuGH-Urteil v. 4.2.1988, Rs. 391/85 „Kommission / Belgien“, EuGHE 1988, S. 604
997 Das Königreich Belgien hatte nach dem ersten Urteil sein Mehrwertsteuergesetz den Bestimmungen der Richtlinie angepaßt.
998 Vgl. EuGH-Urteil v. 19.2.1998, Rs. C-318/96 „SPAR“, EuGHE 1998, Rdnr. 4
999 Vgl. EuGH-Urteil v. 19.2.1998, Rs. C-318/96 „SPAR“, EuGHE 1998, Rdnr. 6

pflichtigen Unternehmen für in Anspruch genommene Leistungen anderer Unternehmer in Rechnung gestellten Vorsteuerbeträge. Der österreichische Verwaltungsgerichtshof hatte diesbezüglich Bedenken, daß die Kammerumlage nicht mit der 6. MWSt-RL vereinbar sein könnte, da sie das Recht auf Vorsteuerabzug gem. Art. 17 Abs. 1 der 6. MWSt-RL betragsmäßig einschränkt.[1000] Ganz allgemein stellt sich nämlich die Frage, ob ein Mitgliedstaat einen von einer Richtlinie zwingend gewährten Anspruch der Steuerpflichtigen zwar in einem nationalen Gesetz wortgetreu gewähren, diesen aber durch andersartige gesetzliche Maßnahmen faktisch wieder aufheben darf.[1001] Unter Berücksichtigung des EuGH-Urteils zu der belgischen Zulassungssteuer ist davon auszugehen, daß die Erhebung der Kammerumlage möglicherweise einen Verstoß gegen die Vertragspflichten bedeutet hätte, wenn mit ihr ganz gezielt das Recht auf Vorsteuerabzug eingeschränkt hätte werden sollen, wenn also ein enger „innerer Zusammenhang zwischen der fraglichen Regelung und dem Vorsteuerabzug"[1002] bestanden hätte.

Eine objektive Analyse der Merkmale der österreichischen Kammerumlage I ergibt, daß diese keinen untrennbaren und komplementären Bezug zur Umsatzsteuer aufweist und ihrer Ausgestaltung nach nicht auf die gezielte Einschränkung des Vorsteuerabzugsrechts gerichtet ist. Mit der Anknüpfung an die in Rechnung gestellten Vorsteuerbeträge wurde lediglich versucht, „einen objektiven Maßstab für die Verteilung der Kosten dieser Interessenvertretung auf die Mitglieder zu finden."[1003] Sie war damit das Ergebnis einer Suche nach einer praktikabel zu ermittelnden indirekten Maßgröße für den Betriebsaufwand.[1004] Daß die Umlage nicht auf die gezielte Beschneidung des Rechts auf Vorsteuerabzug angelegt war, kommt auch dadurch zum Ausdruck, daß die Kammerumlage selbst dann erhoben wurde, wenn der Steuerpflichtige tatsächlich überhaupt nicht zum Vorsteuerabzug berechtigt ist, weil er zum Beispiel nur steuerfreie Umsätze ausführt.[1005] Ein enger und untrennbarer Zusammenhang mit den Vorschriften der Mehrwertsteuerrichtlinie ist somit im Fall der Kammerumlagen nicht gegeben, so daß die Umlage nicht als Verstoß gegen die Vertragspflichten

---

[1000] Vgl. Zorn, N., EuGH-Urteil, SWK 1998, S. 256; Sedlacek, M., Kammerumlage, SWK 1998, S. 255; Novacek, E., Kammerumlage, RdW 1998, S. 497; Ruppe, H. G., Verstoß, SWI 1998, S. 123; Moritz, H., Kammerumlage, RdW 1998, S. 169; Rief, R., Kammerumlage, RdW 1996, S. 29; Keppert, T., Steuerpraxis, SWK 1996, S. 253; Okresek, W., Rechtsprechung, ÖJZ 1998, S. 401f.; vgl. Zorn, N., Handelskammerumlage, ÖStZ 1996, S. 468ff.

[1001] Vgl. Zorn, N., EuGH-Urteil, SWK 1998, S. 256f.; vgl. Zorn, N., Vorlage, ÖStZ 1996, S. 471

[1002] Ruppe, H. G., Verstoß, SWI 1998, S. 124

[1003] Ruppe, H. G., Verstoß, SWI 1998, S. 124

[1004] Ruppe, H. G., Verstoß, SWI 1998; S. 124f.

[1005] Vgl. Ruppe, H. G., Verstoß, SWI 1998, S. 125

zu werten ist. Dies erscheint auch aus systematischer Sicht richtig, da ansonsten bei *jeder* Abgabe oder abgabenähnlichen Belastung behauptet werden könnte, daß sie den Betrag der abziehbaren Vorsteuern (rein rechnerisch) kürzt."[1006] Der EuGH nimmt in seinem Urteil hierauf nicht explizit Stellung, geht aber davon aus, daß die Kammerumlage keinen Verstoß gegen das Gemeinschaftsrecht darstellt.[1007]

Eine andere Beurteilung des Falles hätte sich allerdings wohl dann ergeben, wenn die Umlage unter enger tatbestandlicher Verknüpfung mit der Mehrwertsteuer *immer* in Höhe eines festen Anteils (z.B. 10%) der *tatsächlich* vom Steuerpflichtigen abziehbaren *Vorsteuern* erhoben worden wäre.[1008]

Die beiden Beispiele aus der Rechtsprechung haben verdeutlicht, daß die Existenz des steuerlichen Sekundärrechts sehr weitreichende Konsequenzen für die steuerlichen Gestaltungsrechte der Mitgliedstaaten nach sich zieht. Die Mitgliedstaaten sind somit in der Ausübung ihrer Steuerhoheit erheblich beschränkt.

[1006] Ruppe, H. G., Verstoß, SWI 1998, S. 124
[1007] Vgl. Moritz, H., Kammerumlage, RdW 1998, S. 169
[1008] Vgl. Novacek, E., Kammerumlage, RdW 1998, S. 497

Kapitel 6

Die gezielte Beschränkung der mitgliedstaatlichen Steuerhoheit durch sekundärrechtliche Vorschriften

A. Allgemeines

Die steuerlichen Hoheitsrechte der Mitgliedstaaten sind wie erläutert aufgrund der allgemeinen „Sperrwirkung" der materiellen Bestimmungen des sekundären Gemeinschaftsrechts beschränkt. Über diese allgemeine „Sperrwirkung" der harmonisierten Vorschriften hinaus wird die Steuerhoheit der Mitgliedstaaten zudem noch durch zwei sekundärrechtliche Bestimmungen gezielt beeinflußt. Dabei handelt es sich einerseits um Art. 33 Abs. 1 der 6. MWSt-RL und andererseits um Art. 3 der System-RL. Der Inhalt und die Reichweite dieser beiden Vorschriften sind im Rahmen der Ausführungen dieses Kapitels zu klären.

B. Die Beschränkung der Steuerhoheit durch Art. 33 Abs. 1 der 6. MWSt-RL

I. Die Grundaussage des Art. 33 Abs. 1 der 6. MWSt-RL

In seiner ursprünglichen Fassung lautete Art. 33 der 6. MWSt-RL wie folgt:

„Unbeschadet anderer Gemeinschaftsbestimmungen hindern die Bestimmungen dieser Richtlinie einen Mitgliedstaat nicht daran, Abgaben auf Versicherungsverträge, auf Spiele und Wetten, Verbrauchsteuern, Grunderwerbsteuern, sowie ganz allgemein alle Steuer, Abgaben und Gebühren, die nicht den Charakter von Umsatzsteuern haben, beizubehalten oder einzuführen."

Er enthielt damit die positiv formulierte Feststellung, daß es den Mitgliedstaaten trotz der teilweisen Harmonisierung der Umsatzsteuern auch weiterhin gestattet sein sollte, bestimmte Abgaben in eigenem Ermessen zu erheben. Durch die Binnenmarktrichtlinie wurde Art. 33 der 6. MWSt-RL zu folgendem Wortlaut hin abgeändert[1009]:

„Unbeschadet anderer Gemeinschaftsbestimmungen, insbesondere der geltenden Gemeinschaftsbestimmungen über das allgemeine System, den Besitz, die Beförderung und die Kontrolle von verbrauchsteuerpflichtigen Waren, hindern die Bestimmungen dieser Richtlinie einen Mitgliedstaat nicht daran, Abgaben auf Versicherungsverträge, Abgaben auf Spiele und Wetten, Verbrauchsteuern, Grunderwerbsteuern sowie ganz allgemein alle Steuern, Abgaben und Gebühren, die nicht den Charakter von Umsatzsteuern haben, beizubehalten oder einzu-

[1009] Vgl. hierzu Schlienkamp, A., Regelungen, UR 1992, S. 194f.

führen, sofern diese Steuern, Abgaben und Gebühren im Verkehr zwischen den Mitgliedstaaten nicht mit Formalitäten beim Grenzübergang verbunden sind."

Der Wortlaut des Art. 33 a.F. wurde somit in leicht modifizierter Form in den neugefaßten Art. 33 der 6. MWSt-RL übernommen.[1010] Über diese Änderung hinaus wurde der Vorschrift noch ein zweiter Absatz hinzugefügt, welcher bestimmt, daß unter verbrauchsteuerpflichtigen Waren im Regelungsbereich der 6. MWSt-RL Mineralöle, Alkohol und alkoholische Getränke sowie Tabakwaren zu verstehen sind.[1011]

Art. 33 Abs. 1 der 6. MWSt-RL basiert in seiner Grundaussage somit auf dem „allgemeinen Leitgedanken des Vertrages, die Abgabenhoheit der Mitgliedstaaten soweit als möglich unangetastet zu lassen"[1012]. Er besitzt insofern deklaratorischen Charakter.[1013] Art. 33 Abs. 1 der 6. MWSt-RL bestätigt also *expressis verbis* das Recht der Mitgliedstaaten, neben der harmonisierten Mehrwertsteuer bestimmte andere Abgaben zu erheben. Dieses Recht bleibt selbst dann unberührt, wenn es zu einer Kumulierung einer mitgliedstaatlichen Abgabe mit der Mehrwertsteuer bei ein und demselben Umsatz kommt.[1014] Dies hat der EuGH in seiner Rechtsprechung mehrfach betont. So hat der Gerichtshof explizit festgestellt, daß es das Gemeinschaftsrecht den Mitgliedstaaten nicht untersagt, „andere Abgaben neben der Mehrwertsteuer zu erheben, die bei einem bestimmten Umsatz zu einer Kumulierung beider Steuern führen.[1015]

Diese Grundaussage des Art. 33 Abs. 1 der 6. MWSt-RL wird allerdings dadurch eingeschränkt, daß die Mitgliedstaaten nicht zur Beibehaltung oder Einführung jeglicher beliebiger Art von Abgaben befugt sind. Die Beibehaltung oder Einführung von Abgaben neben der harmonisierten Mehrwertsteuer setzt nämlich gem. Art. 33 Abs. 1 der 6. MWSt-RL voraus, daß diese nicht den Charakter von Umsatzsteuern aufweisen. Im Umkehrschluß ergibt sich aus dieser Formulierung ein Verbot, Steuern, Abgaben und Gebühren, welche den Charakter von Umsatzsteuern besitzen, beizubehalten oder einzuführen.[1016]

[1010] Die zu der alten Fassung des Art. 33 ergangene Rechtsprechung dürfte aber uneingeschränkt weiterhin Gültigkeit besitzen, da sich am Regelungskern nichts geändert hat; ebenso: Borgsmidt, K., Harmonisierung, UR 1999, S. 15

[1011] Vgl. hierzu die Ausführungen zu Art. 3 System-RL weiter unten

[1012] Ohler, C., Integration, 1997, S. 161ff.

[1013] Vgl. auch Kratz, W., Steuergrenzen, 1987, S. 33

[1014] Vgl. auch EuGH-Urteil v. 13.7.1989, verb. Rs. 93/88 und 94/88 „Wisselink", EuGHE 1989, S. 2705

[1015] Vgl. EuGH-Urteil v. 8.7.1986, Rs. 73/85 „Kerrut", EuGHE 1986, S. 2239; Schlußanträge GA Darmon v. 17.9.1992, Rs. C-208/91 „Beaulande", EuGHE 1992, S. I-6722; vgl. Fischer, P., Umsatzsteuer, UR 1986, S. 287

[1016] Vgl. Rief, R., Kammerumlage, RdW 1996, S. 29; Moritz, H., Umweltabgaben, 1999, S. 144; Arndt, H. W., Diskriminierungsverbot, DStR 1989, S. 474; Arndt, H.-W., Diskrimi-

In dieser Funktion als „Sperrklausel“[1017] für die Steuerhoheit der Mitgliedstaaten liegt die eigentliche Bedeutung des Art. 33 Abs. 1 der 6. MWSt-RL. Was allerdings im einzelnen unter Steuern, Abgaben und Gebühren mit dem Charakter von Umsatzsteuern zu verstehen ist, wird weder in der 6. MWSt-RL noch an anderer Stelle im Gemeinschaftsrecht präzisiert.[1018] Der Inhalt „dieser recht unbestimmten Formulierung“[1019] ist daher im Wege der Auslegung zu ermitteln. Das Ergebnis dieser Interpretation besitzt dann „gravierende Auswirkungen auf das Steuerfindungsrecht“[1020] der Mitgliedstaaten.
Die Antwort auf die Frage, welche Merkmale den Charakter von Umsatzsteuern auszeichnen, gibt letztlich dann zugleich auch Auskunft über den Umfang der steuerlichen Hoheitsrechte, welche den Mitgliedstaaten auf dem Gebiet der indirekten Steuern verbleiben.[1021]
Im übrigen erfüllt die Vorschrift des Art. 33 der 6. MWSt-RL die Anforderungen an die unmittelbare Wirkung gemeinschaftsrechtlicher Bestimmungen, so daß sich die Bürger vor Gericht auf sie berufen können.[1022]

II. Steuern, Abgaben und Gebühren i.S.d. Art. 33 der 6. MWSt-RL

Zunächst einmal ist die grundlegende Frage zu klären, welche mitgliedstaatlichen Abgaben überhaupt an dem Verbot des Art. 33 Abs. 1 der 6. MWSt-RL gemessen werden können. Dem deutschen Wortlaut des Art. 33 Abs. 1 der 6. MWSt-RL zufolge können prinzipiell Steuern, Abgaben und Gebühren von dem Verbot betroffen sein. Wie sich aus der folgenden Übersicht ergibt, werden auch in den anderen Sprachfassungen des Art. 33 Abs. 1 der 6. MWSt-RL verschiedene abgabenrechtliche Termini aufgezählt.

Deutsch	**Englisch**	**Dänisch**	**Niederländisch**	**Französisch**
Steuern, Abgaben und Gebühren	taxes, duties or charges	alle former for skatter og afgifter	alle belastingen, rechten en heffingen	tous impôts, droits et taxes
Portugiesisch	**Spanisch**	**Schwedisch**	**Italienisch**	
todos os impostos, direitos e taxas	cualquier impuesto, derechos o gravámenes	sådana skatter, tullar eller avgifter	qualsiasi imposta, diritto e tassa	

nierungsverbot, DStR 1989, S. 474; Achatz, M., Fremdenverkehrsabgaben, SWK 1997, S. 519; Camaño Anido, M. / Calderón Carrero, J., Jurisprudencia, 1996, S. 271

1017 Borgsmidt, K., Harmonisierung, UR 1999, S. 15

1018 Vgl. GA Tesauro, G., Schlußanträge v. 30.1.1992, Rs. C-200/90, S. I-2233

1019 Arndt, H.-W., Diskriminierungsverbot, DStR 1989, S. 474

1020 Jatzke, H., Verbrauchsteuerharmonisierung, 1997, S. 45

1021 Vgl. Ruppe, H. G., Verbot, in: Klein, F. (Hrsg.), Unternehmen, 1997, S. 974

1022 Vgl. Taucher, O., Gemeindefinanzautonomie, ÖGZ 3/1996, S. 13

Dieses „Sammelsurium“[1023] an abgabenrechtlichen Begriffen deutet auf einen weit gefaßten Anwendungsbereich der Vorschrift hin, so daß wohl jede Art von hoheitlich auferlegten Abgaben der Mitgliedstaaten unter das Verbot von Art. 33 der 6. MWSt-RL fallen kann, sofern dessen weitere Tatbestandsmerkmale erfüllt sind. Die Aufzählung der verschiedenen abgabenrechtlichen Begriffe soll auch verdeutlichen, daß die Bezeichnung einer Abgabe im nationalen Recht der Mitgliedstaaten ohne Relevanz für die Einordnung aus Sicht des Gemeinschaftsrechts ist. Maßgeblich ist allein die objektive Ausgestaltung einer Abgabe, nicht deren Bezeichnung im innerstaatlichen Recht eines Mitgliedstaates.[1024] Die Prüfung, ob eine mitgliedstaatliche Abgabe mit Art. 33 Abs. 1 der 6. MWSt-RL zu vereinbaren ist oder nicht, hat „ohne Rücksicht auf formale Gesichtspunkte und auf Bezeichnungen für jede Steuer im Hinblick auf deren innere Merkmale“[1025] zu erfolgen.

Ein Blick auf die einschlägige Rechtsprechung des Europäischen Gerichtshofes zeigt, daß offensichtlich auch der EuGH diese Auffassung teilt.

Der Gerichtshof hat nämlich bereits einen französischen *Beitrag* an eine Einrichtung der Sozialvorsorge[1026], *Beiträge* an eine Versorgungseinrichtung der italienischen Rechtsanwaltskammer[1027] sowie *Beiträge* an Tourismusverbände[1028] auf ihre Vereinbarkeit mit Art. 33 Abs. 1 der 6. MWSt-RL untersucht. Auch bei österreichischen Kammerumlagen handelte es sich nach innerstaatlicher Terminologie um keine Abgabe, Steuer oder Gebühr, sondern um einen *Beitrag*[1029]. Der Gerichtshof hat stets die objektiven Merkmale der Abgaben seiner Urteilsfindung zugrundegelegt, ohne der innerstaatlichen Bezeichnung der Abgaben irgendeine Bedeutung beizumessen.

[1023] Ress, G., Überlegungen, in: Ress, G. / Will, M. (Hrsg.), Wirtschaftsgemeinschaft 1988, S. 20

[1024] Vgl. Grabitz, E. / Nettesheim, M., Steuern, EWS 1990, S. 251; vgl. EuGH-Urteil v. 13.7.1989, verb. Rs. 93/88 und 94/88 „Wisselink“, EuGHE 1989, S. 2704; vgl. aber implizit anders BMF, EU-Konformität, SWK 1996, S. 537

[1025] GA Darmon, M., Schlußanträge v. 17.9.1992, Rs. C-208/91 „Beaulande“, EuGHE 1992, S. 6722

[1026] Vgl. EuGH-Urteil v. 27.11.1985, Rs. C-295/84 „Rousseau Wilmot”, EuGHE 1985, S. 3764ff.

[1027] Vgl. EuGH-Urteil v. 7.5.1992, Rs. C-347/90 „Bozzi“, EuGHE 1992, S. 2965ff.

[1028] Vgl. EuGH-Urteil v. 8.6.1999, verb. Rs. C-338/97, C-344/97 und C-390/97 “Erna Pelzl u.a.“

[1029] Ruppe, H. G., Verstoß, SWI 1998, S. 123; vgl. zu dieser Frage auch BMF, EU-Konformität, SWK 1996, S. 537

Somit ist auch von der Rechtsprechung bestätigt, daß prinzipiell jede den Bürgern durch die Mitgliedstaaten hoheitlich auferlegte Abgabe an Art. 33 Abs. 1 der 6. MWSt-RL gemessen werden kann.[1030]

III. Die Bedeutung der explizit in Art. 33 Abs. 1 der 6. MWSt-RL aufgeführten Abgaben

In engem Zusammenhang mit der soeben erörterten Frage, welche Abgaben in den grundsätzlichen Anwendungsbereich des Art. 33 Abs. 1 der 6. MWSt-RL fallen, steht auch die Problematik, welche Bedeutung die explizite Aufzählung bestimmter Abgaben in der Vorschrift besitzt. Fraglich ist nämlich, ob die Mitgliedstaaten *Abgaben auf Versicherungsverträge*, *Abgaben auf Spiele und Wetten*, *Verbrauchsteuern* und *Grunderwerbsteuern* in jedem Fall beibehalten oder neu einführen können.[1031]

Allein aus dem Wortlaut des Art. 33 Abs. 1 der 6. MWSt-RL könnte geschlossen werden, daß sich das Verbot des Charakters von Umsatzsteuern nicht auf die explizit genannten Abgaben beziehen soll.[1032] Daher wird teilweise die Auffassung vertreten, daß *Abgaben auf Versicherungsverträge*, *Abgaben auf Spiele und Wetten*, *Verbrauchsteuern* und *Grunderwerbsteuern* immer zulässig sind, „somit auch dann, wenn sie die Charakterzüge der Umsatzsteuer tragen sollten."[1033] Von diesem Standpunkt aus wären die aufgezählten Abgaben von dem Verbot des Art. 33 Abs. 1 der 6. MWSt-RL ausgenommen, „ohne daß es auf eine Untersuchung ihrer Wesensgleichheit mit der Umsatzsteuer ankäme"[1034]. Sie wären also als Ausnahmen von dem Verbot von Steuern, Abgaben und Gebühren mit dem Charakter von Umsatzsteuern anzusehen.[1035] Diese Auffassung, daß die genannten Abgaben explizit von dem Verbot ausgenommen wurden, würde dann wiederum den Schluß ermöglichen, daß Art. 33 Abs. 1 der 6. MWSt-RL „diese grundsätzlich als Steuern mit dem Charakter von Umsatzsteuern ansieht"[1036].

1030 Vgl. Ruppe, H. G., Verstoß, SWI 1998, S. 124; Littmann, K., Gemeindesteuern, Der Gemeindehaushalt 8/1983, S. 181 weist zu Recht darauf hin, daß auch eine zur Neuregelung der Gemeindefinanzierung diskutierte kommunale Umsatzsteuer in Konflikt mit Art. 33 der 6. MWSt-RL käme.

1031 Vgl. Moritz, H., Vereinbarkeit, FJ 1996, S. 271

1032 Vgl. Moritz, H., Vereinbarkeit, FJ 1996, S. 271; Moritz, H., Umweltabgaben, 1999, S. 144; Ruppe, H. G., Verbot, in: Klein, F. (Hrsg.), Unternehmen, 1997, S. 973

1033 Ruppe, H. G., Verbot, in: Klein, F. u.a. (Hrsg.), Unternehmen, 1997, S. 973

1034 Grabitz, E. / Nettesheim, M., Steuern, EWS 1990, S. 252; vgl. auch Rief, R., Kammerumlage, RdW 1996, S. 29

1035 Vgl. Grabitz, E. / Nettesheim, M., Steuern, EWS 1990, S. 252

1036 Grabitz, E. / Nettesheim, M., Steuern, EWS 1990, S. 252

Entgegen einer solchen Auslegung ist es aber richtig, daß die explizite Nennung bestimmter Abgaben die Funktion hat, Beispiele für Steuern, Abgaben und Gebühren aufzuführen, welche nicht den Charakter von Umsatzsteuern besitzen.[1037] Diese sind also als Teil einer beispielhaften Aufzählung und nicht als Pauschalfreistellung von einem Verbot zu betrachten.[1038] Die genannten Abgaben werden somit von Art. 33 Abs. 1 der 6. MWSt-RL als Abgaben angesehen, welche nicht den Charakter von Umsatzsteuern besitzen.

Der Grund dafür, daß gerade diese Abgaben explizit in Art. 33 der 6. MWSt-RL genannt werden, liegt darin, daß in der 6. MWSt-RL für Umsätze bezüglich Spielen und Wetten, Grundstücksgeschäften und Versicherungsumsätzen zwingende Befreiungen von der harmonisierten Mehrwertsteuer vorgesehen sind.

Die explizite Aufzählung der Abgaben in Art. 33 Abs. 1 der 6. MWSt-RL besitzt die Funktion als „Korrelat"[1039] zu diesen Befreiungen von der harmonisierten Mehrwertsteuer. Es soll Unklarheiten auf Seiten der Mitgliedstaaten darüber vorbeugen, ob diese trotz der zwingenden Befreiung derartiger Umsätze von der Mehrwertsteuer dennoch andersartige Abgaben auf diese Vorgänge erheben dürfen oder nicht. Diese andersartigen Abgaben können dann aber aus logischen Gründen nur Abgaben sein, welche eben nicht den Charakter einer Umsatzsteuer aufweisen. Andernfalls wäre eine zwingend vorgesehene Steuerbefreiung von der Mehrwertsteuer sinnlos. Damit steht fest, daß die in Art. 33 der 6. MWSt-RL genannten Abgaben auf Spiele und Wetten, Abgaben auf Versicherungsverträge, Grundsteuern und Verbrauchsteuern als Beispiele für Steuern, Abgaben und Gebühren, welche nicht den Charakter von Umsatzsteuern besitzen, anzusehen sind. Auch in diesem Zusammenhang gilt wiederum, daß sämtliche genannten Bezeichnungen gemeinschaftsrechtlichen Charakter besitzen.[1040] Sie sind daher autonom, d.h. unabhängig vom Inhalt ähnlicher oder gleichlautender Bezeichnungen im innerstaatlichen Recht der Mitgliedstaaten auszulegen. Für alle der ausdrücklich aufgezählten Abgaben müßten einheitliche, gemeinschaftsrechtliche Definitionen gefunden werden, was bisher noch nicht geschehen ist. Die Suche nach solchen eindeutigen Definitionen ist mit gewissen Schwierigkeiten verbunden, da die einzelnen Sprachversionen des Art. 33 Abs. 1 der 6. MWSt-RL nicht ganz widerspruchsfrei sind.

Diesbezüglich sei die begriffliche Abweichung hinsichtlich des im deutschen Text genannten Begriffs *Grunderwerbsteuer* erwähnt.

[1037] Vgl. Wachweger, D., Auswirkungen, DStZ A 1978, S. 48

[1038] Vgl. hierzu auch Wasmeier, M., Umweltabgaben, 1995, S.276, Fn. 1353; g. A. wohl auch Theile, C., Wettbewerbsneutralität, 1995, S. 73

[1039] Lausterer, M., Neutralität, UR 1998, S. 364

[1040] Vgl. hierzu die Schlußanträge von GA Mischo v. 27.4.1989, verb. Rs. 93/88 und 94/88 „Wisselink", EuGHE 1989, S. 2695

Deutsch	**Englisch**	**Dänisch**	**Niederländisch**	**Französisch**
Grunderwerbsteuern	stamp duties	indregistrerings-afgifter	registratierechten	droits d'enregi-strement

Portugiesisch	**Spanisch**	**Schwedisch**	**Italienisch**
direitos de registo	derechos de registro	stämpelskatter	imposto di registro

Der Vergleich mit anderen Sprachversionen anhand vorstehender Übersicht belegt, daß an der Stelle, an der im deutschen Text der Begriff *Grunderwerbsteuern* steht, nicht nur solche Abgaben gemeint sein können, welche sich auf Grundstücke beziehen, sondern alle Arten von Eintragungs- und Stempelsteuern.[1041] Eine Charakterisierung jeder einzelnen der explizit genannten Abgabenarten ist aber entbehrlich, da diese ja wie erläutert als Beispiele für *Steuern, Abgaben* und *Gebühren,* welche *nicht den Charakter von Umsatzsteuern* besitzen, anzusehen sind. Für die Anwendung des Art. 33 der 6. MWSt-RL ist es deshalb ausreichend, zu prüfen, wann eine Abgabe den Charakter von Umsatzsteuern hat oder nicht[1042].

Im übrigen ist auch hier nochmals darauf hinzuweisen, daß die innerstaatliche Bezeichnung einer Abgabe keinerlei Bedeutung für die Beurteilung derselben aus der Sicht des Gemeinschaftsrechts hat. Besitzt eine Abgabe im innerstaatlichen Recht eines Mitgliedstaates eine Bezeichnung, welche ihrem Wortlaut nach den in Art. 33 Abs. 1 der 6. MWSt-RL aufgezählten Begriffen entspricht, läßt dies nicht den Schluß zu, daß diese automatisch mit Art. 33 Abs. 1 der 6. MWSt-RL vereinbar ist. Für derartig bezeichnete Abgaben ist ebenfalls das Verbot von Abgaben mit dem Charakter von Umsatzsteuern zu beachten[1043], so daß sie nicht den Charakter von Umsatzsteuern besitzen dürfen.[1044] Wird eine Abgabe in einem Mitgliedstaat beispielsweise als „Verbrauchsteuer" bezeichnet, ist auf jeden Fall auch für diese anhand ihrer objektiven Merkmale zu prüfen, ob sie den Charakter einer Umsatzsteuer hat oder nicht.

Diese Auffassung steht auch in Einklang mit der Rechtsprechung des Europäischen Gerichtshofs. So hat der EuGH eine im nationalen Recht der Niederlande als „Verbrauchsteuer" bezeichnete Abgabe („*Bijzondere Verbruiksbelasting van personenautos*") anhand ihrer objektiven Merkmale auf ihre Vereinbarkeit mit

---

[1041] Vgl. auch Ruppe, H. G., Verbot, in: Klein, F. (Hrsg.), Unternehmen, 1997, S. 973, Fn. 4

[1042] So auch Schlußanträge von GA Mischo v. 27.4.1989, verb. Rs. 93/88 und 94/88 „Wisselink", EuGHE 1989, S. 2696

[1043] Vgl. Novacek, E., Getränkesteuer, ÖStZ 1998, S. 53; implizit auch Sapusek, A., Steuerharmonisierung, 1997, S. 779

[1044] Vgl. hierzu beispielsweise EuGH-Urteil v. 8.7.1986, Rs. 73/85 „Kerrut", EuGHE 1986, S. 2239

Art. 33 Abs. 1 der 6. MWSt-RL hin untersucht.[1045] Ebenso ging der Gerichtshof bezüglich einer im portugiesischen Recht als *direito de registo* bezeichneten Stempelsteuer vor, obwohl dem Wortlaut des Art. 33 Abs. 1 der 6. MWSt-RL nach *direitos de registo* als Abgaben ohne den Charakter einer Umsatzsteuer angesehen werden.

Dieser Rechtsprechungspraxis ist uneingeschränkt Zustimmung zu schenken, da die Mitgliedstaaten ansonsten Art. 33 Abs. 1 der 6. MWSt-RL durch eine bloße Änderung der Bezeichnung für eine Abgabe umgehen könnten.

IV. Überlegungen zum Inhalt des Terminus der Abgaben mit dem Charakter von Umsatzsteuern anhand des Wortlauts

Damit Steuern, Abgaben und Gebühren unter das Verbot des Art. 33 Abs. 1 der 6. MWSt-RL fallen, müssen sie den Charakter von *Umsatzsteuern* aufweisen. Es stellt sich in diesem Zusammenhang die grundlegende Frage, wie dieses Tatbestandsmerkmal konkretisiert werden kann.

Zunächst einmal muß festgestellt werden, welchen Inhalt der Begriff *Umsatzsteuern* in diesem Zusammenhang von seinem Wortlaut her prinzipiell besitzen könnte. Dabei ist wiederum zu beachten, daß auch der Begriff *Umsatzsteuer* gemeinschaftsrechtlichen Charakter hat.[1046] Um eine einheitliche Auslegung in der gesamten Gemeinschaft zu gewährleisten, muß auch dieser Begriff autonom und „ohne Rückgriff auf die Bedeutung ähnlicher oder gleichlautender Rechtsbegriffe in den mitgliedstaatlichen Rechtsordnungen ausgelegt werden"[1047]. Nationale Begriffskategorien sind auch für die Auslegung des Begriffs *Umsatzsteuer* unbeachtlich.[1048] Im Gemeinschaftsrecht besitzen sämtliche Sprachversionen Verbindlichkeit. Daher ist es sinnvoll, vor der eigentlichen Interpretation des Begriffs Umsatzsteuer zunächst einmal einen vergleichenden Blick auf andere Sprachfassungen zu werfen.

[1045] Vgl. EuGH-Urteil v. 13.7.1989, verb. Rs. 93/88 und 94/88 „Wisselink", EuGHE 1989, S. 2700

[1046] Vgl. EuGH-Urteil v. 3.3.1988, Rs. 252/86 "Bergandi", EuGHE 1988, S. 1367ff.; Schlußanträge GA Mancini v. 15.12.1987, Rs. 252/86 „Bergandi", EuGHE 1988, S. 1356ff.

[1047] Grabitz, E. / Nettesheim, M., Steuern, EWS 1990, S. 251; vgl. auch Lohse, W. C., Zuordnung, 1999, S. 76; Oppermann, T., Europarecht, 1999, S. 682; Bleckmann, A., in: Bleckmann, A. (Hrsg.), Europarecht, 1997, S. 202

[1048] Vgl. Ohler, C., Integration, 1997, S. 161

Deutsch	**Englisch**	**Dänisch**	**Niederländisch**	**Finnisch**
Umsatzsteuern	turnover taxes	omsætningsafgift	omzetbelasting	liikevaihtoveroja
Italienisch	**Portugiesisch**	**Spanisch**	**Schwedisch**	**Französisch**
imposta sulla cifra d'affari	impostos sobre o volume de negócios	impuesto sobre el volumen de negocios	omsättningsskatter	taxes sur le chiffre d'affaires

An dieser Übersicht fällt auf, daß in sämtlichen Sprachversionen des Art. 33 Abs. 1 der 6. MWSt-RL der Begriff verwendet wird, der dem deutschen „Umsatzsteuern" entspricht.[1049] Insoweit besteht also zwischen den Sprachversionen kein Widerspruch, wodurch die Interpretation der Vorschrift etwas erleichtert wird.

Zur gemeinschaftsrechtlichen Konkretisierung des Begriffs Umsatzsteuer kann als erster Anhaltspunkt zunächst einmal der „übliche Wortsinn"[1050] herangezogen werden. Im Handwörterbuch der Wirtschaftswissenschaft werden Umsatzsteuern als Steuern definiert, welche „im wesentlichen die entgeltlichen Umsätze von Unternehmungen"[1051] belasten. Das International Tax Glossary enthält unter dem Stichwort „Turnover tax" folgende Definition:

„General term used to refer to the different forms of consumption and sales taxes; such taxes are generally ad valorem taxes , levied on sales of products, imports and supply of services."[1052]

Im „Lexique des termes juridiques" ist folgende Umschreibung von Umsatzsteuern zu finden:

„Appelation générique désignant, dans son sens large, un ensemble d'impôts indirects – voire de taxes parafiscales- présentant le caractère commun d'être calculés en pourcentage du prix des produits et des services imposés."[1053]

Aus den verschiedenen Definitionsansätzen läßt sich entnehmen, daß Umsatzsteuern der allgemeinen Sprachauffassung zufolge zum einen durch ihre Anknüpfung an kommerzielle Umsätze und zum anderen durch ihre Zielsetzung

---

[1049] Vgl. aber Novacek, E., Getränkesteuer, RdW 1997, S. 481, der bei seinen Ausführungen von der offensichtlich falschen Annahme ausgeht, daß in den nicht deutschsprachigen Versionen der Vorschrift der dem deutschen „Mehrwertsteuer" entsprechende Bergriff verwendet wird; vgl. auch Novacek, E., Getränkesteuer, ÖStZ 1996, S. 231; Novacek, E., Getränkesteuer, ÖStZ 1998, S. 52

[1050] Zuleeg, M., Auslegung, EuR 1969, S. 100

[1051] Bea, F., Umsatzsteuern, in: Albers, W. (Hrsg.), Handwörterbuch,1988, S. 27

[1052] Lyons, S., Glossary, 1996, S. 321

[1053] Vgl. Schlußanträge GA Mischo v. 27.4.1989, verb. Rs. 93/88 und 94/88 „Wisselink", EuGHE 1989, S. 2689 gekennzeichnet sind, letztlich den Endverbraucher belasten zu wollen.[1054] Dem allgemeinen Sprachgebrauch zufolge spielt offensichtlich weder die Anzahl der besteuerten Umsatzstufen noch das Vorhandensein oder Fehlen eines Rechts zum Abzug, noch der Anwendungsbereich für die Einordnung einer Abgabe als Umsatzsteuer eine Rolle.[1055] Diese sehr weite Auffassung vom Begriff *Umsatzsteuer* würde bedeuten, daß eine Vielzahl unterschiedlichster Abgaben darunter zu subsumieren wäre. Die demzufolge als Umsatzsteuern zu bezeichnenden Abgaben lassen sich anhand verschiedener Kriterien in eine systematische Ordnung bringen.

So ist eine Einteilung nach dem Anwendungsbereich der Steuern möglich. Demnach sind Umsatzsteuern, welche die Umsätze bezüglich aller Güter und Dienstleistungen erfassen (allgemeine Umsatzsteuern), von denjenigen zu unterscheiden, welche lediglich auf die Umsätze bestimmter Güter oder Dienstleistungen erhoben werden (spezielle Umsatzsteuern).

Ein weiteres Einteilungskriterium ist die Anzahl der Wirtschaftsstufen, auf denen die jeweilige Steuer erhoben wird. Diesbezüglich sind Steuern zu unterscheiden, welche lediglich auf einer (Einphasensteuer), mehreren (Mehrphasensteuer) oder allen (Allphasensteuer) Stufen des Wirtschaftsverkehrs erhoben werden.[1056] Als Beispiel für eine einphasige Umsatzsteuer können Einzelhandel- oder Großhandelumsatzsteuern genannt werden.

Neben diesen beiden Einteilungskriterium kann auch noch eine Abgrenzung der Brutto- von den Nettoumsatzsteuern erfolgen.[1057] Bruttoumsatzsteuern sind dabei mehrphasige Steuern, deren Berechnung auf jeder erfaßten Wirtschaftsstufe stets an die gesamte Bemessungsgrundlage anknüpft und die sich hieraus ergebende Steuer auch voll geschuldet wird. Bei Nettoumsatzsteuern wird dem Steuerpflichtigen dagegen eine bestimmte Abzugsmöglicheit bei der Bemessungsgrundlage für Vorumsätze oder aber bei der Steuerschuld für geleistete Vorsteuern gewährt. Ein Beispiel für eine Nettoumsatzsteuer ist die Mehrwertsteuer mit Vorsteuerabzug, welche demzufolge eine spezielle Ausprägung einer Umsatzsteuer darstellt.[1058]

[1054] Mauritzen, L., Turnover, International VAT Monitor 1997, S. 4; vgl. Terra, B. / Kajus, J., Guide, Stand: 1999, Part 1, S. 10

[1055] GA Mischo, Schlußanträge, Rs. 93/88 und 94/88, S. 2696

[1056] Vgl. Mauritzen, L., Turnover, International VAT Monitor 1997, S. 4; Novacek, E., Getränkesteuer, ÖStZ 1996, S. 231; Takacs, P., Steuerrecht, 1998, S. 219; vgl. Terra, B. / Kajus, J., Guide, Stand: 1999, Teil 1, S. 21; Dziadkowski, D. / Walden, P., Umsatzsteuer 1996, S. 4f.

[1057] Vgl. Novacek, E., Getränkesteuer, ÖStZ 1996, S. 231; Takacs, P., Steuerrecht, 1998, S. 219; vgl. Terra, B. / Kajus, J., Guide, Stand: 1999, Teil 1, S. 21; Dziadkowski, D. / Walden, P., Umsatzsteuer 1996, S. 4f.

[1058] Vgl. Johns, T., Grunderwerbsbesteuerung, 1992, S. 2; Lyons, S., Glossary 1996, S. 329

Wichtig ist also an dieser Stelle, festzuhalten, daß der allgemeine Sprachgebrauch den Begriff *Umsatzsteuer* somit als Oberbegriff für eine ganze Reihe anderer Steuern betrachtet. Zwar ist die bedeutendste unter diesen Steuern die *Mehrwertsteuer.*[1059] Außer der Mehrwertsteuer existieren aber eben auch noch zahlreiche andere Möglichkeiten, eine Umsatzsteuer auszugestalten.[1060] Der Begriff *Umsatzsteuer* ist also gegenüber dem Begriff der *Mehrwertsteuer* der umfassendere Begriff.[1061] Auch das Gemeinschaftsrecht scheint im Grundsatz von dieser Begriffshierarchie auszugehen. Die Begriffe *Umsatzsteuer* und *Mehrwertsteuer* werden in gemeinschaftsrechtlichen Vorschriften nämlich durchaus differenziert verwendet. So gebraucht beispielsweise Art. 93 [99] EGV den (weitgefaßten) Begriff der *Umsatzsteuern*, wohingegen die infolge der Harmonisierung der Umsatzsteuern entstandene gemeinsame Steuer als *Mehrwertsteuer* bezeichnet wird. Letzteres zeigt sich in Art. 2 der 1. MWSt-RL und in den Titeln der einzelnen Richtlinien zur Harmonisierung. Diese Differenzierung wird nicht nur in der deutschen Fassung der entsprechenden Vorschriften des Primär- und Sekundärrechts vorgenommen, sondern liegt auch den übrigen Sprachversionen zugrunde. Auch dort werden nämlich die dem deutschen *Umsatzsteuer* bzw. *Mehrwertsteuer* entsprechenden Begriffe nicht synonym gebraucht, sondern in Analogie zu den deutschsprachigen Bestimmungen ebenfalls im Sinne der oben dargestellten Begriffshierarchie. Die Übersicht zeigt, daß in allen Sprachen ein dem deutschen *Mehrwertsteuer* entsprechender Begriff existiert und verwendet wird, welcher sich eindeutig von demjenigen der Umsatzsteuer unterscheidet:

Deutsch	**Englisch**	**Dänisch**	**Niederländisch**	**Französisch**
Mehrwertsteuer	value added tax	mervaerdiafgift	belasting over de toegevoegde waarde	taxe sur le valeur ajoutee
Portugiesisch	**Spanisch**	**Schwedisch**	**Finnisch**	**Italienisch**
imposto sobre o valor acrescentado	impuesto sobre el valor añadido	mervärdeskatt	arvonlisäveroturva	imposta sul valore aggiunto

Folglich ist erwiesen, daß auch dem Gemeinschaftsrecht die allgemeine Auffassung nicht fremd ist, daß es sich bei einer Mehrwertsteuer um eine spezielle Ausprägung einer Umsatzsteuer handelt. Auch im Gemeinschaftsrecht ist damit prinzipiell anerkannt, daß die Mehrwertsteuer zwar zu den Umsatzsteuern ge-

1059 Lexique des termes juridique

1060 Vgl. Johns, T., Grunderwerbsbesteuerung, 1992, S. 2; vgl. auch Europäische Kommission (Hrsg.), Neumark-Bericht, 1962, S. 42f.; Terra, B., Taxation, 1988, S. 21-29; Terra, B., Systems, International VAT Monitor 1990, S. 3-9

1061 Vgl. Wasmeier, M., Umweltabgaben, 1995, S. 270; vgl. auch Schlußanträge GA Mancini v. 15.12.1987, Rs. 252/86 „Bergandi“, EuGHE 1988, S. 1356ff., wo die Mehrwertsteuer als ein Muster einer Umsatzsteuer bezeichnet wird;

hört, darüber hinaus aber noch eine Reihe anderer Arten von Umsatzsteuern existieren.[1062]
Da Art. 33 Abs. 1 der 6. MWSt-RL aber seinem Wortlaut nach Steuern, Abgaben und Gebühren untersagt, welche den Charakter von *Umsatzsteuern* besitzen, nicht aber solche, die den Charakter von *Mehrwertsteuern* aufweisen[1063], würde dies bedeuten, daß der Kreis der unzulässigen Abgaben weit gezogen ist.
Für einen weitgefaßten Anwendungsbereich des Verbots von Abgaben mit dem Charakter von Umsatzsteuern spricht vom Wortlaut her auch die Tatsache, daß Art. 33 Abs. 1 der 6. MWSt-RL nicht nur *Umsatzsteuern*, sondern Steuern mit dem *Charakter von Umsatzsteuern* untersagt. Der aus dem Griechischen stammende Begriff *Charakter* bedeutet übersetzt „das Eingeprägte". Der Charakter eines Untersuchungsobjektes setzt sich also daraus zusammen, was ihn prägt und damit eindeutig von anderen Untersuchungsobjekten unterscheidet. Der Charakter in seiner Gesamtheit läßt sich durch Charakteristika, also durch prägende, d.h. wesentliche Merkmale, beschreiben. Auf die hier interessierende Problematik bezogen würde dies bedeuten, daß zwei Abgaben dann denselben Charakter besitzen, wenn sie über die gleichen wesentlichen Merkmale verfügen. Auf eine vollständige Identität kommt es also für eine charakterliche Übereinstimmung demzufolge nicht an. Art. 33 Abs. 1 der 6. MWSt-RL würde allein dem Wortlaut nach nicht nur Umsatzsteuern im oben erläuterten Sinne verbieten, sondern darüber hinaus auch alle anderen Steuern, Abgaben und Gebühren, die zwar nicht alle, aber doch die wesentlichen Merkmale einer dieser Umsatzsteuern besitzen.

V. Die Funktion und Bedeutung des Art. 33 Abs. 1 der 6. MWSt-RL innerhalb des gemeinsamen Mehrwertsteuersystems

Der Wortlaut kann aber bei der Auslegung des Gemeinschaftsrechts niemals allein ausschlaggebend sein. Die Ergebnisse der Wortlautinterpretation können nur ein grober Anhaltspunkt oder eine Richtschnur für die endgültige Auslegung darstellen. Vor allem der teleologischen Auslegung kommt dabei über die Wortlautauslegung hinaus die größte Bedeutung zu.[1064] Im Rahmen der teleologischen Auslegung ist nach dem Sinn und Zweck einer Vorschrift oder einer Regelung innerhalb des Rechtssystems zu suchen und die Bestimmung unter Berücksichtigung dieser Erkenntnisse auszulegen. Auch der Europäische Gerichtshof mißt der teleologischen Interpretationsmethode große Bedeutung bei.

[1062] Vgl. Novacek, E., Getränkesteuer, ÖStZ 1998, S. 53
[1063] Vgl. Farmer, P. / Lyal, R., Tax, 1994, S. 134
[1064] Vgl. zu den Auslegungsmethoden auch Chevallier, R.-M., Interpretation, CMLR 1964, S. 21-35; s.a. Meyer, P., Auslegung, Jura 1994, S. 456

Dementsprechend hat der EuGH in der Rechtssache „Wilmot" entschieden, daß bei der Interpretation des Verbots von Steuern, Abgaben und Gebühren mit dem Charakter von Umsatzsteuern die Funktion des Art. 33 Abs. 1 der 6. MWSt-RL im Rahmen des gemeinsamen Mehrwertsteuersystems zu berücksichtigen ist.[1065] Artikel 33 Abs. 1 der 6. MWSt-RL sei „im Lichte der Ziele, die mit der Einführung eines gemeinsamen Mehrwertsteuersystems verfolgt wurden, zu prüfen."[1066] Demnach muß das Verbot von Abgaben mit dem Charakter von Umsatzsteuern unter Beachtung der „mit der Einführung eines gemeinsamen Mehrwertsteuersystems verbundenen Ziele"[1067] ausgelegt werden.
Demzufolge weist der EuGH beispielsweise in seinem Urteil in der Rechtssache „Bergandi" auf die Begründungserwägungen der 1. MWSt-RL hin und führt aus, daß die Hauptziele der Harmonisierung der Rechtsvorschriften über die Umsatzsteuern darin bestehen, „einen gemeinsamen Markt zu schaffen, auf dem ein gesunder Wettbewerb herrscht und der ähnliche Merkmale aufweist wie ein Binnenmarkt, sowie die Unterschiede der Besteuerung zu beseitigen, die geeignet sind, den Wettbewerb zu verfälschen und den freien Waren- und Dienstleistungsverkehr zu behindern."[1068] Zur Verwirklichung dieser Ziele sei „ein gemeinsames Mehrwertsteuersystem eingeführt worden.[1069] Der Europäische Gerichtshof argumentiert weiter, daß die Mitgliedstaaten ihre zum damaligen Zeitpunkt bestehenden Umsatzsteuern durch ein gemeinsames Mehrwertsteuersystem ersetzen mußten, „um gleiche Besteuerungsbedingungen für ein einzelnes Geschäft ohne Rücksicht auf den Mitgliedstaat, in dem es vorgenommen wird, zu schaffen."[1070] Aus „den gleichen Gründen"[1071], aus denen die Mitgliedstaaten ihre ursprünglichen Umsatzsteuern durch das gemeinsame System ersetzen mußten, gestatte es Art. 33 Abs. 1 der 6. MWSt-RL den Mitgliedstaaten nur dann, Steuern, Abgaben und Gebühren neben der harmonisierten Mehrwertsteuer einzuführen, wenn diese nicht den Charakter von Umsatzsteuern haben.[1072] Die Aufgabe des Art. 33 Abs. 1 der 6. MWSt-RL innerhalb des harmonisierten Mehrwertsteuersystems ist es der Rechtsprechung des EuGH zufolge also, gleiche Besteuerungsbedingungen für „ein einzelnes Geschäft ohne Rück-

[1065] Vgl. EuGH-Urteil v. 27.11.1985, Rs. 295/84 „Rousseau Wilmot", EuGHE 1985, S. 3764
[1066] EuGH-Urteil v. 3.3.1988, Rs. 252/86 "Bergandi", EuGHE 1988, S. 1370
[1067] EuGH-Urteil v. 19.2.1998, Rs. C-318/96 „SPAR", EuGHE 1998, Rdnr. 16
[1068] EuGH-Urteil v. 3.3.1988, Rs. 252/86 "Bergandi", EuGHE 1988, S. 1370; EuGH-Urteil v. 19.2.1998, Rs. C-318/96 „SPAR", EuGHE 1998, Rdnr. 16
[1069] Vgl. EuGH-Urteil v. 3.3.1988, Rs. 252/86 "Bergandi", EuGHE 1988, S. 1371
[1070] EuGH-Urteil v. 3.3.1988, Rs. 252/86 "Bergandi", EuGHE 1988, S. 1371 EuGH-Urteil v. 8.6.1999, verb. Rs. C-338/97, C-344/97 und C-390/97 "Erna Pelzl u.a.", Rdnr.18
[1071] EuGH-Urteil v. 3.3.1988, Rs. 252/86 "Bergandi", EuGHE 1988, S. 1371
[1072] Vgl. EuGH-Urteil v. 8.6.1999, verb. Rs. C-338/97, C-344/97 und C-390/97 "Erna Pelzl u.a.", Rdnr. 19

sicht auf den Mitgliedstaat, in dem es vorgenommen wird, zu schaffen."[1073] Aus diesen Überlegungen zieht der EuGH in ständiger Rechtsprechung den Schluß, daß der Zweck des Art. 33 Abs. 1 der 6. MWSt-RL darin bestehe, das *Funktionieren* des gemeinsamen Mehrwertsteuersystems vor bestimmten steuerlichen Maßnahmen der Mitgliedstaaten zu schützen.[1074] Auch in seinem letzten Urteil bezüglich den österreichischen Getränkesteuern bezeichnete es der EuGH wiederum als die Aufgabe des Art. 33 Abs. der 6. MWSt-RL das Funktionieren des Mehrwertsteuersystems zu schützen.
Was allerdings in diesem Zusammenhang unter dem *Funktionieren* des Mehrwertsteuersystems zu verstehen ist, wird aus der Rechtsprechung zunächst nicht deutlich, da nähere Erläuterungen hierzu fehlen.[1075] Aus dieser Umschreibung könnte man u. U. den Schluß ziehen, daß unter dem Begriff des Funktionierens des Mehrwertsteuersystems lediglich das rein technische Funktionieren der harmonisierten Mehrwertsteuer zu verstehen ist. Das technische Funktionieren der harmonisierten Mehrwertsteuer wäre beispielsweise gestört, wenn z.B. durch steuerrechtliche Maßnahmen der Mitgliedstaaten das Recht auf Vorsteuerabzug behindert würde oder aber zwingende Vorschriften der 6. MWSt-RL umgangen würden. Durch die allgemeine Sperrwirkung der Richtlinie unterliegt das harmonisierte Mehrwertsteuersystem allerdings bereits einem ausreichenden Schutz vor Umgehungen und Störungen seines technischen Funktionierens. Dieser Schutz durch die Sperrwirkung ist sogar nicht nur auf steuerliche Maßnahmen in Gestalt von Umsatzsteuern begrenzt, sondern umfaßt jegliche Maßnahme der Mitgliedstaaten, welche die harmonisierte Mehrwertsteuer rechtstechnisch konterkarieren. In diesem Zusammenhang ist noch einmal an den weiter oben erläuterten Fall der belgischen Zulassungssteuer erinnert, welche vom EuGH als eine Umgehung von Richtlinienbestimmung eingestuft wurde.
Es steht also fest, daß es der Bestimmung des Art. 33 Abs. 1 der 6. MWSt-RL nicht bedurft hätte, um das rein technische Funktionieren des harmonisierten Mehrwertsteuersystems zu schützen. Der Zweck des Verbotes von Steuern, Abgaben und Gebühren mit dem Charakter von Umsatzsteuern kann demzufolge nicht (nur) im Schutz des technischen Funktionierens des Mehrwertsteuersystems liegen, so daß dieser Aspekt bei der Auslegung des Art. 33 Abs. 1 der 6. MWSt-RL allenfalls ergänzend herangezogen werden kann.

[1073] Vgl. EuGH-Urteil v. 3.3.1988, Rs. 252/86 "Bergandi", EuGHE 1988, S. 1371 EuGH-Urteil v. 19.2.1998, Rs. C-318/96 „SPAR", EuGHE 1998, Rdnr. 20

[1074] Vgl. EuGH-Urteil v. 7.5.1992, Rs. C-347/90 „Bozzi", EuGHE 1992, S. I-2969; EuGH-Urteil v. 27.11.1985, Rs. 295/84 „Rousseau Wilmot", EuGHE 1985, S. 3769; EuGH-Urteil v. 3.3.1988, Rs. 252/86 "Bergandi", EuGHE 1988, S. 1372

[1075] Zur Kritik an der Urteilsbegründung des EuGH generell vgl. Everling, U., Urteile, EuR 1994, S. 128f.

Die Aufgabe des Art. 33 Abs. 1 der 6. MWSt-RL dürfte vielmehr darin bestehen, die Einheitlichkeit und Geschlossenheit der Umsatzbesteuerung in der Europäischen Gemeinschaft in Form der harmonisierten Mehrwertsteuer vor solchen steuerlichen Maßnahmen der Mitgliedstaaten zu schützen, welche letztlich die erreichte Geschlossenheit wieder auflösen würden. Durch Art. 33 Abs. 1 der 6. MWSt-RL soll die „Kohärenz und die Beständigkeit des gemeinsamen Systems“[1076] insgesamt gewährleistet werden. Der einheitliche „Fortbestand des gemeinsamen Systems“[1077] soll sichergestellt werden.
Art. 33 Abs. 1 der 6. MWSt-RL will solche steuerrechtlichen Maßnahmen der Mitgliedstaaten verhindern, welche „die Mehrwertsteuer überlagern und dabei die Einheitlichkeit des Systems beeinträchtigen“[1078]. Das Verbot von Steuern, Abgaben und Gebühren mit dem Charakter von Umsatzsteuern soll ein erneutes Auseinanderdriften der Steuersysteme unterbinden.[1079].
Die Einheitlichkeit und Geschlossenheit der Umsatzbesteuerung in Form der Mehrwertsteuer hat nämlich eine sehr große Bedeutung vor dem Hintergrund der Zielsetzungen des Gemeinschaftsrechts.
Das Ergebnis der Harmonisierungsbemühungen war die Einführung des gemeinsamen Mehrwertsteuersystems, welches zunächst einmal den Vorzug besitzt, im innergemeinschaftlichen Wirtschaftsverkehr eine weitgehende Wettbewerbsneutralität der Umsatzbesteuerung zwischen den Marktteilnehmern zu garantieren. Den völlig freien Verkehr innerhalb der Gemeinschaft vermag das derzeitige Besteuerungssystem nicht zu gewährleisten, aber zumindest wurde erreicht, daß keine umsatzsteuerlich bedingten Grenzkontrollen mehr vorgenommen werden. Diese Vorzüge sollen durch keine mitgliedstaatlichen Abgaben geschmälert werden, welche auf demselben Regelungsgebiet ergehen wie die harmonisierte Mehrwertsteuer.
Die Bedeutung der Sicherung der Einheitlichkeit und Geschlossenheit des Systems der Umsatzbesteuerung in Form der harmonisierten Mehrwertsteuer liegt aber über diesen Schutz des unverfälschten Wettbewerbs und des ungehinderten Grenzübertritts hinaus wohl auch darin, daß das harmonisierte Mehrwertsteuersystem als Ausgangsbasis für weitere Harmonisierungsschritte gesehen werden muß. Zur vollständigen Verwirklichung der Vertragsziele wird es letztlich unumgänglich sein, die Umsatzbesteuerung des innergemeinschaftlichen Geschäftsverkehrs auf eine Besteuerung nach dem Ursprungslandprinzip umzu-

1076 Schlußanträge GA Leger v. 27.2.1997, verb. Rs. C-370-372/95 „Careda SA“, EuGHE 1997, S. I-3728
1077 Schlußanträge GA Leger v. 13.3.1997, C-130/96 „Solisnor Estaleiros Navais“, EuGHE 1997, S. I-5058
1078 Schlußanträge GA Tesauro v. 30.1.1992, Rs. C-200/90 "Dansk Denkavit", EuGHE 1992 S. I-2232
1079 Vgl. Mick, M., Steuerkonzeption, 1995, S. 81

stellen. Daß darin das eigentliche „Endziel“ der Umsatzsteuerharmonisierung liegt, wurde bereits in der 1. MWSt-RL deutlich gemacht. Ein erneutes Auseinanderdriften der Steuersysteme der Mitgliedstaaten der Europäischen Gemeinschaft würde letztlich die Verwirklichung echter binnenmarktkonformer Verhältnisse behindern, wenn nicht sogar verhindern. Insbesondere vor diesem Hintergrund erscheint es daher unerläßlich, das „gemeinschaftsrechtliche Rechtsetzungsmonopol“[1080] auf dem Gebiet der Umsatzbesteuerung vor Maßnahmen der Mitgliedstaaten zu schützen.

Das Verbot von Steuern, Abgaben und Gebühren mit dem Charakter von Umsatzsteuern hat seinen Grund also darin, daß die Umsatzbesteuerung in den Mitgliedstaaten der Gemeinschaft einheitlich in Form eines gemeinsamen Mehrwertsteuersystems vorgenommen werden soll.[1081] Autonome Maßnahmen der Mitgliedstaaten würden wiederum eine Zersplitterung der Umsatzbesteuerung nach sich ziehen und werden daher von Art. 33 der 6. MWSt-RL untersagt. Der Bereich der Umsatzbesteuerung sollte durch die Einführung des gemeinsamen Mehrwertsteuersystems abschließend geregelt werden. Steuerliche Maßnahmen, die letztlich dieselben Lebenssachverhalte regeln wie die harmonisierte Mehrwertsteuer sind zu unterbinden.

In diesem Sinne dürften letztlich auch die Ausführungen des Europäischen Gerichtshofes zum Sinn und Zweck des Art. 33 der 6. MWSt-RL zu verstehen sein. Daß nämlich auch der Gerichtshof davon ausgeht, daß die Vorschrift des Art. 33 Abs. 1 der 6. MWSt-RL Maßnahmen der Mitgliedstaaten untersagt, welche in einem Bereich ergehen, der von der Gemeinschaft abschließend geregelt werden sollte, läßt sich auch daraus ablesen, daß der EuGH die Auffassung vertritt, Art. 33 Abs. 1 der 6. MWSt-RL wolle Abgaben verbieten, die den Waren- und Dienstleistungsverkehr in einer mit der harmonisierten Mehrwertsteuer vergleichbaren Art und Weise belasten.[1082] Dies hat der Gerichtshof in seiner Rechtsprechung immer wieder betont.[1083] Steuern, „die den Waren- und Dienstleistungsverkehr belasten und kommerzielle Umsätze in der die Mehrwertsteuer kennzeichnenden Art und Weise erfassen"[1084] sind demnach von Art. 33 der 6.

[1080] Birkenfeld, W., Rechtsverwirklichung, StuW 1998, S. 58

[1081] Schlußanträge GA Leger v. 13.3.1997, C-130/96 „Solisnor Estaleiros Navais“, EuGHE 1997, S. I-5058

[1082] Vgl. EuGH-Urteil v. 31.3.1992, Rs. C-200/90 „Dansk Denkavit“, EuGHE 1992, S. I-2246; auch EuGH-Urteil v. 17.9.1997, Rs. 28/96 „Fricarnes“, EuGHE 1997, S. I-4956

[1083] EuGH-Urteil v. 7.5.1992, Rs. C-347/90 „Bozzi“, EuGHE 1992, S. I-2969; EuGH-Urteil v. 26.6.1997, Rs. C-370-372/95 „Careda SA“, EuGHE 1997, S. I-3742; entsprechend EuGH-Urteil v. 7.5.1992, Rs. C-347/90 „Bozzi“, EuGHE 1992, S. I-2969

[1084] EuGH-Urteil v. 27.11.1985, Rs. 295/84 „Rousseau Wilmot“, EuGHE 1985, S. 3769; ebenso EuGH-Urteil v. 3.3.1988, Rs. 252/86 "Bergandi", EuGHE 1988, S. 1372; auch Vgl. EuGH-Urteil v. 13.7.1989, verb. Rs. 93/88 und 94/88 „Wisselink“, EuGHE 1989, S. 2706; EuGH-Urteil v. 19.3.1991, Rs. 109/90 „Giant“, EuGHE 1991, S. I-1397; ebenso in

MWSt-RL untersagt. Ein solches an die Mitgliedstaaten gerichtetes Verbot von steuerrechtlichen Maßnahmen, welche den gleichen Regelungsbereich und die gleiche Wirkung besitzen wie die harmonisierte Umsatzsteuer in Form der Mehrwertsteuer, ist auch mit den primärrechtlichen Vorschriften zu vereinbaren. Vor allem dessen Bedeutung für die Erhaltung bzw. Schaffung einer Ausgangsbasis für die weitere Harmonisierung hin zu einem wirklichen steuerlichen Binnenmarkt macht deutlich, daß ein derartiges Verbot durchaus „im Interesse des Gemeinsamen Marktes“[1085] ist. Es ist auch „notwendig“ für den Binnenmarkt, da dessen Verwirklichung durch eine erneute Rechtszersplitterung innerhalb der Gemeinschaft behindert wird. Letztlich dient Art. 33 Abs. 1 der 6. MWSt-RL der Absicherung des *aquis communautaire*. Diese Überlegungen bezüglich seiner Funktion müssen bei der Auslegung des Art. 33 Abs. 1 der 6. MWSt-RL Beachtung finden.

VI. Überblick über die bisherigen Verfahrensgegenstände vor dem Europäischen Gerichtshof

Wie bereits erwähnt, hatte der Europäische Gerichtshof seit dem Inkrafttreten der 6. MWSt-RL bereits mehrfach Gelegenheit, zu konkreten mitgliedstaatlichen Abgaben und ihrer Vereinbarkeit mit Art. 33 Abs. 1 der 6. MWSt-RL Stellung zu nehmen. Diese Abgaben sollen an dieser Stelle jeweils in groben Zügen vorgestellt werden, um im Rahmen der weiteren Ausführungen jeweils einen konkreten Bezugspunkt zu besitzen. Dies wiederum dient der Anschaulichkeit.
Das erste Mal hatte sich der Gerichtshof mit Art. 33 der 6. MWSt-RL in der Rechtssache C-295/84 **„Rousseau Wilmot“** auseinanderzusetzen.
Dabei ging es um einen Solidaritätsbeitrag und eine Abgabe für gegenseitige Hilfe („contribution sociale de solidarité et taxe d'entr'aide“), welche in Frankreich jährlich durch die *Caisse de compensation de l'Organisation autonome nationale de l'industrie et du commerce* (Organic) von Handelsgesellschaften erhoben wurden. Die Höhe der Abgabe belief sich auf 0,1% des Gesamtumsatzes des vorausgegangenen Jahres.[1086]

Der Rechtssache C-252/86 **„Gabriel Bergandi“** lag wiederum eine französische Abgabe zugrunde.[1087] Die sog. Staatsabgabe auf Spielautomaten wurde gem. Art. 564 des *Code Général des Impôts* auf Automaten erhoben, welche an öf-

der jüngeren Vergangenheit EuGH-Urteil v. 17.9.1997, Rs. 130/96 „Solisnor Estaleiros Navais“, S. I-5070; EuGH-Urteil v. 3.3.1988, Rs. 252/86 "Bergandi", EuGHE 1988, S. 1372

[1085] Vgl. Art. 93 [99] EGV in seiner alten Fassung

[1086] Vgl. GA Mancini, Schlußanträge im Fall 295/84, S. I-3760

[1087] Vgl. hierzu Lonbay, J., Cases, European Law Review 1989, S. 55

fentlichen Orten aufgestellt waren und Bilder, Töne oder Unterhaltung im weitesten Sinne lieferten. Die Abgabe bestand aus einem festen Betrag zwischen 500 FF und 5000 FF pro Jahr und wurde jeweils zum Zeitpunkt der gesetzlich vorgeschriebenen jährlichen Erklärung über die Inbetriebnahme der Automaten vom Betreiber geschuldet.

In den verbundenen Rechtssachen C-93/88 und C-94/88 („**Wisselink & Co. BV u.a.**)[1088] hatte sich der EuGH mit der niederländischen *Bijzondere Verbruiksbelasting van personenautos* zu befassen. Diese Steuer wurde auf die Lieferung und Einfuhr von Personenkraftwagen erhoben und auf der Grundlage des Betrags berechnet, der beim Verkauf des Fahrzeugs an eine Person, welche zum Zeitpunkt der Ausstellung des Kraftfahrzeugscheins nicht Unternehmer war, in Rechnung gestellt wurde.[1089] Bei neuen Fahrzeugen entsprach die Besteuerungsgrundlage jedoch mindestens dem Katalogpreis, bei Gebrauchtfahrzeugen mindestens einem vom Katalogpreis eines entsprechenden Neufahrzeuges abgeleiteten Wert.[1090] Die Steuer wurde nur einmal zum Zeitpunkt der Einfuhr oder der Lieferung des Fahrzeugs erhoben. Wurde ein eingeführtes Fahrzeug im Neuzustand wieder ausgeführt, war eine Erstattung der Steuer möglich.

Gegenstand der Rechtssache C-109/90 „**Giant NV**" war eine in Belgien von der Gemeinde Overijse erhobene Abgabe. Jeder, der gewöhnlich oder gelegentlich im Gebiet der Gemeinde öffentliche Darbietungen oder Vergnügungen veranstaltet und von den Besuchern oder Teilnehmern dafür ein Eintrittsgeld verlangt, schuldete nach der Steuerordnung der Gemeinde eine Steuer, welche auf Grundlage des Bruttobetrags aller Einnahmen berechnet wurde.[1091] Zu diesen Gesamteinnahmen zählten die Eintritts-, Miet-, Garderobengelder, die Einnahmen aus dem Verkauf von Programmen, Tanzkarten, die Einnahmen aus sämtlichem Konsum sowie jede andere Art von Einnahme.[1092] Auf diesen Gesamtbetrag wurde jährlich eine Steuer in Höhe von 25% erhoben.[1093]

Gegenstand der Rechtssache C-200/90 „**Dansk Denkavit**" war die damals in Dänemark erhobene Arbeitsmarktabgabe („lov om arbejdsmarkedsbidrag").[1094] Diese Abgabe wurde auf die Herstellung und die Lieferung von Gegenständen,

[1088] Vgl. hierzu Thiel, S. v., BVP, Weekblad v. 24.8.1989, S. 930-939; s.a. Grotenhuis, A., BVB, Weekblad voor fiscaalrecht v. 8.12.1988, S. 1599-1609
[1089] Vgl. Sitzungsbericht, S. 2673
[1090] Vgl. Sitzungsbericht, S. 2673
[1091] Vgl. Sitzungsbericht, S. I-1386
[1092] Vgl. Sitzungsbericht, S. I-1387
[1093] Vgl. Sitzungsbericht, S. I-1387
[1094] Vgl. hierzu auch Nielsen, T., Tilbagebetaling, Skattepolitisk Oversigt 1992, S. 246ff.

die Erbringung von mehrwertsteuerpflichtigen Dienstleistungen und darüber hinaus auf verschiedene von der Mehrwertsteuer befreite Dienstleistungen erhoben. Bei Unternehmen, welche auch der Mehrwertsteuerpflicht unterlagen, wurde die Abgabe aufgrund ausdrücklicher Verweisung auf das Mehrwertsteuergesetz auf Grundlage derselben Bemessungsgrundlage wie die Mehrwertsteuer zu einem Satz von 2,5% ermittelt.
Von der Besteuerungsgrundlage konnte der Wert der dem abgabenpflichtigen Unternehmen gelieferten Gegenstände und erbrachten Dienstleistungen abgezogen werden.[1095] War der Wert der Käufe höher als der Wert der von dem jeweiligen Unternehmen selbst erbrachten Lieferungen und Dienstleistungen, erhielt der Unternehmer eine Erstattung in Höhe von 2,5 % des Differenzbetrags.
Der Arbeitsmarktbeitrag wurde unter analoger Anwendung des Mehrwertsteuergesetzes auf der Grundlage der Mehrwertsteuererklärung der Unternehmen festgesetzt. Die Abgabe wurde nicht gesondert in den Rechnungen der Unternehmer ausgewiesen und war Bestandteil der Besteuerungsgrundlage der Mehrwertsteuer.

Eine weitere Entscheidung des EuGH erging in der Rechtssache C-347/90 **„Aldo Bozzi“**. In Italien mußten alle Rechtsanwälte und Rechtsbeistände („procuratori legali“) Mitglied der *Cassa di Previdenza*[1096] sein, an die ein einkommensabhängiger Beitrag sowie ein sog. zusätzlicher Beitrag zu entrichten war. Dieser zusätzliche Beitrag bestand aus einem Betrag von 2% auf diejenigen Vergütungen für die Tätigkeiten der Anwälte, welche auch im Jahresumsatz i.S.d. Mehrwertsteuergesetzes enthalten waren. Der zusätzliche Beitrag fiel auch an, wenn die Vergütung von den jeweiligen Klienten tatsächlich noch nicht bezahlt worden war. Auf jeden Fall war ein Mindestbetrag zu entrichten. Die Einnahmen des Anwalts in Höhe des zusätzlichen Beitrags wurden bei der Ermittlung der Besteuerungsgrundlage für die Mehrwertsteuer außer Ansatz gelassen.

In der Rechtssache C-208/91 **„Raymond Beaulande“** ging es um eine französische Eintragungsgebühr beim Erwerb von Baugrundstücken.
Nach französischem Recht unterlag gem. Art. 257 Abs. 7 des *code général des impôts* die Herstellung bzw. Lieferung von Immobilien der Mehrwertsteuer. Daneben wurde eine Publizitätssteuer bzw. Eintragungsgebühr erhoben.
Der Erwerb eines unbebauten oder mit zum Abriß bestimmten Gebäuden bebauten Grundstücks war gem. Art. 691 *code général des impôts* von dieser Eintragungsgebühr befreit, falls sich der Erwerber im Kaufvertrag verpflichtet hatte,

---

[1095] Den steuerpflichtigen Unternehmen wurde also ein Vorumsatzabzug eingeräumt.
[1096] Kurz für *Cassa di Previdenza ed Assistenza a favore degli Avvocati e die Procuratori legali*

innerhalb von vier Jahren das Grundstück zu bebauen. Wurde nach Ablauf der Vier-Jahres-Frist der Nachweis von Bauarbeiten nicht erbracht, war die Eintragungsgebühr zuzüglich 6% nachzuentrichten.
Darüber hinaus war vorgesehen, daß auf die Eintragungsgebühr ggf. die Mehrwertsteuer angerechnet wurde.[1097]

Die Rechtssachen C-347/95 „**UCAL**" betrafen verschiedene portugiesische Vermarktungsabgaben auf Milchprodukte, Fleisch, Innereien und Eier, Rind-, Schaf- und Ziegenfleisch, sowie auf Schweinefleisch.[1098]
Der Fall C-28/96 „**Fricarnes**" schließlich betraf ebenfalls die portugiesischen Vermarktungsabgaben auf Fleischprodukte. Die Abgaben wurden auf inländisches oder eingeführtes und zum öffentlichen Verbrauch bestimmtes frisches oder gefrorenes Fleisch sowie derartige Schlachtabfälle und Eier zu festen Sätzen pro Kilogramm erhoben.[1099]

In der Rechtssache C-370/95 „**Careda**" war eine spanische Abgabe auf Gewinnspiele, Wetten oder Glücksspiele sowie eine diesbezügliche Ergänzungsabgabe Gegenstand des Verfahrens.[1100] Diese „Glücksspielsteuer" wurde immer zum Zeitpunkt der Genehmigung bzw. im Zeitpunkt der Veranstaltung eines entsprechenden Spieles fällig. Als Abgabepflichtige waren diejenigen Unternehmer vorgesehen, deren Tätigkeit die Veranstaltung von Glücksspielen umfaßt.[1101] Bemessungsgrundlage waren bei Kasinos die Bruttoeinnahmen aus der Veranstaltung von Glücksspielen. Wurden die Glücksspiele in anderen Lokalen oder Örtlichkeiten veranstaltet, wurde die Steuer auf Grundlage der Beiträge berechnet, welche die Spieler für ihre Teilnahme an den Glücksspielen entrichteten. Ursprünglich wurde auf diese Bemessungsgrundlagen ein Steuersatz von 20% angewendet. Später aber wurde die Steuer zu einem Festbetrag erhoben.

Im Fall C-130/96 „**Solisnor-Estaleiros Navais SA**" ging es um eine portugiesische Stempelsteuer, welche in der *Tabela Geral do Imposto do Selo* geregelt war. Die fragliche Stempelsteuer wurde auf alle in der *Tabela Geral do Imposto do Selo* aufgeführten Dokumente, Bücher, Papiere, Akten und Erzeugnisse, insbesondere auch auf Werkverträge und Lieferungen von Material oder Verbrauchsartikeln erhoben. Die Höhe der Stempelsteuer errechnete sich unter An-

[1097] Vgl. Sitzungsbericht, S. I-6710
[1098] Vgl. GA Tesauro, G., Schlußanträge, Rs. 347/95, S. I-4914
[1099] Vgl. EuGH-Urteil v. 17.9.1997, S. I-4945;
[1100] Vgl. GA Léger, P., Schlußanträge im Fall C-370/95, S. I-3723; vgl. hierzu García Campos, M / Zornoza Pérez, J., Tasa, Impuestos 1997, S. 525-527
[1101] Vgl. GA Léger, P., Schlußanträge im Fall C-370/95, S. I-3724

wendung eines je nach Vertragsgegenstand differenzierten Satzes auf den Gegenwert des Vertrages.

Das nächste Urteil des Gerichtshofes in der Rechtssache C-318/96 „**SPAR**" beschäftigte sich mit der schon in anderem Zusammenhang angesprochenen österreichischen Kammerumlage. Insofern kann auf diese Ausführungen verwiesen werden.

Im Rahmen der Rechtssache C-338/97 „**Pelzl**" wurden die in bestimmten Bundesländern Österreichs erhobenen Fremdenverkehrsabgaben einer Prüfung unterzogen. In der Steiermark mußten sämtliche Personen, die wirtschaftlich unmittelbar oder mittelbar am Tourismus in diesem Bundesland interessiert sind und eine gewerbliche oder berufliche Tätigkeit in der Steiermark selbständig ausübten, jährlich sog. Interessentenbeträge an die Tourismusverbände entrichten. Die Höhe der Fremdenverkehrsabgaben wurde durch verschiedene Kriterien beeinflußt, welche den vermutlichen Nutzen des Unternehmers aus dem Fremdenverkehr abbilden sollten. Dies war beispielsweise die touristische Bedeutung der Sitzgemeinde sowie die Berufsgruppe des Unternehmers. Neben diesen Kriterien war die Höhe des Gesamtumsatzes im Sinne des Umsatzsteuerrechts des jeweils zweitvorangegangenen Jahres vorgesehen. Die drei Einflußfaktoren waren in Tabellen eingearbeitet worden, aus denen die Höhe der Beiträge abzulesen war. Hieraus ergaben sich auch bestimmte Mindest- und Höchstbeträge. Im Bundesland Tirol war eine Pflichtmitgliedschaft in einem Tourismusverband für alle die Unternehmer i.S.d. Umsatzsteuergesetzes vorgesehen, welche unmittelbar oder mittelbar Interesse am Fremdenverkehr haben. Zwecks der Erhebung der Beiträge zu den Verbänden wurden die Unternehmer anhand der Berufsgruppe und der Bedeutung ihres Sitzortes für den Tourismus in Beitragsklassen eingestuft. Die Berechnung der Beiträge wurde auf der Grundlage des erzielten Jahresumsatzes vorgenommen, allerdings nur so weit, als sich dieser wenigstens mittelbar auf den Fremdenverkehr zurückführen ließ. In Kärnten war von selbständigen Erwerbstätigen, die Nutzen aus dem Fremdenverkehr ziehen, eine jährliche Abgabe zu entrichten. Bezüglich der in einer Anlage zu dem einschlägigen Gesetz aufgeführten Tätigkeiten bestand die (widerlegbare) Vermutung für einen Nutzen aus dem Tourismus. Die Berechnung der Abgabe setzte am steuerpflichtigen Umsatz im Sinne des österreichischen Umsatzsteuergesetzes des zweitvorangegangenen Jahres an. Hierauf wurde ein variierender Promillesatz angewandt. Zudem gab es noch eine Mindestbetragsregelung.

Das vorläufig letzte Mal mit Art. 33 der 6. MWSt-RL hatte sich der Gerichtshof in der Rechtssache C-437/97 „**Evangelischer Krankenhausverein Wien u.a.**" zu befassen. Dabei ging es um die in Österreich erhobenen Getränkesteuern. Die österreichischen Gemeinden besitzen das Recht, auf die entgeltliche Lieferung von Getränken und Speiseeis Abgaben in Höhe von 10% des Entgelts bei Speiseeis und alkoholischen Getränken, sowie in Höhe von 5% des Entgelts bei alkoholfreien Getränken zu erheben. Das Entgelt ist entsprechend dem österreichischen Umsatzsteuergesetz zu ermitteln, wobei die Umsatzsteuer, das Bedienungsgeld und die Getränkesteuer selbst nicht zum Entgelt zählen. Insbesondere von Wien und den oberösterreichischen Gemeinden werden derartige Getränkesteuern erhoben.

VII. Deduktion der Merkmale einer Umsatzsteuer i.S.v. Art. 33 der 6. MWSt-RL unter Berücksichtigung der Rechtsprechung des EuGH

1. Allgemeines

Wie bereits erwähnt, hängt nach der Rechtsprechung des EuGH das Vorliegen einer verbotenen Umsatzsteuer i.S.d. Art. 33 der 6. MWSt-RL davon ab, ob sie „den Waren- und Dienstleistungsverkehr belastet und kommerzielle Umsätze in der die Mehrwertsteuer kennzeichnenden Art und Weise erfaßt."[1102]
In der Urteilsbegründung zum Fall „Beaulande" hat der Gerichtshof erstmals die Formulierung gebraucht, daß dies bei Steuern, Abgaben und Gebühren, welche die wesentlichen Merkmale der Mehrwertsteuer aufweisen, **auf jeden Fall** zutrifft und solche Abgaben dann auf jeden Fall als Umsatzsteuern im Sinne des Art. 33 Abs. 1 der 6. MWSt-RL anzusehen sind.[1103] Auch in der Rechtssache „Solisnor" argumentierte das Gericht, daß Steuern, Abgaben und Gebühren, die die wesentlichen Merkmale der Mehrwertsteuer aufweisen, als unzulässige Maßnahmen anzusehen sind.[1104] Hierauf verweisen auch die Urteile in den Rechtssachen „SPAR" und „Pelzl".[1105] In der vorläufig letzten verhandelten Rechtssache bezüglich der österreichischen Getränkesteuern argumentierte der EuGH in seinem Urteil, daß von Art. 33 Abs. 1 der 6. MWSt-RL verbotene Maßnahmen „zumindest Steuern, Abgaben und Gebühren [sind], die die wesentlichen Merkmale der Mehrwertsteuer aufweisen"[1106].

[1102] EuGH-Urteil v. 19.3.1991, Rs. 109/90 „Giant", EuGHE 1991, S. I-1397; EuGH-Urteil v. 8.6.1999, verb. Rs. C-338/97, C-344/97 und C-390/97 "Erna Pelzl u.a.", Rdnr. 20
[1103] Vgl. EuGH-Urteil v. 16.12.1992, Rs. C-208/91 „Beaulande", S. I-6731
[1104] Vgl. EuGH-Urteil v. 17.9.1997, Rs. C-130/96 „Solisnor Estaleiros Navais", S. I-5070
[1105] Vgl. EuGH-Urteil v. 19.2.1998, Rs. C-318/96 „SPAR", EuGHE 1998, Rdnr. 22; EuGH-Urteil v. 8.6.1999, verb. Rs. C-338/97, C-344/97 und C-390/97 "Erna Pelzl u.a.", Rdnr. 20
[1106] EuGH-Urteil v. 9.3.2000, Rs. C- 437/97 „Wein & Co.", Rdnr. 21

Die Erhebung von Steuern, Abgaben und Gebühren, welche die wesentlichen Merkmale der Mehrwertsteuer aufweisen, wird also der Judikatur des EuGH zufolge **in jedem Fall** von Art. 33 Abs. 1 der 6. MWSt-RL untersagt.[1107]
Um festzustellen, ob eine Abgabe die wesentlichen Merkmale der Mehrwertsteuer aufweist, geht der EuGH in seiner Rechtsprechung stets von der in Art. 2 der 1. MWSt-RL enthaltenen grundlegenden Umschreibung des gemeinsamen Mehrwertsteuersystems aus. Dieser Umschreibung zufolge beruht das gemeinsame Mehrwertsteuersystem

„auf dem Grundsatz, daß auf *Gegenstände* und *Dienstleistungen* bis zur *Einzelhandelstufe einschließlich*, ungeachtet der Zahl der Umsätze, die auf den vor der Besteuerungsstufe liegenden Produktions- und Vertriebsstufen bewirkt wurden, eine *allgemeine*, zum *Preis* der Gegenstände und Dienstleistungen *genau proportionale Verbrauchsteuer* anzuwenden ist. Jedoch wird bei allen Umsätzen die Mehrwertsteuer nur abzüglich des Mehrwertsteuerbetrags geschuldet, der die verschiedenen Kostenelemente unmittelbar belastet hat. Der Mechanismus des *Vorsteuerabzugs* ist durch Artikel 17 Absatz 2 der Sechsten Richtlinie so ausgestaltet, daß die Steuerpflichtigen befugt sind, von der von ihnen geschuldeten Mehrwertsteuer die Mehrwertsteuer abzuziehen, mit der die Gegenstände bereits vorher belastet worden sind."[1108]

Auf der Grundlage dieser Umschreibung hat der Europäische Gerichtshof in ständiger Rechtsprechung die Merkmale herausgearbeitet, welche seiner Meinung nach als wesentlich für die Mehrwertsteuer anzusehen sind. Diese Merkmale werden nachfolgend unter Berücksichtigung der einschlägigen Urteile dargestellt und dahingehend kritisch beurteilt, ob diese sich jeweils im Hinblick auf die oben dargestellten Funktionen des Art. 33 im System der harmonisierten Mehrwertsteuer jeweils eignen.

2. Die steuertechnischen Merkmale einer Umsatzsteuer i.S.v. Art. 33 Abs. 1 der 6. MWSt-RL

a) Anknüpfung an entgeltliche Lieferungen und Dienstleistungen

Auf der Grundlage der soeben erläuterten Überlegungen hat der Gerichtshof in seiner Entscheidung in der Rechtssache „Bergandi" die fundamentale Feststel-

[1107] Vgl. EuGH-Urteil v. 31.3.1992, Rs. C-200/90 „Dansk Denkavit", EuGHE 1992, S. I-2246; Hervorhebung durch den Verfasser; vgl. auch EuGH-Urteil v. 7.5.1992, Rs. C-347/90 „Bozzi", EuGHE 1992, S. I-2969; EuGH-Urteil v. 17.9.1997, Rs. C-28/96 „Fricarnes", EuGHE 1997, S. I-4956

[1108] Vgl. EuGH-Urteil v. 13.7.1989, verb. Rs. 93/88 und 94/88 lung getroffen, daß „eine Steuer, die lediglich auf die Bereitstellung eines Gegenstandes für die Öffentlichkeit gelegt wird, ohne daß es auf dessen tatsächliche Benutzung ankommt, und die nicht von den durch diese Bereitstellung erzielten Einnahmen abhängt“[1109], insofern nicht den Charakter einer Umsatzsteuer i.S.d. Art. 33 Abs. 1 der 6. MWSt-RL aufweisen könne. Bezüglich der österreichischen Kammerumlagen in der Rechtssache „SPAR“ begründete der Gerichtshof seine Auffassung, daß diese mit Art. 33 Abs. 2 der 6. MWSt-RL vereinbar seien, u.a. zu Recht damit, daß diese nicht an „Lieferungen von Gegenständen, Dienstleistungen und Einfuhren“[1110] anknüpften. Bei der Beurteilung der niederländischen BVB im Fall „Wisselink“ ging der Gerichtshof davon aus, daß aufgrund der Anknüpfung der Abgabe an die Lieferung von Personenkraftwagen diesbezüglich zwar ein Merkmal einer Umsatzsteuer erfüllt war, die Abgabe aus anderen Gründen nicht gegen Art. 33 der 6. MWSt-RL verstoßen hat.[1111] Die dänische Arbeitsmarktabgabe[1112] wurde unter anderem auch deshalb vom EuGH als verbotenen Umsatzsteuer i.S.d. Art. 33 der 6. MWSt-RL angesehen, weil sie ebenso wie die harmonisierte Mehrwertsteuer auf Lieferungen und Dienstleistungen erhoben wurde.[1113]

Aus den genannten Urteilspassagen wird deutlich, daß der EuGH die Anknüpfung an entgeltliche Lieferungen von Gegenständen oder an entgeltliche Dienstleistungen als „ein essentielles Kennzeichen“[1114] einer Umsatzsteuer i.S.d. Art. 33 Abs. 1 der 6. MWSt-RL ansieht. Dem ist zuzustimmen, da anhand dieses Merkmals auch eine eindeutige Abgrenzung gegenüber den besonderen Verbrauchsteuern i.S.v. Akzisen möglich ist. Diese knüpfen nämlich regelmäßig nicht an entgeltliche Lieferungen oder Dienstleistungen an, sondern an tatsächliche Vorgänge wie beispielsweise die Entfernung einer verbrauchsteuerpflichtigen Ware aus dem Herstellungsbetrieb.[1115]

Betrachtet man die Anknüpfung einer Abgabe an entgeltliche Lieferungen und Dienstleistungen zu Recht als wesentliches Merkmal einer Umsatzsteuer i.S.v.

1109 EuGH-Urteil v. 3.3.1988, Rs. 252/86 “Bergandi”, EuGHE 1988, S. 1372, Tz. 16

1110 EuGH-Urteil v. 19.2.1998, Rs. C-318/96 „SPAR“, EuGHE 1998, Tz. 25

1111 Vgl. EuGH-Urteil v. 13.7.1989, verb. Rs. 93/88 und 94/88 „Wisselink“, EuGHE 1989, S. 2707

1112 Zu Einzelheiten zu der Ausgestaltung dieser Abgabe vgl. Dekov, E., Contributions, International VAT Monitor 11/1993, S. 12-13; Arndt, H.-W., Diskriminierungsverbot, DStR 1989, S. 472-474 beschäftigt sich ebenfalls mit der Ausgestaltung dieser Abgabe

1113 Vgl. EuGH-Urteil v. 31.3.1992, Rs. 200/90 „Dansk Denkavit“, EuGHE 1992, S. 2247; vgl. auch Arndt, H.-W., Diskriminierungsverbot, DStR 1989, S. 475

1114 Wasmeier, M., Umweltabgaben, 1995, S. 273 mit Hinweis auf EuGH-Urteil v. 6.10.1970, Rs. 9/70 „Grad / Finanzamt Traunstein“, EuGHE 1970, S. 840;

1115 Vgl. Jatzke, H., Verbrauchsteuerharmonisierung, 1997, S. 53; Janssen, B., Umsatzsteuer, DStZ 1990, S. 35

Art. 33 Abs. 1 6. MWSt-RL, befindet man sich im übrigen auch in Einklang mit der allgemeinen Sprachauffassung über den Inhalt des Begriffs *Umsatzsteuer*.

b) Erfassung der Lieferungen und Dienstleistungen auf mehreren bzw. allen Wirtschaftsstufen

In seinem Urteil in der Rechtssache „Giant" bezüglich der belgischen Vergnügungsteuer hob der EuGH in seiner Urteilsbegründung besonders hervor, daß diese Abgabe nicht auf jeder Stufe des Wirtschaftsverkehrs erhoben wurde und u.a. deshalb keine Umsatzsteuer i.S.v. Art. 33 der 6. MWSt-RL sein könne.[1116] Im Urteil „Wisselink" führte der Gerichtshof aus, daß die zu untersuchende niederländische Steuer Handelsgeschäfte nicht in einer der Mehrwertsteuer vergleichbaren Weise betrifft, „denn sie wird nur einmal, im Zeitpunkt der Lieferung durch den Hersteller oder der Einfuhr, angewandt."[1117] Unter anderem dieses Merkmal führte letztlich dazu, daß der EuGH die Abgabe als mit Art. 33 Abs. 1 der 6. MWSt-RL zu vereinbarende Steuer betrachtete.[1118] Bezüglich der österreichischen Getränkesteuern stellte der Generalanwalt in seinen Schlußanträgen fest, daß diese „nicht auf jeder Produktions- und Vertriebsstufe erhoben werde"[1119]. Diese Steuer werde nämlich lediglich bei Verkäufen an Endverbraucher, also lediglich auf der letzten Stufe des Wirtschaftsverkehrs erhoben.[1120] In seinem Urteil ging der Gerichtshof allerdings auf diesen Aspekt überhaupt nicht ein, da er den Umsatzsteuercharakter der Getränkesteuer bereits aus anderen Gründen verneint hatte. Im Fall „Bozzi" sah es der EuGH ebenfalls als entscheidungserheblich an, daß der zu untersuchende Beitrag nur auf einer einzigen Wirtschaftsstufe erhoben wurde.[1121] Auch sein Urteil zur österreichischen Kammerumlage begründete der EuGH u.a. damit, daß die fragliche Umlage „nicht auf jeder Produktions- und Vertriebsstufe erhoben"[1122] wurde.
Damit ist klar, daß in der Rechtsprechung des EuGH zu Art. 33 Abs. 1 der 6. MWSt-RL der Gesichtspunkt eine wichtige Rolle spielt, „ob eine Steuer bloß auf einer Stufe erhoben wird oder ob es sich um eine Mehr- oder Allphasenbelastung handelt"[1123]. Die Judikatur des Gerichtshofs scheint somit dazu zu tendieren, daß Steuern, welche lediglich auf einer einzigen Wirtschaftsstufe erho-

[1116] Vgl. EuGH-Urteil v. 19.3.1991, Rs. C-109/90 „Giant", EuGHE 1991, S. I-1398
[1117] EuGH-Urteil v. 13.7.1989, verb. Rs. 93/88 und 94/88, EuGHE , S. 2707
[1118] Vgl. Wasmeier, M., Umweltabgaben, 1995, S. 275; Moritz, H., Vereinbarkeit, FJ 1996, S. 272
[1119] Vgl. Schlußanträge GA Saggio v. 1.7.1999, Rs. C-437/97 „Wein & Co", Rndr. 26
[1120] Vgl. Schlußanträge GA Saggio v. 1.7.1999, Rs. C-437/97 „Wein & Co", Rndr. 26
[1121] Vgl. EuGH-Urteil v. 7.5.1992, Rs. C-347/90 „Bozzi", EuGHE 1992, S. I-2971
[1122] Vgl. EuGH-Urteil v. 19.2.1998, Rs. C-318/96 „SPAR", EuGHE 1998, Rdnr. 27
[1123] Ruppe, H. G., Verbot, in: Klein, F. (Hrsg.), Unternehmen, 1997, S. 984

ben werden, keine Umsatzsteuern i.S.d. Art. 33 der 6. MWSt-RL sein können und somit als unbedenklich anzusehen sind.[1124]
Es ist allerdings sehr fraglich, ob es wirklich zutreffend ist, die Erfassung mehrerer bzw. aller Wirtschaftsstufen als ausschlaggebendes Merkmal für das Vorliegen einer Umsatzsteuer i.S.v. Art. 33 der 6. MWSt-RL anzusehen. Geht man nämlich davon aus, daß die Zielsetzung des Art. 33 der 6. MWSt-RL darin besteht, die Funktionsfähigkeit und die Einheitlichkeit des harmonisierten Mehrwertsteuersystems zu garantieren, kann es nämlich gerade nicht darauf ankommen, ob eine Steuer auf einer oder auf mehreren Wirtschaftsstufen erhoben wird. Denn auch eine einphasige Steuer kann die volle Wirksamkeit des harmonisierten Mehrwertsteuersystems auch im Hinblick auf die Binnenmarktziele beeinträchtigen, „wenn ein Grenzausgleich nicht vorgenommen wird oder der Grenzausgleich wegen kumulativer Wirkung der Einphasensteuer nicht exakt möglich ist."[1125]
Wären umsatzsteuerartige Abgaben, welche lediglich auf einer Wirtschaftsstufe erhoben werden, auf jeden Fall mit Art. 33 Abs. 1 der 6. MWSt-RL zu vereinbaren, bestünde ebenso wie bei mehrphasigen Steuern die Gefahr, daß einzelne Mitgliedstaaten die Einheitlichkeit des harmonisierten Mehrwertsteuersystems unterlaufen. Eine Aushöhlung des harmonisierten Mehrwertsteuersystems ist zu befürchten, wenn den Mitgliedstaaten die Erhebung umsatzsteuerartiger Abgaben auf einzelnen Handelsstufen in jedem Fall gestattet wäre.
Dafür, daß die Mehrphasigkeit einer Steuer kein zwingendes Merkmal einer Umsatzsteuer i.S.v. Art. 33 Abs. 1 der 6. MWSt-RL sein kann, spricht im übrigen auch der Wortlaut der Vorschrift, wo neutral von *Umsatzsteuern* die Rede ist. Der oben dargestellten auch im Gemeinschaftsrecht prinzipiell anerkannten Begriffshierarchie zufolge müßten von Art. 33 Abs. 1 der 6. MWSt-RL „also selbstverständlich auch Einphasensteuern"[1126] erfaßt werden. Demnach kann auch eine auf der Einzelhandelsstufe erhobene Abgabe als Umsatzsteuer i.S.v. Art. 33 der 6. MWSt-RL zu betrachten sein, falls auch deren übrige Merkmale erfüllt sind.[1127]
Nichtsdestotrotz ist festzuhalten, daß die Mehrphasigkeit einer Steuer aber ein gewichtiges Indiz für das Vorliegen einer Umsatzsteuer i.S.d. Art. 33 der 6. MWSt-RL sein kann. Wird eine Abgabe nämlich auf mehreren oder allen Stufen des Wirtschaftsverkehrs erhoben, liegt ein wichtiges Unterscheidungsmerkmal zu den speziellen Verbrauchsteuern vor, welche dadurch charakterisiert sind, daß sie *immer* nur auf einer einzigen Stufe des Wirtschaftsverkehrs erhoben

[1124] Vgl. Ruppe, H. G., Verbot, in: Klein, F. (Hrsg.), Unternehmen, 1997, S. 984
[1125] Ruppe, H. G., Verbot, in: Klein, F. (Hrsg.), Unternehmen, 1997, S. 984
[1126] Ruppe, H. G., Verbot, in: Klein, F. (Hrsg.), Unternehmen, 1997, S. 984
[1127] Vgl. Novacek, E., Aussagen, ÖStZ 1998, S. 565

werden.[1128] Wird aber eine Abgabe nur auf einer einzigen Stufe des Wirtschaftsverkehrs erhoben, müssen andere Merkmale den Ausschlag für die Einordnung geben.

c) Erfassung sämtlicher Lieferungen und Dienstleistungen in einem Mitgliedstaat

Im Fall „Wisselink" führte der Generalanwalt aus, daß die dort zu untersuchende Abgabe u.a. deswegen keine verbotene Umsatzsteuer i.S.v. Art. 33 Abs. 1 der 6. MWSt-RL sein könne, weil diese lediglich die Lieferung von „nur zwei Gruppen von Erzeugnissen, nämlich Personenkraftwagen und Mopeds"[1129] betraf. Der Gerichtshof hat sich in seiner Urteilsbegründung diesen Ausführungen angeschlossen und argumentiert, daß die *Bijzondere Verbruiksbelasting van personenautos* keine Umsatzsteuer i.S.v. Art. 33 Abs. 1 der 6. MWSt-RL sei, „denn mit ihr werden nur ganz bestimmte Gruppen von Erzeugnissen belastet, nämlich Personenkraftwagen und Kleinkrafträder"[1130]. Im Fall „Giant" wurde die Vereinbarkeit der Abgabe mit Art. 33 Abs. 1 der 6. MWSt-RL u.a. ebenfalls damit begründet, daß die untersuchte Gemeindesteuer „nur auf eine begrenzte Gruppe von Gegenständen und Dienstleistungen Anwendung findet"[1131]. Das Vorliegen einer Umsatzsteuer i.S.v. Art. 33 der 6. MWSt-RL wurde auch im Fall „Beaulande" u.a. deshalb verneint, da die fraglichen Eintragungsgebühren „nur entgeltlich übereignete unbewegliche Sachen"[1132] betrafen. In diesem Zusammenhang wurde ergänzend angeführt, daß Eintragungsgebühren wie die zu untersuchenden nicht als Umsatzsteuern i.S.d. Art. 33 der 6. MWSt-RL angesehen werden können, da derartige Gebühren nicht darauf abzielen, „die Gesamtheit der wirtschaftlichen Vorgänge in dem beteiligten Mitgliedstaat zu erfassen"[1133]. In seinem Urteil in der Rechtssache „Bozzi" hat der Europäische Gerichtshof einen Verstoß der zu prüfenden Abgabe gegen Art. 33 der 6. MWSt-RL u.a. abgelehnt, weil der „zusätzliche Beitrag" zum einen nur von Rechtsanwälten und Procuratori legali und zum anderen nur auf deren Tätigkeiten bei Gericht erho-

[1128] Vgl. hierzu Schlußanträge von GA Mischo v. 27.4.1989, verb. Rs. 93/88 und 94/88 „Wisselink", EuGHE 1989, S.2695

[1129] Schlußanträge von GA Mischo v. 27.4.1989, verb. Rs. 93/88 und 94/88 „Wisselink", EuGHE 1989, S.2697

[1130] Vgl. EuGH-Urteil v. 13.7.1989, verb. Rs. 93/88 und 94/88 „Wisselink", EuGHE 1989, S. 2707

[1131] EuGH-Urteil v. 19.3.1991, Rs. 109/90 „Giant", EuGHE 1991, S. I-1398

[1132] EuGH-Urteil v. 16.12.1992, Rs. C-208/91 „Beaulande", EuGHE 1992, S. I-6732; ebenso Schlußanträge GA Darmon v. 17.9.1992, Rs. 208/91 „Beaulande", EuGHE 1992, S. I-6725

[1133] EuGH-Urteil v. 16.12.1992, Rs. C-208/91 „Beaulande", EuGHE 1992, S. I-6732 ben wurde, nicht aber auf sämtliche von diesen erbrachte Leistungen.[1134] In Übereinstimmung mit den Ausführungen des Generalanwalts[1135] hat der EuGH in der Rechtssache „Solisnor" festgestellt, daß die fragliche Stempelsteuer unter Ausschluß eines erheblichen Teils der wirtschaftlichen Vorgänge wie zum Beispiel der Dienstleistungs- oder der Kaufverträge über bewegliche Sachen, lediglich auf bestimmte Sachverhalte angewandt wurde und u.a. aus diesem Grund keine Umsatzsteuer i.S.d. Art. 33 der 6. MWSt-RL sein könne.[1136] Die portugiesische Abgabe ziele nämlich nicht darauf ab, die Gesamtheit der wirtschaftlichen Vorgänge in dem beteiligten Mitgliedstaat zu erfassen.[1137] Entgegen der Auffassung der Generalanwalts[1138] stellte der Gerichtshof auch bezüglich der österreichischen Tourismusabgaben fest, daß diese unter anderem deshalb keine Umsatzsteuern i.S.d. Art. 33 Abs. 1 der 6. MWSt-RL sein können, da es sich bei diesen um keine *allgemeinen* Abgaben handelte. Bezüglich der österreichischen Getränkesteuer hat der Generalanwalt ausgeführt, daß diese zwar „auf eine Vielzahl von Gegenständen, nämlich alle alkoholischen und alkoholfreien Getränke sowie auf Speiseeis anwendbar ist"[1139], letztlich aber doch nur die Umsätze bezüglich bestimmter Produkte belaste.[1140] Der Generalanwalt kommt daher zu dem Schluß, daß die österreichische Getränkesteuer keine Umsatzsteuer i.S.d. Art. 33 Abs. 1 der 6. MWSt-RL sein könne, da feststehe, daß sie „keinen allgemeinen Charakter hat"[1141]. Diesbezüglich hat auch der Gerichtshof in seinem Urteil besonders pointiert Stellung genommen. Er führte aus, daß eine Abgabe wie die in Österreich erhobene Getränkesteuer „keine allgemeine Steuer [sei], da sie nicht darauf abzielt, sämtliche Umsätze in dem beteiligten Mitgliedstaat zu erfassen"[1142]. Die Getränkesteuer betreffe nämlich „nur eine bestimmte Kategorie von Waren"[1143]. Aus dieser fehlenden Allgemeinheit der Getränkesteuer folgerte der Gerichtshof, daß das Vorliegen weiterer Merkmale überhaupt erst nicht

1134 Vgl. EuGH-Urteil v. 7.5.1992, Rs. C-347/90 „Bozzi", EuGHE 1992, S. I-2970

1135 Vgl. Schlußanträge GA Leger v. 13.3.1997, C-130/96 „Solisnor Estaleiros Navais", EuGHE 1997, S. I-5061

1136 Vgl. EuGH-Urteil vom 17.9.1997, Rs. C-130/96 „Solisnor Estaleiros Navais", EuGHE 1997, S. I-5071

1137 Vgl. EuGH-Urteil v. 17.9.1997, Rs. C-130/96 „Solisnor Estaleiros Navais", EuGHE 1997, S. I-5071

1138 Vgl. Schlußanträge GA Alber v. 18.3.1999, verb. Rs. C-338/97, C-344/97 und C-390/97 "Erna Pelzl u.a.", Rdnr. 44

1139 Schlußanträge GA Saggio v. 1.7.1999, Rs. C-437/97 „Wein & Co", Rdnr. 22

1140 Vgl. Schlußanträge GA Saggio v. 1.7.1999, Rs. C-437/97 „Wein & Co", Rdnr. 22

1141 Schlußanträge GA Saggio v. 1.7.1999, Rs. C-437/97 „Wein & Co", Rdnr. 24

1142 EuGH-Urteil v. 9.3.2000, Rs. C- 437/97 „Wein & Co", Rdnr. 24

1143 EuGH-Urteil v. 9.3.2000, Rs. C- 437/97 „Wein & Co", Rdnr. 24

geprüft werden muß, da bereits feststehe, daß die Getränkesteuer keine Umsatzsteuer i.S.d. Art. 33 der 6. MWSt-RL sein kann.[1144]
Der EuGH billigt also der sachlichen Allgemeinheit einer Steuer eine entscheidende Rolle zu[1145], da ein Verstoß einer mitgliedstaatlichen Steuer gegen Art. 33 Abs. 1 der 6. MWSt-RL vom Europäischen Gerichtshof immer dann verneint, wenn die Abgabe sich lediglich auf bestimmte Gegenstände, Tätigkeiten und Personen bezog.[1146] Offen bleibt allerdings in der Rechtsprechung, wieviele Produktgruppen eine Abgabe erfassen muß, damit sie als allgemeine Abgabe anzusehen ist."[1147]
Ohne Zweifel kann der Auffassung zugestimmt werden, daß die Allgemeinheit ein wesentliches Merkmal der harmonisierten Mehrwertsteuer ist. Ob die Allgemeinheit einer Abgabe allerdings auch ein zwingendes Kennzeichen einer Umsatzsteuer i.S.d. Art. 33 Abs. 1 der 6. MWSt-RL darstellt, kann bezweifelt werden. Ein konsequentes Festhalten an der sachlichen Allgemeinheit einer Abgabe als wesentliches Merkmal einer Umsatzsteuer i.S.v. Art. 33 Abs. 1 der 6. MWSt-RL hat zur Folge, daß eine Steuer, welche lediglich die Lieferung bestimmter Waren bzw. die Erbringung bestimmter Dienstleistungen betrifft, immer mit Art. 33 Abs. 1 der 6. MWSt-RL zu vereinbaren ist.[1148] Abgaben, welche letztlich nur einzelne Güter oder Dienstleistungen belasten, würden damit niemals gegen das Verbot von Steuern, Abgaben und Gebühren mit dem Charakter von Umsatzsteuern verstoßen.[1149] Auch bei Vorliegen aller übrigen wesentlichen Merkmale einer Umsatzsteuer würden diese nicht unter das Verbot des Art. 33 der 6. MWSt-RL fallen, sogar wenn sie noch so schädlich für die Errichtung und das Funktionieren des Binnenmarktes wären.[1150] Dies hätte letztlich zur Folge, daß die Mitgliedstaaten die Möglichkeit besäßen, „durch eine Fülle von einzelnen Warensteuern neben der bestehenden EU-Mehrwertsteuer eine parallele, weitere mehrwertsteuergleiche Allgemeinsteuer einzuführen, die nur deshalb nicht richtlinienwidrig sein solle, weil sie jeweils nur auf einzelne Waren erho-

---

[1144] Vgl. EuGH-Urteil v. 9.3.2000, Rs. C- 437/97 „Wein & Co", Rdnr. 25; vgl. hierzu auch EuGH-Urteil v. 17.9.1997, Rs. C-130/96 „Solisnor Estaleiros Navais", EuGHE 1997, S. I-5071

[1145] Vgl. Moritz, H., Umweltabgaben, 1999, S. 149

[1146] Vgl. Schlußanträge GA Alber v. 18.3.1999, verb. Rs. C-338/97, C-344/97 und C-390/97 "Erna Pelzl u.a.", Celex 61997J0338, Rdnr. 36; Schmidt, N., Fremdenverkehrsabgaben, RdW 1999, S. 225

[1147] Grabitz, E. /Nettesheim, M., Steuern, EWS 1990, S. 254

[1148] Vgl. Wasmeier, M., Umweltabgaben, 1995, S. 276

[1149] Vgl. Achatz, M., Fremdenverkehrsabgaben, SWK 1997, S. 522; Ruppe, H. G., Verbot, in: Klein, F. (Hrsg.), Unternehmen, 1997, S. 982

[1150] Vgl. auch Wasmeier, M., Umweltabgaben, 1995, S. 277

ben werde."[1151] Eine Unterwanderung des Gemeinschaftssystems durch zahlreiche Steuern mit begrenztem Anwendungsbereich wäre möglich, ohne daß die Vorschrift des Art. 33 Abs. 1 der 6. MWSt-RL greifen würde.[1152]
Eine einheitliche und i.S.d. Rechtsprechung allgemeine Steuer könnte in zahlreiche kleine Steuern auf ausgewählte Waren und Dienstleistungen aufgespalten werden, die dann jeweils aufgrund ihrer fehlenden Allgemeinheit nicht unter Art. 33 der 6. MWSt-RL fallen würden.[1153] Die Mitgliedstaaten könnten somit „durch ein umfassendes System spezifischer Abgaben die Wirkung einer allgemeinen Umsatzsteuer erreichen"[1154], ohne daß Art. 33 Abs. 1 der 6. MWSt-RL dem einen Riegel vorschiebt.
Betrachtet man die sachliche Allgemeinheit als zwingendes Merkmal einer Umsatzsteuer i.S.v. Art. 33 Abs. 1 der 6. MWSt-RL, ist der Umgehung des Verbotes des Art. 33 Abs. 1 der 6. MWSt-RL Tür und Tor geöffnet. Ob eine allgemeine Steuer die Einheitlichkeit und Beständigkeit des gemeinsame Mehrwertsteuersystem konterkariert oder ob dieses aber „in vielen kleinen Teilbereichen durchlöchert wird"[1155], kann aus teleologischer Sicht für die Anwendung des Art. 33 Abs. 1 6. MWSt-RL nicht ausschlaggebend sein. Die Einführung einer Vielzahl spezieller Steuern auf die Lieferung bestimmter Güter oder die Erbringung bestimmter Dienstleistungen könnte zu einer „schrittweisen Aushöhlung der harmonisierten EU-Mehrwertsteuer im Sinne einer Salamitaktik"[1156] führen. Angesichts dieser Problematik wird gelegentlich vorgeschlagen, eine Mehrzahl von Abgaben als einheitliches Ganzes zu betrachten, falls jede einzelne in diese Gesamtbetrachtung einbezogene Steuer außer der Allgemeinheit die Merkmale einer Umsatzsteuer i.S.v. Art. 33 der 6. MWSt-RL aufweist.[1157] Ein solches aus mehreren speziellen Steuern bestehendes System könnte dann unter Umständen insgesamt als Verstoß gegen Art. 33 Abs. 1 der 6. MWSt-RL angesehen werden.[1158] Eine solche Gesamtbetrachtung mehrerer Abgaben beseitigt aber nicht die grundsätzliche Kritik an der Auffassung, die Allgemeinheit im Sinne der Rechtsprechung des EuGH als entscheidendes Kennzeichen einer Umsatzsteuer i.S.d. Art. 33 Abs. 1 der 6. MWSt-RL anzusehen. Welche Folgeprobleme sich

---

[1151] Vgl. hierzu auch Schlußanträge GA Saggio v. 1.7.1999, Rs. C-437/97 „Wein & Co", Celex 61997J0338, Rdnr. 22, der diese Problematik ebenfalls erkennt;
[1152] Vgl. Grabitz, E. / Nettesheim, M., Steuern, EWS 1990, S. 255
[1153] Vgl. Mauritzen L., Turnover, International VAT Monitor 1/1997, S. 11; vgl. hierzu auch Grabitz, E. / Nettesheim, M., Steuern, EWS 1990, S. 254; Wasmeier, M., Umweltabgaben, 1995, S. 277; Terra, B. / Kajus, J., Guide, Stand: 1999, Teil 2, S. 59
[1154] Wasmeier, M., Umweltabgaben, 1995, S. 277
[1155] Beiser, R., Getränkesteuer, SWK 1997, S. 716
[1156] Beiser, R., Getränkesteuer, SWK 1997, S. 716
[1157] Vgl. Wasmeier, M., Umweltabgaben, 1995, S. 277
[1158] Vgl. Moritz, H., Umweltabgaben, 1999, S. 150; Wasmeier, M., Umweltabgaben, 1995, S. 277

aus einer solchen Gesamtbetrachtung ergeben, kann an einem einfachen Beispiel gezeigt werden. Ein System von beispielsweise fünf spezifischen Steuern könnte nach der soeben dargestellten Gesamtbetrachtungs-Theorie als Verstoß gegen Art. 33 Abs. 1 der 6. MWSt-RL betrachtet werden, wenn die einzelnen Abgaben ansonsten über die Merkmale einer Umsatzsteuer verfügen. Würde der betroffene Mitgliedstaat daraufhin eine oder zwei der in diesem als Einheit betrachteten System enthaltenen Abgaben abschaffen, wäre das Kriterium der Allgemeinheit dieses gesamten Systems nicht mehr erfüllt. Die verbleibenden Steuern dieses Systems könnten daher bestehen bleiben, obwohl diese die Einheitlichkeit des harmonisierten Mehrwertsteuersystem für sich betrachtet genauso stören.
Richtig ist es daher, bei der Beantwortung der Frage, ob eine mitgliedstaatliche Abgabe unter das Verbot des Art. 33 Abs. 1 der 6. MWSt-RL fällt oder nicht, entgegen der Auffassung des EuGH ganz auf das Kriterium der Allgemeinheit zu verzichten. Daß eine nationale Steuer tatbestandlich spezieller ist als die harmonisierte Mehrwertsteuer, muß bei der Anwendung des Art. 33 Abs. 1 der 6. MWSt-RL im Ergebnis unbeachtlich sein.[1159]
Ist für eine mitgliedstaatliche Abgabe deren Allgemeinheit zu bejahen, kann dies aber wiederum ein gewichtiges Indiz für das Vorliegen einer Umsatzsteuer i.S.v. Art. 33 der 6. MWSt-RL darstellen. Insofern ist auch in diesem Punkt eine eindeutige Abgrenzung zwischen Umsatzsteuern und speziellen Verbrauchsteuern möglich, da sich letztere immer nur auf bestimmte, genau spezifizierte Güter beziehen.[1160]

d) Berechnung der Abgabe auf der Grundlage des Entgelts für eine bestimmte Lieferung oder Dienstleistung

Im Rahmen der harmonisierten Umsatzsteuer in Form der Mehrwertsteuer stellt das Entgelt der von den Unternehmern erbrachten Lieferungen und Dienstleistungen die Besteuerungsgrundlage dar.
Im Urteil in der Rechtssache „Bozzi" verneinte der Gerichtshof das Vorliegen einer Umsatzsteuer i.S.v. Art. 33 Abs. 1 der 6. MWSt-RL u.a. deswegen, weil die Bemessungsgrundlage der fraglichen Abgabe bei einem großen Teil der Beitragspflichtigen „nach anderen Maßstäben gebildet [wurde] als den von den Mandanten für die Dienstleistungen entrichteten Preisen."[1161] Der Gerichtshof sah es also als entscheidungserheblich an, daß der Beitrag „nicht nach der Vergütung, die für die Dienstleistung gezahlt wird"[1162] berechnet wurde. In seinem

[1159] Vgl. Grabitz, E. / Nettesheim, M., Steuern, EWS 1990, S. 254
[1160] Vgl. Schlußanträge GA Mischo v. 27.4.1989, verb. Rs. 93/88 und 94/88 „Wisselink", EuGHE 1989, S. 2695
[1161] EuGH-Urteil v. 7.5.1992, Rs. C-347/90 „Bozzi", EuGHE 1992, S. I-2971
[1162] EuGH-Urteil v. 7.5.1992, Rs. C-347/90 „Bozzi", EuGHE 1992, S. I-2971

Urteil bezüglich der österreichischen Kammerumlagen hat der Gerichtshof seine Auffassung, daß kein Verstoß gegen Art. 33 der 6. MWSt-RL vorlag, daher u.a. auch damit begründet, daß als Besteuerungsgrundlage der Umlage eben „nicht der als Gegenleistung für die vom Abgabenpflichtigen bewirkten Umsätze empfangene oder zu empfangende Betrag"[1163] bestimmt war.
Die Berechnung auf der Grundlage des Entgelts für die erbrachten Lieferungen und Dienstleistungen eines Abgabenpflichtigen als Kennzeichen einer Umsatzsteuer i.S.d. Art. 33 Abs. 1 der 6. MWSt-RL anzusehen, ist plausibel und richtig. Dies steht auch in Einklang mit den Erkenntnissen aus der Wortlautauslegung. Voraussetzung für das Vorliegen einer Umsatzsteuer i.S.d. Art. 33 Abs. 1 der 6. MWSt-RL ist also, „daß die Abgabe unmittelbar von den für den Gegenstand oder die Dienstleistung erzielten Einnahmen abhängen muß"[1164]. Diese unmittelbare Anknüpfung an das Entgelt einer Leistung grenzt die Umsatzsteuer auch eindeutig von den speziellen Verbrauchsteuern i.S.d. Gemeinschaftsrechts ab, welche auf der Grundlage von realen Größen-, Mengen- oder Gewichtseinheiten berechnet werden.[1165]
Fraglich ist allerdings, ob auch eine Berechnung der Abgabe z.B. anhand des jährlichen Gesamtumsatzes die Einordnung einer Steuer als Umsatzsteuer i.S.d. Art. 33 Abs. 1 der 6. MWSt-RL gestattet. Im Fall „Wilmot" führte der Gerichtshof hierzu aus, daß eine Abgabe auf den Gesamtumsatz von Unternehmen nicht als Umsatzsteuer i.S.d. Art. 33 der 6. MWSt-RL betrachtet werden kann.[1166] Der EuGH hat es auch bei der Feststellung der Vereinbarkeit der österreichischen Tourismusabgabe u.a. für entscheidungserheblich angesehen, daß die fraglichen Abgaben „nach dem jährlichen Gesamtumsatz bemessen"[1167] wurden.

e) Proportionalität der Abgabe zur Besteuerungsgrundlage

Bezüglich der österreichischen Tourismusabgaben führte der Gerichtshof in Übereinstimmung mit der Auffassung der Kommission aus, daß die Voraussetzung der Proportionalität dieses Betrages zu den Preisen, die der Abgabepflichtige als Gegenleistung erhält, nicht erfüllt war.[1168] Bezüglich der österreichischen Kammerumlage hat der EuGH argumentiert, daß diese u.a. deshalb

1163 EuGH-Urteil v. 19.2.1998, Rs. C-318/96 „SPAR", EuGHE 1998, Rdnr. 26
1164 Achatz, M., Fremdenverkehrsabgaben, SWK 1997, S. 520
1165 Vgl. Müller, D., Verbrauchsteuern, 1997, S. 120; vgl. Mennel, A., Steuersysteme, StuW 1973, S. 9
1166 Vgl. EuGH-Urteil v. 27.11.1985, Rs. 295/84 „Wilmot", EuGHE 1985, S. 3769
1167 EuGH-Urteil v. 8.6.1999, verb. Rs. C-338/97, C-344/97 und C-390/97 "Erna Pelzl u.a.", Celex 61997J0338, Rdnr. 25
1168 Vgl. EuGH-Urteil v. 8.6.1999, verb. Rs. C-338/97, C-344/97 und C-390/97 "Erna Pelzl u.a.", Celex 61997C0338, Rdnr. 25

nicht die Merkmale einer Umsatzsteuer i.S.v. Art. 33 Abs. 1 der 6. MWSt-RL aufweise, weil sie „nicht proportional zum Preis der vom Abgabepflichtigen angebotenen Gegenstände und Leistungen“[1169] ist. In der Rechtssache „Bozzi“ führte der EuGH aus, daß „der zusätzliche Beitrag nicht immer proportional zu der Vergütung war, die der Mandant für die berufliche Dienstleistung zu entrichten hat“[1170]. Im Fall „Bergandi“ vertrat der Gerichtshof die Auffassung, daß eine Steuer zu einem festen Satz unter bestimmten Voraussetzungen als eine pauschale Besteuerung der Einnahmen betrachtet werden kann, falls „der Steuersatz aufgrund einer objektiven Bewertung der Einnahmen festgelegt wurde, die anhand der Zahl der zu erbringenden möglichen Dienstleistungen und ihres Preises voraussehbar sind“[1171]. „Eine Fächerung des Steuertarifs je nach den verschiedenen Arten von Gegenständen reicht für sich allein auch nicht aus, um der Steuer den Charakter einer pauschalen Besteuerung diskontierter Einnahmen zu verleihen“[1172].

Somit kann eine Steuer, welche ausschließlich zu einem festen Satz erhoben wird, nicht als Umsatzsteuer angesehen werden.[1173]

Der EuGH hat bislang „stets strikt an dem Kriterium der Preisproportionalität festgehalten, welches somit zu den *essentialia* einer Umsatzsteuer i.S.d. Art. 33 Abs. 1 der 6. MWSt-RL gehört”[1174]. Ein Verstoß einer Abgabe gegen Art. 33 der 6. MWSt-RL kommt somit nur dann in Betracht, wenn diese zusätzlich zu der Anknüpfung an den Preis auch genau proportional dazu berechnet wird.[1175]

Dem ist grundsätzlich zuzustimmen, da es auch nach der allgemeinen Sprachauffassung ein Merkmal einer Umsatzsteuer ist, daß diese als Prozentsatz des Preises von Leistungen ermittelt wird.

f) Möglichkeit zum Abzug von „Vorsteuern“

Der EuGH sah den italienischen *contributo integrativo* in der Rechtssache „Bozzi“ u.a. deswegen nicht als Umsatzsteuer i.S.v. Art. 33 Abs. 1 der 6. MWSt-RL an, weil die Rechtsanwalt keinerlei Abzug vornehmen konnten, „der sich in irgendeiner Weise auf die Kosten für Gegenstände und Dienstleistungen bezieht, die er bei der Ausübung seiner Tätigkeit gebraucht hat“[1176]. Bezüglich

---

[1169] EuGH-Urteil v. 19.2.1998, Rs. C-318/96 „SPAR“, EuGHE 1998, Tz. 26
[1170] EuGH-Urteil v. 7.5.1992, Rs. C-347/90 „Bozzi“, EuGHE 1992, S. I-2970
[1171] EuGH-Urteil v. 3.3.1988, Rs. 252/86 „Bergandi“, EuGHE 1988, S. 1372
[1172] EuGH-Urteil v. 3.3.1988, Rs. 252/86 „Bergandi“, EuGHE 1988, S. 1373
[1173] Achatz, M., Fremdenverkehrsabgaben, SWK 1997, S. 520 bejaht dies allerdings in bestimmten Ausnahmefällen;
[1174] Wasmeier, M., Umweltabgaben, 1995, S. 274
[1175] Vgl. Wasmeier, M., Umweltabgaben, 1995, S. 274
[1176] Vgl. EuGH-Urteil v. 7.5.1992, Rs. C-347/90 „Bozzi“, EuGHE 1992, S. I-2971

der österreichischen Tourismusabgaben hat der Gerichtshof in seinem Urteil darauf hingewiesen, daß diese u.a. deswegen nicht als Umsatzsteuern in Betracht kommen, da „kein Abzug der zuvor bereits erhobenen Beträge vorgesehen [war], so daß sich die Abgaben nicht nur auf den Mehrwert auf einer bestimmten Produktions- und Vertriebsstufe, sondern auf den Gesamtumsatz der abgabepflichtigen Unternehmen beziehen“[1177]. Im Fall „Beaulande“ führte der Gerichtshof als Argument gegen das Vorliegen einer Umsatzsteuer an, daß die fragliche Abgabe „nicht von gleichartigen, aus Anlaß späterer Veräußerungen entrichteten Steuern abgezogen werden kann“[1178]. Im Urteil zu der Rechtssache „Fricarnes“ vertrat der EuGH die Auffassung, daß die zu beurteilenden Abgaben u.a. nicht als Umsatzsteuer i.S.d. Art. 33 der 6. MWSt-RL in Frage kämen, da bei der Ermittlung der zu entrichtenden Abgabenbeträge „der Teil, der auf die auf den vorangegangenen Umsatz gezahlte Abgabe entfällt, nicht abgezogen werden kann.“[1179] Obwohl im Fall „Dansk Denkavit“ das Fehlen des Vorsteuerabzugs feststand, stellte der EuGH jedoch trotzdem einen Verstoß gegen Art. 33 Abs. 1 der 6. MWSt-RL fest.[1180] Angemerkt werden muß hierzu allerdings, daß im Rahmen der Vorschriften über den dort behandelten Arbeitsmarktbeitrag ein Vorumsatzabzug vorgesehen war, welcher wirtschaftlich gesehen weitgehend dieselbe Wirkung wie ein Vorsteuerabzug hat.

Ob ein Vorsteuerabzug allerdings als zwingendes Kennzeichen einer Umsatzsteuer i.S.v. Art. 33 Abs. 1der 6. MWSt-RL angesehen werden kann, ist höchst strittig. Klarheit darüber, ob das Vorliegen einer Umsatzsteuer i.S.d. Art. 33 Abs. 1 der 6. MWSt-RL von der Existenz einer Vorsteuerabzugsmöglichkeit abhängig gemacht werden sollte oder nicht, könnte ein Blick auf die Geschichte der Umsatzsteuerharmonisierung bringen.

Diese hatte zu Beginn den vorrangigen Zweck, die in den meisten Mitgliedstaaten üblichen Bruttoumsatzsteuern zu beseitigen, da diese erhebliche negative Auswirkungen auf die Entwicklung des Gemeinsamen Marktes hatten. Durch die 1. und 2. MWSt-RL wurden die Mitgliedstaaten der Europäischen Gemeinschaft dazu verpflichtet, diese Bruttoumsatzsteuer zugunsten des gemeinsamen Mehrwertsteuersystems zu beseitigen. Die Existenz derartiger Steuern ohne Vorsteuerabzug beeinträchtigt nämlich den durch das gemeinsame Mehrwertsteuersystem aufgestellten Grundsatz der Neutralität[1181] und wirkt sich „äußerst

---

[1177] EuGH-Urteil v. 8.6.1999, verb. Rs. C-338/97, C-344/97 und C-390/97 “Erna Pelzl u.a.“, Celex 61997J0338, Rdnr. 23

[1178] EuGH-Urteil v. 16.12.1992, Rs. 208/91 „Beaulande“, EuGHE 1992, S. I-6732

[1179] EuGH-Urteil v. 17.9.1997, Rs. C-28/96 „Fricarnes“, EuGHE 1997, S. I-4956

[1180] Vgl. Arnold, W.-D., Pflichtbeiträge, SWK 1997, S. 631

[1181] Vgl. Schlußanträge GA Leger v. 13.3.1997, C-130/96 „Solisnor Estaleiros Navais“, EuGHE 1997, S. I-5053ff. ; vgl. auch Farmer, P. / Lyal, R., Tax, 1994, S. 134

störend auf den Handel zwischen den Mitgliedstaaten"[1182] aus. Würde man nun das Vorliegen eines Vorsteuerabzugs als zwingendes Merkmal einer Umsatzsteuer i.S.v. Art. 33 Abs. 1 der 6. MWSt-RL betrachten, hätte dies zur Folge, daß eine kumulative Mehrphasen-Bruttoumsatzsteuer, wie sie gerade durch die Harmonisierungsbemühungen beseitigt werden sollte, nicht unter das Verbot des Art. 33 Abs. 1 der 6. MWSt-RL fallen würde.[1183] Zumindest aus dem Blickwinkel des Art. 33 Abs. 1 der 6. MWSt-RL wäre daher die Einführung bzw. Beibehaltung derartiger kumulativer Bruttoumsatzsteuern zulässig.[1184]
Zwar würde die Einführung oder Beibehaltung solcher Steuern im Widerspruch zu Art. 2 der 1. MWSt-RL bzw. der *ratio legis* der Mehrwertsteuerrichtlinien insgesamt stehen und dann auf dieser Grundlage vom EuGH gegebenenfalls untersagt werden[1185], da solche Steuern letztlich die Wiederherstellung des alten Rechtszustandes bedeuten würden.[1186] Aber zumindest aus systematischen Gesichtspunkten ist es in keinster Weise nachvollziehbar, warum solche Bruttoumsatzsteuern aufgrund der fehlenden Vorsteuerabzugsmöglichkeiten nicht unter das in Art. 33 Abs. 1 der 6. MWSt-RL kodifizierte Verbot von Steuern, Abgaben und Gebühren mit dem Charakter von Umsatzsteuern fallen sollten.[1187] Eine derartige Steuer, welche abgesehen vom Kriterium des Vorsteuerabzugs die Kennzeichen einer Umsatzsteuer aufweist, muß gegen Art. 33 Abs. 1 der 6. MWSt-RL verstoßen, da sie dem Geist und der Intention der europäischen Steuerharmonisierung diametral ist.[1188] Eine der Aufgaben des Art. 33 Abs. 1 der 6. MWSt-RL ist nämlich auch darin zu sehen, „die Bestimmungen der Gemeinschaft gegen die Einführung oder die Aufrechterhaltung einer Umsatzbesteuerung zu sichern, die, wie die kumulativen Mehrphasensteuern, geeignet sind, die Wettbewerbsbedingungen zu verfälschen"[1189].
Dieser Auffassung zufolge sind – vorbehaltlich des Vorliegens anderer Merkmale - prinzipiell sowohl Steuern, welche die Möglichkeit zum Vorsteuerabzug bieten von dem Besteuerungsverbot des Art. 33 Abs. 1 der 6. MWSt-RL betroffen, als auch solche Abgaben, welche dem Steuerpflichtigen diese Möglichkeit

1182 Moritz, H., Kammerumlage, RdW 1998, S. 169
1183 Vgl. Wasmeier, M., Umweltabgaben, 1995, S. 274
1184 Vgl. Beiser, R., Getränkesteuer, SWK 1997, S. 716
1185 Vgl. hierzu Moritz, H., Umweltabgaben, 1999, S. 148; vgl. hierzu auch Ficker, H., Rechtsangleichung, in: Baer-Kaupert, F.-W. (Hrsg.), Festschrift, 1979, S. 63
1186 Vgl. Helm, H., Rechtsangleichung, AWD 1968, S. 457
1187 Vgl. hierzu Schlußanträge GA Alber v. 18.3.1999, verb. Rs. C-338/97, C-344/97 und C-390/97 "Erna Pelzl u.a.", Celex 61997C0338, Schlußanträge GA Leger v. 13.3.1997, C-130/96 „Solisnor Estaleiros Navais", EuGHE 1997, S. I-5053 ff.
1188 Vgl. Verpoest, E., Compatibility, International VAT Monitor 1990, S. 30
1189 Schlußanträge GA Leger v. 13.3.1997, C-130/96 „Solisnor Estaleiros Navais", EuGHE 1997, S. I-5062

nicht bieten.[1190] Das Vorliegen einer Vorsteuerabzugsmöglichkeit darf also nicht als wesentliches Merkmal einer Umsatzsteuer i.S.v. Art. 33 Abs. 1 der 6. MWSt-RL betrachtet werden.[1191] Verfügt eine mitgliedstaatliche Abgabe aber über eine Vorsteuerabzugsmöglichkeit, ist dies wiederum ein Indiz für das Vorliegen einer Umsatzsteuer i.S.v. Art. 33 der 6. MWSt-RL, allerdings keine *conditio sine qua non.*[1192]

3. Hypothetische Überwälzbarkeit der Abgabe vom Abgabenpflichtigen auf den Endverbraucher im Sinne einer indirekten Steuer

In seiner Rechtsprechung geht der Gerichtshof wie erwähnt stets von der harmonisierten Mehrwertsteuer als Referenz aus. Diese wird bereits in der Begründungserwägung zur 1. MWSt-RL als eine Verbrauchsteuer bezeichnet.[1193] Sie ist ihrer ganzen Konzeption nach eine Steuer, die auf die Belastung des Letztverbrauchers durch den Überwälzungsmechanismus abzielt.[1194] Allein der Letztverbraucher soll die Mehrwertsteuer zu tragen haben.[1195] Demzufolge führte der Generalanwalt im Fall der österreichischen Tourismusabgaben aus, daß die Tatsache, daß bestimmte Abgaben Eingang in die Preiskalkulation eines Unternehmens finden, noch keinen Umsatzsteuercharakter begründet.[1196] Der Generalanwalt hatte diesen Gedanken durchaus aufgegriffen und mit Deutlichkeit darauf hingewiesen, daß die Tatsache allein, daß eine Abgabe (oder abgabenähnliche Belastung) als Kostenelement den Preis von Endprodukten belastet, sie nicht zur

---

1190 Vgl. Novacek, E., Aussagen, ÖStZ 1998, S. 565

1191 Vgl. Wasmeier, M., Umweltabgaben, 1995, S. 274; Beiser, R., Getränkesteuer, SWK 1997, S. 716; Schlußanträge GA Leger v. 13.3.1997, C-130/96 „Solisnor Estaleiros Navais“, EuGHE 1997, S. I-5063

1192 Vgl. Wasmeier, M., Umweltabgaben, 1995, S. 274; Beiser, R., Getränkesteuer, SWK 1997, S. 716; Schlußanträge GA Leger v. 13.3.1997, C-130/96 „Solisnor Estaleiros Navais“, EuGHE 1997, S. I-5063

1193 Damit dürfte die Diskussion, ob es sich bei der Mehrwertsteuer um eine Verbrauch- oder Verkehrsteuer handelt, zumindest für das Gemeinschaftsrecht entschieden sein; zu der Diskussion in Deutschland vgl. zum Beispiel Theile, C., Belastungswirkung, StuW 1996, S. 154; Söhn, H., Umsatzsteuer, StuW 1996, S. 165; Söhn, H., Verkehrsteuer, StuW 1975, S. 1 – 18; Tipke, K., Umsatzsteuer, DStR 1983, S. 595; Philipowski, R., Umsatzsteuer, in: Costede, J. (Hrsg.), Umsatzsteuerkongreß-Bericht, 1985, 1985, S. 183-207

1194 Vgl. Achatz, M., Fremdenverkehrsabgaben, SWK 1997, S. 521; vgl. Schlußanträge GA Leger v. 27.2.1997, verb. Rs. C-370-372/95 „Careda SA“, EuGHE 1997; Bathe, J., Umsatzsteuer, 1997, S. 233

1195 Vgl. Perske, E.-M., Gestaltungsfragen, in: Dziadkowski, D. / Reiß, W., Umsatzsteuerkongreß-Bericht, 1998, S. 53 mit Hinweis auf Tipke, K., Steuerrechtsordnung, 1993, Bd. 2, S. 894 ff

1196 Vgl. Schlußanträge GA Alber v. 18.3.1999, verb. Rs. C-338/97, C-344/97 und C-390/97 “Erna Pelzl u.a.“, Celex 61997C0338

Mehrwertsteuer mache."[1197] Dieser Auffassung ist der Gerichtshof letztlich gefolgt. Um nämlich die Vereinbarkeit der österreichischen Tourismusabgaben mit Art. 33 der 6. MWSt-RL zu begründen, gebrauchte der EuGH das Argument, daß diese „nicht in einer für die Mehrwertsteuer kennzeichnenden Weise auf den Endverbraucher abgewälzt"[1198] werden konnten. Der Gerichtshof führt hierzu weiter aus, daß, auch „wenn man davon ausgehen kann, daß ein Unternehmen, das an den Endverbraucher verkauft, bei seiner Preisbildung die in seine Kosten eingeflossene Abgabe berücksichtigt, so haben doch nicht alle Unternehmen die Möglichkeit, die Belastung in dieser Weise oder in vollem Umfang abzuwälzen."[1199] Im Fall der österreichischen Tourismusabgaben hat der EuGH entschieden, daß diese Abgaben „keine Verbrauchsteuer darstellen, die der Endverbraucher des Produkts zu tragen hätte, sondern Abgaben auf die Tätigkeit der Unternehmen, die vom Tourismus betroffen sind."[1200] Im selben Fall wurde festgestellt, daß selbst wenn eine (kostenmäßige) Weitergabe der Tourismusabgaben an den Endverbraucher stattfinden würde, dies keinesfalls eine Überwälzung im Sinne einer Umsatzsteuer sein könne. In solchen Fällen kann allenfalls von einer Kostenbelastung bei der Preiskalkulation ausgegangen werden.[1201] Es erscheint zwar grundsätzlich denkbar, daß direkte Steuern an den Umsatz des Unternehmens anknüpfen[1202], letztlich aber aufgrund ihrer objektiven Ausgestaltung keine Überwälzung im Sinne einer indirekten Steuer ermöglichen.[1203]
Im Fall „Careda" führte der Generalanwalt aus, daß eine Abgabe, welche „festgesetzt wird, ohne daß es möglich wäre, ihre Abwälzung auf die Verbraucher zu erlauben, einen ganz anderen Charakter als die Umsatzsteuer im Sinne der Mehrwertsteuerrichtlinien [hätte]. Eine solche Abgabe belastet unmittelbar den Produktionsprozeß und kann daher nicht die gleichen Aufgaben erfüllen."[1204]
Dem schloß sich der EuGH an und vertragt in seinem Urteil in dieser Rechtssa-

---

[1197] Ruppe, H. G., Verstoß, SWI 1998, S. 124

[1198] EuGH-Urteil v. 8.6.1999, verb. Rs. C-338/97, C-344/97 und C-390/97 "Erna Pelzl u.a.", Celex 61997J0338, Rdnr. 24

[1199] EuGH-Urteil v. 8.6.1999, verb. Rs. C-338/97, C-344/97 und C-390/97 "Erna Pelzl u.a.", Celex 61997J0338, Rdnr. 24

[1200] EuGH-Urteil v. 8.6.1999, verb. Rs. C-338/97, C-344/97 und C-390/97 "Erna Pelzl u.a.", Celex 61997J0338, Rdnr. 26

[1201] Vgl. hierzu Schlußanträge GA Alber v. 18.3.1999, verb. Rs. C-338/97, C-344/97 und C-390/97 „Erna Pelzl u.a.", Rdnr. 65

[1202] Vgl. Novacek, E., Kammerumlage, RdW 1998, S. 497

[1203] Vgl. Achatz, M., Fremdenverkehrsabgaben, SWK 1997, S. 521; vgl. auch Ruppe, H. G., Verbot, in: Klein, F. (Hrsg.), Unternehmen, 1997, S. 985; Schlußanträge GA Alber v. 18.3.1999, verb. Rs. C-338/97, C-344/97 und C-390/97 "Erna Pelzl u.a" bezüglich den Ausführungen des Bundeslandes Steiermark;

[1204] Schlußanträge GA Leger v. 27.2.1997, verb. Rs. C-370-372/95 „Careda SA", EuGHE 1997, S. I-5063

che die Ansicht, daß eine Abgabe nur dann den Charakter einer Umsatzsteuer aufweise, wenn sie auf den Endverbraucher abgewälzt werden könne.[1205] Eine Abwälzung in diesem Sinne liege dann vor, „wenn der Gegenstand beim nichtsteuerpflichtigen Endverbraucher angelangt mit einem Steuerbetrag bleibt, der anteilsmäßig dem Preis entspricht, den der Verbraucher seinem Lieferanten gezahlt hat."[1206] Im übrigen muß die Abwälzung nicht zwingend in einem gesonderten Dokument festgehalten werden.[1207]
Zusammenfassend kann zu diesem Punkt festgestellt werden, daß die Rechtsprechung des EuGH auf der Annahme beruht, daß es bei den Steuern, Abgaben und Gebühren mit dem Charakter von Umsatzsteuern um Abgaben geht, die zwar den Unternehmern als Steuerschuldner auferlegt werden, letztlich aber durch Überwälzung in die Preise der Produkte und Leistungen eingehen und den Verbraucher belasten sollen.[1208] Eine Umsatzsteuer i.S.d. Art. 33 der 6. MWSt-RL kann der Judikatur des EuGH zufolge also mit anderen Worten nur eine indirekte Steuer im Sinne des Gemeinschaftsrechts sein. Dieser Auffassung kann zugestimmt werden, denn allein der Umstand, daß bestimmte Steuern „als Geschäftsunkosten die Kalkulation der Preise der Unternehmensprodukte beeinflussen, macht sie noch nicht zu indirekten Steuern, so daß auch keine Umsatzsteuer im Verständnis des Art. 33 vorliegen kann."[1209] Bei Abgabenbelastungen, die „als Kosten der Leistungserstellung im Preis der Unternehmensprodukte einkalkuliert werden, handelt es sich nicht um indirekte Steuern im Sinne von speziellen oder allgemeinen Verbrauchsteuern."[1210]
Daß es sich bei einer Umsatzsteuer i.S.d. Art. 33 Abs. 1 der 6. MWSt-RL nur um eine indirekte Steuer handeln kann, ergibt sich im übrigen auch daraus, daß das Verbot von Steuern, Abgaben und Gebühren mit dem Charakter von Umsatzsteuern seine primärrechtlichen Wurzeln im Harmonisierungsauftrag des Art. 93 [99] EGV hat. Dieser räumt den Organen eine Regelungsbefugnis aber nur für indirekte Steuern ein.[1211] Nicht hingegen bezieht sich die den Organen der Europäischen Gemeinschaft eingeräumte Regelungskompetenz auf sog. direkte Steuern.[1212]

[1205] Vgl. EuGH-Urteil v. 26.6.1997, Rs. C-370-372/95 „Careda SA", EuGHE 1997; vgl. zu diesem Fall Kok, C., Court, European Taxation 1997, S. 37f.
[1206] EuGH-Urteil v. 26.6.1997, Rs. C-370-372/95 „Careda SA", EuGHE 1997
[1207] Vgl. EuGH-Urteil v. 26.6.1997, Rs. C-370-372/95 „Careda SA", EuGHE 1997, S. I-3746
[1208] Vgl. Ruppe, H. G., Verbot, in: Klein, F. (Hrsg.), Unternehmen, 1997, S. 985
[1209] Ruppe, H. G., Verbot, in: Klein, F. (Hrsg.), Unternehmen, 1997, S. 985
[1210] Ruppe, H. G., Verstoß, SWI 1998, S. 124
[1211] Vgl. Achatz, M., Fremdenverkehrsabgaben, SWK 1997, S. 522; vgl. auch Ruppe, H. G., Verbot, in: Klein, F. (Hrsg.), Unternehmen, 1997, S. 985
[1212] Vgl. Novacek, E., Kammerumlage, RdW 1998, S. 497

4. Zusammenfassende Gesamtbetrachtung

Weist eine mitgliedstaatliche Abgabe *alle* die vom Europäischen Gerichtshof als wesentlich eingestuften Merkmale auf, besitzt sie der gefestigten Rechtsprechung zufolge *auf jeden Fall* den Charakter von Umsatzsteuern i.S.v. Art. 33 Abs. 1 der 6. MWSt-RL.[1213] Derartige Abgaben dürfen gem. Art. 33 Abs. 1 der 6. MWSt-RL von den Mitgliedstaaten weder beibehalten noch neu eingeführt werden, um die Einheitlichkeit und Kohärenz des gemeinsamen Mehrwertsteuersystems zu erhalten und die Harmonisierungserfolge nicht wieder in Frage zu stellen. Bezüglich solcher Abgaben ist die Rechtslage eindeutig.

Die entscheidende Frage in dem hier interessierenden Zusammenhang ist aber, wie mitgliedstaatliche Abgaben im Hinblick auf Art. 33 Abs. 1 der 6. MWSt-RL zu beurteilen sind, welche zwar über einige der wesentlichen Merkmale der harmonisierten Umsatzsteuer in Form der Mehrwertsteuer verfügen, aber eben nicht über alle. Man könnte die Auffassung vertreten, daß ausschließlich solche Abgaben unter das Verbot der Steuern, Abgaben und Gebühren fallen, welche *alle* wesentlichen Merkmale der Mehrwertsteuer aufweisen. Eine derartige Auslegungsvariante ist als „ziemlich einschränkend"[1214] anzusehen, hat aber aus Sicht der Mitgliedstaaten den Vorteil, daß deren Steuerfindungsrecht nur geringfügig restringiert wird. Wie aber die Ausführungen bezüglich der einzelnen wesentlichen Kennzeichen der Mehrwertsteuer ergeben haben, können Abgaben, welche beispielsweise nicht über das Merkmal des Vorsteuerabzugs oder das Merkmal der Allgemeinheit verfügen, die Einheitlichkeit des gemeinsamen Mehrwertsteuersystems und damit die vollständige Erfüllung dessen Aufgaben, also seine Funktionsfähigkeit, genauso konterkarieren wie Abgaben, welche *alle* Merkmale der Mehrwertsteuer aufweisen. Die Tatsache, daß eine von einem Mitgliedstaat autonom neben der gemeinsamen Mehrwertsteuer erhobene Abgabe *nicht alle*, wohl aber *einige* der wesentlichen Attribute der harmonisierten Mehrwertsteuer aufweist, darf demzufolge aus systematischen und teleologischen Aspekten heraus nicht automatisch zu der Konklusion führen, daß diese Abgabe *a priori* nicht den Charakter einer Umsatzsteuer i.S.v. Art. 33 Abs. 1 der 6. MWSt-RL besitzt.[1215]

Eine Umsatzsteuer i.S.d. Art. 33 Abs. 1 der 6. MWSt-RL ist letztlich essentiell gekennzeichnet durch die tatbestandliche Anknüpfung an Lieferungen und/oder Dienstleistungen eines Steuerpflichtigen, die Berechnung auf Grundlage des Preises der erbrachten Leistungen sowie die anhand einer objektiven Betrachtung der Abgabe ermittelte Zielsetzung, den Endverbraucher durch Überwälzung zu belasten.

[1213] Vgl. Achatz, M., Fremdenverkehrsabgaben, SWK 1997, S. 516

[1214] Doralt, W., Ankündigungsabgaben, RdW 1996, S. 392

[1215] Sinngemäß gleicher Ansicht Achatz, M., Fremdenverkehrsabgaben, SWK 1997, S. 521;

Die übrigen vom EuGH angeführten Merkmale sind zwar als wesentliche Merkmale einer *Mehrwertsteuer* anzusehen, nicht aber als zwingende Merkmale einer *Umsatzsteuer* i.S.v. Art. 33 der 6. MWSt-RL. Nichtsdestotrotz besitzen diese Kennzeichen eine große Bedeutung als Indizien. Auch in der Rechtsprechung gibt es einige Anhaltspunkte, daß nicht alle Merkmale der Mehrwertsteuer kumulativ vorhanden sein müssen.[1216] Die bereits erwähnte Formulierung, daß eine Abgabe *auf jeden Fall* dann den Charakter von Umsatzsteuern i.S.d. Art. 33 Abs. 1 der 6. MWSt besitze, wenn sie über die wesentlichen Merkmale der harmonisierten Mehrwertsteuer verfüge, könnte unter Umständen darauf hindeuten, daß auch der EuGH noch andere Möglichkeiten sieht.[1217] Dies könnte bedeuten, daß auch der Gerichtshof zwischen einerseits solchen Abgaben unterscheidet, die *alle* wesentlichen Merkmale der harmonisierten Mehrwertsteuer aufweisen und andererseits solchen Abgaben, bei denen dies zwar nicht der Fall ist, die aber dennoch als Umsatzsteuern i.S.v. Art. 33 Abs. 1 der 6. MWSt-RL anzusehen sind.[1218]

Wäre dies der Fall, würde auch der Gerichtshof von der richtigen Auffassung ausgehen, die wie folgt zusammengefaßt werden kann:

> „In any event taxes exhibiting the essential characteristics of VAT are prohibited ... but not necessarily only taxes which exhibit these essential characteristics."[1219]

Ob dies allerdings tatsächlich die Position des Gerichtshofes ist, ist unklar[1220] und wird erst noch durch weitere Urteile bestätigt oder widerlegt werden müssen.

Nach der im Urteil zu der Rechtssache „Wein & Co" eindeutig artikulierten Meinung des EuGH kommt ein Verstoß gegen Art. 33 Abs. 1 der 6. MWSt-RL niemals in Frage, wenn einer Abgabe das Merkmal der Allgemeinheit fehlt.[1221] Das Vorliegen aller anderen Merkmale ist in einem solchen Fall völlig unerheblich.[1222] Ob allerdings im Falle einer allgemeinen Abgabe alle anderen Merkmale kumulativ vorliegen müssen, bleibt weiterhin unklar.

Aus teleologischer und systematischer Sicht wäre es aber wünschenswert, wenn der EuGH den oben aufgezeigten Auslegungsweg einschlagen würde und nicht auf das kumulative Vorliegen sämtlicher wesentlicher Merkmale der harmonisierten Mehrwertsteuer für das Vorliegen einer Umsatzsteuer i.S.v. Art. 33 der 6. MWSt-RL bestehen würde.

1216 Vgl. Aichinger, W., Kammerumlage, ELR 1998, S. 122
1217 Vgl. Terra, B. / Kajus, J., Guide, Stand: 1999, Teil 2, S. 59
1218 Vgl. Novacek, E., Aussagen, ÖStZ 1998, S. 564
1219 Terra, B. / Kajus, J., Guide, Stand: 1999, Teil 2, S. 50
1220 Vgl. Farmer, P. / Lyal, R., Tax, 1994, S. 134
1221 Vgl. EuGH-Urteil v. 9.3.2000, Rs. 437/97 „Wein & Co.", Rdnr. 25
1222 Vgl. EuGH-Urteil v. 9.3.2000, Rs. 437/97 „Wein & Co.", Rdnr. 25

Klarheit besteht wiederum darüber, daß Abgaben, welche *keines* der wesentlichen Merkmale der harmonisierten Mehrwertsteuer aufweisen, der Rechtsprechung des EuGH zufolge niemals als Umsatzsteuer im Sinne des Art. 33 Abs. 1 der 6. MWSt-RL angesehen werden können.[1223] Dem ist uneingeschränkt zuzustimmen. Unter der Prämisse, daß die harmonisierte Mehrwertsteuer eine spezielle Ausprägung einer Umsatzsteuer darstellt, impliziert nämlich die Tatsache, daß eine Abgabe kein einziges wesentliches Merkmal der harmonisierten Mehrwertsteuer aufweist, zugleich, daß die fragliche Abgabe auch kein einziges Merkmal einer Umsatzsteuer besitzt. Abgaben, für welche dies zutrifft, sind auf jeden Fall mit Art. 33 Abs. 1 der 6. MWSt-RL zu vereinbaren.
Es wird interessant sein, zu beobachten, in welche Richtung sich die Rechtsprechung des EuGH bezüglich Art. 33 Abs. 1 der 6. MWSt-RL entwickelt. Im Rahmen der Integration der zukünftigen Mitgliedstaaten in Ost- und Südosteuropa in die Europäische Gemeinschaft werden sich für den Gerichtshof vermutlich zahlreiche Gelegenheiten ergeben, Stellung zur Gemeinschaftsrechtskonformität von dort erhobenen Abgaben zu beziehen.

VIII. Weitere Zulässigkeitsvoraussetzungen für mitgliedstaatliche Abgaben aus Art. 33 Abs. 1 der 6. MWSt-RL

Besitzt eine mitgliedstaatliche Abgabe den Charakter einer Umsatzsteuer i.S.d. Art. 33 Abs. 1 der 6. MWSt-RL, darf diese nicht beibehalten oder neu eingeführt werden. Besitzt eine Abgabe aber demgegenüber nicht den Charakter einer Umsatzsteuer i.S.d. Art. 33 Abs. 1 der 6. MWSt-RL, darf diese grundsätzlich beibehalten oder eingeführt werden. Dies gilt allerdings nur unter dem Vorbehalt anderer einschlägiger Bestimmungen des Gemeinschaftsrechts.
Als Beispiel für solche Bestimmungen des Gemeinschaftsrechts nennt Art. 33 Abs. 1 der 6. MWSt-RL *expressis verbis* die Bestimmungen über das allgemeine System, den Besitz, die Beförderung und die Kontrolle von verbrauchsteuerpflichtigen Waren. Damit enthält Art 33 Abs. 1 der 6. MWSt-RL einen expliziten Verweis auf die Bestimmungen der System-RL. Die Anforderungen, welche die System-RL an die Einführung oder Beibehaltung mitgliedstaatlicher Abgaben stellt, sind Gegenstand der Untersuchungen im folgenden Abschnitt. Über den ausdrücklichen Vorbehalt zugunsten anderer Bestimmungen des Gemeinschaftsrechts hinaus enthält Art. 33 Abs. 1 der 6. MWSt-RL ein umfassendes Verbot von Formalitäten beim Grenzübergang.
Eine Beibehaltung oder Einführung nichtharmonisierter Abgaben durch die Mitgliedstaaten ist dieser Bestimmung zufolge nämlich auf jeden Fall nur dann zu-

[1223] Vgl. hierzu EuGH-Urteil v. 17.9.1997, Rs. 130/96 „Solisnor Estaleiros Navais“, EuGHE 1997, S. I-5071; EuGH-Urteil v. 17.9.1997, Rs. 347/95 „UCAL“, EuGHE 1997, S. I-4956; EuGH-Urteil v. 17.9.1997, Rs. C-28/96 „Fricarnes“, EuGHE 1997, S. I-4943 lässig, wenn diese „nicht mit Formalitäten beim Grenzübergang verbunden sind.“[1224] Dem Wortlaut dieser einschränkenden Bedingung nach ist in Übereinstimmung mit den grundlegenden Anforderungen des Binnenmarktkonzepts unter diesen Formalitäten beim Grenzübergang „nicht jegliche steuerliche Konsequenz, die mit dem Grenzübertritt von Waren verbunden ist“[1225], zu verstehen. Sicher nicht zulässig sind „Formalitäten, die mit dem effektiven (körperlichen) Grenzübertritt verbunden sind“[1226]. Darüber hinaus darf es, wie bereits mehrfach erwähnt, bei einer abweichenden Behandlung von innerstaatlichen und innergemeinschaftlichen Geschäften im Rahmen der betroffenen Abgabenregelungen nicht zu Behinderungen des freien Verkehrs in Form von unverhältnismäßigen Erschwernissen bei der Abwicklung letzterer kommen.

C. Die Beschränkung der Steuerhoheit der Mitgliedstaaten durch Art. 3 System-RL

I. Mitgliedstaatliche Abgaben auf verbrauchsteuerpflichtige Waren

1. Allgemeines

Art. 3 Abs. 2 System-RL bestimmt zunächst positiv, daß die Mitgliedstaaten auf die verbrauchsteuerpflichtigen Waren i.S.v. Art. 3 Abs. 1 System-RL (Mineralöle, alkoholische Getränke und Tabakwaren) andere indirekte Steuern mit besonderer Zielsetzung erheben können.

Ähnlich wie bei Art. 33 der 6. MWSt-RL werden somit auch im Rahmen dieser Vorschrift zunächst diejenigen Befugnisse betont, welche den Mitgliedstaaten trotz der Harmonisierung verbleiben sollen. Diese Befugnisse werden aber dadurch beschränkt, daß mitgliedstaatliche Steuern auf die genannten verbrauchsteuerpflichtigen Waren zwingend eine besondere Zielsetzung aufweisen müssen. Darüber hinaus wird verlangt, daß derartige Steuern die Besteuerungsgrundsätze der Verbrauchsteuern oder der Mehrwertsteuer in bezug auf die Besteuerungsgrundlage sowie die Berechnung, die Steuerentstehung und die steuerliche Überwachung beachten müssen. Entsprechen die betroffenen Steuern der Mitgliedstaaten nicht diesen Vorgaben, sind sie nicht mit Art. 3 Abs. 2 System-RL vereinbar.

Die Einführung oder Beibehaltung derartiger Abgaben würde somit eine Vertragsverletzung aufgrund mangelnder Umsetzung des Art. 3 Abs. 2 System-RL darstellen. Die Steuerhoheit der Mitgliedstaaten ist also durch Art. 3 Abs. 2 System-RL beschränkt.

[1224] Art. 33 Abs. 1 der 6. MWSt-RL
[1225] Ruppe, H. G., Verbot, in: Klein, F. (Hrsg.), Unternehmen, 1997, S. 974
[1226] Ruppe, H. G., Verbot, in: Klein, F. (Hrsg.), Unternehmen, 1997, S. 975

2. Der Begriff der anderen indirekten Steuern

Bei der Anwendung des Art. 3 Abs. 2 System-RL ist zunächst die Frage zu beantworten, was genau unter den sog. *anderen indirekten Steuern* i.S.d. Art. 3 System-RL zu verstehen ist.
Diesbezüglich könnte die Auffassung vertreten werden, daß diese *anderen indirekten* Steuern identisch sind mit den in Art. 93 [99] EGV erwähnten *sonstigen indirekten Steuern*. Eine Übereinstimmung der Begriffe ist aber nicht zutreffend.[1227] Die System-RL regelt gem. Art. 1 Abs. 1 System-RL die Verbrauchsteuern und andere indirekte Steuern, welche mittelbar oder unmittelbar auf den Verbrauch von Waren erhoben werden.[1228] Somit muß es sich auch bei den *anderen indirekten Steuern* um Steuern handeln, die mittelbar oder unmittelbar auf den Verbrauch von Waren erhoben werden. Der Begriff der *sonstigen indirekten Steuern* in Art. 93 [99] EGV dagegen ist weiter gefaßt, da dieser nicht nur Steuern beinhaltet, welche sich letztlich auf *Waren* beziehen.

3. Die besondere Zielsetzung einer Steuer i.S.d. Art. 3 Abs. 2 System-RL

Eine mitgliedstaatliche Steuer auf verbrauchsteuerpflichtige Waren i.S.d. System-RL muß ferner eine *besondere Zielsetzung* aufweisen.
Was unter einer solchen besonderen Zielsetzung i.S.v. Art. 3 Abs. 2 System-RL zu verstehen ist, wird an keiner Stelle im Gemeinschaftsrecht erläutert bzw. definiert.[1229] Eine besondere Zielsetzung liegt aber wohl dann vor, wenn eine Steuer eine Zielsetzung besitzt, welche über den normalen, also regelmäßigen Zweck von Steuern hinausgeht.
Diesbezüglich ist davon auszugehen, daß der regelmäßige Zweck einer Steuer darin besteht, der öffentlichen Hand finanzielle Mittel für ihren allgemeinen Bedarf zu verschaffen.[1230] Mit reinen Fiskalzwecksteuern wird ein Zweck, der über das fiskalische Ziel hinausreicht, nicht verfolgt.[1231] Folglich liegt eine besondere Zielsetzung i.S.v. Art. 3 Abs. 2 System-RL dann vor, wenn der Zweck einer Steuer über die Beschaffung finanzieller Mittel für den Staat hinausreicht.[1232] Eine Steuer, welche lediglich der Generierung budgetärer Einnahmen dient, besitzt somit keine besondere Zielsetzung in diesem Sinne.[1233] Dies gilt auch dann,

---

[1227] Vgl. Jatzke, H., Verbrauchsteuerharmonisierung, 1997, S. 46
[1228] Vgl. hierzu auch Moritz, H., Harmonisierung, ÖStZ 1997, S. 393; Ruppe, H. G., Verbot, in: Klein, F. (Hrsg.), Unternehmen, 1997, S. 972
[1229] Vgl. Schlußanträge GA Saggio v. 1.7.1999, Rs. C-437/97 „Wein & Co", Rdnr. 39; vgl. ebenso die Erklärung der österreichischen Regierung im selben Fall
[1230] Vgl. hierzu die Erklärung der Firma „IKERA" in der Rs. C-437/97
[1231] Vgl. Novacek, E., Getränkesteuer, RdW 1997, S. 481
[1232] Vgl. Schlußanträge GA Saggio v. 1.7.1999, Rs. C-437/97 „Wein & Co", Rdnr. 39
[1233] Vgl. auch Moritz, H., Harmonisierung, ÖStZ 1997, S. 394

wenn die Einnahmen vom Zentralstaat unabhängigen Gebietskörperschaften wie beispielsweise Bundesländern, Provinzen oder auch Gemeinden zufließen. Die Verstärkung der Einnahmeautonomie von Gemeinden stellt also keine besondere Zielsetzung im Sinne des Art. 3 Abs. 2 System-RL dar.[1234] Demzufolge verfügen auch die österreichischen Getränkesteuern nicht über eine besondere Zielsetzung.[1235] Diese Auffassung hat der Gerichtshof in seinem Urteil bezüglich der österreichischen Getränkesteuern zur Recht bestätigt, indem er ausführte, daß die „Stärkung der Gemeindeautonomie durch die Einräumung der Befugnis zur Steuererhebung ... eine rein fiskalische Zielsetzung“[1236] darstelle und somit „keine besondere Zielsetzung im Sinne von Artikel 3 Absatz 2 der Verbrauchsteuerrichtlinie darstellt.“[1237]

Eine besondere Zielsetzung im Sinne des Art. 3 Abs. 2 System-RL ist aber zu bejahen, wenn mittels der Steuer wirtschafts-, sozial- oder umweltpolitische oder ähnlich gelagerte sektorielle Ziele verfolgt werden.[1238] Daß es sich bei einer besonderen Zielsetzung i.S.d. Art. 3 Abs. 2 System-RL ausschließlich um derartige Aspekte handeln kann, belegt auch die Entstehungsgeschichte der Verbrauchsteuerrichtlinien.

Den ursprünglichen Vorschlägen der Kommission zufolge sollte jegliche mitgliedstaatliche Steuer auf die Waren verboten werden, welche einer harmonisierten Verbrauchsteuer unterworfen wurden.[1239] Diese Vorschläge wurden aber von der Kommission dahingehend entschärft, daß es zwar auf die gemeinschaftsrechtlich definierten verbrauchsteuerpflichtigen Waren nur jeweils eine einzige harmonisierte Verbrauchsteuer geben sollte. Für diese war aber vorgesehen, daß die Mitgliedstaaten diese harmonisierten Steuern im eigenen Ermessen um spezifische Bestandteile zu „sektoriellen Zwecken“ (Umwelt, Gesundheit,

---

[1234] Vgl. die Erklärungen der Kommission in der Rs. C-437/97 „Wein & Co“; vgl. auch Moritz, H., Harmonisierung, ÖStZ 1997, S. 394; vgl. jedoch Matzinger, A., Getränkesteuer, RdW 1997, S. 364, der im Hinblick auf die österreichische Getränkesteuer in der Verstärkung der Einnahmeautonomie von Gemeinden eine besondere Zielsetzung erblickt.

[1235] Vgl. auch Beiser, R., Getränkesteuer, SWK 1997, S. 723

[1236] EuGH-Urteil v. 9.3.2000, Rs. C-437/97 „Wein & Co.“, Rdnr. 33

[1237] EuGH-Urteil v. 9.3.2000, Rs. C-437/97 „Wein & Co.“, Rdnr. 33

[1238] Vgl. Moritz, H., Umweltabgaben, 1999, S. 153; vgl. auch Novacek, E., Getränkesteuer, ÖStZ 1998; Schlußanträge GA Saggio v. 1.7.1999, Rs. C-437/97 „Wein & Co“, Rdnr. 39; Erklärung der Firma in der Rs. C-437/97 „Wein & Co“; Jatzke, H., Verbrauchsteuerharmonisierung, 1997, S. 47; Novacek, E., Getränkesteuer, RdW 1997, S. 482; auch Novacek, E., Getränkesteuer, ÖStZ 1996, S. 231

[1239] Vgl. Moritz, H., Getränkesteuer, ÖGZ 10/1998, S. 11

Verkehr) ergänzen durften.[1240] Auf dieser Grundidee basiert letztlich die Regelung des Art. 3 Abs. 2 System-RL.[1241]
Damit eine mitgliedstaatliche Steuer den Anforderungen des Art. 3 Abs. 2 System-RL genügt, muß außerdem ein deutlicher Zusammenhang zwischen der Besteuerung der Ware und der besonderen Zielsetzung im soeben erörterten Sinne bestehen.[1242] Die Kommission ist der Auffassung, daß nicht einmal ein lenkender Nebenzweck einer Abgabe ausreicht, sondern daß die umwelt-, sozial- oder gesundheitspolitischen Zielsetzungen den Hauptzweck der jeweiligen Abgabe darstellen müssen.[1243]
Auf jeden Fall muß eine Steuer i.S.v. Art. 3 Abs. 2 System-RL eine innere Rechtfertigung hinsichtlich der besonderen Zielsetzung aufweisen.[1244] Diese innere Rechtfertigung kann sich sowohl daran zeigen, daß der Staat die Einnahmen aus der jeweiligen Abgabe ausschließlich für bestimmte Zwecke verwendet, als auch daran, daß die Struktur der Steuer, d.h. zum Beispiel durch die Wahl einer bestimmten Besteuerungsgrundlage, positiv zur Verwirklichung der besonderen Zielsetzungen beiträgt.[1245]
In einem aktuellen Fall standen wie erwähnt die Getränkesteuern in Österreich auf dem Prüfstand des EuGH. Selbst wenn man diesen den Gesundheitsschutz als besondere Zielsetzung unterstellen würde, kann man keinen engen Zusammenhang zwischen der Steuer und dieser Zielsetzung erkennen. So belasten die Abgaben etwa alkoholische Getränke mit einem 10%igen, alkoholfreie Getränke dagegen mit einem 5%igen Steuersatz. Hinsichtlich solch geringfügiger Belastungsunterschiede kann von einer Lenkungsqualität der Abgabe im Hinblick auf den Gesundheits- oder Jugendschutz nicht ausgegangen werden.[1246] In gleicher Weise argumentierte auch der EuGH und sprach den Getränkesteuern Lenkungsqualität im Bereich des Gesundheitsschutzes ab.[1247]
Festzuhalten ist somit, daß Steuern mit besonderer Zielsetzung im Sinne von Art. 3 Abs. 2 System-RL sogenannte „Lenkungsabgaben“[1248] sein müssen. Das macht deutlich, daß die Europäische Gemeinschaft trotz der Harmonisierung der Verbrauchsteuern auf bestimmte Güter „das Recht der Mitgliedstaaten zur Ver-

---

1240 Vgl. hierzu Moritz, H., Getränkesteuer, ÖGZ 10/1998, S. 11
1241 Vgl. Moritz, H., Getränkesteuer, ÖGZ 10/1998, S. 11
1242 Vgl. Erklärung der Kommission in der Rs. C-437/97 „Wein & Co“, Sitzungsbericht, S. I-37
1243 Vgl. Erklärung der Kommission in der Rs. C-437/97 „Wein & Co“, Sitzungsbericht, S. I-37; vgl. hierzu Novacek, E., Getränkesteuer, ÖStZ 1998, S. 55
1244 Vgl. Erklärung des EKV in der Rs. C-437/97 „Wein & Co“, Sitzungsbericht, S. 22
1245 Vgl. Schlußanträge GA Saggio v. 1.7.1999, Rs. C-437/97 „Wein & Co“, Rdnr. 40
1246 Vgl. Beiser, R., Getränkesteuer, SWK 1997, S. 720
1247 EuGH-Urteil v. 9.3.2000, Rs. C-437/97 „Wein & Co.“, Rdnr. 37
1248 Moritz, H., Umweltabgaben, 1999, S. 153

folgung umwelt-, sozial- und gesundheitspolitischer Lenkung mittels Steuern auf diese Güter explizit“[1249] anerkennt.

4. Die Beachtung der Grundsätze der Verbrauchsteuern oder der Mehrwertsteuer

Als weitere Voraussetzung für die Zulässigkeit von zusätzlichen Steuern der Mitgliedstaaten auf verbrauchsteuerpflichtige Güter bestimmt Art. 3 Abs. 2 System-RL, daß diese die Besteuerungsgrundsätze der Mehrwertsteuer oder der Verbrauchsteuern beachten müssen. Wie die nachfolgende Tabelle zeigt, wird die Auslegung dieser Bestimmung dadurch erschwert, daß die verschiedenen Sprachfassungen inhaltlich differieren[1250]:

Deutsch	**Englisch**	**Dänisch**	**Niederländisch**	**Französisch**
die Besteuerungsgrundsätze der Verbrauchsteuern *oder* der Mehrwertsteuer	the tax rules applicable for excise duty *and* VAT purposes	de regler for afgiftspaalaeggelse, der gaelder for punktafgifter *og* moms	mits daarbij de uit hoofde van de accijnzen *en* de BTW geldende voorschriften	les règles de taxation applicables pour les besoins des accises *ou* de la taxe sur la valeur ajoutée
Italienisch	**Portugiesisch**	**Spanisch**	**Schwedisch**	
le regole di imposizione applicabili ai fini della accise *o* dell'IVA	as regras de tributação aplicáveis em máteria de impostos especiais de consumo *ou* de IVA	las normas impositivas aplicables en relación con los impuestos especiales *o* el IVA	med de regler som är tillämpliga på punktskatt *och* mervärdesskatt	

Einige Versionen enthalten somit die Wendung „der Verbrauchsteuern *oder* der Mehrwertsteuer“, während andere den Passus „der Verbrauchsteuern *und* der Mehrwertsteuer“ enthalten. Den gemeinschaftsrechtlichen Auslegungsgrundsätzen zufolge muß aber eine einheitliche Interpretation gefunden werden, welche sich an der Systematik und dem Zweck der Regelung orientiert.[1251] Bei der Suche nach einer einheitlichen Auslegung ist nicht nach dem Mehrheitsprinzip vorzugehen, so daß auch einer einzigen von den anderen abweichenden Sprachfassung der Vorzug gegeben werden kann.[1252]

[1249] Vgl. Wasmeier, M., Umweltabgaben, 1995, S. 286; Moritz, H., Umweltabgaben, 1999, S. 154; Jatzke, H., Verbrauchsteuerharmonisierung, 1997, S. 47

[1250] Vgl. Schlußanträge GA Saggio v. 1.7.1999, Rs. C-437/97 „Wein & Co“, Rdnr. 43; vgl. auch EuGH-Urteil v. 9.3.2000, Rs. C-437/97 „Wein & Co.“, Rdnr. 40

[1251] Vgl. Schlußanträge GA Saggio v. 1.7.1999, Rs. C-437/97 „Wein & Co“, Rdnr. 44; vgl. zu dieser Problematik auch Bleckmann, A., Auslegungsmethoden, NJW 1982, S. 1180

[1252] Vgl. Lohse, W. C., Zuordnung, 1999, S. 79

Man könnte der Auffassung sein, daß die Formulierung eine rein deklaratorische Bedeutung besitzt und demzufolge lediglich den Inhalt hat, daß zusätzliche Steuern der Mitgliedstaaten auf verbrauchsteuerpflichtige Waren nicht in Konflikt mit den Regelungen über die harmonisierten Verbrauchsteuern und die Mehrwertsteuer kommen, diese also in ihrer Wirksamkeit nicht stören dürfen.[1253]

Richtigerweise muß aber der Forderung nach Beachtung der Grundsätze der Verbrauchsteuern oder der Mehrwertsteuer eine darüber hinausgehende Bedeutung zugesprochen werden, da es ansonsten einer so expliziten und genauen Regelung nicht bedurft hätte. Will man der Bestimmung eine über die rein deklaratorische Bedeutung hinausgehende Funktion zukommen lassen, könnte man den Sprachfassungen den Vorzug geben, in denen das Bindewort „und" verwendet wird.

Wollte ein Mitgliedstaat eine zusätzliche Steuer mit besonderer Zielsetzung auf verbrauchsteuerpflichtige Waren erheben, müßte diese Steuer dieser Auffassung zufolge den Besteuerungsgrundsätzen der Verbrauchsteuern *und* der Mehrwertsteuer bezüglich der Besteuerungsgrundlage sowie der Berechnung, der Steuerentstehung und der steuerlichen Überwachung entsprechen. Eine solche gleichzeitige Befolgung der Grundsätze der Verbrauchsteuern *und* der Mehrwertsteuer ist praktisch aber unmöglich, da sich diese hinsichtlich der erwähnten Bereiche grundlegend unterscheiden.[1254] So ist beispielsweise bei der Mehrwertsteuer der Preis einer Leistung als Besteuerungsgrundlage vorgesehen, während bei den Verbrauchsteuern die Ermittlung der Steuer an physikalische Größen anknüpft.

Alternativ könnte man bei der Auslegung des Art. 3 Abs. 2 System-RL den Sprachversionen Vorrang einräumen, welche wie die deutsche Fassung das Bindewort „oder" enthalten. Demnach müßten sich Steuern auf verbrauchsteuerpflichtige Waren mit besonderer Zielsetzung bezüglich ihrer Besteuerungsgrundlage, der Berechnung, der Steuerentstehung und der steuerlichen Überwachung an einem der beiden Besteuerungssysteme orientieren. Auch eine solche Auslegung könnte aber Probleme aufwerfen. Wird nämlich eine Steuer exakt entsprechend den Grundsätzen der harmonisierten Mehrwertsteuer ausgestaltet, könnte ein Konflikt mit Art. 33 Abs. 1 der 6. MWSt-RL eintreten. Eine Abgabe, welche sich an den Grundsätzen der harmonisierten Mehrwertsteuer orientiert, wäre dann aus Sicht des Art. 3 Abs. 2 System-RL zulässig, könnte jedoch genau aus denselben Gründen gegen Art. 33 der 6. MWSt-RL verstoßen.[1255] Art. 33 Abs. 1 der 6. MWSt-RL läßt nämlich wie erörtert nur Abgaben zu, welche nicht

---

[1253] Vgl. Erklärung der österreichischen Abgabenberufungskommission in der Rs. C-437/97 „Wein & Co", Sitzungsbericht, S. I-26; Erklärung der österreichischen Regierung in der Rs. C-437/97 „Wein & Co", Sitzungsbericht, S. I-34

[1254] Vgl. EuGH-Urteil v. 9.3.2000, Rs. C-437/97 „Wein & Co.", Rdnr. 44

[1255] Vgl. Moritz, H., Umweltabgaben, 1999, S. 154

den Charakter von Umsatzsteuern aufweisen. Aus diesem potentiellen Normenkonflikt könnte man den Schluß ziehen, daß sich die beiden Vorschriften aufgrund ihrer Widersprüchlichkeit gegenseitig neutralisieren.[1256] Bis zu einer widerspruchsfreien Regelung durch die Gemeinschaftsorgane wäre dann keine der beiden Bestimmungen zu beachten.[1257] Der Grundsatz des *effet utile* verbietet es aber, Normen des Gemeinschaftsrechts so auszulegen, daß sie keinerlei Wirkung entfalten und sich gegenseitig blockieren.[1258] Man muß also eine widerspruchsfreie Interpretation finden.
Richtigerweise ist davon auszugehen, daß für Steuern mit besonderer Zielsetzung i.S.d. Art. 3 Abs. 2 System-RL eine Ausnahme vom allgemeinen Verbot des Art. 33 6. MWSt-RL kodifiziert werden sollte. Daher tritt eine auf den Bereich der Steuern mit besonderer Zielsetzung auf verbrauchsteuerpflichtige Waren begrenzte Derogation des Art. 33 der 6. MWSt-RL durch Art. 3 Abs. 2 System-RL im Sinne des *lex-posterior*-Grundsatzes ein.[1259] Allein diese Interpretation entspricht der Tatsache, daß das Gemeinschaftsrecht ein geschlossenes Rechtssystem darstellt und daher eine widerspruchsfreie Auslegung sämtlicher Normen erforderlich ist.[1260] Bei der Kodifizierung dieser Ausnahmeregelung zu Art. 33 der 6. MWSt-RL haben sich die Gemeinschaftsorgane offensichtlich von zwei Aspekten leiten lassen. Wie bereits erwähnt, sollte den Mitgliedstaaten trotz weitreichender Harmonisierung der Verbrauchsteuern einerseits die Möglichkeit belassen werden, bestimmte Lenkungsabgaben zu erheben. Dabei mußte aber andererseits zumindest sichergestellt werden, daß durch derartige Abgaben der freie Verkehr und die Wettbewerbsneutralität im Binnenmarkt nicht zusätzlich gestört werden. Es mußte verhindert werden, „daß der Handelsverkehr durch zusätzliche indirekte Steuern übermäßig behindert wird“[1261]. Man war diesbezüglich offenbar der Ansicht, daß derartige negative Auswirkungen mitgliedstaatlicher Steuern am besten durch eine Orientierung an den Grundsätzen der harmonisierten Steuern vermieden werden konnten.[1262] Abgesehen von dieser besonderen Ausnahmeregelung bezüglich der Steuern mit besonderer Zielsetzung auf verbrauchsteuerpflichtige Waren, bleiben gem. Art. 33 Abs. 1 6. MWSt-RL alle anderen Steuern und Abgaben mit dem Charakter von Umsatzsteuern unzulässig.

1256 Vgl. Matzinger, A., Getränkesteuer, RdW 1997, S. 365
1257 Vgl. Matzinger, A., Getränkesteuer, RdW 1997, S. 365
1258 Vgl. Novacek, E., Getränkesteuer, RdW 1997, S. 482
1259 Vgl. hierzu Novacek, E., Getränkesteuer, RdW 1997, S. 481; ablehnend dagegen Matzinger, A., Getränkesteuer, RdW 1997, S. 364
1260 Vgl. Novacek, E., Getränkesteuer, RdW 1997, S. 482
1261 EuGH-Urteil v. 9.3.2000, Rs. C-437/97 „Wein & Co.“, Rdnr. 46
1262 Vgl. Moritz, H., Umweltabgaben, 1999, S. 154; vgl. hierzu auch EuGH-Urteil v. 9.3.2000, Rs. C-437/97 „Wein & Co.“, Rdnr. 46

Fraglich ist nun nur noch, ob auch eine Orientierung einer Abgabe teilweise am System der Verbrauchsteuern und teilweise am System der Mehrwertsteuer möglich wäre. So käme zum Beispiel eine Steuer in Betracht, die sich bezüglich der Besteuerungsgrundlage an den Grundsätzen der Mehrwertsteuer orientiert, bezüglich der steuerlichen Überwachung aber an den Grundsätzen der Verbrauchsteuern. Hierzu wird teilweise die Auffassung vertreten, daß nur die Übernahme *entweder* der Besteuerungsgrundsätze der Verbrauchsteuern *oder* der Mehrwertsteuer bei der Ausgestaltung einer Steuer mit besonderer Zielsetzung in Frage komme und somit Mischtypen unzulässig sind.[1263] So ist der EuGH der Meinung, daß eine Abgabe mit besonderer Zielsetzung auf verbrauchsteuerpflichtige Waren „einer dieser beiden Besteuerungstechniken, wie sie im Gemeinschaftsrecht ausgestaltet sind, strukturell entsprechen"[1264] muß. Dies sei bei der österreichischen Getränkesteuer nicht der Fall.[1265] Somit sind diese als Verstoß gegen Art. 3 Abs. 3 der System-RL zu werten, soweit sie auf alkoholische Getränke erhoben werden.[1266] „Aus dem Wortlaut geht jedoch nicht hervor, daß sich eine Steuer auf eines der beiden Systeme beschränken muß"[1267]. Es müßte also zulässig sein, beispielsweise die Grundsätze der Mehrwertsteuer in bezug auf die Bemessungsgrundlage und Berechnung anzuwenden, sich bei der Regelung der Steuerentstehung und Überwachung aber am System der Verbrauchsteuern zu orientieren.[1268]
Dies erscheint aus teleologischer Sicht richtig, da es letztlich nämlich darauf ankommt, daß der aktuelle Stand des Binnenmarktes durch Steuern mit besonderer Zielsetzung nicht beeinträchtigt wird, was auch bei „Mischtypen" gewährleistet ist.

II. Mitgliedstaatliche Abgaben auf andere Waren i.S.v. Art. Abs. 3 System-RL

1. Grundlegendes

Den Mitgliedstaaten steht es gem. Art. 3 Abs. 3 S. 1 System-RL *expressis verbis* frei, auf andere als die verbrauchsteuerpflichtigen Waren i.S.v. Art. 3 Abs. 3 S. 1 System-RL Steuern einzuführen oder beizubehalten. Insofern hat diese Bestim-

---

1263 Vgl. Novacek, E., Getränkesteuer, ÖStZ 1998, S. 55
1264 EuGH-Urteil v. 9.3.2000, Rs. C-437/97 „Wein & Co.", Rdnr. 48
1265 EuGH-Urteil v. 9.3.2000, Rs. C-437/97 „Wein & Co.", Rdnr. 48
1266 EuGH-Urteil v. 9.3.2000, Rs. C-437/97 „Wein & Co.", Rdnr. 50
1267 Moritz, H., Umweltabgaben, 1999, S. 155; vgl. auch Novacek, Getränkesteuer, ÖStZ 1998, S. 52
1268 Moritz, H., Umweltabgaben, 1999, S. 155; vgl. auch Novacek, Getränkesteuer, ÖStZ 1998, S. 52

mung ebenfalls klarstellende Funktion.[1269] Diese Aussage wird jedoch dadurch relativiert, daß durch mitgliedstaatliche Steuern i.S.v. Art. 3 Abs. 3 S. 1 System-RL keine mit dem Grenzübertritt verbundenen Formalitäten verursacht werden dürfen. Welchen Anforderungen eine mitgliedstaatliche Steuer auf andere als die verbrauchsteuerpflichtigen Waren i.S.d. Art. 3 Abs. 1 System-RL genügen muß, wird nachfolgend *en detail* geklärt.

2. *Der Begriff der anderen Waren*

Andere Waren i.S.d. Art. 3 Abs. 3 S. 1 System-RL sind solche Waren, die keiner gemeinschaftsrechtlich harmonisierten Verbrauchsteuer unterliegen. Einer harmonisierten Verbrauchsteuer unterliegen lediglich die in Art. 3 Abs. 1 SystemRL genannten Waren, nämlich Mineralöle, Alkohol und alkoholische Getränke. Alle anderen Waren können somit prinzipiell Gegenstand einer mitgliedstaatlichen Steuer i.S.d. Art. 3 Abs. 3 S. 1 System-RL sein. Der Begriff *Ware* ist in diesem Zusammenhang in einem weiten Sinn aufzufassen. Beispielsweise ist auch elektrische Energie als eine solche Ware anzusehen.[1270] Dies hat zur Folge, daß beispielsweise die deutsche Stromsteuer als eine mitgliedstaatliche Steuer auf eine Ware anzusehen ist und folgerichtig den Anforderungen des Art. 3 Abs. 3 S. 1 System-RL genügen muß.[1271] Weitere Beispiele für Waren, welche prinzipiell einer Steuer im Sinne von Art. 3 Abs. 3 System-RL unterworfen werden können, sind pflanzliche Öle, Fette, Garne, Gewürze, aber auch Bananen oder Schallplatten.[1272]
Teilweise wird die Behauptung vertreten, Verbrauchsteuern im hier interessierenden Sinne können nur auf vertretbare, regelmäßig zum baldigen Verzehr oder kurzfristigen Verbrauch bestimmte Güter erhoben werden.[1273] Richtig ist aber, daß solche Güter zwar die klassischen Fälle von verbrauchsteuerpflichtigen Gütern darstellen, eine zwingende Beschränkung auf derartige Waren kann aber den gemeinschaftsrechtlichen Vorschriften nicht entnommen werden. Somit können auch Waren mit längerer Lebensdauer Gegenstand einer Verbrauchsteuer i.S.d. Gemeinschaftsrechts sein.[1274] Auszuschließen ist eine Verbrauchsteuer auf Güter, welche auch auf längere Sicht keinem „Verbrauch" unterliegen, wie beispielsweise Grundstücke.

[1269] Vgl. Moritz, H., Umweltabgaben, 1999, S. 155
[1270] Vgl. Jatzke, H., Verbrauchsteuerharmonisierung, 1997, S. 51; Wasmeier, M., Energiesteuer, RIW 1996, S. 315
[1271] Vgl. hierzu Hidien, J., Steuern, BB 1999, S. 342
[1272] Vgl. Jatzke, H., Verbrauchsteuerharmonisierung, 1997, S. 50
[1273] Vgl. hierzu Arndt, H.-W. / Grünberg, M., EG-Verbrauchsteuerharmonisierung, SteuerStud 1988, S. 43
[1274] Vgl. Müller, D., Verbrauchsteuern, 1997, S. 115

3. Das Verbot von mit dem Grenzübertritt verbundenen Formalitäten

Erhebt ein Mitgliedstaat der Europäischen Gemeinschaft eine Steuer auf Waren i.S.d. Art. 3 Abs. 2 S. 1 System-RL, darf diese keine mit dem Grenzübertritt verbundenen Formalitäten verursachen. Es besteht eine gewisse Unklarheit, was in diesem Zusammenhang unter den *mit dem Grenzübertritt verbundenen Formalitäten* zu verstehen ist. Evident ist, daß Formalitäten, die mit dem effektiven (körperlichen) Grenzübertritt verbunden sind, auf keinen Fall entstehen dürfen.[1275] Bei derartigen unzulässigen Formalitäten geht es um „Kontrollen und Belegpflichten, die örtlich und zeitlich eng mit der Grenzüberschreitung zusammenhängen"[1276]. Daß derartige Formalitäten auf jeden Fall unzulässig sein müssen, ergibt sich folgerichtig aus dem Konzept des Binnenmarktes, das den ungehinderten Grenzübertritt voraussetzt.[1277]
Strittig ist aber, ob die Vorschrift des Art. 3 Abs. 3 S. 1 System-RL so zu verstehen ist, daß sie ausschließlich die Formalitäten im soeben beschriebenen Sinne verbietet oder ob sie weiter reicht und auch auf bestimmte ins Landesinnere verlegte Maßnahmen wie beispielsweise die Einrichtung eines Steuerlagersystems oder bestimmte Kontroll- und Begleitmaßnahmen untersagt[1278], also auch jede Art von materiellem Grenzausgleich unterbinden will. Dies könnte damit begründet werden, daß nicht – wie beispielsweise in Art. 33 RL 6. MWSt-RL - nur Formalitäten *beim* Grenzübertritt untersagt werden, sondern mit dem Grenzübertritt *verbundene* Formalitäten.[1279]
Wie mehrfach betont, erfordert der Gemeinsame Markt bzw. der Binnenmarkt die Beseitigung der steuerlichen Grenzkontrollen, nicht aber unbedingt die Abschaffung von steuerlichen Grenzausgleichsmaßnahmen schlechthin. Es muß nur sichergestellt werden, daß die Abwicklung innergemeinschaftlicher Geschäftsvorfälle nicht wesentlich schwieriger oder aufwendiger in ihrer Handhabung ist als die Abwicklung entsprechender innerstaatlicher Vorgänge. Da aber Art. 93 [99] EGV nur solche Harmonisierungsmaßnahmen zuläßt, welche für die Errichtung bzw. das Funktionieren des Binnenmarktes notwendig sind, kann Art. 3 Abs. 3 S. 1 System-RL nicht so interpretiert werden, daß er auch jegliche rechtliche Konstruktion zur Durchführung eines materiellen Grenzausgleichs verbietet.

1275 Vgl. Ruppe, H. G., Verbot, in: Klein, F. (Hrsg.), Unternehmen, 1997, S. 974
1276 Wasmeier, M., Energiesteuer, RIW 1996, S. 319
1277 Vgl. hierzu Moritz, H., Umweltabgaben, 1999, S. 155, der das Verbot von Formalitäten in diesem Zusammenhang als rein deklarativ bezeichnet;
1278 Vgl. Arndt, H.-W., Rechtsfragen, 1995, S. 120; Moritz, H., Umweltabgaben, 1999, S. 156
1279 Vgl. Arndt, H.-W., Rechtsfragen, 1995, S. 120

Ein materieller Grenzausgleich verstößt nicht *per se* gegen Art. 3 Abs. 3 S. 1 System-RL.[1280] Bestimmte Sonderbehandlungen im Vergleich zu entsprechenden innerstaatlichen Tatbeständen sind damit zulässig[1281], solange sie nicht zu einer unverhältnismäßigen Benachteiligung des innergemeinschaftlichen Wirtschaftsverkehrs führen. Diese Auffassung wird auch durch die Entstehungsgeschichte der Vorschrift bestätigt.[1282] Die Durchführung eines materiellen Grenzausgleichs ohne Grenzformalitäten bereitet allerdings gewisse praktische Schwierigkeiten, welche nicht zu unterschätzen sind.[1283] Aber allein durch derartige Schwierigkeiten hat sich letztlich noch kein Mitgliedstaat von der Erhebung einer besonderen Verbrauchsteuer abhalten lassen.[1284]
In diesem Zusammenhang ist noch anzumerken, daß die in Deutschland erhobenen Steuern auf Kaffee und Erdgas Steuern i.S.v. Art. 3 Abs. 3 System-RL sind.[1285] Angesichts des beschriebenen Verbotes von mit dem effektiven Grenzübertritt verbundenen Formalitäten bedient sich beispielsweise die Kaffeesteuer eines Steueraussetzungsverfahrens und eines Steuerlagerverbundes.[1286]
Die früher in Deutschland erhobenen Verbrauchsteuern auf Leuchtmittel, Salz, Zucker und Tee wurden abgeschafft. Im Falle ihres Weiterbestehens hätten sie Steuern im Sinne von Art. 3 Abs. 3 System-RL dargestellt.[1287]

4. Die Zulässigkeit von mitgliedstaatlichen Steuern auf Dienstleistungen

a) Grundlegendes

Art. 3 Abs. 3 S. 2 System-RL stellt klar, daß die Mitgliedstaaten auch weiterhin das Recht besitzen, Steuern auf Dienstleistungen zu erheben, auch wenn es sich

---

1280 Vgl. Wasmeier, M., Energiesteuer, RIW 1996, S. 319; Bongartz, M. / Schröer-Schallenberg, S., Stromsteuer, DStR 1999, S. 965
1281 Vgl. Ruppe, H. G., Verbot, in: Klein, F. (Hrsg.), Unternehmen, 1997, S. 974
1282 Vgl. hierzu die Ausführungen bei Jatzke, H., Verbrauchsteuerharmonisierung, 1997, S. 49f.
1283 Vgl. zu den tatsächlichen Schwierigkeiten, einen Grenzausgleich ohne Grenzkontrollen und andere Erschwernisse zu realisieren Wasmeier, M., Umweltabgaben, 1995, S. 288f.
1284 Vgl. Wasmeier, Energiesteuer, RIW 1996, S. 319
1285 Vgl. hierzu Schröer-Schallenberg, S. / Bongartz, M, Stromsteuer, DStR 1999, S. 965; Jatzke, H., Verbrauchsteuerrecht, BB 1993, S. 42
1286 Vgl. Jatzke, H., Verbrauchsteuerharmonisierung, 1997, S. 51; vgl. hierzu genauer Schröer-Schallenberg, S., Harmonisierung, in Birk, D. (Hrsg.), Handbuch, 1995, S. 730
1287 Vgl. Friedrich, K., Verbrauchsteuerrecht, DB 1992, S. 2000; Jatzke, H., Verbrauchsteuerrecht, BB 1993, S. 42; Merkert, H., EG-Richtlinien, in: Birk, D. / Ehlers, D. (Hrsg.), Rechtsfragen, 1995, S. 10; Schröer-Schallenberg, S., Diskriminierung, in: Birk, D. (Hrsg.), Handbuch, 1995, S. 729; Bach, S., Steuerreform, StuW 1995, S. 276f.

dabei um Steuern auf Dienstleistungen im Zusammenhang mit verbrauchsteuerpflichtigen Waren i.S.v. Art. 3 Abs. 2 System-RL handelt.
Zunächst einmal ist zu klären, was in diesem Zusammenhang unter einer Steuer auf Dienstleistungen zu verstehen ist. Als Beispiele für Steuern auf Dienstleistungen im Zusammenhang mit verbrauchsteuerpflichtigen Waren lassen sich etwa „Straßengüterverkehrsteuern" nennen, die beim Transport von verbrauchsteuerpflichtigen Waren erhoben werden.[1288] Teilweise wird argumentiert, daß es sich z.B. auch bei einer Steuer wie der österreichischen Getränkesteuer um eine solche Steuer auf Dienstleistungen im Zusammenhang mit verbrauchsteuerpflichtigen Waren handeln könnte.[1289]

b) Die Umsatzbezogenheit einer Steuer auf Dienstleistungen

Steuern auf Dienstleistungen sind allerdings nur dann mit den Bestimmungen der System-RL zu vereinbaren, wenn diese keine *umsatzbezogenen* Steuern darstellen. Über den Inhalts dieses Terminus besteht Unklarheit. Wie sich aus der nachstehenden Übersicht entnehmen läßt, weichen die einzelnen Sprachfassungen des Art. 3 Abs. 3 S. 2 System-RL nämlich in diesem Punkt teilweise voneinander ab:

Deutsch	**Englisch**	**Dänisch**	**Niederländisch**	**Französisch**
sofern es sich nicht um umsatzbezogene Steuern handelt	which cannot be characterized as turnover taxes	disse ikke har karakter af omsaetingsafgifter	belastingen te heffen die geen omzetbelastingen zijn	n'ayant pas le caractère de taxes sur le chiffre d'affaires
Portugiesisch	**Spanisch**	**Schwedisch**	**Italienisch**	
que não tenham o carácter de imposto sobre o volume de negócios	siempre que no tengan el carácter de impuestos sobre el volumen de negocios	som inte kan betecknas som omsättningsskatter	che non abbiano il carattere di tasse sulla cifra d'affari	

In Anbetracht der anderen Sprachversionen müßte Art. 3 Abs. 3 S. 2 System-RL in seiner deutschen Fassung wohl besser die Formulierung „...sofern es sich nicht um Steuern handelt, die den Charakter von Umsatzsteuern haben" enthalten.[1290] Dies wiederum hätte wie in anderen Sprachversionen auch einen übereinstimmenden Wortlaut von Art. 3 Abs. 3 S. 2 System-RL und Art. 33 Abs. 1

1288 Vgl. Moritz, H., Umweltabgaben, 1999, S. 157
1289 Vgl. Moritz, H., Getränkesteuer, ÖGZ 10/1998, S. 11f.
1290 Vgl. hierzu Moritz, H., Umweltabgaben, 1999, S. 156

der 6. MWSt-RL zur Folge. In Art. 33 Abs. 1 der 6. MWSt-RL ist ja bekanntlich ein umfassendes Verbot von Steuern, Abgaben und Gebühren, *die den Charakter von Umsatzsteuern* haben, geregelt.
Somit dürfte feststehen, daß es sich bei der Wortfolge „umsatzbezogene Steuern“ in der deutschen Fassung des Art. 3 Abs. 3 S. 2 System-RL möglicherweise um einen Übersetzungsfehler“[1291], auf jeden Fall aber um eine Ungenauigkeit handelt, welche „den tatsächlichen Inhalt der Richtlinie nur unpräzise“[1292] wiedergibt. Insgesamt ist also davon auszugehen, daß Art. 3 Abs. 3 S. 2 System-RL quasi eine Bezugnahme auf Art. 33 der 6. MWSt-RL enthält. Das bedeutet, daß für Steuern auf Dienstleistungen i.S.v. Art. 3 Abs. 3 S. 2 System-RL keine Ausnahme vom Verbot des Art. 33 der 6. MWSt-RL gelten soll.[1293] Damit besitzt der Zusatz in Art. 3 Abs. 3 System-RL praktisch deklaratorischen Charakter.[1294]

c) Das Verbot von mit dem Grenzübertritt verbundenen Formalitäten

Die Befugnis der Mitgliedstaaten zur Erhebung von Steuern auf Dienstleistungen unterliegt darüber hinaus auch der Voraussetzung, daß diese Steuern keine mit dem Grenzübertritt verbundenen Formalitäten verursachen dürfen. Diese Voraussetzung ergibt sich daraus, daß Art. 3 Abs. 3 S. 2 System-RL die Erhebung von Steuern auf Dienstleistungen „unter den gleichen Voraussetzungen“ gestattet, unter denen auch die Erhebung von Steuern auf Waren nach Art. 3 Abs. 3 S. 1 System-RL zulässig ist. Zu diesen Voraussetzungen gehört, daß es keine Grenzformalitäten geben darf.

D. Zwischenergebnis

Die vorstehenden Ausführungen haben verdeutlicht, daß das Steuerfindungsrecht der Mitgliedstaaten auf dem Gebiet der indirekten Steuern durch die beiden besprochenen sekundärrechtlichen Vorschriften in zahlreichen Punkten beschränkt wird.[1295] Die Frage, ob ein Mitgliedstaat eine bestimmte indirekte Steuer erheben darf, hat sich zu einem großen Teil vom nationalen Verfassungsrecht auf das Europäische Gemeinschaftsrecht verlagert.[1296] Gesetzgeberische Maßnahmen auf dem Gebiet der indirekten Steuern können damit nicht mehr allein aus eigener Initiative erfolgen.[1297] Den Mitgliedstaaten steht es nicht mehr

[1291] Moritz, H., Umweltabgaben, 1999, S. 156
[1292] Kamhuber, K., Getränkesteuer, ÖGZ 4/1998, S. 12
[1293] Vgl. Moritz, H., Umweltabgaben, 1999, S. 157
[1294] Vgl. Moritz, H., Umweltabgaben, 1999, S. 157; Novacek, E., Getränkesteuer, ÖStZ 1998
[1295] Vgl. Arndt, H.-W., Diskriminierungsverbot, DStR 1989, S. 475
[1296] Vgl. Arndt, H.-W., Diskriminierungsverbot, DStR 1989, S. 476
[1297] Vgl. Schmidt, B., Verbrauchsteuern, DStZ A 1973, S. 425

frei, das Aufkommen aus den indirekten Steuern nach eigenem Belieben ihrer Haushalts- und Finanzpolitik anzupassen.[1298] Anhand von Art. 33 der 6. MWSt-RL und Art. 3 System-RL konnte deutlich gezeigt werden, daß die Harmonisierung der indirekten Steuern „tief in die Souveränität der Mitgliedstaaten“[1299] eingreift und die Mitgliedstaaten einen Teil ihrer steuerlichen Souveränität an Brüssel verloren haben.[1300] Aus den beiden Richtlinienbestimmungen wird allerdings auch deutlich, daß sie nur auf eine Beschränkung der Steuerhoheit der Mitgliedstaaten vor dem Hintergrund der Zielsetzungen der Europäischen Gemeinschaft gerichtet sind, nicht aber auf den vollständigen Entzug der steuerlichen Hoheitsrechte der Mitgliedstaaten. Das Recht der Mitgliedstaaten auf steuerrechtliche Selbstbestimmung wird somit im Grundsatz anerkannt. Zur Absicherung des erreichten Harmonisierungstandes und als Grundlage des weiteren Ausbaus des Binnenmarktes im steuerlichen Bereich muß das steuerliche Selbstbestimmungsrecht der Mitgliedstaaten aber zwingend gewissen Beschränkungen unterworfen werden. Der daraus resultierende „Kompetenzverlust ist der notwendige Preis für den Binnenmarkt.“[1301]

[1298] Vgl. Schmidt, B., Verbrauchsteuern, DStZ A 1973, S. 425
[1299] Mann, S., Harmonisierung, DB 1990, S. 1737
[1300] Vgl. Arndt, H.-W., Diskriminierungsverbot, DStR 1989, S. 475
[1301] Arndt, H.-W., Diskriminierungsverbot, DStR 1989, S. 476

Kapitel 7
Die Zukunft der indirekten Besteuerung in Europa

A. Allgemeines

Die bisherigen Ausführungen haben gezeigt, daß auf dem Gebiet der indirekten Steuern ein verhältnismäßig hoher Harmonisierungsgrad erreicht werden konnte. Nichtsdestotrotz wurden aber die steuerrechtlichen Ziele des EGV nicht vollständig erreicht. Insbesondere bezüglich der Freiheit des Waren-, Personen- und Dienstleistungsverkehrs sowie teilweise bezüglich des unverfälschten Wettbewerbs sind noch Defizite zu verzeichnen. Angesichts dieser Defizite stellt sich die Frage, welche zukünftigen Entwicklungen wünschenswert bzw. zu erwarten sind.

B. Die Zukunft der Umsatzbesteuerung

I. Allgemeines

Gem. ihrer Verpflichtung aus Art. 281 Abs. 1 der 6. MWSt-RL hat die Kommission im Jahre 1996 ein Dokument unter dem Titel „Ein gemeinsames Mehrwertsteuersystem – Ein Programm für den Binnenmarkt“[1302] vorgelegt. Die darin enthaltenen Vorschläge stellen sozusagen die Krönung zahlreicher im Vorfeld veröffentlichter Richtlinienvorschläge zur Schaffung eines endgültigen Mehrwertsteuersystems dar[1303]. Die Vorschläge der Kommission orientieren sich an den vom Rat für ein endgültiges Mehrwertsteuersystem geforderten Kriterien.[1304] Das Arbeitsprogramm der Kommission enthält zunächst einmal das „Eingeständnis, daß die bisherige Übergangsregelung entgegen früherer Äußerungen weder aus der Sicht der beteiligten Unternehmer noch aus der Sicht der Verwaltungen eine befriedigende Regelung darstellt“[1305]. Die Kommission kommt in Übereinstimmung mit der oben vertretenen Auffassung ebenfalls zu

1302 KOM (96) 328 endg.; die Literatur hierzu ist zahlreich, vgl. aber grundlegend: Schlienkamp, A., Vorstellungen, UR 1996, S. 326ff.; Terra, B., System, International VAT Monitor 1996, S. 232ff.; Wilmott, P., System, EC Tax Journal 1997, S. 1; Dziadkowski, D., Mehrwertsteuersystem, StuW 1997, S. 147; vgl. auch Schlienkamp, A., Vorstellungen, UR 1996, S. 326-329; Huschens, F., Entwicklung, EuZW 1997, S. 262-263; vgl. Terra, B. / Wattel, Tax, 1997, S.92-104; Takacs, P., Steuerrecht, 1998, S. 352-359; Terra, B. / Kajus, J., Guide, Stand: 1999, Teil 1, S. 74-83; Sapusek, A., Steuerharmonisierung, 1997, S. 575-590

1303 Vgl. Thömmes, O., in: Lenz, C. O. (Hrsg.), EG-Handbuch, 1994, S. 650;

1304 Vgl. Raponi, Developments, EC Tax Review 1995, S. 105; Mette, S., Umweltsteuerdebatte, IWB 1996, Fach 11 EG Gruppe 2, S. 273

1305 Reiß, W., Umsatzbesteuerung, UR 1997, S. 22

der Erkenntnis, daß „die Kompliziertheit und mangelnde Einheitlichkeit des gegenwärtigen Mehrwertsteuer-Systems den innergemeinschaftlichen Handel behindern“[1306]. Die Kommission zieht daraus den Schluß, daß eine grundlegende Neuregelung der Mehrwertbesteuerung in der Gemeinschaft erfolgen müsse. Dem ist soweit uneingeschränkt zuzustimmen.

II. Das Konzept der Kommission für ein gemeinsames Mehrwertsteuersystem

1. Die Grundidee des geplanten endgültigen Mehrwertsteuersystems

Der in dem Arbeitsprogramm der Kommission verfolgte ambitionierte Ansatz[1307] sieht vor, daß als letzte Konsequenz des Binnenmarktkonzeptes die Steuerpflichtigen sämtliche innerhalb der Gemeinschaft getätigten Umsätze an einem einzigen Ort versteuern sollen.[1308] Auch das Recht auf Vorsteuerabzug soll einheitlich an demselben Ort geltend gemacht werden können. Eine derartige Umsatzbesteuerung hätte ohne Zweifel für Unternehmen, Verbraucher und Steuerverwaltungen eine erhebliche Vereinfachung gegenüber dem *Status quo* zur Folge.[1309]

2. Die erforderlichen Harmonisierungsmaßnahmen zur Umsetzung des Konzepts

Um eine solche am Sitzortprinzip orientierte Umsatzbesteuerung in der Europäischen Gemeinschaft zu verwirklichen, müßten aber – wie auch die Kommission zu erkennen gibt – umfangreiche Harmonisierungsmaßnahmen erfolgen, ohne die aber das Besteuerungskonzept nicht funktionieren würde.[1310]

a) Die Harmonisierung der Steuersätze

Eines der Grundelemente des Binnenmarktes ist die Garantie unverfälschter Wettbewerbsbedingungen für die Marktteilnehmer. Im Rahmen des Geschäftsverkehr zwischen vorsteuerabzugsberechtigten Unternehmern hätte eine Umsatzbesteuerung nach dem von der Kommission vorgeschlagenen Konzept aufgrund des grenzüberschreitenden Vorsteuerabzugs keine wettbewerbsverfälschenden Auswirkungen. Unter der Prämisse unterschiedlich hoher Mehrwert-

[1306] Dziadkowski, D., Mehrwertsteuersystem, StuW 1997, S. 150
[1307] Vgl. Sapusek, A., Steuerharmonisierung, 1997, S. 588
[1308] Vgl. Terra, B., System, International VAT Monitor 1996, S. 238
[1309] Vgl. Mette, S., Mehrwertsteuersystem, UVR 1997, S. 3
[1310] Vgl. Terra, B., System, International VAT Monitor 1996, S. 235

steuersätze in den Mitgliedstaaten würden aber die bereits an anderer Stellen beschriebenen Wettbewerbsverfälschungen bei Lieferungen und Dienstleistungen an Leistungsempfänger, die selbst nicht mehrwertsteuerpflichtig sind, eintreten. Dies sind insbesondere Privatpersonen, aber auch nicht mehrwertsteuerpflichtige Unternehmer, wie z.B. Banken oder Krankenhäuser.[1311] Diese Abnehmerkreise würden dann wahrscheinlich dazu übergehen, teuere Produkte und Leistungen nur noch aus den Mitgliedstaaten zu beziehen, in denen die niedrigsten Mehrwertsteuersätze bestehen. Insbesondere in grenznahen Regionen können sich bei differierenden Steuersätzen die bereits beschriebenen „Sogwirkungen im innergemeinschaftlichen Handel ohne Vorsteuerabzug"[1312] ergeben. Da aber steuerlich induzierte Wettbewerbsverfälschungen auf jeden Fall dem Konzept des Binnenmarktes widersprechen, dürfen diese im Rahmen eines endgültigen Umsatzsteuersystems nicht akzeptiert werden. Soll die Umsatzbesteuerung unter Wahrung der Wettbewerbsneutralität nach dem Sitzortprinzip erfolgen, ist daher eine Vereinheitlichung der Mehrwertsteuersätze innerhalb der Gemeinschaft unumgänglich.[1313] Auf jeden Fall wäre ein einheitlicher Normalsteuersatz festzulegen. Eine Bandbreitenlösung dürfte dabei nicht einmal ausreichen, um Wettbewerbsverfälschungen vollständig zu verhindern.[1314] Man denke hier beispielsweise an das Beschaffungswesen von Krankenhäusern, welche nicht der Mehrwertsteuerpflicht unterliegen und demzufolge auch nicht zum Vorsteuerabzug berechtigt sind. Werden von solchen Einrichtungen teuere Operations- oder Diagnosegeräte beschafft, deren Kaufpreis sich auf mehrere Millionen € beläuft, kann bereits ein Abweichen des Mehrwertsteuersatzes in den verschiedenen Mitgliedstaaten von 2% die Wahl des Lieferanten entscheidend beeinflussen. Neben den Normalsteuersätzen müßte aber auch die Anzahl und die Höhe der ermäßigten Steuersätze vereinheitlicht werden, um ein Funktionieren der Umsatzbesteuerung nach dem Sitzprinzip ohne Wettbewerbsverfälschungen zu gewährleisten.

Eine wettbewerbsneutrale Umsatzbesteuerung nach dem Sitzortprinzip kann zudem nur funktionieren, wenn der Katalog der ermäßigt besteuerten Leistungen vereinheitlicht ist. Wäre dies nicht der Fall, würden innerhalb der Gemeinschaft unter Umständen auf Leistungen ein und derselben Art in einem Mitgliedstaat der ermäßigte, in einem anderen der Normalsteuersatz angewendet werden. Dies wiederum würde erhebliche Wettbewerbsverfälschungen zwischen den Unternehmen aus den verschiedenen Mitgliedstaaten auslösen, welche in einem Binnenmarkt nicht zu dulden sind. Äußerst fraglich ist aber, ob eine Vereinheitli-

[1311] Vgl. Rädler, A., EG-Steuerprogramm, UR 1988, S. 108

[1312] Schwarze, R., Lücken, in: Fischer, L. (Hrsg.), Wirtschaftsstandort, 1994, S. 128; vgl. auch Schemmel, L., Steuerharmonisierung, 1989, S. 35

[1313] Vgl. auch Laser, H., Ursprungslandsystem, UR 1993, S. 405

[1314] Zweifelnd hierzu Meyding, B., Umsatzbesteuerung, 1991, S. 128

chung der Mehrwertsteuersätze auf der Grundlage des gegenwärtigen Gemeinschaftsrechts zulässig ist. Diese hätte nämlich letztlich zur Folge, daß den Mitgliedstaaten die eigenständige Regelungsbefugnis bezüglich der Mehrwertsteuer völlig entzogen wäre und den Gemeinschaftsorganen die ausschließliche Regelungszuständigkeit für die Mehrwertsteuer zufallen würde. Die Steuerhoheit auf dem Gebiet der Mehrwertsteuer würde durch diesen Harmonisierungsschritt *de facto* von den Mitgliedstaaten auf die Gemeinschaft übergehen.[1315]
Wie aber die Analyse der primärrechtlichen Grundlagen ergeben hat, sind die Organe der Europäischen Gemeinschaft lediglich dazu ermächtigt, durch entsprechende Harmonisierungsmaßnahmen zielgerichtet auf die Steuerrechtsordnungen der Mitgliedstaaten einzuwirken. Die Gemeinschaftsorgane wurden aber durch den EGV nicht dazu ermächtigt, die Regelungsbefugnis bezüglich bestimmter Steuern vollkommen an sich zu ziehen. Die gegenwärtig zur Verfügung stehenden Rechtsgrundlagen dürften somit eine Vereinheitlichung der Steuersätze durch sekundärrechtliche Vorschriften nicht zulassen.[1316]

b) Die Harmonisierung der Vorschriften zum Vorsteuerabzug

Auch das Recht der Steuerpflichtigen auf Vorsteuerabzug ist in den einzelnen Mitgliedstaaten derzeit noch unterschiedlich geregelt. Differenzen bestehen insbesondere bei den Steuerbefreiungen, welche einen Vorsteuerabzug ausschließen. Derartige Unterschiede würden im Rahmen einer Umsatzbesteuerung nach dem von der Kommission vorgeschlagenen Sitzprinzip ebenfalls erhebliche Probleme aufwerfen.[1317] Derartige Unterschiede bezüglich des Vorsteuerabzugs verursachen Wettbewerbsvorteile für diejenigen Unternehmen, die in ihrem Mitgliedstaat den günstigsten Abzugsbedingungen unterliegen. Aus dieser Situation könnten möglicherweise sogar Betriebsverlagerungen in die Mitgliedstaaten mit den günstigsten Vorsteuerabzugsbedingungen resultieren.[1318] Um diese binnenmarktfeindlichen Auswirkungen der Umsatzbesteuerung nach dem Sitzortprinzip zu verhindern, schlägt die Kommission folgerichtig die Vereinheitlichung des Rechts auf Vorsteuerabzug vor. Dies würde ebenfalls einen weiteren partiellen Souveränitätsverlust für die Mitgliedstaaten bedeuten.

c) Maßnahmen zur Verbesserung der Richtlinientransformation

Erfolgt eine Umsatzbesteuerung nach dem Sitzortprinzip, können Wettbewerbsverfälschungen auch dadurch auftreten, daß die Mitgliedstaaten die Bestimmun-

[1315] Vgl. Reiß, W., Umsatzbesteuerung, UR 1997, S. 22
[1316] Vgl. auch Tumpel, M., Mehrwertsteuer, 1997, S. 156
[1317] Vgl. hierzu auch Dziadkowski, D., Umsatzbesteuerung, UR 1993, S. 348
[1318] Vgl. hierzu zum Beispiel Widmann, W., Harmonisierung, DStR 1998, S. 1580

gen von Richtlinien in unterschiedlicher Art und Weise in innerstaatliches Recht umsetzen, da sie den Inhalt bestimmter Richtlinienvorschriften unterschiedlich interpretieren. Solche Interpretationsunterschiede im Rahmen der Umsetzung von Richtlinien bedingt häufig eine uneinheitlichen Rechtslage innerhalb der Gemeinschaft, obwohl eine einheitliche Richtlinienbestimmung vorliegt.[1319] Um derartige Regelungsunterschiede zu vermeiden, will die Kommission die Befugnis zum Erlaß von Durchführungsvorschriften erhalten.[1320] Zu diesem Zweck soll den Plänen der Kommission zufolge der derzeitige Mehrwertsteuerausschuß in einen Regelungsausschuß umgewandelt werden[1321], welcher dann mit qualifizierter Mehrheit Stellungnahmen zu der Umsetzung von Richtlinien in innerstaatliches Recht abgeben könnte.[1322] Über diesen Regelungsausschuß würde die Kommission einen erheblichen Einfluß auf den Prozeß der Transformation von Richtlinienbestimmungen in das innerstaatliche Recht der Mitgliedstaaten"[1323] erhalten. Der Einrichtung eines solchen Regelungsausschusses werden verschiedene Bedenken entgegengebracht. So wird insbesondere ein weiterer Kompetenzverlust der Organe der Mitgliedstaaten befürchtet.[1324] *De facto* würde ein europäisches Gremium Rechtsetzungsgewalt erlangen, ohne an die Einstimmigkeitsklausel gebunden zu sein oder eine ausreichende demokratische Legitimierung aufzuweisen.[1325] Es wäre somit eine Aushöhlung der Kompetenzen des Rates zugunsten der Kommission und einer Unterlaufung des Einstimmigkeitsprinzips zu erwarten.[1326] Außerdem könnte die Kompetenzübertragung auf einen solchen Regelungsausschuß in Konflikt mit dem Rechtsstaatsprinzip kommen, da das Auslegungsmonopol des EuGH unterwandert werden könnte.[1327]

d) Einrichtung eines Clearingmechanismus zur Umverteilung des Mehrwertsteueraufkommens

Die Besteuerung der Lieferungen und Dienstleistungen ausschließlich am Sitzort der Unternehmen hätte auch erhebliche Auswirkungen auf die Verteilung des

1319 Vgl. hierzu Wiedow, A., Kommissionsvorschläge, in: Dziadkowski, D. / Reiß, W., Umsatzsteuerkongreß-Bericht, 1998, S. 22
1320 Vgl. hierzu Wiedow, A., Kommissionsvorschläge, in: Dziadkowski, D. / Reiß, W., Umsatzsteuerkongreß-Bericht, 1998, S. 22f.
1321 Zustimmend Vgl. Terra, B. / Wattel, Tax, 1997, S. 104
1322 Vgl. Mette, S., Mehrwertsteuersystem, UVR 1997, S. 4
1323 Mette, S., Mehrwertsteuersystem, UVR 1997, S. 4
1324 Vgl. zu diesem Problemkreis Dziadkowski, D., Kompetenzerweiterung, BB 1998, S. 1665
1325 Vgl. Dziadkowski, D., Kompetenzerweiterung, BB 1998, S. 1665
1326 Vgl. Dziadkowski, D., Kompetenzerweiterung, BB 1998, S. 1665
1327 Vgl. hierzu Maier, S., Bericht, in: Dziadkowski, D. / Reiß, W., Umsatzsteuer-Kongreß-Bericht, 1998, S. 215

Umsatzsteueraufkommens zwischen den Mitgliedstaaten.[1328] Im Vergleich zur derzeitigen Situation würde eine Verlagerung des Aufkommens zugunsten der exportorientierten Mitgliedstaaten wie beispielsweise Deutschland eintreten.[1329] Importorientierte Mitgliedstaaten dagegen hätten Einnahmeverluste hinzunehmen.[1330] Dadurch, daß dem Konzept der Kommission zufolge die Unternehmer an ihrem jeweiligen Sitzort auch ihren gesamten Vorsteuerabzug geltend machen könnten, würde sich das Ausmaß der Aufkommensumverteilung noch verstärken, da die importorientierten Staaten nämlich auch noch den Vorsteuerabzug für aus anderen Staaten erbrachte Leistungen gewähren müßten.[1331]
Die ohnehin bestehenden Unterschiede in der Finanzkraft der einzelnen Mitgliedstaaten würden weiter verstärkt[1332], worin ein Widerspruch zu der in Art. 2 [2] EGV enthaltenen Zielsetzung liegt, eine Konvergenz der Wirtschaftsleistungen der Mitgliedstaaten herbeizuführen. Darüber hinaus wäre die Einführung einer Umsatzbesteuerung nach dem Sitzprinzip, welche für bestimmte Mitgliedstaaten zwangsläufig erhebliche finanzielle Einbußen zur Folge hätte, nicht mit dem Grundsatz der Rücksichtnahme auf die Belange der Mitgliedstaaten zu vereinbaren.[1333] Angesichts dieser Problematik besteht weitgehend Übereinstimmung, daß die derzeitige Verteilung des Umsatzsteueraufkommens im Grundsatz auch im Rahmen eines endgültigen Besteuerungssystems beibehalten werden soll.[1334] Auch die Kommission geht in ihren Vorschlägen von dieser

[1328] Vgl. hierzu aus volkswirtschaftlicher Sicht Horn, K., Binnenmarkt, WiSt 1993, S. 303; Fehr, H. u.a., Umsatzbesteuerung, WISU 1993, S. 534-540; vgl. auch Biehl, D., Harmonization, in: Bieber, R. u.a. (Hrsg.), „1992: One European Market ?", 1988, S. 277f.; sehr anschaulich hierzu auch Easson, A., Frontiers, in: Bieber, R. (Hrsg.), „1992: One European Market ?", 1988, S. 243f.

[1329] Vgl. Tumpel, M., Mehrwertsteuer, 1997, S. 156; vgl. hierzu auch Wilmott, P., System, EC Tax Journal 1997, S. 6; Klezath, P., Binnenmarkt, UR 1992, S. 62; Metzlaff, K., Mehrwertsteuerharmonisierung, RIW 1992, S. 657; Mick, M., Besteuerungssysteme, in: Birk, D. (Hrsg.), Handbuch, 1995, S. 676; Fredersdorf, H., Harmonization, Intertax 1978, S. 447

[1330] Vgl. Pflugmann, B., Steuergrenzen, FA 1989, S. 330; Hart, C., System, International Tax & Business Lawyer 1994/12, S. 8

[1331] Vgl. Altheim, M., Steuerharmonisierung, in: Ensthaler, J. (Hrsg.), Binnenmarkt, 1995, S. 120; Klezath, P., Binnenmarkt, UR 1992, S. 62; vgl. auch Mick, M., Besteuerungssysteme, in: Birk, D. (Hrsg.), Handbuch, 1995, S. 675

[1332] Vgl. Thömmes, O., in: Lenz, C. O. (Hrsg.), EG-Handbuch, 1994, S. 652

[1333] Diese Anforderung ergibt sich in jedem Fall auch aus dem primärrechtlich verankerten Grundsatz der gegenseitigen Rücksichtnahme, in dessen Rahmen die Gemeinschaftsorgane bei Erlaß von Maßnahmen zur Beachtung der Haushaltssituation in den Mitgliedstaaten verpflichtet sind.

[1334] Vgl. Thömmes, O., in: Lenz, C. O. (Hrsg.), EG-Handbuch, 1994, S. 652; vgl. auch Hertwig, S., Verbrauchsteuern, RIW 1989, S. 750

Grundüberlegung aus und schlägt diesbezüglich die Einrichtung eines Umverteilungsmechanismus auf Ebene der Gemeinschaft vor.[1335]
Die nachträgliche Umverteilung des Steueraufkommens könnte prinzipiell anhand von Angaben der Steuerpflichtigen in ihren Steuererklärungen erfolgen. Die Steuerpflichtigen müßten dann aber ihre Umsätze getrennt nach den Mitgliedstaaten ihrer Leistungsempfänger aufführen, was den verwaltungsmäßigen Vereinfachungseffekt gegenüber der derzeitigen Regelung praktisch zunichte macht. Ein solches mikroökonomisches Verfahren scheidet somit aus. Eine Verteilung auf der Grundlage der Intrastat-Daten kommt nach Auffassung der Kommission ebenfalls nicht in Frage, da diese nur Angaben über Güterbewegungen, nicht aber über Dienstleistungen enthalten.
Den Vorschlägen der Kommission zufolge soll die Verteilung des Steueraufkommens auf der Grundlage des statistischen Verbrauchs der Mitgliedstaaten erfolgen[1336], worin schon gewisse Parallelen zu den Prinzipien eines föderalen Finanzausgleichs zu erkennen sind.[1337] Eine Schwäche eines derartigen Umverteilungsmechanismus besteht allerdings „in der Unsicherheit hinsichtlich des Datenmaterials über den Verbrauch in jedem einzelnen Mitgliedstaat."[1338] Die Mitgliedstaaten müssen sich im Rahmen dieses Umverteilungsmechanismus auf die Zuverlässigkeit der von den anderen Staaten zur Verfügung gestellten Daten verlassen.
Dazu kommt noch, daß ein mangelhafter Vollzug des Steuerrechts in einzelnen Mitgliedstaaten auch das Steueraufkommen anderer Mitgliedstaaten beeinflußt. „Die Effizienz, mit der ein Mitgliedstaat die Mehrwertsteuer verwaltet, kontrolliert und erhebt, hat unmittelbare Auswirkungen auf den Haushalt der übrigen Mitgliedstaaten."[1339] Den Mitgliedstaaten kommt bei einem derartigen Umverteilungsmechanismus also „eine kollektive Verantwortung für die Steuereinnahmen innerhalb der Gemeinschaft"[1340] zu.
Die hohe Bedeutung des Mehrwertsteueraufkommens für die Staatshaushalte dürfte es den Mitgliedstaaten politisch sehr schwierig machen, sich ggf. in die Abhängigkeit von den Zahlungen anderer Mitgliedstaaten im Rahmen des Clearing zu begeben.[1341]

1335 Vgl. zur Problematik der Umverteilung des Steueraufkommens auch Rau, G., Gedanken, UR 1986, S. 78 - 83
1336 Vgl. hierzu Mank, J., Umsatzsteuer, UR 1998, S. 1-2; vgl. zur Idee des makroökonomischen Clearingverfahrens auch Thömmes, O., in: Lenz, C. O. (Hrsg.), EG-Handbuch, 1994, S.653
1337 Vgl. Zitzelsberger, H., Umsatzsteuer-Binnenmarkt, UVR 1998, S. 251
1338 Tumpel, M., Mehrwertsteuer, 1997, S. 157
1339 Vgl. Tumpel, M., Mehrwertsteuer, 1997, S. 152
1340 Tumpel, M., Mehrwertsteuer, 1997, S. 152
1341 Vgl. Zitzelsberger, H. / Keil, T., Umsatzsteuerbinnenmarkt, UR 1995, S. 172f. hinsichtlich der Ausführungen der Vertreterin des Finanzministeriums;

Im Interesse aller Mitgliedstaaten müßte auf jeden Fall sichergestellt sein, daß in jedem Mitgliedstaat ein gewisses Mindestmaß an Kontroll- und Erhebungsqualität besteht[1342], so daß letztlich die Gemeinschaft den Mitgliedstaaten verbindliche Standards für den Verwaltungsvollzug der Mehrwertsteuer vorschreiben müßte.

Langfristig spricht sich die Kommission im KOM 328 (96) „für die Umgestaltung der MWSt in eine Gemeinschaftssteuer mit einem Finanzausgleich für die EU-Staaten aufgrund statistischer Daten ohne Mitwirkung der Unternehmen aus“[1343]. Damit wird die extreme Variante angesprochen, der Europäischen Gemeinschaft neben der Gesetzgebungshoheit auch die volle Ertrags- und Verwaltungshoheit für die Mehrwertsteuer zu übertragen[1344]. Die steuertechnische Umsetzung einer durch die Gemeinschaft erhobenen Mehrwertsteuer wäre wohl relativ einfach.[1345] Eine „einheitliche Mehrwertsteuer auf EU-Ebene, die durch eine EU-Finanzbehörde erhoben“[1346] wird, entspräche sicher auch den Idealvorstellungen der Unternehmen. Damit wäre die Gemeinschaft „in ihrer Einnahmen- und Ausgabenpolitik dem Bürger gegenüber verantwortlich“[1347]. Die Gemeinschaft würde einheitlich als Steuergläubigerin auftreten und das Aufkommen im Wege einer Art Finanzausgleich wie in einem Bundesstaat auf die Mitgliedstaaten verteilen.[1348] Dieser Finanzausgleich wäre dann in Form eines makroökonomischen Reattributionsverfahrens durchzuführen.[1349] Als Maßstab für einen solchen „Finanzausgleich“ kämen die Einwohnerzahlen der Mitgliedstaaten ggf. in Kombination mit Daten aus Verbrauchsstatistiken oder Größen aus der volkswirtschaftlichen Gesamtrechnung in Betracht.[1350] Ein derartiger innergemeinschaftlicher Finanzausgleich wäre aber sicherlich ebenfalls Zündstoff für

---

1342 Vgl. Tumpel, M., Mehrwertsteuer, 1997, S. 152

1343 Laser, H., Ursprungslandprinzip, UR 1997, S. 376

1344 Vgl. Lauré, M., TVA, RDMC 1992, S. 862; Spahn, P., Taxation, Intereconomics 3/1992, S. 74; Zitzelsberger, H., Umsatzsteuer-Binnenmarkt, in: Mösslang, G. (Hrsg.), Binnenmarkt, 1996, S. 27; Guieu, P. / Bonnet, C., Taxation, JCMS 1987, S. 221

1345 Vgl. Widmann, W., Umsatzsteuer, in: Lehner, M. (Hrsg.), Steuerrechtsordnungen, 1996, S. 231

1346 Haep, G., Mehrwertsteuer, UVR 1995, S. 101

1347 Lesch, H., Umsatzsteuer, DB 1993, S. 859; vgl. auch Birk, D., Gemeinschaftssteuern, in: Birk, D. (Hrsg.), Handbuch, 1995, S. 294

1348 Vgl. Tumpel, M., Mehrwertsteuer, 1997, S. 157; vgl. zu der Frage der Ertragshoheit für die Gemeinschaft Terra, B., VAT, in: Aujean, M. (Hrsg.), TVA, 1997, S, 67f.; Zurdo Ruiz-Ayúcar, J., VAT, in: Aujean, M. (Hrsg.), TVA, 1997, S. 76-80; Lesch, H., Umsatzsteuer, DB 1993, S. 859; Widmann, W., Umsatzsteuer, in: Lehner, M. (Hrsg.), Steuerrechtsordnungen, 1996, S. 231; Stockmann, F., Steuerharmonisierung, FR 1996, S. 695

1349 Vgl. Zitzelsberger, H., Umsatzsteuer-Binnenmarkt, UVR 1998, S. 251

1350 Vgl. Zitzelsberger, H., Umsatzsteuer-Binnenmarkt, in: Mösslang, G. (Hrsg.), Binnenmarkt, 1996, S. 39

Streitigkeiten zwischen den Mitgliedstaaten.[1351] Politisch ist die Übertragung der Ertrags- und Verwaltungshoheit über die Mehrwertsteuer auf die Gemeinschaft derzeit kein realistischer Ansatz und würde sicherlich auf die Ablehnung der Mitgliedstaaten stoßen.[1352] Die Übertragung der Ertrags- und Verwaltungshoheit auf die Gemeinschaft ist zur Verwirklichung der steuerlichen Binnenmarktziele auch überhaupt nicht notwendig, denn hierzu würde bereits die Einräumung der „Gesetzgebungsbefugnis“ ausreichen.

III. Zusammenfassende Beurteilung des Konzepts

Insgesamt zeigt sich, daß die Durchführung der von der Kommission vorgeschlagenen Harmonisierungsmaßnahmen die Grenzen der derzeitigen Rechtsgrundlagen sprengen würde und von daher primärrechtlich nicht gedeckt wäre.
Allerdings muß auch festgestellt werden, daß auf der Grundlage der derzeitigen Rechtsgrundlagen bislang noch keine binnenmarktkonformen Verhältnisse im Bereich der Mehrwertbesteuerung verwirklicht werden konnten. Um dieses Dilemma zu lösen, bleibt nur die Möglichkeit, über alternative Lösungen nachzudenken.
Die sinnvollste Lösung wäre es, den EGV zu ändern und den Organen der Europäischen Gemeinschaft durch eine Ergänzung des Art. 93 [99] EGV explizit eine „Gesetzgebungskompetenz“ für den Bereich der Mehrwertsteuer einzuräumen.[1353] Dabei sollte dann auch das Einstimmigkeitsprinzip bei der Abstimmung im Rat zugunsten von Mehrheitsentscheidungen aufgehoben werden, um die Handlungsfähigkeit auf dem Gebiet der Mehrwertsteuer auch nach einer Erweiterung der Gemeinschaft sicherzustellen.[1354] Eine derartige Reform würde es ermöglichen, die Zielsetzungen des Binnenmarktes dann auch hinsichtlich der Mehrwertbesteuerung in die Realität umzusetzen.[1355] Ob sich allerdings eine solche Vertragsänderung zur Zeit bei den Mitgliedstaaten durchsetzen läßt, erscheint sehr fraglich.[1356]

[1351] Vgl. Widmann, W., Umsatzsteuer, in: Lehner, M. (Hrsg.), Steuerrechtsordnungen, 1996, S. 231

[1352] Vgl. Zitzelsberger, H. / Keil, T., Erfahrungen, UR 1995, S. 172f. hinsichtlich der Ausführungen einer Vertreterin des BMF;

[1353] Vgl. hierzu auch Widmann, W., Umsatzsteuer, in: Lehner, M. (Hrsg.), Steuerrechtsordnungen, 1996, S. 220f.; vgl. auch Wiedow, A., Kommissionsvorschläge, in: Dziadkowski, D. / Reiß, W., Umsatzsteuerkongreß-Bericht, 1998, S. 21

[1354] Vgl. Tumpel, M., Mehrwertsteuer, 1997, S. 151; siehe auch Rädler, A., Steuerharmonisierung, IStR 1996, S. 226

[1355] Vgl. Stockmann, F., Steuerharmonisierung, FR 1996, S. 695

[1356] Vgl. Stockmann, F., Steuerharmonisierung, FR 1996, S. 695; Haep, G., Mehrwertsteuer, UVR 1995, S. 101

So könnte aus deutscher Sicht der Übertragung der erforderlichen Kompetenzen das deutsche Verfassungsrecht entgegenstehen.[1357] Nach dem Maastricht-Urteil sind nämlich der Übertragung weiterer Kompetenzen auf die Gemeinschaft „vom demokratischen Prinzip her Grenzen gesetzt", solange die Staatsvölker über ihre nationalen Parlamente demokratische Legitimation vermitteln. Das bedeutet, daß dem nationalen Parlament Befugnisse von substantiellem Gewicht verbleiben müssen. „Die Wahrnehmung der Besteuerungshoheit, insbesondere die Regelung von Steuerpflicht, Bemessungsgrundlage und Tarif, zählt zu den wesentlichen Entscheidungen, so daß ein vollständiger Entzug keine substantiellen Kompetenzen für die zuständigen Organe zurückläßt."[1358]
Daraus läßt sich schließen, daß die Übertragung einer „Gesetzgebungshoheit" für die Mehrwertsteuer voraussetzt, daß die demokratische Legitimation der Rechtsakte der Gemeinschaftsorgane gestärkt wird. Dies wäre nur durch eine stärkere Einbindung des Europäischen Parlaments in den Rechtsetzungsprozeß der Gemeinschaftsorgane möglich.
Es ist also die Forderung zu stellen, daß gleichzeitig mit der Schaffung einer Gesetzgebungshoheit für die Gemeinschaftsorgane auch das Europäische Parlament aktiv in den Rechtsetzungsprozeß eingebunden werden muß. Dem Europäischen Parlament muß eine echte Mitentscheidungsbefugnis dergestalt eingeräumt werden, daß dieses dann über die „europäischen Mehrwertsteuergesetze" abstimmen kann.

C. Die Zukunft der anderen indirekten Steuern

Die harmonisierten Regelungen bezüglich der speziellen Verbrauchsteuern sind grundsätzlich als endgültige Regelungen konzipiert. Wie die Ausführungen zu diesem Themenkreis ergeben haben, kann von einem wirklich „binnenmarktkonformen" Besteuerungssystem allerdings auch hier nicht gesprochen werden. Zum einen konnte nämlich kein wirklich freier Warenverkehr zwischen den Mitgliedstaaten verwirklicht werden, da anstelle der Grenzkontrollen ein verhältnismäßig kompliziertes Steueraussetzungsverfahren praktiziert wird, durch welches die betroffenen Unternehmer erheblichem Verwaltungsaufwand ausgesetzt werden. Zum anderen bestehen teils erhebliche Wettbewerbsverfälschungen im Rahmen der Lieferung von verbrauchsteuerpflichtigen Waren an nichtkommerzielle Abnehmer. Auch auf diesem Gebiet wäre die Übertragung

[1357] Vgl. Bieg, T., Gerichtshof, 1997, S. 41
[1358] Bieg, T., Gerichtshof, 1997, S. 41

der Steuergesetzgebungshoheit bezüglich der harmonisierten Verbrauchsteuern auf die Gemeinschaft durch Vertragsänderung analog zu den Überlegungen bei der Mehrwertsteuer die optimale Lösung.

Kapitel 8

Schlußbemerkung

Insgesamt ist deutlich geworden, daß die Organe der Europäischen Gemeinschaft zwar über zahlreiche Kompetenzen verfügen, um auf die Steuerrechtsordnungen der Mitgliedstaaten einzuwirken. Die Ausübung dieser Kompetenzen ist aber letztlich verschiedenen gemeinschaftsrechtlichen Restriktionen unterworfen, was dazu führt, daß die entscheidenden Maßnahmen nicht ergriffen werden können, um auf dem Gebiet der indirekten Besteuerung Verhältnisse zu schaffen, die dem Gemeinsamen Markt bzw. Binnenmarkt adäquat sind. Letztlich werden sich die Mitgliedstaaten bald entscheiden müssen, ob sie es mit der Verwirklichung der Ziele der Europäischen Gemeinschaft auch auf dem Gebiet der indirekten Steuern ernst meinen und einer notwendigen Vertragsänderung zustimmen, oder ob sie sich mit der derzeitigen unbefriedigenden Situation auch in Zukunft zufrieden geben.

Es bleibt zu hoffen, daß der Traum von den „Vereinigten Staaten von Europa", welche Winston Churchill bereits im Jahr 1946 gefordert hat, eines Tages doch noch Wirklichkeit wird.

Verzeichnis der EuGH-Rechtsprechung

Datum	Rs.	Fundstelle in EuGHE	Kurzbezeichnung
29.11.1956	8/55	1955, S. 201	Fédération charbonnière de Belgique / Hohe Behörde
11.04.1960	3/58 und 18/58	1960, S. 459	Barbara Erzbergbau
14.12.1962	2/62 u. 3/62	1962, S. 855	Kommission / Belgien
05.02.1963	26/62	1963, S. 3	Van Gend & Loos
15.07.1964	6/64	1964, S. 1251	Costa / ENEL
01.03.1966	48/65	1966, S. 75	Lütticke
03.04.1968	28/67	1968, S. 211	Molkerei-Zentrale Westfalen-Lippe
04.04.1968	34/67	1968, S. 359	Lück / Hauptzollamt Köln
04.04.1968	27/67	1968, S. 327	Fink-Frucht GmbH
04.04.1968	25/67	1968, S. 305	Milch-, Fett- und Eierkontor
16.05.1968	13/67	1968, S. 289	Kurt A. Becher / Hauptzollamt München Landsberger Straße
19.11.1969	45/64	1969, S. 433	Kommission / Italien
15.04.1970	28/69	1970, S. 187	Kommission / Italien
05.05.1970	77/69	1970, S. 237	Kommission / Belgien
06.10.1970	9/70	1970, S. 825	Grad / Finanzamt Traunstein
17.12.1970	11/70	1970, S. 125	Internationale Handelsgesellschaft mbH
31.03.1971	22/70	1971, S. 263	Kommission / Rat
07.03.1972	84/71	1972, S. 89	Marimex
21.02.1973	6/72	1973, S. 215	Continental Can
04.12.1974	41/74	1974, S. 1337	Yvonne van Duyn
18.06.1975	94/74	1975, S. 699	IGAV / Ente nazionale per la Cellulosa
03.02.1976	59/75	1976, S. 91	Manghera
05.02.1976	87/75	1976, S. 129	Bresciani
17.02.1976	45/75	1976, S. 181	REWE GmbH / Hauptzollamt Landau
26.02.1976	52/75	1976, S. 277	Kommission / Italien
07.07.1976	118/75	1976, S. 185	Lynne Watson
15.12.1976	35/76	1976, S. 871	S.P.A. Simmenthal
25.01.1977	46/76	1977, S. 5	W.J.G. Bauhuis / Niederlande
16.02.1977	20/76	1977, S. 247	Schöttle und Söhne OHG

16.02.1977	20/76	1977, S. 247	Schöttle / FA Freudenstadt
22.03.1977	74/76	1977, S. 557	Ianelli / Meroni
22.03.1977	78/76	1977, S. 595	Steinike und Weinlig / Bundesrepublik Deutschland
14.07.1977	8/77	1977, S. 1495	Sagulo
09.03.1978	106/77	1978, S. 629	SPA Simmenthal
20.02.1979	122/78	1979, S. 677	Buitoni
13.03.1979	86/78	1979, S. 897	Peureux
12.07.1979	237/78	1979, S. 2645	Toia
27.02.1980	168/78	1980, S. 347	Kommission / Frankreich
27.02.1980	169/78	1980, S. 385	Kommission / Italien
27.02.1980	170/78	1980, S. 417	Kommission / Großbritannien
27.02.1980	171/78	1980, S. 447	Kommission / Dänemark
27.02.1980	170/78	1980, S. 417	Kommission / Großbritannien
27.02.1980	171/78	1980, S. 447	Kommission / Dänemark
21.05.1980	73/79	1980, S. 1533	Kommission / Italien
22.05.1980	131/79	1980, S. 1585	Regina ex parte Santillo
22.05.1980	131/79	1980, S. 1585	Regina / Secretary of State for Home Affairs
05.02.1981	154/80	1981, S. 445	Staatssecretaris van Financien / Cooeperatieve Aardappelenbewaarplaats GA.
19.2.1981	122/79	1981, S. 473	Schiavo
07.05.1981	153/80	1981, S. 1165	Hansen
25.11.1981	4/81	1981, S. 2835	Hauptzollamt Flensburg / Andresen
19.01.1982	8/81	1982, S. 53	Ursula Becker / Finanzamt Münster-Innenstadt
01.04.1982	89/81	S. 1277-1288	Staatssecretaris van Financien / Hong-Kong Trade
21.05.1982	47/84	1985, 1491	Staatssecretaris van Financien / Gaston Schul
06.07.1982	188/80, 189/80 u. 190/80	1982, S. 2545	Frankreich, Italien, Großbritannien, Nord-Irland / Kommission
15.07.1982	216/81	1982, S. 2701	Cogis
19.01.1983	126/82	1983, S. 73	Smit
25.01.1983	126/82	1983, S. 73	D. J. Smit Transport B.V.
10.02.1983	230/81	1983, S. 255	Luxemburg / Europäisches Parlament
15.03.1983	319/81	1983, S. 601	Kommission / Italien

12.07.1983	170/78	1983, S. 2265	Kommission / Großbritannien
10.04.1984	324/82	1984, S. 1861	Kommission / Belgien
10.04.1984	324/82	1984, S. 1861-1884	Kommission / Belgien
10.04.1984	C-14/83	1984, S. 1891	Von Colson und Kamann
09.05.1985	112/84	1985, S. 1367	Humblot
03.07.1985	277/83	1985, S. 2049	Kommission / Italien
11.07.1985	278/83	1985, S. 2503	Kommission / Italien
27.11.1985	C-295/84	1985, S. 3764-3770	Rousseau Wilmot / Organic
08.07.1986	73/85	1986, S. 2226-2240	Kerrut / Finanzamt Mönchengladbach-Mitte
16.12.1986	200/85	1986, S. 3953	Kommission / Italien
09.04.1987	363/85	1987, S. 1733	Kommission / Italien
07.05.1987	184/85	1987, S. 2013	Kommission / Italien
07.05.1987	193/85	1987, S. 2085	Co-Frutta
07.05.1987	184/85	1987, S. 2013	Kommission / Italien
07.05.1987	184/85	1987, S. 2013	Kommission / Italien
09.07.1987	356/85	1987, S. 3299	Kommission / Belgien
09.07.1987	356/85	1987, S. 3299	Kommission / Belgien
17.09.1987	433/85	1987, S. 3521	Feldain
29.09.1987	126/86	1987, S. 3697	Fernando Roberto Gimenez Zaera
08.10.1987	80/86	1987, S. 3969	Kolpinghuis Nijmegen
04.02.1988	391/85	1988, S. 596-605	Kommission / Belgien
03.03.1988	C-252/86	1988, S. 1367-1377	Bergandi / Directeur général des impôts
08.03.1988	102/86	1988, S. 1443	Apple and Pear Development Council
26.04.1988	74/86	1988, S. 2139	Kommission / Bundesrepublik Deutschland
28.04.1988	76/87	1988, S. 2397	Seguela
05.07.1988	289/86	1988, S. 3655	Happy Family
20.09.1988	190/87	1988, S. 4689	Moormann
21.09.1988	50/87	1988, S. 4797	Kommission / Frankreich
23.11.1988	230/87	1988, S. 6365	Naturally Yours Cosmetics
13.07.1989	C-93/88 u. C-94/88	1989, S. 2700-2709	Wisselink
11.01.1990	C-38/89	1990, S. I-83	Guy Blanguernon
08.02.1990	320/88	1990, S. I-285	Staatsecretaris van Financien / SAFE
15.05.1990	C-4/89	1990, S. I-1869	Comune di Carpaneto Piacentino

12.07.1990	C-188/89	1990, S. I-3313	A. Foster
11.10.1990	200/89	1990, S. I-3669	FUNOC / Kommission
11.10.1990	C-200/89	1990, S. I-3669	FUNOC
06.12.1990	2/88-IMM	1990, S. I-4405	Zwartveld
06.12.1990	C-343/89	1990, S. I-4477	Witzemann
28.02.1991	C-131/88	1991 S. I-825	Kommission / Deutschland
19.03.1991	C-109/90	1991, S. 1394-1399	Giant
30.05.1991	C-361/88	1991, S. 2567	Kommission / Bundesrepublik Deutschland
30.05.1991	C-59/89	1991, S. 2607	Kommission / Bundesrepublik Deutschland
17.10.1991	C-58/89	1991, S. I-4983	Kommission / Bundesrepublik Deutschland
19.11.1991	C-6/90 und C-9/90	1991, S. I-5357	Francovich und Bonifaci
11.03.1992	C-78-83/90	1992, S. I-1847	Compagnie commerciale de l'Ouest
31.03.1992	C-200/90	1992, S. I-2240	Dansk Denkavit und Poulsen Trading
07.05.1992	C-347/90	1992, S. 2965-2972	Bozzi
16.12.1992	C-208/91	1992, S. 6727-6733	Beaulande
17.11.1993	C-71/92	1993, S. I-5923	Kommission / Spanien
01.12.1993	C-234/91	1993, S. 6273	Kommission / Dänemark
03.03.1994	C-16/93	1994, S. I-743	R. J. Tolsma
02.06.1994	C-33/93	1994, S. I-2329	Empire Stores
14.07.1994	C-91/92	1994, S. I-3325	Faccini Dori
06.04.1995	C-4/94	1995, S. I-983	BLP Group PLC
14.09.1995	C-485/93 u. C-486/93	1995, S. I-2655	Simitzi
07.12.1995	C-472/93	1995, S. I-4321	Fiat Geotech
26.06.1997	C-370/95, C-371/95 u. C-372/95	1997, S. I-3734	Careda SA
17.09.1997	C-347/95	1997, S. I-4923	UCAL
17.09.1997	C-28/96	1997, S. I-4943	Fricarnes
17.09.1997	C-130/96	1997, S. I-5065	Solisnor Estaleiros Navais
19.02.1998	C-318/96	1998, S. S. I-785	SPAR
08.06.1999	C-338/97, C-344/97 u. C-390/97	http://curia.eu.int/de/index.htm	Pelzl
09.03.2000	C-437/97	http://curia.eu.int/de/index.htm	Wein & Co

Verzeichnis der Schlußanträge

Datum	Rs.	Fundstelle in EuGHE	Kurzbezeichnung
01.04.1982	89/81	1982, S. 1277	Staatssecretaris van Financien / Hong-Kong Trade
24.01.1984	324/82	1984, S. 1861	Kommission / Belgien
22.10.1985	C-295/84	1985, S. 3759	Rousseau Wilmot / Organic
22.04.1986	73/85	1986, S. 2219	Kerrut / Finanzamt Mönchengladbach-Mitte
22.10.1987	391/85	1988, S. 579	Kommission / Belgien
15.12.1987	C-252/86	1988, S. 1343	Bergandi / Directeur général des impôts
27.04.1989	C-93/88 u. C-94/88	1989, S. 2671	Wisselink
07.02.1991	C-109/90	1991, S. I-1385	Giant
30.01.1992	C-200/90	1992, S. I-2217	Dansk Denkavit und Poulsen Trading
19.03.1992	C-347/90	1992, S. I-2947	Bozzi
17.09.1992	C-208/91	1992, S. I-6709	Beaulande
23.01.1997	C-347/95 u. C-28/96	1997, S. 4911	UCAL u. Fricarnes
27.02.1997	C-370/95, C-371/95 u. C-372/95	1997, S. I-3721	Careda SA
13.03.1997	C-130/96	1997, S. I-5053	Solisnor Estaleiros Navais
20.11.1997	C-318/96	1998, S. I-785-	SPAR
18.03.1999	C-338/97, C-344/97 u. C-390/97	http://curia.eu.int/de/index.htm	Pelzl
01.07.1999	C-437/97	http://curia.eu.int/de/index.htm	Wein & Co

Verzeichnis des europäischen Sekundärrechts

RL 67/227/EWG v. 11.04.1967: Richtlinie des Rates zur Harmonisierung der Rechtsvorschriften der Mitgliedstaaten über die Umsatzsteuern, ABlEG v. 14.4.1967, S. 1301

RL 67/228/EWG v. 11.04.1967: Richtlinie des Rates zur Harmonisierung der Rechtsvorschriften der Mitgliedstaaten über die Umsatzsteuern: Struktur und Anwendungsmodalitäten des gemeinsamen Mehrwertsteuersystems, ABlEG v. 14.4.1967, S. 1303

RL v. 17.6.1969: Richtlinie des Rates betreffend die indirekten Steuern auf die Ansammlung von Kapital, ABlEG Nr. L 249 v. 3.10.1969, S. 25

RL 69/463/EWG v. 09.12.1969: Richtlinie des Rates zur Harmonisierung der Rechtsvorschriften der Mitgliedstaaten über die Umsatzsteuern: Einführung der Mehrwertsteuer in den Mitgliedstaaten, ABlEG Nr. L 320 v. 20.12.1969, S. 34

RL 71/401/EWG v. 20.12.1971: Richtlinie des Rates zur Harmonisierung der Rechtsvorschriften der Mitgliedstaaten über die Umsatzsteuern: Einführung der Mehrwertsteuer in Italien, ABlEG Nr. L 283 v. 24.12.1971, S. 41

RL 72/250/EWG v. 04.07.1972: Richtlinie des Rates zur Harmonisierung der Rechtsvorschriften der Mitgliedstaaten über die Umsatzsteuern: Einführung der Mehrwertsteuer in Italien, ABlEG Nr. L 162 v. 18.7.1972, S. 18

RL 72/464/EWG v. 19.12.1972: Richtlinie des Rates über die anderen Verbrauchsteuern auf Tabakwaren als die Umsatzsteuer, ABlEG Nr. L 303 v. 31.12.1972, S. 1

RL 74/318/EWG v. 25.6.1974: Richtlinie des Rates zur Änderung der Richtlinie 72/464/EWG über die anderen Verbrauchsteuern auf Tabakwaren als die Umsatzsteuer, ABlEG Nr. L 180 v. 3.7.1974, S. 30

RL 74/651/EWG v. 19.12.1974: Richtlinie des Rates über Steuerbefreiungen bei der Einfuhr von Waren in Kleinsendungen nichtkommerzieller Art innerhalb der Gemeinschaft, ABlEG Nr. L 354 v. 30.12.1974, S. 51

RL 75/786/EWG v. 18.12.1975: Richtlinie des Rates zur Änderung der Richtlinie 72/464/EWG über die anderen Verbrauchsteuern auf Tabakwaren als die Umsatzsteuer, ABlEG Nr. L 330 v. 24.12.1975, S. 51

RL 76/911/EWG v. 21.12.1976: Richtlinie des Rates zur Änderung der Richtlinie 72/464/EWG über die anderen Verbrauchsteuern auf Tabakwaren als die Umsatzsteuer, ABlEG Nr. L 354 v. 24.12.1975, S. 33

RL 77/388/EWG v. 17.05.1977: Sechste Richtlinie des Rates zur Harmonisierung der Rechtsvorschriften der Mitgliedstaaten über die Umsatzsteuern – Gemeinsames Mehrwertsteuersystem: Einheitliche steuerpflichtige Bemessungsgrundlage, ABlEG Nr. L 145 v. 13.6.1977, S. 1

RL 77/805/EWG v. 19.12.1977: Richtlinie des Rates zur Änderung der Richtlinie 72/464/EWG über die anderen Verbrauchsteuern auf Tabakwaren als die Umsatzsteuer, ABlEG Nr. L 338 v. 28.12.1977, S. 22

RL 78/583/EWG v. 26.06.1978: Richtlinie des Rates zur Harmonisierung der Rechtsvorschriften der Mitgliedstaaten über die Umsatzsteuern, ABlEG Nr. L 194 v. 19.7.1978, S. 16

RL 79/32/EWG v. 18.12.1978: Richtlinie des Rates über die anderen Verbrauchsteuern auf Tabakwaren als die Umsatzsteuer, ABlEG Nr. L 10 v. 16.1.1979, S. 8

RL 79/1072/EWG v. 06.12.1979: Richtlinie des Rates zur Harmonisierung der Rechtsvorschriften der Mitgliedstaaten über die Umsatzsteuern: Verfahren zur Erstattung der Mehrwertsteuer an nicht im Inland ansässige Steuerpflichtige, ABlEG Nr. L 331 v. 27.12.1979, S. 11

RL 80/368/EWG v. 26.03.1980: Richtlinie des Rates zur Harmonisierung der Rechtsvorschriften der Mitgliedstaaten über die Umsatzsteuer: Ausschluß der französischen überseeischen Departments vom Anwendungsbereich der Richtlinie 77/388/EWG, ABlEG Nr. L 90 v. 3.4.1980, S. 41

RL 80/1275/EWG v. 22.12.1980: Richtlinie des Rates zur Änderung der Richtlinie 72/464/EWG über die anderen Verbrauchsteuern auf Tabakwaren als die Umsatzsteuer, ABlEG Nr. L 375 v. 31.12.1980, S. 76

RL 81/463/EWG v. 24.06.1981: Richtlinie des Rates zur Änderung der Richtlinie 72/464/EWG über die anderen Verbrauchsteuern auf Tabakwaren als die Umsatzsteuer, ABlEG Nr. L 183 v. 4.7.1981, S. 32

RL 82/2/EWG v. 21.12.1981: Richtlinie des Rates zur Änderung der Richtlinie 72/464/EWG über die anderen Verbrauchsteuern auf Tabakwaren als die Umsatzsteuer, ABlEG Nr. L 5 v. 9.1.1982, S. 11

RL 82/877/EWG v. 21.12.1982: Richtlinie des Rates zur Änderung der Richtlinie 72/464/EWG über die anderen Verbrauchsteuern auf Tabakwaren als die Umsatzsteuer, ABlEG Nr. L 369 v. 29.12.1982, S. 36

RL 83/181/EWG v. 28.03.1983: Richtlinie des Rates zur Festlegung des Anwendungsbereichs von Artikel 14 Absatz 1 Buchstabe d) der Richtlinie 77/388/EWG hinsichtlich der Mehrwertsteuerbefreiung bestimmter endgültiger Einfuhren von Gegenständen, ABlEG Nr. L 105 v. 23.4.1983, S. 38

RL 83/182/EWG v. 28.3.1983: Richtlinie des Rates über Steuerbefreiungen innerhalb der Gemeinschaft bei vorübergehender Einfuhr bestimmter Verkehrsmittel, ABlEG Nr. L 105 v. 23.4.1983, S. 59

RL 83/183/EWG v. 28.3.1983: Richtlinie des Rates über Steuerbefreiungen bei der endgültigen Einfuhr persönlicher Gegenstände durch Privatpersonen aus einem Mitgliedstaat, ABlEG Nr. L 105 v. 23.4.1983, S. 64

RL 83/648/EWG v. 19.12.1983: Richtlinie des Rates zur Harmonisierung der Rechtsvorschriften der Mitgliedstaaten über die Umsatzsteuer: Verlängerung der Frist für die Anwendung des gemeinsamen Mehrwertsteuersystems in der Republik Griechenland, ABlEG Nr. L 360 v. 23.12.1983, S. 49

RL 84/3386/EWG v. 31.07.19840: Richtlinie des Rates zur Harmonisierung der Rechtsvorschriften der Mitgliedstaaten über die Umsatzsteuern in Abänderung der Richtlinie 77/388/EWG – Anwendung der Mehrwertsteuer auf die Vermietung von beweglichen körperlichen Gegenständen, ABlEG Nr. L 208 v. 3.8.1984, S. 58

RL 85/346/EWG v. 8.7.1985: Richtlinie des Rates zur Änderung der Richtlinie 83/181/EWG zur Festlegung des Anwendungsbereichs von Art. 14 Absatz 1 Buchstabe d) der Richtlinie 77/388/EWG hinsichtlich der Mehrwertsteuer bestimmter endgültiger Einfuhren von Gegenständen, ABlEG Nr. L 183 v. 16.7.1985, S. 21

RL 85/348/EWG v. 8.7.1985: Richtlinie des Rates zur Änderung der Richtlinie 69/169/EWG zur Harmonisierung der Rechts- und Verwaltungsvorschriften über die Befreiung von den Umsatzsteuern und Sonderverbrauchsteuern bei der Einfuhr im grenzüberschreitenden Reiseverkehr, ABlEG Nr. L 183 v. 16.7.1985, S. 24

RL 85/349/EWG v. 8.7.1985: Richtlinie des Rates zur Änderung der Richtlinie 74/651/EWG über Steuerbefreiungen bei der Einfuhr von Waren in Kleinsendungen nichtkommerzieller Art innerhalb der Gemeinschaft, ABlEG Nr. L 183 v. 16.7.1985, S. 27

RL 85/361/EWG v. 16.07.1985: Richtlinie des Rates zur Harmonisierung der Rechtsvorschriften der Mitgliedstaaten über die Umsatzsteuern – gemeinsames Mehrwertsteuersystem: Ausnahmeregelung im Zusammenhang mit den Sonderbeihilfen, die bestimmten Landwirten als Ausgleich für den Abbau der Währungsausgleichsbeträge für bestimmte landwirtschaftliche Erzeugnisse gewährt werden, ABlEG Nr. L 192 v. 24.7.1985, S. 18

RL 85/362/EWG v. 16.07.1985: Richtlinie des Rates zur Harmonisierung der Rechtsvorschriften der Mitgliedstaaten über die Umsatzsteuern – Mehrwertsteuerbefreiung der vorübergehenden Einfuhr anderer Gegenstände als Beförderungsmittel, ABlEG Nr. L 192 v.24.7.1985, S. 20

RL 86/247/EWG v. 16.06.1986: Richtlinie des Rates zur Harmonisierung der Rechtsvorschriften der Mitgliedstaaten über die Umsatzsteuer – Verlängerung der Frist für die Anwendung des gemeinsamen Mehrwertsteuersystems in der Republik Griechenland, ABlEG Nr. L 164 v. 20.6.1986, S. 27

RL 86/246/EWG v. 16.6.1986: Richtlinie des Rates zur Änderung der Richtlinie 72/464/EWG über die anderen Verbrauchsteuern auf Tabakwaren als die Umsatzsteuer, ABlEG Nr. L 164 v. 20.6.1986, S. 26

RL 86/560/EWG v. 17.11.1986: Richtlinie des Rates zur Harmonisierung der Rechtsvorschriften der Mitgliedstaaten über die Umsatzsteuern – Verfahren der Erstattung der Mehrwertsteuer an nicht im Gebiet der Gemeinschaft ansässige Steuerpflichtige, ABlEG Nr. L 326 v. 21.11.1986, S. 40

RL 91/680/EWG v. 16.06.1986: Richtlinie des Rates zur Ergänzung des gemeinsamen Mehrwertsteuersystems und zur Änderung der Richtlinie 77/388/EWG im Hinblick auf die Beseitigung der Steuergrenzen, ABlEG Nr. L 376 v. 31.12.1991, S. 1

RL 92/12/EWG v. 25.02.1992: Richtlinie des Rates über das allgemeine System, den Besitz, die Beförderung und die Kontrolle verbrauchsteuerpflichtiger Waren, ABlEG Nr. L 76 v. 23.3.1992, S. 1

RL 92/77/EWG v. 19.10.1992: Richtlinie des Rates zur Ergänzung des gemeinsamen Mehrwertsteuersystems und zur Änderung der Richtlinie 77/388/EWG (Annäherung der Mehrwertsteuersätze), ABlEG Nr. L 316 v. 31.10.1992, S. 1

RL 92/111/EWG v. 14.12.1992: Richtlinie des Rates zur Änderung der Richtlinie 77/388/EWG und zur Einführung von Vereinfachungsmaßnahmen im Bereich der Mehrwertsteuer, ABlEG Nr. L 384 v. 30.12.1992, S. 47

RL 92/78/EWG v. 19.10.1992: Richtlinie des Rates zur Änderung der Richtlinien 72/464/EWG und 79/32/EWG über die anderen Verbrauchsteuern auf Tabakwaren als die Umsatzsteuer, ABlEG Nr. L 316 v. 31.10.1992, S. 5

RL 92/79/EWG v. 19.10.1992: Richtlinie des Rates zur Annäherung der Verbrauchsteuern auf Zigaretten, ABlEG Nr. L 316 v. 31.10.1992, S. 8

RL 92/80/EWG v. 19.10.1992: Richtlinie des Rates zur Annäherung der Verbrauchsteuern auf andere Tabakwaren als Zigaretten, ABlEG Nr. L 316 v. 31.10.1992, S. 10

RL 92/81/EWG v. 19.10.1992: Richtlinie des Rates zur Harmonisierung der Struktur der Verbrauchsteuern auf Mineralöle, ABlEG Nr. L 316 v. 31.10.1992, S. 12

RL 92/82/EWG v. 19.10.1992: Richtlinie des Rates zur Annäherung der Verbrauchsteuersätze für Mineralöle, ABlEG Nr. L 316 v. 31.10.1992, S. 19

RL 92/83/EWG v. 19.10.1992: Richtlinie des Rates zur Harmonisierung der Struktur der Verbrauchsteuern auf Alkohol und alkoholische Getränke, ABlEG Nr. L 316 v. 31.10.1992, S. 21

RL 92/82/EWG v. 19.10.1992: Richtlinie des Rates zur Annäherung der Verbrauchsteuersätze auf Alkohol und alkoholische Getränke, ABlEG Nr. L 316 v. 31.10.1992, S. 29

RL 92/108/EWG v. 14.12.1992: Richtlinie des Rates zur Änderung der Richtlinie 92/12/EWG über das allgemeine System, den Besitz, die Beförderung und die Kontrolle verbrauchsteuerpflichtiger Waren und zur Änderung der Richtlinie 92/81/EWG, ABlEG Nr. L 390 v. 31.12.1992, S. 124

RL 94/5/EG v. 14.2.1994: Richtlinie des Rates zur Ergänzung des gemeinsamen Mehrwertsteuersystems und zur Änderung der Richtlinie 77/388/EWG – Sonderregelung für Gebrauchtgegenstände, Kunstgegenstände, Sammlungsstücke oder Antiquitäten, ABlEG Nr. L 60 v. 3.3.1994, S. 16

RL 95/7/EG v. 10.4.1995: Richtlinie des Rates zur Änderung der Richtlinie 77/388/EWG und zur Einführung weiterer Vereinfachungsmaßnahmen im Bereich der Mehrwertsteuer – Geltungsbereich bestimmter Steuerbefreiungen und praktische Einzelheiten ihrer Durchführung, ABlEG Nr. L 102 v. 5.5.1995, S. 16

Literaturverzeichnis

A

Achatz, M., Zur EU-Konformität der *Fremdenverkehrsabgaben* - Eine Analyse zu Art. 33 der 6. MWSt-RL, SWK 1997, S. 516 – 524

Ahlt, M., *Europarecht*: Examenskurs für Rechtsreferendare, 2. Aufl., München 1996

Ahlt, M., Das Verhältnis zwischen nationaler und EuGH-Rechtsprechung auf dem Gebiet der *Umsatzsteuer*, in: Dziadkowski, D. / Reiß, W., Umsatzsteuerkongreß-Bericht 1997/98, Köln / München 1998, S. 33 – 50

Aichinger, W., *Kammerumlage* österreichischen Rechts und gemeinschaftliches Mehrwertsteuerrecht, European Law Reporter 3/1998, S. 121 - 122

Altheim, M., *Steuerharmonisierung* in der EU: Was ist erreicht, was kann man erwarten ?, in: Ensthaler, J. (Hrsg.), Vom Binnenmarkt zur Europäischen Union: die Gemeinschaft zwischen Zweckverband und neuer Staatlichkeit, Berlin 1995, S. 115 – 139

Andel, N., Die *Harmonisierung* der Steuern im Gemeinsamen Markt, FinArch 1959/1960, S. 224 – 256

Andel, N., *Directions* of tax harmonisation in the EEC, in: Cnossen, S., Comparative Tax Studies - Essays in honor of Richard Goode, Amsterdam u.a. 1983, S. 295 – 316

Antal, K., *Harmonisation* of Turnover Taxes in the Common Market, Common Market Law Review 1963, S. 41 – 57

Armbrüster, C., Ein *Schuldvertragsrecht* für Europa ?, RabelsZ 1996, 72 – 90

Arndt, H.-W. / Grünberg, M., *EG-Verbrauchsteuerharmonisierung* und Grundgesetz, SteuerStud 1988, S. 41 – 45

Arndt, H.-W. / Haas, M., *EG-Abgaben*: Normierung, Vollzug und Rechtsschutz, RIW 1989, S. 710–721

Arndt, H.-W., Steuerliches *Diskriminierungsverbot* und nichtharmonisierte Umsatzsteuer- zur Beschränkung des steuerlichen Erfindungsrechts der Mitgliedstaaten durch EG-Gemeinschaftsrecht, DStR 1989, S. 471 – 476

Arndt, H.-W., *Angleichung* der MWSt und anderer Verbrauchsteuern, Verbraucherpolitische Hefte 1992, S. 169 – 178

Arndt, H.-W., *Rechtsfragen* einer deutschen CO2-/Energiesteuer entwickelt am Beispiel des DIW-Vorschlages, Frankfurt a. M. u.a. 1995

Arndt, H.-W., *Europarecht*, Heidelberg, 3. Aufl., 1998

Arnold, W.-D., *Pflichtbeiträge* nach dem Tiroler Tourismusgesetz 1991, SWK 1997, S. 631 – 638

Arnold, N., *Getränkesteuer*: Die Vorlagefragen des VWGH und mögliche Folgen eines EuGH-Urteils, Ecolex 1998, S. 424 – 428

Aujean, M., La *TVA* dans le Marché Unique: Un premier bilan, Revue du Marché Unique Européen 1994/3, S. 75 – 134

Aujean, M. (Hrsg.), Le Système TVA dans le Marché Unique, Köln 1997

Aujean, M., *Introduction*, in: Aujean, M. (Hrsg.), Le Système TVA dans le Marché Unique, Köln 1997, S. 65 – 66

B

Bach, S., *Steuerpolitik* in Europa zwischen Wettbewerb und Harmonisierung – Perspektiven nationaler und europäischer Steuerpolitik in der Europäischen Wirtschafts- und Währungsunion, Bonn 1999

Bach, S., Wirtschaftliche Auswirkungen und rechtlich-institutionelle Aspekte einer ökologischen *Steuerreform*, StuW 1995, S. 264 – 279

Badura, P., Das *Staatsziel* „Europäische Integration im Grundgesetz", in: Hengstschläger, J. (Hrsg.), Für Staat und Recht - Festschrift für Herbert Schambeck, Berlin 1994, S. 887 – 906

Baetge, D., Grundzüge des Vertrags von *Maastricht*, BayVBl. 1992, S. 711 – 717

Bahlmann, K., Zum Einfluß des Europäischen Rechts auf das nationale *Steuerrecht*, EuR 1985, S. 43 – 58

Balke, B., Steuerliche Gestaltungsfreiheit der Mitgliedstaaten und freier *Warenverkehr* im Europäischen Binnenmarkt, Baden-Baden 1998

Ball, A., *VAT* across the European Community: A survey of the impact on business of the new single market VAT rules, International VAT Monitor 1993, Heft 12, S. 3 – 10

Bannock, G., *Taxation* in the European Communities: the small business perspective, London 1990

Bärmann, J., Die Europäischen Gemeinschaften und die *Rechtsangleichung*, JZ 1959, S. 553 – 560

Bathe, H. / Sikorski, R., *Harmonisierung* der Mehrwertsteuer in der Europäischen Gemeinschaft zum 1.1.1993, Betrieb und Wirtschaft 1992, S. 517 – 520

Bathe, J., Abgabenordnung, Bewertungsrecht, Vermögensteuer, *Umsatzsteuer*, München, 4. Aufl. 1997

Bauer, D., Zum Begriff der *Wettbewerbsverzerrungen*, WuW 1968, S. 728 – 737

Baur, J., Der Europäische *Binnenmarkt* - normative Grundlagen, JA 1992, S. 65 - 70 u. S. 97 – 102

Bea, F. X., *Umsatzsteuern* I, in Albers, W. u.a. (Hrsg.), Handwörterbuch der Wirtschaftswissenschaft (HdWW) - Ungekürzte Studienausgabe, Stuttgart u.a. 1988, Band 8, S. 27 – 40

Beck, E., Zur *Problematik* des Systems des Ursprungslandes beim grenzüberschreitenden Verkehr, UStR 1962, S. 25 – 28

Beck, E., Der Weg der *Mehrwertsteuer*, BB 1963, S. 1435 – 1436

Beck, E. u.a., Für und wider die *Mehrwertsteuer*, BB 1964, S. 399 – 404

Beck, E., Wann können die *Steuergrenzen* fallen ?, UStR 1965, S. 3 – 5

Becker, H., Die steuerlichen Sekundärwirkungen auf dem europäischen *Binnenmarkt*, DB 1989, S. 2041 – 2044

Becker, U., Der Gestaltungsspielraum der EG-Mitgliedstaaten im Spannungsfeld zwischen *Umweltschutz* und freiem Warenverkehr, Baden - Baden 1991

Beermann, A., Zur Charakterisierung der Verbrauchsteuer und zur bedingten Steuerschuld, in: Kruse, W. (Hrsg.), Zölle, Verbrauchsteuern, europäisches Marktordnungsrecht (DStJG 11), Köln 1988, S. 283 – 287

Beermann, A., Das *Verbrauchsteuer-Binnenmarktgesetz*, DStZ A 1993, S. 257 – 262

Beermann, A., Grenzen der gemeinschaftsrechtlichen *Harmonisierung*, in: Mösslang, G. (Hrsg.), Umsatzsteuer-Kongress-Bericht 1995/95: Umsatzsteuer-Binnenmarkt, österreichisches Umsatzsteuerrecht, innergemeinschaftliches Kontrollverfahren und Einzelauskunftsersuchen, Köln 1995, S. 17 – 23

Behrens, P., Das *Wirtschaftsrecht* des Europäischen Binnenmarktes, Jura 1989, S. 561 – 577

Behrens, P., Die Konvergenz der wirtschaftlichen Freiheiten im europäischen *Gemeinschaftsrecht*, EuR 1992, S. 145 – 162

Beiser, R., Die *Getränkesteuer* im Licht der EU - Handlungsbedarf für den Berater ?, SWK 1997, S. 714 – 723

Bellstedt, C., Europäisches Gesellschafts- und *Steuerrecht* nach 1992, RIW 1988, S. 883 – 890

Bengs, W.-R., Stand der steuerlichen *Harmonisierungsbestrebungen* in der Europäischen Gemeinschaft, WPg 1977, S. 625 – 636

Berthold, M., Die *Steuerharmonisierung* gemäß dem EWG-Vertrag, ihre Rechtsproblematik im besonderen für die Bundesrepublik Deutschland, Würzburg Univ., Diss., 1966

Beyer, T., Die *Ermächtigung* der Europäischen Union und ihrer Gemeinschaften, Der Staat 1996, S. 189 – 220

Bieber, R. u.a., *Introduction*: Back to the future: Policy, Strategy and Tactics of the White Paper on the Creation of a Single European Market, in: Bieber, R. (Hrsg.), 1992: One European Market ?, Baden-Baden 1988, S. 13 – 31

Bieber, R., *Subsidiarität* im Sinne des Vertrages über die Europäische Union, in: Nörr, K. / Oppermann, T. (Hrsg.), Subsidiarität: Idee und Wirklichkeit: zur Reichweite eines Prinzips in Deutschland und Europa, Tübingen 1997, S. 165 – 183

Bieg, T., Der *Gerichtshof* der Europäischen Gemeinschaften und sein Einfluß auf das deutsche Steuerrecht, Frankfurt 1997

Biehl, D., Die Beseitigung der *Steuergrenzen* in der EG, Wirtschaftsdienst 1986, S. 518 – 524

Biehl, D., On maximal versus optimal tax *harmonization*, in: Bieber, R. (Hrsg.), 1992: One European Market ?, Baden-Baden 1988, S. 261 – 282

Bierwagen, R., Die *Steuern* im Binnenmarkt nach '92, in: Oppermann, T. / Moersch, E.-W. (Hrsg.), Europa-Leitfaden . Ein Wegweiser zum Europäischen Binnenmarkt 1992, 2. Aufl., Regensburg 1990, S. 165 – 176

Birk, D., Steuerzweck und *Steuerbegriff*, SteuerStud 1986, S. 162 – 167

Birk, D., (Hrsg.), Handbuch des europäischen Steuer- und Abgabenrechts, Herne / Berlin 1995

Birk, D., *Gemeinschaftsteuern*, in: Birk, D. (Hrsg.), Handbuch des europäischen Steuer- und Abgabenrechts, Herne / Berlin 1995, S. 293 – 310

Birk, D., Verteilung der *Finanzhoheit*, in: Birk, D. (Hrsg.), Handbuch des europäischen Steuer- und Abgabenrechts, Herne / Berlin 1995, S. 109 – 151

Birkenfeld, W., Deutsches *Umsatzsteuerrecht* und Umsatzsteuerrecht der EG, UR 1989, S. 329 – 339

Birkenfeld, W. / Forst, C., Das *Umsatzsteuerrecht* im Europäischen Binnenmarkt, Bielefeld 1992

Birkenfeld, W., *Verwaltungsvorschriften* im Umsatzsteuerrecht und Gemeinschaftsrecht, UR 1993, S. 271 – 278

Birkenfeld, W., *Umsatzbesteuerung* im Binnenmarkt: Umsatzsteuer für Warenlieferungen und Dienstleistungen in und aus EG-Mitgliedstaaten, Berlin, 3. Aufl. 1996

Birkenfeld, W., *Rechtsprechung* des Europäischen Gerichtshofs zu Umsatzsteuerfragen, UR 1997, S. 241 – 250

Birkenfeld, W., Der Einfluß des Gemeinschaftsrechts auf die *Rechtsverwirklichung* im Steuerrecht, StuW 1998, S. 55 – 75

Bischof, H.-H., *Europarecht* für Anfänger, München, 2. Aufl. 1996

Bleckmann, A., Zu den der nationalen *Steuerhoheit* durch Art. 95 und 97 EWG-Vertrag gezogenen Grenzen, FR 1969, S. 51 – 58

Bleckmann, A., Zu den *Auslegungsmethoden* des Europäischen Gerichtshofs, NJW 1982, S. 1176 – 1182

Bleckmann, A., Politische Aspekte der europäischen *Integration* unter dem Vorzeichen des Binnenmarktes 1992, ZRP 1990, S. 265 – 268

Bleckmann, A., Die *Rechtsquellen* des Europäischen Gemeinschaftsrechts, NVwZ 1993, S. 824 – 828

Bleckmann, A., *Europarecht*: Das Recht der Europäischen Union und der Europäischen Gemeinschaften, 6. Aufl., Köln u.a. 1997

Bloehs, J., Verstößt das Erhebungsverfahren der deutschen *Stromsteuer* gegen EU-Recht ?, BB 1999, S. 1845 – 1849

Blümich, H. / Jacob, R., Die *Harmonisierung* der Mehrwert- und Verbrauchsteuern im Hinblick auf den europäischen Binnenmarkt – Entwicklung und Stand der Beratungen in den nationalen und europäischen Gremien – Beurteilung durch Wirtschaft und Verbände, Bonn 1989

Bogdany, A. v. / Nettesheim, M., Die Verschmelzung der Europäischen *Gemeinschaften* in der Europäischen Union, NJW 1995, S. 2324 – 2328

Borgsmidt, K., Stand der *Harmonisierung* des gemeinsamen Mehrwertsteuersystems - Grundzüge des EG-Richtlinienrechts und der einschlägigen EuGH-Rechtsprechung, UR 1999, S. 1 – 16

Börner, B., Das *Rechtssystem* des freien Warenhandels in der EWG, in: Reichert-Facilides, F. u.a., Festschrift für Reimer Schmidt, Karlsruhe 1976, S. 145 – 164

Börner, B., Der deutsche Unternehmer vor dem europäischen *Binnenmarkt*, DB 1989, S. 613 – 617

Borries, R. v., Gedanken zur *Tragweite* des Subsidiaritätsprinzips im Europäischen Gemeinschaftsrecht, in: Everling, U. u.a. (Hrsg.), Europarecht, Kartellrecht, Wirtschaftsrecht: Festschrift für Arved Deringer, Baden-Baden 1993, S. 22 – 39

Borries, R. v., Das *Subsidiaritätsprinzip* im Recht der Europäischen Union, EuR 1994, S. 263 – 300

Bos, M. / Nelson, H., Indirect *Taxation* and the Completion of the Internal Market of the EC, JCMS 1988, S. 27 – 44

Boss, A., *Steuerharmonisierung* und Realisierung des EG-Binnenmarktes, Wirtschaftsdienst 1989, S. 249 – 251

Bovenberg, L. / Horne, J., *Taxes* on Commodities - A Survey, in: Kopits, G. (Hrsg.), Tax harmonization in the European community: policy issues and analysis, Washington, D.C. 1992, S. 22 – 51

Brinkmann, J., Der Einfluß des Europäischen Rechts auf die *Unternehmensbesteuerung*, Baden-Baden 1996, zugl., Konstanz, Univ. Diss., 1996 u.d.T., Der Einfluß des Europäischen Rechts auf das deutsche Unternehmenssteuerrecht

Bruha, T., *Rechtsangleichung* in der Europäischen Wirtschaftsgemeinschaft - Deregulierung durch "Neue Strategie" ?, ZaöRV 1986, S. 1 – 33

Brunner, M., Das *Subsidiaritätsprinzip* als europäisches Prinzip, in: Merten, D. (Hrsg.), Die Subsidiarität Europas, Berlin 1993, S. 9 – 22

Buckett, A., *VAT* in the European Community, 2. Aufl., London u.a. 1992

Buekenhoudt, J., Le nouveau régime transitoire en matière de *TVA* ce qui va changer au 1er Janvier 1993, RMC 1992, S. 866 – 872

Bundesministerium der Finanzen: Ausarbeitung der endgültigen Regelung für die Umsatzbesteuerung des innergemeinschaftlichen Waren- und Dienstleistungsverkehrs und für ein funktionsfähiges Clearing-Verfahren – *Gutachten* der Ursprungslandkommission, Schriftenreihe des Bundesministeriums der Finanzen Heft 52, Bonn 1994

Bundesministerium der Finanzen: Zur *EU-Konformität* von umsatzsteuerähnlichen Abgaben , SWK 1996, S. 537 – 538

Burke, R., Harmonisation of *Taxation* in Europe, Intertax 1979, S. 46 – 53

Burke, R., Tax *Harmonization* in the European Community, Intertax 11/1981, S. 7 – 21

Busch, B., Zur künftigen *Finanzierung* der Europäischen Union, Beiträge zur Wirtschafts- und Sozialpolitik des Instituts der deutschen Wirtschaft 3/1998, Köln 1998

C

Calliess, C., Der Schlüsselbegriff der „ausschließlichen Zuständigkeit" im *Subsidiaritätsprinzip* des Art. 3b II EGV, EuZW 1995, S. 693 – 700

Camaño Anido, M. A. / Calderón Carrero, J. M., *Jurisprudencia* tributaria del tribunal de justicia de las comunidades europeas - Comentarios y concordancias con la legislación españla, Madrid 1996

Carl, D., *Finanzverfassung* und Haushalt der Europäischen Gemeinschaften, SteuerStud 1991, S. 180 – 184

Carl, D., Das neue *Umsatzsteuersystem* in der EG - Teil I, Inf 1992, S. 337 – 342

Carl, D., Das neue *Umsatzsteuersystem* in der EG - Teil II, Inf 1992, S. 369 – 375

Carl, D., Das neue *Umsatzsteuersystem* in der EG - Teil III, Inf 1992, S. 393 – 396

Cecchini, P., *Europa* 92 - Der Vorteil des Binnenmarktes, Baden-Baden 1992

Chevallier, R.-M., Methods and reasoning of the European Court in its *interpretation* of community law, CMLR 1964, S. 21 – 35

Chwolik-Lanfermann, E., *Grundrechtsschutz* in der Europäischen Union: Bestand, Tendenzen und Entwicklungen, Frankfurt a. M. 1994; zugl., Köln, Univ., Diss., 1994

Classen, C., Der Wegfall der *Grenzkontrollen*, in: Oppermann, T. / Moersch, E.-W. (Hrsg.), Europa-Leitfaden . Ein Wegweiser zum Europäischen Binnenmarkt 1992, 2. Aufl., Regensburg 1990, S. 133 – 139

Clemens, R. / Paulini, M., *Harmonisierung* der indirekten Steuern im europäischen Binnenmarkt, Stuttgart 1991

Cnossen, S., *Harmonisation* of Indirect Taxes in the EEC, British tax review 1983, S. 232 – 253

Cnossen, S., Comparative Tax Studies - Essays in honor of Richard Goode, Amsterdam u.a. 1983

Cnossen, S., Tax *Harmonization* in the European Community, BIFD 1986, S. 545 – 563

Cnossen, S., *Tax* Structure Developments, in: Cnossen, S. (Hrsg.), Tax coordination in the European Community, Deventer u.a. 1987, S. 19 – 55

Cnossen, S. / Shoup, C., *Coordination* of Value-added Taxes, in: Cnossen, S. (Hrsg.), Tax coordination in the European Community, Deventer u.a. 1987, S. 59 – 84

Coleclough, S., The Sixth *VAT* Directive and the Need for Reform, British Tax Review 1995, S. 378 – 384

Constantinesco, V., „Subsidiarität": Magisches Wort oder *Handlungsprinzip* der Europäischen Union ?, EuZW 1991, S. 561 – 563

Cornilleau, G., L'harmonisation de la *TVA* dans la perspective du grand marché européen, Observations et diagnostics économiques 1988, S. 109 – 129

D

Dänzer-Vanotti, W., Unzulässige *Rechtsfortbildung* des Europäischen Gerichtshofs, RIW 1992, S. 733 – 742

Däubler, W., Die *Delegation* von Rechtsetzungsbefugnissen im Recht der EWG, DVBl. 1966, S. 660 – 664

Dauses, M., (Hrsg.), Handbuch des EG-Wirtschaftsrechts, München, Stand: 1999

David, R., Die Zukunft der europäischen *Rechtsordnungen*: Vereinheitlichung oder Harmonisierung ?, in: Zweigert, K. (Hrsg.), Europäische Zusammenarbeit im Rechtswesen – Berichte und Vorschläge, Tübingen 1955, S. 1 – 17

De Weerth, J., Der gegenwärtige Stand des Gemeinschaftsrechts und das *Steuerrecht*, RIW 1995, S. 395 – 398

De Zwaan, J., The Single European *Act*: Conclusion of a Unique Document, CML Rev. 1986, S. 747 – 765

Debatin, H., Das *Problem* der Steuerharmonisierung im Gemeinsamen Markt, DB 1966, S. 1321 – 1326

Debatin, H., Stand der *Steuerharmonisierung* in der EWG, DB 1966, S. 1741 – 1745

Debatin, H., Die steuerliche *Gewandung* der EWG, DB 1973, S. 683 – 689

Dekov, E., Danish Labour Market *Contributions* are contrary to Community Law, International VAT Monitor 1993, Heft 11, S. 12 – 17

Di Fabio, U., *Richtlinienkonformität* als ranghöchstes Normauslegungsprinzip?, NJW 1990, S. 947 – 954

Dickstein, M., Der *Verfassungsbegriff* der Europäischen Union - en même temps une contribution à la naissance de l'etat européen, Linz 1998

Dittrich, G., Harmonisierung der *Tabaksteuer* wird fortgesetzt, ZfZ 1978, S. 130 – 132

Doralt, W., Anzeigen- und *Ankündigungsabgaben* nicht EU-widrig, RdW 1996, S. 392

Dorn, D.-W., Art(ikel) 235 (zweihundertfuenfundreissig) EWGV - Prinzipien der Auslegung: die *Generalermächtigung* zur Rechtsetzung im Verfassungssystem der Gemeinschaften, Kehl a. R. u.a. 1986

Duckwitz, E. : Der Vertrag über die Europäische *Union* - Bewertung unter besonderer Berücksichtigung des Bund-Länder-Verhältnisses, in: Ress, G. / Stein, T. (Hrsg.), Vorträge, Reden und Berichte aus dem Europa-Institut, Nr. 270, Saarbrücken 1992

Dziadkowski, D., "Dauernde Übergangsregelung" oder Neuregelung der *Umsatzbesteuerung* im Binnenmarkt ?, UR 1993, S. 344 – 348

Dziadkowski, D., Das endgültige *Mehrwertsteuersystem* im Binnenmarkt - eine Utopie ?, StuW 1997, S. 147 – 156

Dziadkowski, D., Keine *Kompetenzerweiterung* des Mehrwertsteuerausschusses bei der EG-Kommission, BB 1998, S. 1664 – 1666

Dziadkowski, D. / Robisch, M., *Gutachten* zur Harmonisierung der Umsatzbesteuerung in Europa vorgelegt, BB 1994, S. 1605 – 1608

Dziadkowski, D. / Walden, P., *Umsatzsteuer*, 4. Aufl., München u.a. 1996

E

Easson, A., *Tax* law and policy in the E.E.C., London 1980

Easson, A., The Elimination of Fiscal *Frontiers*, in: Bieber, R. (Hrsg.), 1992: One European Market ?, Baden-Baden 1988, S. 241 – 260

Easson, A. J., *Taxation* in the European Community, London 1993

Eckhardt, W., Das *Umsatzsteuerrecht* an der Jahreswende, UStR 1965, S. 1 – 3

Ehle, D., *Auslegungsprobleme* der steuerrechtlichen Vorschriften (Art. 95-98) des EWG-Vertrages, NJW 1967, S. 1689 – 1691

Ehlermann, C., The Internal Market following the Single European *Act*, CML Rev. 1987, S. 361 – 409

Endres, D., Steuerliche Aspekte der europäischen *Integration*, RIW 1994, S. 572 – 584

Endres, W., Die *Harmonisierung* der indirekten Besteuerung in der „Europäischen Wirtschaftsgemeinschaft“ unter besonderer Berücksichtigung der Notwendigkeiten und Möglichkeiten einer rationalen Steuergestaltung, Gießen 1965; zugl., Frankfurt a. M., Univ. Frankfurt a. M. 1965

Ensthaler, J., *Rechtsharmonisierung* zur Verwirklichung des Binnenmarktes - Warenverkehrsfreiheit, Dienstleistungsfreiheit, Gesellschaftsrecht, in: Ensthaler, J. (Hrsg.), Europäischer Binnenmarkt: Stand und Perspektiven der Rechtsharmonisierung, Berlin 1989, S. 18 – 32

Ensthaler, J., Auf dem Weg vom *Binnenmarkt* zur Europäischen Union, in: Ensthaler, J. (Hrsg.), Vom Binnenmarkt zur Europäischen Union: die Gemeinschaft zwischen Zweckverband und neuer Staatlichkeit, Berlin 1995

Epiney, A., Gemeinschaftsrechtlicher *Umweltschutz* und Verwirklichung des Binnenmarktes - „Harmonisierung“ auch der Rechtsgrundlagen ?, JZ 1992, S. 564 – 570

Epping, V., Union, Jura 1995, S. 449 – 456

Erhart, M., Die *Umsetzung* des EG-Rechts in innerstaatliches Recht – Kriterien für Verordnungen und Richtlinien, In: Gassner, W. / Lechner, E. (Hrsg.), Österreichisches Steuerrecht und europäische Integration, Wien 1992, S. 29 – 51

Europäische Gemeinschaft für Kohle und Stahl (Hrsg.), Bericht über die durch die Umsatzsteuer aufgeworfenen Probleme auf dem Gemeinsamen Markt, Brüssel 1953 [*Tinbergen-Bericht*]

Europäische Kommission (Hrsg.), Bericht des Steuer- und Finanzausschusses, Amt für amtliche Veröffentlichungen der Europäischen Gemeinschaften, Luxemburg 1962 [*Neumark-Bericht*]

Europäisches Parlament: Bericht im Namen des Binnenmarktausschusses über den Vorschlag der EWG-Kommission an den Rat (Dok. 121/1962 – 1963) über eine Richtlinie zur Harmonisierung der Rechtsvorschriften der Mitgliedstaaten betreffend die Umsatzsteuer [*Deringer-Bericht*], Sitzungsdokumente des Europäischen Parlamentes 1963 – 194 v. 20. August 1963, Dokument 56

Everling, U., Möglichkeiten und Grenzen der Rechtsangleichung in der Europäischen *Gemeinschaft*, in: Reichert-Facilides, F. u.a., Festschrift für Reimer Schmidt, Karlsruhe 1976, S. 165 – 185

Everling, U., Zur direkten innerstaatlichen Wirkung der *EG-Richtlinien*: Ein Beispiel richterlicher Rechtsfortbildung auf der Basis gemeinsamer Rechtsgrundsätze, in: Börner, B. u.a. (Hrsg.), Einigkeit und Recht und Freiheit - Festschrift für Karl Carstens zum 70. Geburtstag am 14. Dezember 1984, Köln u.a. 1984, S. 95 – 113

Everling, U., *Rechtsvereinheitlichung* durch Richterrecht in der Europäischen Gemeinschaft, RabelsZ 1986, S. 193 – 232

Everling, U., *Gestaltungsbedarf* des Europäischen Rechts, EuR 1987, S. 214 – 235

Everling, U., Zur Funktion der *Rechtsangleichung* in der Europäischen Gemeinschaft - Vom Abbau der Verzerrungen zur Schaffung des Binnenmarktes, in: Capotorti, F. u.a. (Hrsg.), Du droit international au droit de l'intégration: Liber Amicorum Pierre Pescatore, Baden-Baden 1987, S. 227 – 245

Everling, U., Brauchen wir „*Solange* III" ? – Zu den Forderungen nach Revision der Rechtsprechung des Bundesverfassungsgerichts, EuR 1990, S. 195 – 227

Everling, U., Probleme der *Rechtsangleichung* zur Verwirklichung des europäischen Binnenmarktes, in: Baur, J. (Hrsg.), Festschrift für Ernst Steindorff zum 70. Geburtstag am 13. März 1990, Berlin u.a. 1990, S. 1155 – 1173

Everling, U., Zur Begründung der *Urteile* des Gerichtshofs der Europäischen Gemeinschaften, EuR 1994, S. 127 – 143

F

Falthauser, K., Der aktuelle Stand der *Harmonisierung* der Mehrwertsteuern in der EG, StuW 1991, S. 324 – 336

Farmer, P. / Lyal, R., EC *Tax* Law, Oxford 1994

Fehr, H., Quantitative Aspekte einer *Harmonisierung* der Umsatzsteuern in der EG, in: Caesar, R. / Hansmeyer, K.-H. (Hrsg.), Ausgewählte Probleme der EG-Finanzen, Berlin 1992

Fehr, H. u.a., Quantitative Aspekte einer Harmonisierung der *Umsatzsteuern* in der EG, Regensburg 1991

Fehr, H. u.a., Grenzüberschreitende *Umsatzbesteuerung* in Europa, WISU 1993, S. 534 – 540

Fichna, G., EG-Kommission und Ministerrat als *Gesetzgeber* ?, RIW 1988, S. 887 – 892

Ficker, H., Bemerkungen zur *Rechtsangleichung* in der Europäischen Gemeinschaft, in: Baer-Kaupert, F.-W., Liber amicorum B.C.H. Aubin: Festschrift für Bernhard C.H. Aubin zum 65. Geburtstag, Kehl am Rhein / Straßburg 1979, S. 57 –63

Fischer, A., Die *Harmonisierung* der Unternehmensbesteuerung in der Europäischen Union: der Europäischen Union: eine Untersuchung ihrer Ziele, Möglichkeiten und Grenzen anhand der Länder Belgien, Bundesrepublik Deutschland, Dänemark, Frankreich, Großbritannien und der Niederlande, Diss. Univ. Stuttgart 1996

Fischer, H., Harmonisierung der *Steuergesetzgebung* in EWG, NJW 1968, S. 321 – 325

Fischer, H. G., *Europarecht*: eine Einführung in das europäische Gemeinschaftsrecht und seine Verbindungen zum deutschen Staats- und Verwaltungsrecht, 2. Aufl., München 1997

Fischer, P., Zehn Thesen zum Verhältnis von *Umsatzsteuer* und Grunderwerbsteuer, UR 1986, S. 284 – 287

Flick, H., Die Auswirkungen der *Steuerharmonisierung* auf die Praxis, WPg 1963, S. 315 – 322

Flume, W. / Schmidt, K., Die steuerliche Behandlung des grenzüberschreitenden Verkehrs nach Montanunion- und *EWG-Vertrag*, Düsseldorf 1962

Forst, C., Binnenmarkt 1992: Zum Stand der *Umsatzsteuerharmonisierung* in der EG, UR 1989, S. 73 – 76

Forst, C., Die 6. EG-Richtlinie zur Harmonisierung der *Umsatzsteuer* und Probleme ihrer Umsetzung, UR 1989, S. 264 – 268

Forst, C., Instrumente der *Steuerharmonisierung* und ihre steuerpolitische Bewertung, in: Birk, D. / Ehlers, D. (Hrsg.), Rechtsfragen des europäischen Steuer-, Außenwirtschafts- und Zollrechts, Köln 1995, S. 5 – 17

Forst, C., *Umsatzsteuerharmonisierung* in der EG – ein dorniger, zielgerichteter Weg, DStZ 1992, S. 651 – 654

Forster, E., Einfluß des europäischen Gemeinschaftsrechts auf die deutsche *Umsatzbesteuerung* der Tätigkeiten von juristischen Personen des öffentlichen Rechts, UR 1996, S. 73 – 84

Forster, E., Umsatzsteuerliche *Einordnung* der Leistungen von juristischen Personen des öffentlichen Rechts im Abfallsektor, DStR 1996, S. 651 – 658

Förster, J., Die *Verbrauchsteuern*: Geschichte, Systematik, finanzverfassungsrechtliche Vorgaben, Heidelberg 1989; zugl., Münster Univ., Diss., 1988

Franzmeyer, F., Beschleunigter Abbau EG-interner *Steuergrenzen* durch abgestufte Steuerharmonisierung, in: Grabitz, E. (Hrsg.), Abgestufte Integration: Eine Alternative zum herkömmlichen Integrationskonzept ?, Kehl am Rhein / Straßburg, 1. Aufl., 1984, S. 197 – 224

Fredersdorf, H., EC: Tax *Harmonization* in the Community I, Intertax 1978, S. 384 – 392

Fredersdorf, H., EC: Tax *Harmonization* in the Community, Intertax 1978, S. 445 – 466

Friedrich, K., Das neue *Verbrauchsteuerrecht* ab 1993, DB 1992, S. 2000 – 2005

Frowein, J., *Legitimation* und Wirkung des Rechts der Europäischen Union / Gemeinschaft, in: Müller-Graff, P.-C. (Hrsg.), Perspektiven des Rechts in der Europäischen Union, Heidelberg 1998, S. 105 – 130

Furrer, A., Die *Sperrwirkung* des sekundären Gemeinschaftsrechts auf die nationalen Rechtsordnungen, Baden-Baden 1994; zugl., St. Gallen, Hochschule, Diss., 1994

G

Ganser, C. / Wilhelmi, H., *Harmonisierung* der Steuersysteme in der Europäischen Wirtschaftsgemeinschaft, Bergisch-Gladbach 1957

García Campos, M. / Zornoza Pérez, J., La *Tasa* sobre el juego y su Gravamen complementario como impuestos sobre el volumen de negocios, Impuestos 1997–I, S. 523 – 534

Gassner, W. (Hrsg.), Österreichisches *Steuerrecht* und europäische Integration, Wien 1992

Gast, G., Europäische Wirtschaftsgemeinschaft und *Steuerpolitik*, Schriftenreihe des Instituts „Finanzen und Steuern", Heft 52, Bonn 1957

Gast, G., Finanzpolitische *Probleme* des Gemeinsamen Marktes, FinArch 1959/1960, S. 164 – 179

Genot, A., Fiscal *Harmonisation* and European Integration: A 1978 Appraisal, ELR 1978, S. 355 – 369

Gilchrist, J., Immanente *Grenzen* des Gemeinschaftsrechts, in: Vogel, B. (Hrsg.), Föderalismus in der Bewährung: die deutschen Länder vor der Herausforderung fortschreitender EG-Integration, Köln 1992, S. 45 – 63

Glaesner, H.-J., Die Einheitliche Europäische *Akte*, EuR 1986, S. 119 – 152

Goergen, R., Kritische Bestandsaufnahme des Entwicklungsstandes der *Umsatzsteuerharmonisierung* in der EWG, in: Costede, J. (Hrsg.), Umsatzsteuerkongreß-Bericht 1985, Köln 1985, S. 15 – 31

Goppel, T., Die *Bedeutung* des Subsidiaritätsprinzips, EuZW 1993, S. 368 – 369

Gosch, D., Juristische Beurteilung von *Öko-Steuern*, StuW 1990, S. 201 – 216

Grabitz, E., Das *Verhältnis* des Europarechts zum nationalen Recht, in: Kruse, H. (Hrsg.), Zölle, Verbrauchsteuern, europäisches Marktordnungsrecht (DStJG 11), Köln 1988, S. 33 – 49

Grabitz, E., *Stillhalte-Verpflichtungen* vor dem Binnenmarkt: Unvereinbarkeit der Erdgassteuer mit Gemeinschaftsrecht, Kehl am Rhein u.a. 1988

Grabitz, E., Über die *Verfassung* des Binnenmarktes, in: Baur, J. (Hrsg.), Festschrift für Ernst Steindorff zum 70. Geburtstag am 13. März 1990, Berlin u.a. 1990, S. 1229 – 1245

Grabitz, E. / Bogdany, A. v., Vom Gemeinsamen Markt zum *Binnenmarkt* - Statik und Dynamik des Europäischen Marktes, JuS 1990, S. 170-175

Grabitz, E. / Hilf, M. (Hrsg.), *Kommentar* zur Europäischen Union (EUV / EGV), München, Stand: 1999

Grabitz, E. / Nettesheim, M., Gleichartige *Steuern* im Gemeinschaftsrecht, EWS 1990, S. 246 – 255

Groeben, H. v. d., Nationale *Steuersysteme* und Gemeinsamer Markt, Europäische Steuerzeitung 1962, S. 6 – 14

Groeben, H. v. d., Die Bedeutung der *Steuerangleichung* für die europäische Integration, in: Schriftenreihe des Instituts "Finanzen und Steuern" e.V., Nr. 89, Bonn 1968

Groeben, H. v. d., Die Politik der Europäischen Kommission auf dem Gebiet der *Rechtsangleichung*, NJW 1970, S. 359 – 364

Groeben, H. v. d. (Hrsg.), *Kommentar* zum EWG-Vertrag, 3. Aufl., Baden-Baden 1983

Groeben, H. v. d. (Hrsg.), *Kommentar* zum EWG-Vertrag, 4. Aufl., Baden-Baden 1991

Groeben, H. v. d. / Thiesing, J. / Ehlermann, C.-D. (Hrsg.), *Handbuch* des Europäischen Rechts, Baden-Baden, Stand: 1999

Grotenhuis, A. L. J., Overleeft de *BVB* het Europese Hof ?, Weekblad voor fiscaalrecht 1988, S. 1599 – 1609

Grund, W., Grundprobleme der *Steuerharmonisierung* und des internationalen Steuerrechts, StuW 1965, S. 393 – 411

Guieu, P., EC: Sixth Council Directive on *VAT* (Uniform Basis of Assessment), Intertax 1977, S. 245 – 254

Guieu, P., The Sixth Council *Directive* on Value Added Tax, Deventer 1977

Guieu, P. / Bonnet, C., Completion of the Internal Market and Indirect *Taxation*, JCMS 1987, S. 209 – 222

Gutknecht, B., Das *Subsidiaritätsprinzip* als Grundsatz des Europarechts, in: Hengstschläger, J. (Hrsg.), Für Staat und Recht - Festschrift für Herbert Schambeck, Berlin 1994, 921 – 946

H

Häde, U., Das *Bundesverfassungsgericht* und der Vertrag von Maastricht, BB 1993, S. 2457 – 2463

Haep, G., *Mehrwertsteuer* im EU-Binnenmarkt / Tagung der Europäischen Rechtsakademie Trier „Wie soll das Mehrwertsteuersystem in einem wirklichen Binnenmarkt aussehen ?“, UVR 1995, S. 101 – 102

Hahn, H., Berührungspunkte zwischen europäischem *Recht* und dem innerstaatlichen Recht der direkten Steuern, DStZ 1992, S. 663 – 669

Hahn, W., Steuerpolitische *Willensbildungsprozesse* in der Europäischen Gemeinschaft: Das Beispiel der Umsatzsteuer-Harmonisierung, Frankfurt a. M. u.a. 1988

Hakenberg, W., *Grundzüge* des europäischen Wirtschaftsrechts, München 1994

Hamaekers, H., Fiscal *Sovereignty* and Tax Harmonization in the EC, European Taxation 1993, S. 25 – 27

Hart, C., The European Community's Value-added Tax *System*: Analysis of the New Transitional Regime and Prospects for Further Harmonization, International Tax & Business Lawyer 1994/12, S. 1- 62

Haufler, A., Die *Abschaffung* der Steuergrenzen im gemeinsamen Markt: EG-Vorschläge 1989 und alternative Lösungen, UVR 1990, S. 131 – 139

Haufler, A., Die Abschaffung der *Steuergrenzen* im Gemeinsamen Markt: EG-Vorschläge 1989 und alternative Lösungen, Konstanz 1989

Hayder, R., Neue Wege der europäischen *Rechtsangleichung* ? , RabelsZ 1989, S. 622 – 698

Heidenhain, M., *Subsidiaritätsprinzip* - Abbau oder Aufbau von Kompetenzen, EuZW 1993, S. 73

Heintzen, M., *Subsidiaritätsprinzip* und Europäische Gemeinschaft, JZ 1991, S. 317 – 323

Hellinger, F., *Harmonisierung* der Steuern nach den allgemeinen Rechtsangleichungsvorschriften des EWG-Vertrages ?, RIW/AWD 1976, S. 363 – 366

Helm, H., Allgemeine Schranken für die *Rechtsangleichung* nach dem EWG-Vertrag, AWD 1968, S. 453 – 457

Hemmelrath, A. / Busch, B., Bringt das *Umsatzsteuerbinnenmarktgesetz* für die Unternehmen wesentliche Erleichterungen ?, BB 1992, S. 2190 – 2194

Hengstschläger, J. (Hrsg.), Für Staat und Recht - Festschrift für Herbert Schambeck, Berlin 1994

Henke, R., Bedeutung des freien Warenverkehrs für den Europäischen *Binnenmarkt*, in: Birk, D. (Hrsg.), Handbuch des europäischen Steuer- und Abgabenrechts, Herne / Berlin 1995, S. 583 – 602

Herdegen, M., *Europarecht*, München 1997

Herrmann, H., Einwirkungen von *EG-Richtlinien* auf das nationale deutsche Umsatzsteuerrecht, RIW 1982, S. 566 – 570

Hertwig, S., Zölle und *Verbrauchsteuern* auf dem Weg zum EG-Binnenmarkt, RIW 1989, S. 750 – 751

Herzig, N., *Besteuerung* der Unternehmen in Europa - Harmonisierung im Wettbewerb der Systeme, in: Lehner, M. (Hrsg.), Steuerrecht im europäischen Binnenmarkt: Einfluß des EG-Rechts auf die nationalen Steuerrechtsordnungen (DStJG 19), Köln 1996, S. 121 – 149

Hey, J., *Harmonisierung* der Unternehmensbesteuerung in Europa: ein Vorschlag unter Auswertung des Ruding-Berichts und der US-amerikanischen „integration debate“, Köln 1997

Hidien, J., Neue *Steuern* braucht das Land ?, BB 1999, S. 341 – 343

Hilf, M., *Umweltabgaben* als Gegenstand von Gemeinschaftsrecht und –politik, in: Hansmeyer, K.-H. (Hrsg.), Umweltschutz durch Abgaben und Steuern / 7. Trierer Kolloquium zum Umwelt- und Technikrecht vom 22. – 24. September 1991, Heidelberg 1992, S. 121 – 139

Hilf, M., *Umweltabgaben* als Gegenstand von Gemeinschaftsrecht und –politik, NVwZ 1992, S. 105 – 111

Hirsch, G., Wichtige *Einflüsse* der EuGH-Rechtsprechung auf das deutsche Steuerrecht, DStZ A 1998, S. 489 – 495

Hochbaum, I., Kohäsion und *Subsidiarität* – Maastricht und Länderkulturhoheit, DÖV 1992, S. 285–292

Hohaus, B., *Steuerwettbewerb* in Europa: Eine Analyse der Folgen unbeschränkter Güter- und Faktormobilität im Europäischen Binnenmarkt, Frankfurt a. M. 1996

Hölscheidt, S. / Baldus, C., *EU* und EG als terminologisches Problem, DVBl. 1996, S. 1409 – 1412

Höppner, H.-D., Die *EG-Steuerharmonisierung*, EuR 1977, S. 122 – 150

Horn, K., Europäischer *Binnenmarkt* - Zur Problematik unterschiedlicher Mehrwertsteuersysteme, WiSt 1993, S. 301 – 305

Huber, P., *Bundesverfassungsgericht* und Europäischer Gerichtshof als Hüter der Gemeinschaftsrechtlichen Kompetenzordnung, AöR 1991, S. 210 – 251

Huber, P., *Recht* der europäischen Integration, München 1996

Huckemann, S., Auswirkungen der *Biersteuerharmonisierung* auf die Ertragsfähigkeit der Biersteuer im Europäischen Binnenmarkt, Bergisch-Gladbach 1991

Huschens, F., Die *Entwicklung* des EG-Umsatzsteuerrechts im Jahr 1996, EuZW 1997, S. 261 – 270

Huschens, F., Die Entwicklung des EG-Mehrwertsteuerrechts im Jahr 1998, EuZW 1999, S. 357 – 368

Hüther, M., *Umsatzsteuerharmonisierung* im Zeichen der Binnenmarktvollendung, Staatswissenschaften und Staatspraxis 1992, Heft 3, S. 319 – 348

I

Idot, L., L'application du principe de la *subsidiarité* dans le droit de la concurrence, in: Ress, G. / Stein, T. (Hrsg.), Vorträge, Reden und Berichte aus dem Europa-Institut, Nr. 300, Saarbrücken 1993

Immenga, U., *Binnenmarkt* durch europäisches Gemeinschaftsrecht, JA 1993, S. 257 – 264

J

Janeba, E., Ökonomische Probleme der *Umsatzsteuerharmonisierung* bei der Vollendung des EG-Binnenmarktes, Brüssel / Luxemburg 1989

Jansen, J. C., Die *Mehrwertsteuer*, die erste harmonisierte Steuer im Gemeinsamen Markt, Europäische Steuerzeitung 1967, S. 519 – 525

Janssen, B., Die *Umsatzsteuer* als Verkehr- und/oder Verbrauchsteuer, DStZ 1990, S. 35 – 46

Jarass H. D., Voraussetzungen der innerstaatlichen *Wirkung* des EG-Rechts, NJW 1990, S. 2420 – 2425

Jarass, H. D., *EG-Kompetenzen* und das Prinzip der Subsidiarität nach Schaffung der Europäischen Union, EuGRZ 1994, S. 209 – 219

Jarass H. D., *Konflikte* zwischen EG-Recht und nationalem Recht vor den Gerichten der Mitgliedstaaten, DVBl. 1995, S. 954 – 962

Jarass H. D., Die *Kompetenzverteilung* zwischen der Europäischen Gemeinschaft und den Mitgliedstaaten, AöR 1996, S. 173 – 199

Jatzke, H., Das neue *Verbrauchsteuerrecht* im EG-Binnenmarkt, BB 1993, S. 41 – 49

Jatzke, H., Das System des deutschen Verbrauchsteuerrechts unter Berücksichtigung der Ergebnisse der *Verbrauchsteuerharmonisierung* in der EG, Berlin 1997

Jatzke, H., Die Erhebung von Zulassung- und *Kraftfahrzeugsteuern* in der Europäischen Union unter Berücksichtigung des neuen Kommissionsvorschlages zur Ersetzung der Richtlinien 83/182/EWG und 83/183/EWG, UVR 1998, S. 351 – 358

Jatzke, H., Umweltbezogene *Abgaben* in der Europäischen Union und die Kommissionsvorschläge zur Besteuerung von Energieerzeugnissen, IStR 1999, S. 137 – 144

Jickeli, J., Der *Binnenmarkt* im Schatten des Subsidiaritätsprinzips, JZ 1995, S. 57 – 64

Johns, T., Probleme einer Anpassung der deutschen *Grunderwerbsbesteuerung* an künftige EG-Richtlinien, Hamburg, Univ., Diss., 1992

Josten, W., *Handel* mit hochsteuerbaren Waren innerhalb der EU, DSWR 1997, S. 22 – 24

Juretzek, W: Die *Umsatzsteuer* in der Europäischen Wirtschaftsgemeinschaft, DStZ A 1962, S. 109 – 112

Juretzek, W., Die Vorstellungen der EWG-Kommission von dem gemeinsamen *Mehrwertsteuersystem*, DStZ A 1964, S. 337 – 341

K

Kahl, W., *Möglichkeiten* und Grenzen des Subsidiaritätsprinzips nach Art. 3b EG-Vertrag, AöR 1993, S. 414 – 446

Kaiser, J., Grenzen der *EG-Zuständigkeit*, EuR 1980, S. 97 – 118

Kamhuber, K., Prüfung der *Getränkesteuer* auf EU-Konformität, ÖGZ 4/1998, S. 10 – 15

Kanavos, P., Tax *Harmonization*: The Single Market Challenge, in: Stavridis, S. u.a. (Hrsg.), New Challenges to the European Union: Policies and Policy-Making, Aldershot u.a. 1997

Keil, T., Wie soll das *Mehrwertsteuersystem* in einem wirklichen Binnenmarkt aussehen ?, in: Aujean, M. (Hrsg.), Le Système TVA dans le Marché Unique, Köln 1997, S. 89 – 101

Kempf, D., Das *Umsatzsteuer-Binnenmarktgesetz* - Anwendungsprobleme im Binnenmarkt aus der Sicht der Beratungspraxis, UR 1994, S. 37 – 41

Keppert, T., Aktuelles aus der *Steuerpraxis* - Informationen aus dem Fachsenat für Steuerrecht, SWK 1996, S. 253 – 255

Kewenig, W., Die Europäischen *Gemeinschaften* und die bundesstaatliche Ordnung der Bundesrepublik Deutschland, JZ 1990, S. 458 – 465

Kilches, R., Europaweite *Harmonisierung* der Mehrwertsteuersätze, ÖStZ 1998, S. 331 – 334

Kilian, W., Europäisches *Wirtschaftsrecht*: EG-Wirtschaftsrecht und Bezüge zum deutschen Recht; ein Studienbuch, München 1996

Kirchner, C. / Haas, J., Rechtliche Grenzen für *Kompetenzübertragungen* auf die Europäische Gemeinschaft, JZ 1993, S. 760 – 771

Klein, E., Der *Einfluß* des Europarechts auf das deutsche Steuerrecht, in: Lehner, M. (Hrsg.), Steuerrecht im europäischen Binnenmarkt: Einfluß des EG-Rechts auf die nationalen Steuerrechtsordnungen (DStJG 19), Köln 1996, S. 7 – 29

Klein, E. / Haratsch, A., Neuere *Entwicklungen* des Rechts der Europäischen Gemeinschaften – 1. Teil - , DÖV 1993, S. 785 – 798

Klenk, F., 40 Jahre *Mehrwertsteuer*, StuW 1994, S. 277 – 281

Klezath, P. : Die Entwicklung der *Umsatzsteuer* bei Verwirklichung des einheitlichen Binnenmarktes, in: Woerner, L. (Hrsg.) Umsatzsteuer in nationaler und europäischer Sicht (DStJG 13), Köln 1990, S. 167 – 178

Klezath, P., Umsatzsteuer und *Binnenmarkt* - Die Übergangsregelung zum 1.1.1993, UR 1992, S. 61 – 66

Koch, E., *Steuerharmonisierung* für den Binnenmarkt, in: Ensthaler, J. (Hrsg.), Stand und Perspektiven der Rechtsharmonisierung, Berlin 1989, S. 49 – 58

Koenig, C. / Haratsch, A., Einführung in das *Europarecht*, Tübingen 1996

Kohler, R., Die weitere *Harmonisierung* der Umsatzsteuern im Hinblick auf den EG-Binnenmarkt 1992, StBJB 1988/1989, S. 323 – 338

Kok, C., EC Update: *Court* of Justice, European Taxation 1997, S. EC-37 - EC-40

Komar, A., Probleme der *Steuerharmonisierung* in der EG, Saarbrücken 1983

Kommission der Europäischen Wirtschaftsgemeinschaft – Generaldirektion für Wettbewerb – Direktion für Steuerfragen: Gesamtbericht der Untergruppen A, B und C eingesetzt zur Prüfung verschiedener Möglichkeiten einer Harmonisierung der Umsatzsteuern, Brüssel 1962 [*ABC-Bericht*]

Kommission der Europäischen Gemeinschaften: *Vollendung* des Binnenmarktes - Weißbuch der Kommission an den Europäischen Rat, Luxemburg 1985

Kommission der Europäischen Gemeinschaft: Das *Subsidiaritätsprinzip*, in: Bulletin der Europäischen Gemeinschaft 10/1992, S. 118 – 128

Konow, G., Zum *Subsidiaritätsprinzip* des Vertrags von Maastricht, DÖV 1993, S. 405 – 412

Kopits, G., *Overview*, in: Kopits, G. (Hrsg.), Tax Harmonization in the European Community: policy issues and analysis, Washington, D.C. 1992, S. 1 – 21

Kotschnigg, M., Das Spannungsverhältnis zwischen *Europarecht* und nationalem Steuerrecht - Das EG-Recht und seine Durchsetzung in der Praxis, ÖStZ 1996, S. 381 – 388

Kotschnigg, M., Die unmittelbare Wirkung von *EG-Steuerrichtlinien*, ÖStZ 1997, S. 273 – 282

Kraeusel, J., Die Vorschläge der EG-Kommission zur Harmonisierung der *Steuersätze* und Steuerstrukturen bei der Umsatzsteuer, UVR 1989, S. 131 – 138

Kraeusel, J., Stand der *Umsatzsteuerharmonisierung* in der EG, UVR 1989, S. 3-6

Kraeusel, J., Vollendung des Binnenmarktes und Annäherung der indirekten Steuern: Neuere Entwicklungen bei der Harmonisierung der Umsatzsteuern zur Beseitigung der *Steuergrenzen*, UVR 1990, S. 3 – 10

Kraeusel, J., Vollendung des Binnenmarktes und *Annäherung* der indirekten Steuern, UVR 1990, S. 321 – 328

Kraeusel, J., Die Schlußfolgerungen des Rates der EG zur steuerlichen *Übergangsregelung* bei der Umsatzsteuer vom 3. Dezember 1990, UVR 1991, S. 33 – 42

Kraeusel, J., Die Übergangsregelung für die Besteuerung des Waren- und Dienstleistungsverkehrs zwischen den *Mitgliedstaaten*, UVR 1992, S. 97 – 109

Kratz, W., Probleme einer Abschaffung der *Steuergrenzen* in der EG, Köln, Univ., Diss., 1987

Krausser, H.-P., Das Prinzip begrenzter Ermächtigung im Gemeinschaftsrecht als *Strukturprinzip* des EWG-Vertrags, Berlin 1991, zugl., Erlangen, Nürnberg, Univ., Diss., 1991

Krawitz, N., Stand der *EG-Steuerharmonisierung*, SteuerStud 1993, S. 93 – 101

Krüger, D., *Umsatzsteuerlegenden* und ihre Folgen, UR 1988, S. 65 – 67

Kruse, W. (Hrsg.), Zölle, Verbrauchsteuern, europäisches Marktordnungsrecht (DStJG 11), Köln 1988

Kühner, H., *Rechtsetzung* in der Europäischen Gemeinschaft: Die Verfahren nach Art. 189b und Art. 189c EGV, Frankfurt a. M. 1997; zugl., Heidelberg, Univ., Diss., 1997

Kuntze, C., Die *Kompetenzen* der Europäischen Gemeinschaft auf dem Gebiet des Steuerrechts, Frankfurt a. M. u.a. 1999; zugl., Augsburg, Univ., Diss., 1998

L

Lambers, H.-J., *Subsidiarität* in Europa - Allheilmittel oder juristische Leerformel ?, EuR 1993, S. 229 – 242

Langeheine, B., Abgestufte *Integration*, EuR 1983, S. 227 – 260

Langenfeld, C., Zur Direktwirkung von *EG-Richtlinien*, DÖV 1992, S. 955 – 965

Langer, M., Neue Ansätze der EG-Kommission zur *Harmonisierung* der indirekten Steuern im Rahmen der Vollendung des Binnenmarktes, DB 1989, S. 1738 – 1739

Langer, M., *Umsatzsteuerharmonisierung* - Grundsätzliche Entscheidung des Rats ein Schritt in die richtige Richtung ?, DB 1989, S. 2243 – 2246

Langer, M., Die *Schlußfolgerung* des Rates der Wirtschafts- und Finanzminister zur Umsatzsteuerharmonisierung im Rahmen der Vollendung des Binnenmarktes vom 18. März 1991, UVR 1991, S. 131 – 135

Langer, M., *Umsatzsteuerharmonisierung* im Rahmen der Vollendung des Binnenmarktes, UVR 1991, S. 229 – 236

Langer, M., Umsatzsteuer und *Binnenmarkt* - Vorschläge der Kommission und Festlegungen des Rats für eine Übergangsregelung ab 1.1.1993, DB 1991, S. 461 – 469

Langer, M., *Umsatzsteuer* im Binnenmarkt - Übergangsregelung ab 1.1.1993 (Teil I), DB 1992, S. 340 – 349

Langer, M. / Rokos, V., Die 6. *EG-Umsatzsteuer-Richtlinie*, Bonn 1992

Laser, H., Ungelöste Probleme des Umsatzsteuerbinnenmarktgesetzes und die Chancen auf ein echtes *Ursprungslandsystem*, UR 1993, S. 405 – 406

Laser, H., Ist ein endgültiges *Ursprungslandprinzip* auch vor Schaffung der Währungsunion und einer vollständigen Angleichung der MWSt-Sätze in der Gemeinschaft denkbar ?, UR 1997, S. 376 – 380

Lauré, M., Une *TVA* européenne: Problèmes généraux, RMC 1992, S. 855 – 865

Lausterer, M., Lehrstück zur steuerlichen *Neutralität* bei der Erhebung der Mehrwertsteuer, UR 1998, S. 361 – 365

Lechner, E., *Harmonisierung* des Steuerrechts in der EG – Rechtsgrundlagen, Entwicklung, gegenwärtiger Stand, Ausblick, In: Gassner, W. / Lechner, E., Österreichisches Steuerrecht und europäische Integration, Wien 1992, S. 1 – 51

Lee, C. u.a., Fiscal *Harmonisation*: An Analysis of the European Commission's Proposals, London 1989

Leithner, E., *Mehrwertsteuer* und Binnenmarkt der EG, Wirtschaftspolitische Blätter 1991 /5;6, S. 634 – 645

Leleux, P., Le *Rapprochement* des Legislations dans la Communaute Economique Europeenne, CDE 1968, S. 129 – 164

Lenz, C., Entwicklung und unmittelbare *Geltung* des Gemeinschaftsrechts, DVBl. 1990, S. 903 – 910

Lenz, C. O., Immanente *Grenzen* des Gemeinschaftsrechts, EuGRZ 1993, S. 57 – 65

Lenz, C., Der europäische *Grundrechtsstandard* in der Rechtsprechung des Europäischen Gerichtshofes, EuGRZ 1993, S. 585 – 589

Lenz, C. O. (Hrsg.), *EG-Handbuch* Recht im Binnenmarkt, 2. Auflage, Herne/ Berlin 1994

Lenz, C. O. (Hrsg.), *Kommentar* zu dem Vertrag zur Gründung der Europäischen Gemeinschaften, 1. Aufl., Köln u. a. 1994

Lesch, H., Interdependenzen zwischen der *Harmonisierung* der indirekten Steuern in der EG und der Finanzpolitik der EG-Mitgliedstaaten, Bonn 1992

Lesch, H., Die *Umsatzsteuer* als EG-Steuer - Vision oder Notwendigkeit ?, DB 1993, S. 857 – 859

Lippross, O.-G., *Umsatzsteuer*, Achim 1996

Littmann, K., Ergebnisse und Empfehlungen des Gutachtens des Wissenschaftlichen Beirats beim Bundesministerium der Finanzen zur Reform der *Gemeindesteuern* – Sollte die Gewerbesteuer durch eine Wertschöpfungsteuer ersetzt werden ?, Der Gemeindehaushalt 1983, S. 178 – 184

Lochner, N., Was bedeuten die *Begriffe* Harmonisierung, Koordinierung und Gemeinsame Politik in den Europäischen Verträgen ?, ZgesStW 1962, S. 35 – 61

Lohse, W. C., Die *Zuordnung* im Mehrwertsteuerrecht, Köln 1999

Lonbay, J., A review of recent tax *cases* - wine, gambling, fast cars, and bananas, European Law Review 1989, S. 48 – 56

Lüdemann, P., *EG-Recht* und nationales Steuerrecht, BB 1992, S. 1606–1614

Lyons, S., International Tax *Glossary*, 3. Aufl., Amsterdam 1996

M

Magiera, S. : Die *Finanzierungsgrenzen* der Europäischen Gemeinschaften und ihre Erweiterung, in: Börner, B. u.a. (Hrsg.), Einigkeit und Recht und Freiheit - Festschrift für Karl Carstens zum 70. Geburtstag am 14. Dezember 1984, Band 1: Europarecht, Völkerrecht, Köln u.a. 1984, S. 185 – 208

Maier, S., Bericht über die *Diskussion*, in: Dziadkowski, D. / Reiß, W., Umsatzsteuer-Kongreß-Bericht 1997/98, Köln 1998, S. 215 – 224

Mank, J., Zukunft der *Umsatzsteuer* im währungseinheitlichen EU-Binnenmarkt, UR 1998, S. 1 – 4

Mann, S., Steuer- und *Finanzpolitik* der EG aus der Sicht der deutschen Industrie, Saarbrücken 1990

Mann, S., Ansätze und Stand der Bestrebungen zur *Harmonisierung* der direkten und indirekten Steuern in der EG, DB 1990, S. 1735 – 1737

Matthöfer, H., *Steuerharmonisierung* in Europa - Chancen für mehr Steuergerechtigkeit und Steuervereinfachung oder neuer Zielkonflikt ?, DStZ A 1979, S. 203 – 208

Matzinger, A., *Getränkesteuer* - nicht EU-widrig, RdW 1997, S. 363 – 365

Mauritzen, L., What is a *turnover* tax in the sense of article 33 of the sixth VAT directive ?, International VAT Monitor 1997, S. 3 – 13

Meessen, K., *Maastricht* nach Karlsruhe, NJW 1994, S. 549 – 554

Menck, T., Die *Steuern* im Gemeinsamen Markt und ihre Harmonisierung, DStZ A 1972, S. 345 – 357

Mennel, A., Steuerrecht und *Steuersysteme* im internationalen Vergleich, StuW 1973, S. 1 – 14

Menner, S., Die *Umsatzsteuer-Harmonisierung* in der Europäischen Gemeinschaft: Entwicklung und Zukunft unter besonderer Berücksichtigung der freien Berufe, Köln 1992, zugl., Konstanz, Univ., Diss., 1990

Menner, S. / Haufler, A., *Wettbewerbsverzerrungen* und Harmonisierung der Umsatzsteuer im Europäischen Binnenmarkt, RIW 1991, S. 128 – 134

Menner, S. / Haufler, A., Wettbewerbsverzerrungen und *Harmonisierung* der Umsatzsteuer im Europäischen Binnenmarkt, Konstanz 1991

Merkert, H., Umsetzung von *EG-Richtlinien* und Anpassung beim Standortwettbewerb, in: Birk, D. / Ehlers, D. (Hrsg.), Rechtsfragen des europäischen Steuer-, Außenwirtschaft- und Zollrechts, Köln 1995, S. 33 – 50

Mersmann, W., Das deutsche *Steuersystem* und die EWG, Europäische Steuerzeitung 1962, S. 16 – 24

Mersmann, W., Das künftige *EWG-Steuerrecht*, DStZ A 1963, S. 293 – 296

Merten, D., Subsidiaritätsprinzip als *Verfassungsprinzip*, in: Merten, D. (Hrsg.), Die Subsidiarität Europas, Berlin 1993, S. 77 – 96

Merz, F., *Verbrauchsteuern* in der Europäischen Gemeinschaft, in: Randzio-Plath, C. (Hrsg.), Zur Steuerpolitik der EG im Binnenmarkt, Sindelfingen 1993, S. 31 – 43

Merz, F., Zur gescheiterten *Harmonisierung* der Mehrwertsteuer, Orientierungen zur Wirtschafts- und Gesellschaftspolitik 1991, S. 45 – 48

Mesenberg, H., Zu den steuerlichen *Fragen* des Europäischen Gemeinsamen Marktes, Europa-Archiv 1957, S. 9623 – 9632

Mesenberg, H., Zur Harmonisierung der Steuern im Rahmen der Europäischen *Wirtschaftsgemeinschaft*, BB 1958, S. 980 – 982

Mesenberg, H., Zur Frage des Abbaues von *Wettbewerbsverfälschungen* und -verzerrungen in den EWG-Staaten, BB 1961, S. 141 – 146

Mesenberg, H., Zur *Aufhebung* der Steuergrenzen in der Europäischen Wirtschaftsgemeinschaft, AWD 1962, S. 213 – 214

Mesenberg, H., *Steuergrenzen* und Wettbewerb, DStR 1962, S. 573 – 580

Mesenberg, H., Die französische *Mehrwertsteuer* im grenzüberschreitenden Wirtschaftsverkehr, UStR 1963, S. 198 – 200

Mesenberg, H., Harmonisierung und *Angleichung* der Steuern in der EWG, EA 1963, S. 729 – 736

Mesenberg, H., *Harmonisierung* der Umsatzsteuern in der Europäischen Wirtschaftsgemeinschaft, BB 1964, S. 187 – 190

Mesenberg, H., Harmonisierung der *Umsatzsteuern* in der Europäischen Wirtschaftsgemeinschaft, AWD 1965, S. 341 – 346

Mesenberg, H., *Steuerstruktur* und zwischenstaatlicher Wettbewerb, DStR 1965, S. 59 – 64

Messal, R., Das *Eigenmittelsystem* der Europäischen Gemeinschaft, Baden-Baden 1991

Mette, S., Europäischer *Binnenmarkt* und Mehrwertsteuerharmonisierung: Entscheidungsprozesse in der Europäischen Gemeinschaft, Baden-Baden 1994; zugl., Tübingen, Univ., Diss., 1992 unter dem Titel: Die Verwirklichung des Europäischen Binnenmarktes

Mette, S., *EU-Umsatzsteuerrecht*: Europa ohne Grenzkontrollen - Das umsatzsteuerliche Übergangssystem in der Praxis, UVR 1994, S. 130 – 133

Mette, S., Der Vorschlag der Europäischen Kommission für ein gemeinsames *Mehrwertsteuersystem*, UVR 1997, S. 2 – 6

Metzlaff, K., Die *Mehrwertsteuerharmonisierung* in der EG, RIW 1992, S. 656 – 662

Meyding, B., *Umsatzbesteuerung* und europäischer Binnenmarkt, Baden-Baden 1991

Meyer, P., Die Grundsätze der *Auslegung* im Europäischen Gemeinschaftsrecht, Jura 1994, S. 455 – 458

Mick, M., Die *Steuerkonzeption* der Europäischen Union: Zielvorgaben, Umsetzung und Grenzen zulässiger Steuerharmonisierung, Münster / New York 1995; zugl., Münster, Univ., Diss., 1995

Mick, M., *Steuerharmonisierung* und Gemeinsamer Markt, in: Birk, D. (Hrsg.), Handbuch des europäischen Steuer- und Abgabenrechts, Herne / Berlin 1995, S. 637 – 707

Mickel W., Europäische Union: *Handlexikon* der Europäischen Union, Köln 1998

Mickel, W. (Hrsg.), Europäische Union: *Handlexikon* der Europäischen Union, Köln 1994

Middeke, A., Der *Kompetenznormenkonflikt* umweltrelevanter Gemeinschaftsakte im Binnenmarkt, DVBl. 1993, S. 769 – 777

Miller, F., Die 6. EG-Umsatzsteuer-Richtlinie zum großen Teil bereits seit 1.1.1979 in der Bundesrepublik geltendes *Recht*, DB 1979, S. 2051 – 2055

Moritz, H., Die *Vereinbarkeit* österreichischer indirekter Steuern mit der 6. MWSt-RL, Finanz-Journal 1996, S. 271 – 277

Moritz, H., Die gemeinschaftsrechtliche *Harmonisierung* der speziellen Verbrauchsteuern und das österreichische Steuersystem - Überlegungen zu Art. 3 Verbrauchsteuersystemrichtlinie, ÖStZ 1997, S. 393 – 398

Moritz, H., *Kammerumlage* 1 EU-konform !, RdW 1998, S. 168 – 170

Moritz, H., Die *Getränkesteuer*, eine Steuer auf Dienstleistungen ?, ÖGZ 10/1998, S. 10 – 12

Moritz, H., Umweltabgaben in Österreich, Wien 1999; zugl.: Graz, Univ., Diss., 1999

Möschel, W., Zum *Subsidiaritätsprinzip* im Vertrag von Maastricht, NJW 1993, S. 3025 – 3028

Mösslang, G. (Hrsg.), *Umsatzsteuerkongress-Bericht* 1991/92, Köln 1992

Mösslang, G. (Hrsg.), *Umsatzsteuer-Kongress-Bericht* 1995/95: Umsatzsteuer-Binnenmarkt, österreichisches Umsatzsteuerrecht, innergemeinschaftliches Kontrollverfahren und Einzelauskunftsersuchen, Köln 1995

Mückenhausen, P., Die *Harmonisierung* der Abgaben auf den Straßengüterverkehr in der Europäischen Gemeinschaft, EuZW 1994, S. 519 – 523

Müller, D., Struktur, Entwicklung und Begriff der *Verbrauchsteuern*, Berlin 1997; zugl., Bochum, Univ., Diss., 1996

Müller, F., Der Vorschlag der EWG-Kommission für eine zweite Richtlinie zur *Harmonisierung* der Umsatzsteuern, DStZ A 1965, S. 225–229

Müller, F., Stand der *Umsatzsteuerharmonisierung* in der EWG, UStR 1972, S. 17 – 21

Müller, J. C. W., *Kapitalverkehrsfreiheit* in der Europäischen Union - Bedeutung, Inhalt und Umfang, Weiterentwicklung, Auswirkung auf Völkerrecht und nationales Recht, Erlangen-Nürnberg, Univ., Diss. 1998

Müller-Graff, P.-C., *Binnenmarktziel* und Rechtsordnung: Binnenmarktrecht, Bergisch-Gladbach / Köln 1989

Müller-Graff, P.-C., Die *Rechtsangleichung* zur Verwirklichung des Binnenmarktes, EuR 1989, S. 107 – 51

Müller-Graff, P.-C., *Binnenmarktauftrag* und Subsidiaritätsprinzip ?, ZHR 1995, Nr. 159, S. 34 – 77

Müller-Graff, P.-C., *Verfassungsziele* der EG/EU, In: Dauses, M. (Hrsg.), Handbuch des EG-Wirtschaftsrechts (Loseblattsammlung), München, Stand: 1999

Münch, C., Rechtssicherheit als Standortfaktor, NJW 1996, S. 3320 – 3324

N

Nagel, B., *Wirtschaftsrecht* der Europäischen Union: Eine Einführung, Baden-Baden 1998

Nettesheim, M., Horizontale *Kompetenzkonflikte* in der EG, EuR 1993, S. 243 – 260

Nettesheim, M., Das *Umweltrecht* der Europäischen Gemeinschaften, Jura 1994, S. 337 – 345

Neumark, F., Möglichkeiten und Grenzen einer *Steuerangleichung* im Gemeinsamen Markt, in: Bundeskammer der Steuerbevollmächtigten (Hrsg.), Steuer-Kongreß-Report 1963, München u.a. 1963, S. 29 – 47

Nicolaysen, G., Zur *Theorie* von den implied powers in den Europäischen Gemeinschaften, EuR 1966, S. 129 – 142

Nicolaysen, G., Die rechtliche *Bedeutung* des Schlußtermins zur Errichtung des Binnenmarktes, in: Ress, G. (Hrsg.), Vorträge, Reden und Berichte aus dem Europa-Institut, Nr. 237, Saarbrücken 1991

Nielsen, T., *Tilbagebetaling* af AMBI – „Dansk rets almindelige regler", Skatte Politisk Oversigt 1992, S. 246 – 256

Nieskens, H., Die *Umsatzsteuer* im Binnenmarkt: Gesamtdarstellung in Fallbeispielen für Praxis und Studium, Heidelberg 1994

Nottelmann, A., Der *Haushalt* der Europäischen Gemeinschaften: Probleme u. Reformvorstellungen, Hamburg 1982

Novacek, E., Neue grundsätzliche verfassungsrechtliche *Bedenken* gegen die Getränkesteuer, ÖStZ 1994, S. 233 – 238

Novacek, E., Ist die österreichische *Getränkesteuer* EG-widrig ?, ÖStZ 1996, S. 230 – 233

Novacek, E., *Getränkesteuer* - nicht EU-widrig ,? RdW 1997, S. 481 – 482

Novacek, E., EuGH zur *Kammerumlage* - Konsequenzen für Getränkesteuer und Umsatzsteuer ?, RdW 1998, S. 496 – 498

Novacek, E., *Getränkesteuer* – verfassungs- bzw. EG-widrig oder nicht ?, ÖStZ 1998, S. 52 – 58

Novacek, E., Neue europarechtliche *Aussagen* über die Getränkesteuer, ÖStZ 1998, S. 563 – 566

O

Ohler, C., Die fiskalische *Integration* in der Europäischen Gemeinschaft, Baden-Baden 1997

Okresek, W., Aus der *Rechtsprechung* der Gerichte der Europäischen Union, ÖJZ 1998, S. 401 – 404

Oppermann, T., Europarecht, 2. Aufl., München 1999

Overbeck, W., *EG-Steuern* - Harmonie in Moll, EG-Magazin 1987, Nr. 7/8, S.11 – 12

P

Pechstein, M., Die Bedeutung von *Protokollerklärungen* zu Rechtsakten der EG, EuR 1990, S. 249 – 268

Pernice, I., Auswirkungen des europäischen Binnenmarktes auf das *Umweltrecht* – Gemeinschafts(verfassungs-)rechtliche Grundlagen, NVwZ 1990, S. 201 – 211

Perske, E.-M., Gemeinschaftsrechtliche *Gestaltungsfragen* zum Vorsteuerabzug, in: Dziadkowski, D. / Reiß, W., Umsatzsteuer-Kongreß-Bericht 1997/98, Köln 1998, S. 51 – 83

Pescatore, P., Die "Einheitliche Europäische *Akte*" - Eine ernste Gefahr für den Gemeinsamen Markt, EuR 1986, S. 153 – 169

Pescatore, P., Some critical *Remarks* on the "Single European Act", CML Rev. 1987, S. 9 – 18

Peters, M., Das *Verbrauchsteuerrecht*: eine umfassende Darstellung, München 1989

Pflugmann, B., Zum Abbau der *Steuergrenzen* in den Europäischen Gemeinschaften, Finanzarchiv 1989, S. 324 – 336

Pfrang, E., Das Verhältnis zwischen Europäischem *Gemeinschaftsrecht* und deutschem Recht nach der Maastricht-Entscheidung des Bundesverfassungsgerichts, Frankfurt a. M. 1996, zugl. Würzburg, Univ., Diss., 1996

Philipowski, R., *Umsatzsteuer*: Verbrauch- oder Verkehrsteuer ?, in: Costede, J. (Hrsg.), Umsatzsteuerkongreß-Bericht 1985, Köln 1985, S. 183-207

Pieper, S. U., *Subsidiarität*, Münster 1993

Pieper, S. U., *Subsidiaritätsprinzip* - Strukturprinzip der Europäischen Union, DVBl. 1993, S. 705 – 712

Pieper, U., Einführung in das institutionelle System der Europäischen *Gemeinschaft*, SteuerStud 1994, S. 399 – 410

Pieper, U., Das *Gemeinschaftsrecht*, in: Birk, D. (Hrsg.), Handbuch des europäischen Steuer- und Abgabenrechts, Herne / Berlin 1995, S. 73 – 99

Pieper, U., Das institutionelle *System*, in: Birk, D. (Hrsg.), Handbuch des europäischen Steuer- und Abgabenrechts, Herne / Berlin 1995, S. 31 – 72

Pieper, U., Die Europäische *Union* und die Europäischen Gemeinschaften als Kern des Europarechts, in: Birk, D. (Hrsg.), Handbuch des europäischen Steuer- und Abgabenrechts, Herne / Berlin 1995, S. 3 – 29

Pieper, U., *Verfahrensarten* für Verfahren vor dem EuGH, in: Birk, D. (Hrsg.), Handbuch des europäischen Steuer- und Abgabenrechts, Herne / Berlin 1995, S. 257 – 290

Pipkorn, J., Das *Subsidiaritätsprinzip* im Vertrag über die Europäische Union - rechtliche Bedeutung und gerichtliche Überprüfbarkeit, EuZW 1993, S. 697 – 700

Pohmer, D., Value-added *Tax* after ten years: The European Experience, in: Cnossen, S., Comparative Tax Studies - Essays in Honor of Richard Goode, Amsterdam u.a. 1983, S. 243 – 255

Pohmer, D. / Pflugmann-Hohlstein, B., 25 Jahre *Nettoumsatzsteuer* in Deutschland, UR 1993, S. 37 – 48

R

Rädler, A., Einige Überlegungen zum *EG-Steuerprogramm* 1992, UR 1988, S. 108 – 109

Rädler, A., Die Grundzüge der *Umsatzbesteuerung* im Binnenmarkt ab 1. Januar 1993, IStR 1992, S. 2 – 7

Rädler, A., Notwendige Schritte auf dem Weg zu einer *Steuerharmonisierung* in der Europäischen Union, IStR 1996, S. 224 – 226

Rädler, A., *Steuerfragen* aus der Sicht der Europäischen Union und der Globalisierung – Vision oder Utopie ?, DStR 1996, S. 1472 – 1475

Randzio-Plath, C., Zur Notwendigkeit der *Angleichung* der Mehrwertsteuer in der EG, in: Randzio-Plath, C. (Hrsg.), Zur Steuerpolitik der EG im Binnenmarkt, Sindelfingen 1993, S. 10 – 30

Rau, G., Praktische Auswirkungen von *EG-Richtlinien* auf die deutsche Umsatzsteuer, in: Costede, J. (Hrsg.), Umsatzsteuerkongreß-Bericht 1985, Köln 1985, S. 49 – 74

Rau, G., *Gedanken* zur Umsatzsteuer - Harmonisierung , UR 1986, S. 78 – 83

Rau, G., *Umsatzsteuer* und Binnenmarkt, in: Mösslang, G. (Hrsg.), Umsatzsteuerkongress-Bericht 1991/92, Köln 1992, S. 17 – 35

Rau, G., Harmonisierung der *Verbrauchsteuern* - Bewertung aus der Sicht der Wirtschaft, ZfZ 1992, S. 225 – 226

Reich, N., *Binnenmarkt* als Rechtsbegriff, EuZW 1991, S. 203 – 210

Reichenbach, H., Ausgewählte Probleme der Europäischen *Finanzverfassung*, 1992

Reiß, W., Der *Belastungsgrund* der Umsatzsteuer und seine Bedeutung für die Auslegung des Umsatzsteuergesetzes, in: Woerner, L. (Hrsg.) Umsatzsteuer in nationaler und europäischer Sicht (DStJG 13), Köln 1990, S. 3 – 37

Reiß, W., Die nicht ordnungsgemäße Umsetzung von *EG-Steuerrichtlinien* und ihre Folgen , StuW 1994, S. 323 – 330

Reiß, W., Thesen zur *Umsatzbesteuerung* im europäischen Binnenmarkt, UR 1997, S. 22 – 25

Reiß, W., Nationales *Steuerrecht* und Europäisches Gemeinschaftsrecht, DSWR 1998, S. 218 – 221 und S. 255 - 258

Rendels, H., *Schwerpunkte* des Verbrauchsteuer-Binnenmarktgesetzes, DStR 1993, S. 113 – 117

Rengeling, H.-W., *Grundrechtsschutz* in der Europäischen Gemeinschaft: Bestandsaufnahme und Analyse der Rechtsprechung des Europäischen Gerichtshofs zum Schutz der Grundrechte als allgemeine Rechtsgrundsätze, München 1992

Ress, G., Überlegungen zur Zulässigkeit und zu den Grenzen europäischer *Steuerrechtsharmonisierung*, in: Ress, G. / Will, M. (Hrsg.), Die europäische Wirtschaftsgemeinschaft auf dem Weg zum einheitlichen Binnenmarkt und zur

Steuergemeinschaft im Jahr 1992 - Wissenschaftliches Kolloquium aus Anlaß des 70. Geburtstages von Henning von Arnim, Saarbrücken 1988

Ress, G., Die Europäische *Union* und die neue juristische Qualität der Beziehungen zu den Europäischen Gemeinschaften, JZ 1992, S. 985 – 991

Ress, G., Die neue *Kulturkompetenz* der EG, DÖV 1992, S. 944 – 955

Rief, R., *Kammerumlage* 1 richtlinienwidrig ?, RdW 1996, S. 29

Rietz, W. / Beck, E., Nochmals: Die Beseitigung der *Steuergrenzen* im Gemeinsamen Markt, UStR 1965, S. 61 – 64

Ritter, W., Steuerharmonisierung als *Voraussetzung* eines EG-Binnenmarktes, BB 1989, S. 77 – 83

Ritter, W., *Steuerharmonisierung* und europäischer Binnenmarkt, in: Mellwig, W. (Hrsg.), Steuerreform und Steuerharmonisierung, Wiesbaden 1991, S. 11 - 28

Robisch, M., Die umsatzsteuerliche Erfassung von *Wertabgaben* zu außerunternehmerischen Zwecken unter Berücksichtigung der europäischen Steuerharmonisierung, Aachen 1997, zugl. Chemnitz-Zwickau, Techn. Univ., Diss., 1996

Rödder, T., Erste Erfahrungen mit dem neuen *EG-Umsatzsteuerrecht* aus betriebswirtschaftlicher Sicht, BFuP 1993, S. 499 – 517

Rödder, T., *Gestaltungsüberlegungen* im Hinblick auf das Umsatzsteuer-Binnenmarktgesetz, IStR 1993, S. 49 – 56

Rödder, T., Umsatzsteuerrelevante *Gestaltungsmöglichkeiten* im Binnenmarkt, UR 1994, S. 27 – 32

Rokos, V., Die *Übergangsregelung* bei der Umsatzsteuer für grenzüberschreitende Umsätze im Europäischen Binnenmarkt ab 1993 - Änderung der 6. EG-Richtlinie, UR 1992, 129 – 135

Röttinger, M., Bedeutung der *Rechtsgrundlage* einer EG-Richtlinie und Folgen einer Nichtigkeit, EuZW 1993, S. 117 – 121

Runge, C., Die europäischen Verträge und die *Steuerhoheit* der Mitgliedstaaten, AWD 1963, S. 225 – 231

Ruppe, H. G., *Österreich* und das EG-Steuerrecht, Wien 1988

Ruppe, H. G., *Umsatzsteuergesetz* 1994: Kommentar, Wien 1995

Ruppe, H., *Verbot* mehrwertsteuergleicher Abgaben im EG-Recht - Kritische Bemerkungen zur EuGH-Judikatur betr. Art. 33 Abs. 1 der 6. USt-Richtlinie, in: Klein, F. (Hrsg.), Unternehmen Steuern, Festschrift für Hans Flick zum 70. Geburtstag, Köln 1997, S. 971 – 987

Ruppe, H. G., Kein *Verstoß* der KU 1 gegen Gemeinschaftsrecht, SWI 1998, S. 121 – 125

S

Sapusek, A., Ökonomische und juristische Analyse der Steuerharmonisierung in der Europäischen Union: Umsatzsteuer, spezielle Verbrauchsteuern, direkte Unternehmensteuern, Frankfurt a. M. 1997; zugl., Wien, Univ., Diss., 1996

Sarrazin, V., Vorschlag einer sechsten EWG-Richtlinie zur *Umsatzsteuerharmonisierung*, UStR 1973, S. 209 – 215

Sarrazin, V., Stand der *Beratungen* des Vorschlags einer 6. Umsatzsteuer-Richtlinie der EG-Kommission, UStR 1974, S. 281 – 287

Saß, G., *Einflüsse* des Binnenmarktes auf die nationalen Steuerordnungen, in: Lehner, M. (Hrsg.), Steuerrecht im europäischen Binnenmarkt: Einfluß des EG-Rechts auf die nationalen Steuerrechtsordnungen (DStJG 19), Köln 1996, S. 32 – 44

Schachtschneider, K. u.a., Der *Vertrag* über die Europäische Union und das Grundgesetz, JZ 1993, S. 751 – 760

Schachtschneider, K., Die existentielle *Staatlichkeit* der Völker Europas und die staatliche Integration der Europäischen Union, in: Blomeyer, W. / Schachtschneider, K. (Hrsg.), Die Europäische Union als Rechtsgemeinschaft, Berlin 1995, S. 75 – 139

Schaft, W., Beseitigung der *Steuergrenzen* - Harmonisierung der indirekten Steuern, in: Mayer, O. (Hrsg.), Der Europäische Binnenmarkt: Perspektiven und Probleme, Hamburg 1989, S. 289 – 312

Scheffler, W., Verkehr- und *Verbrauchsteuern* im Überblick (II), SteuerStud 1992, S. 323 – 329

Schelter, K., *Subsidiarität* - Handlungsprinzip für das Europa der Zukunft, EuZW 190, S. 217 – 219

Schemmel, L., *Steuerharmonisierung* in der Europäischen Gemeinschaft, Wiesbaden 1989

Schlaeger, G., Nebenwirkungen der *Steuerharmonisierung* in der Europäischen Wirtschaftsgemeinschaft, StuW 1971, S. 261 – 270

Schlecht, O., Die *Vollendung* des europäischen Binnenmarktes - Ziele, Voraussetzungen und Chancen, Konjunkturpolitik 1987, Heft 6, S. 303 – 310

Schlienkamp, A., Die *Ratsentscheidungen* vom 21.10. und 16.12.1976 über die 6. Richtlinie zur Harmonisierung der Umsatzsteuern, UStR 1977, S. 1 – 12

Schlienkamp, A., Die 6. *EG-Richtlinie* zur Harmonisierung der Umsatzsteuer - Dritter Teil: Artikel 13 - 16, UStR 1977, S. 141 – 155

Schlienkamp, A., Weitere Harmonisierung der Mehrwertsteuer nach dem Weißbuch der EG-Kommission zur *Vollendung* des Binnenmarktes, UR 1986, S. 33 – 35

Schlienkamp, A., Vorschläge der EG-Kommission zur Vollendung des Binnenmarktes: Harmonisierung der *Steuersätze* und Strukturen der indirekten Steuern (I), UR 1987, S. 317 – 320

Schlienkamp, A., *Vorschläge* der EG-Kommission zur Vollendung des Binnenmarktes: Harmonisierung der Steuersätze und Strukturen der indirekten Steuern (III), UR 1988, S. 13 – 15

Schlienkamp, A., 18. EG-Richtlinie zur *Harmonisierung* der Umsatzsteuern: Aufhebung bestimmter Übergangsregelungen der 6. Richtlinie, UR 1989, S. 268 – 270

Schlienkamp, A., EG-Binnenmarkt-Richtlinie vom 16.12.1991: Endgültige *Regelungen* zur Änderung des gemeinsamen Mehrwertsteuersystems, UR 1992, S. 157 - 163 u. S. 189 – 196

Schlienkamp, A., *EG-Richtlinie* vom 19.10.1992 zur Annäherung der Mehrwertsteuersätze, UR 1993, S. 3 – 8

Schlienkamp, A., Aktuelle Probleme und Entwicklungen der *Umsatzsteuerharmonisierung*, UR 1994, S. 6 – 9

Schlienkamp, A., *Vorstellungen* der Europäischen Kommission für ein endgültiges Mehrwertsteuersystem nach dem Ursprungslandprinzip, UR 1996, S. 326 – 329

Schmeder, W., Die *Rechtsangleichung* als Integrationsinstrument der Europäischen Gemeinschaft, Köln u.a. 1978

Schmidhuber, P., Das *Subsidiaritätsprinzip* im Vertrag von Maastricht, DVBl. 1993, S. 417 – 422

Schmidhuber, P., Die Europäische Gemeinschaft nach der *Ratifikation* des Vertrags von Maastricht, in: Randelshofer, A. u.a. (Hrsg.), Gedächtnisschrift für Eberhard Grabitz, München 1995, S. 661 – 675

Schmidhuber, M. / Hitzler, G., Die Verankerung des Subsidiaritätsprinzips im EWG-Vertrag - ein wichtiger Schritt auf dem Weg zu einer föderalen *Verfassung* der Europäischen Gemeinschaft, NVwZ 1992, S. 720 – 725

Schmidt, B., Die Harmonisierung der *Verbrauchsteuern* im Gemeinsamen Markt, DStZ A 1973, S. 425 – 430

Schmidt, G., Neue "Inland"- und "Ausland"-Begriffe im *Steuerrecht*, DB 1977, S. 2016 – 2021

Schmidt, N., *Fremdenverkehrsabgaben* doch EU-konform ?, RdW 1994, S. 225

Schmidt, O., Die politischen Aspekte einer *Mehrwertsteuer*, in: Bundeskammer der Steuerbevollmächtigten (Hrsg.), Steuer-Kongreß-Report 1963, München 1963, S. 48 – 55

Schmidt-Leithoff, C., *Interdependenzen* zwischen europäischem und deutschem Wirtschaftsrecht, JZ 1988, S. 430 – 440

Schmutzer, W., Harmonisierung der *Verbrauchsteuern*, in: Kruse, H. (Hrsg.), Zölle, Verbrauchsteuern, europäisches Marktordnungsrecht, Köln 1988, S. 289 – 298

Schnabel, A., Das *Subsidiaritätsprinzip* im Vertrag über die Europäische Union, BayVBl. 1993, S. 393 – 396

Schneider, F., Einige Gedanken zur *Harmonisierung* indirekter Steuern in der Europäischen Union, in: Schriftenreihe des Instituts für Finanzwissenschaft und Steuerrecht, Nr. 178, Wien 1994

Schoch, F., Die *Europäisierung* des Allgemeinen Verwaltungsrechts, JZ 1995, S. 109 – 123

Schockweiler, F., Zur Kontrolle der *Zuständigkeitsgrenzen* der Gemeinschaft, EuR 1996, S. 123 – 136

Schön, W., Die *Auslegung* europäischen Steuerrechts: Das harmonisierte Steuerrecht zwischen nationalem Zivilrecht und europäischem Gemeinschaftsrecht, Köln 1993

Schröer-Schallenberg, S., Die Auswirkungen der *Verbrauchsteuerharmonisierung* - ein systematischer Überblick, ZfZ 1993, S. 300 – 309

Schröer-Schallenberg, S., *Diskriminierung* im Bereich der Verbrauchsteuern, in: Birk, D. (Hrsg.), Handbuch des europäischen Steuer- und Abgabenrechts, Herne / Berlin 1995, S. 421 – 461

Schröer-Schallenberg, S., *Harmonisierung* der sonstigen Verbrauchsteuern, in: Birk, D. (Hrsg.), Handbuch des europäischen Steuer- und Abgabenrechts, Herne / Berlin 1995, S. 709 – 759

Schröer-Schallenberg, S. / Bongartz, M., Die *Stromsteuer* – Verstoß gegen Gemeinschaftsrecht und nationales Verfassungsrecht ?, DStR 1999, S. 962 – 971

Schrömbges, U., *EG-Binnenmarkt* und Steuerharmonisierung, DB 1989, S. 2558 – 2567

Schrömbges, U., Auf dem Weg zur Beseitigung der *Steuerschranken* in der EG? Eine Untersuchung zum „Binnenmarkt '92", ZfZ 1990, S. 98 - 103 u. S. 130 – 140

Schüle, F., EWG-Kommission legt *Grundzüge* des gemeinsamen europäischen Mehrwertsteuersystems vor, UStR 1964, S. 249 – 254

Schulze-Brachmann, A. : Ausgewählte *Steuerfragen* aus dem EWG-Bereich, StBJB 1965/1966, S. 407 – 450

Schulze-Brachmann, A., Die Beseitigung der *Steuergrenzen* zwischen den Mitgliedstaaten der EWG, AWD 1966, S. 269 – 277

Schürmann, J., Die *Harmonisierung* der speziellen Verbrauchsteuern auf alkoholische Getränke in der Europäischen Gemeinschaft, Mainz Univ., Diss. 1991

Schütz, M., Die 6. EG-Richtlinie zur *Harmonisierung* der Umsatzsteuer, UStR 1977, S. 185 – 193

Schwartz, I., Zur Konzeption der *Rechtsangleichung* in der Europäischen Wirtschaftsgemeinschaft, in: Caemmerer, E. v. (Hrsg.), Probleme des Europäischen Rechts - Festschrift für Walter Hallstein zu seinem 65. Geburtstag, Frankfurt 1966, S. 474 – 514

Schwartz, I., 30 Jahre *EG-Rechtsangleichung*, in: Mestmäcker, E.-J. (Hrsg.), Eine Ordnungspolitik für Europa: Festschrift für Hans von der Groeben zu seinem 80. Geburtstag, Baden-Baden 1987, S. 333 – 368

Schwartz, I., *Subsidiarität* und EG-Kompetenzen – Der neue Titel „Kultur" – Medienvielfalt und Binnenmarkt, AfP 1993, S. 409 – 421

Schwarze, J., *Kompetenzverteilung* in der Europäischen Union und föderales Gleichgewicht, DVBl. 1995, S. 1265 – 1269

Schwarze, R., *Lücken* und ungelöste Probleme bei der Anwendung des Umsatzsteuer-Binnenmarktgesetzes, in: Fischer, L. (Hrsg.), Wirtschaftsstandort Deutschland im Internationalen Steuerrecht, Köln 1994, S. 113 – 133

Schwarze, R. / Siebert, A., Der *Entwurf* des Umsatzsteuer-Binnenmarktgesetzes (UStBG-E), WPg 1992, S. 409 – 413

Schweitzer, M. / Hummer, W., *Europarecht*: Das Recht der Europäischen Union; das Recht der Europäischen Gemeinschaften (EGKS, EG, EAG); mit Schwerpunkt EG, Neuwied u.a., 5. Aufl. 1996

Scrivener, C., *Harmonization* of Tax Law within the Community, European Taxation 1990, S. 355 – 358

Sedemund, J., *Wettbewerbsneutralität* als Verfassungsgebot bei der Steuerharmonisierung für alkoholische Getränke, EuZW 1991, S. 658 – 662

Sedlacek, M., Die *Kammerumlage* I „hält“, SWK 1998, S. 253 – 256

Seeger, S., Einfluß der *Rechtsprechung* des Europäischen Gerichtshofs auf das nationale Recht, in: Costede, J. (Hrsg.), Umsatzsteuerkongreß-Bericht 1985, Köln 1985, S. 32 – 48

Seidel, M., Ziele und Ausmaß der *Rechtsangleichung* in der EWG - Zur britischen Auffassung-, EuR 1979, S. 171 – 185

Seidel, M., Die Vollendung des Binnenmarktes der Europäischen *Gemeinschaft* als Rechtsetzungsprozeß, in: Baur, J. (Hrsg.), Festschrift für Ernst Steindorff zum 70. Geburtstag am 13. März 1990, Berlin u.a. 1990, S. 1455 – 1475

Seidel, M., Zur *Verfassung* der Europäischen Gemeinschaft nach Maastricht, EuR 1992, S. 125 – 144

Seidl-Hohenveldern, I., Referat Arbeitskreis III: *Rechtsakte* der Organe der EWG als Mittel der Angleichung, in: Carstens, K. / Börner, B., Angleichung des Rechts der Wirtschaft in Europa, Köln u.a. 1971, S. 170 – 197

Söhn, H., Die Umsatzsteuer als *Verkehrsteuer* und/oder Verbrauchsteuer, StuW 1975, S. 1 – 18

Söhn, H., Die *Harmonisierung* der Umsatzsteuern in der Europäischen Gemeinschaft, StuW 1976, S. 1 – 23

Söhn, H., Die *Umsatzsteuer* als indirekte, allgemeine Verbrauchsteuer, StuW 1996, S. 165 – 168

Spaak, H. (Hrsg.), Bericht der Delegationsleiter an die Außenminister

Spahn, B., The future of Value-added *Taxation* in the European Community, Intereconomics Nr. 3/1992, S. 70 – 74

Spanakakis, G., *Umsatzsteuerübergangsregelung* und definitives Umsatzsteuersystem, DSWR 1997, S. 25 – 27; S. 48

Spengel, C., Die *Umsatzbesteuerung* im EG-Binnenmarkt, WiSt 1993, S. 45 – 48

Spengler, A., Wettbewerb und *Wettbewerbsverfälschungen* in der Europäischen Wirtschaftsgemeinschaft, DB 1961, S. 1509 – 1512

Spetzler, E., Die *Kollision* des Europäischen Gemeinschaftsrechts mit nationalem Recht und deren Lösung, RIW 1990, S. 286 – 290

Spetzler, E., Die richtlinienkonforme *Auslegung* als vorrangige Methode steuerjuristischer Hermeneutik, RIW 1991, S. 579 – 582

Spetzler, W., Wirkung und Einfluß des Rechts der Europäischen Gemeinschaft auf das nationale *Steuerrecht*, DB 1993, S. 553 – 558

Springsguth, U., Die *Grundzüge* des neuen Mehrwertsteuersystems in der Europäischen Gemeinschaft, BB 1992, S. 747 – 755

Sprung, R., Die Bestimmungen über die Beseitigung von *Verzerrungen* des Wettbewerbs im Vertrag über die EWG, FinArch 1959/1960, S. 201 – 233

Stein, T., *Subsidiarität* als Rechtsprinzip ?, in: Merten, D. (Hrsg.), Die Subsidiarität Europas, Berlin 1993, S. 23 – 41

Stein, T.,, Europäische *Union*: Gefahr oder Chance für den Föderalismus in Deutschland, Österreich und der Schweiz ?, VVDStRL 1994, S. 27 - 45

Steindorff, E., Gemeinsamer Markt als *Binnenmarkt*, ZHR 1986, Nr. 150, S. 687 – 704

Steindorff, E., Grenzen der *EG-Kompetenzen*, Heidelberg 1990

Steindorff, E., Das Maastricht-Urteil zwischen Grundgesetz und europäischer *Integration*, EWS 1993, S. 341 – 346

Steppert, H., Die Vorschläge der EG-Kommission zur *USt-Harmonisierung* - ein Weg zur Verwirklichung des Binnenmarktes ?, UR 1990, S. 269 – 271

Stewing, C., Das *Subsidiaritätsprinzip* als Kompetenzverteilungsregel im Europäischen Recht, DVBl. 1992, S. 1516 – 1518

Stobbe, E., Die Harmonisierung der besonderen *Verbrauchsteuern* in der Europäischen Gemeinschaft (Teil 2), ZfZ 1993, S. 194 – 209

Stobbe, L., Die Harmonisierung des Steuerrechts der Europäischen Gemeinschaft und ihre Auswirkungen auf die deutsche *Besteuerung*, DStZ A 1992, S. 225 – 231

Stobbe, L., *Harmonisierung* des Steuerrechts in der Europäischen Gemeinschaft in den Jahren 1992 und 1993, DStZ 1993, S. 716

Stockmann, F., Möglichkeiten und Grenzen der *Steuerharmonisierung* ... Europäischen Gemeinschaft, FR 1996, S. 693 – 698

Streck, M., Das *Recht* der Europäischen Gemeinschaft und seine Durchsetzung in der Steuerberaterpraxis, DStR 1993, S. 417 – 425

Streinz, R., Die Europäische *Union* nach dem Vertrag von Maastricht, ZfRV 1995, S. 1 – 13

Streinz, R., Europarecht, 3. Aufl., Heidelberg 1996

Stumpf, C., Die europäische *Mehrwertsteuer-Harmonisierung*, EuZW 1990, S. 540 – 544

Stumpf, C., Neuere Entwicklungen zu *Diskriminierungsverbot* und Harmonisierungsgebot im europäischen Mehrwertsteuerrecht, EuZW 1991, S. 713 – 719

T

Takacs, P., Die *Mehrwertsteuer* in der Europäischen Gemeinschaft, Finanz-Journal 1989, S. 213 – 217

Takacs, P., Das *Steuerrecht* der Europäischen Union: unter besonderer Berücksichtigung der Regelungen Österreichs und Deutschlands; Steuerharmonisierung, Umsatzsteuer, Ertragsteuern, Verkehrsteuern, Verbrauchsteuern, Wien 1998

Taschner, H., *Rechtsangleichung* in der Bewährung ?, in: Lüke, G. (Hrsg.), Rechtsvergleichung, Europarecht und Staatsintegration: Gedächtnisschrift für Léontin-Jean Constantinesco, Köln u.a. 1983, S. 765 – 780

Taucher, O., *Gemeindefinanzautonomie* und gemeindeeigene Besteuerung, ÖGZ 3/1996, S. 2 – 14

Terra, B., Sales *Taxation* - The case of value added tax in the European Community, Deventer / Boston 1988

Terra, B., *Systems* of levying a Sales Tax, International VAT Monitor 1990, S. 3 – 25

Terra, B., Removal of fiscal *frontiers*, International VAT Monitor 1993, Heft 1, S. 2 – 7

Terra, B., A Common *System* of VAT - a Programme for the Single Market, International VAT Monitor 1996, Heft 7, S. 232 – 238

Terra, B., Should the *VAT* be levied at Community Level ? The argument PRO, in: Aujean, M. (Hrsg.), Le Système TVA dans le Marché Unique, Köln 1997, S. 67 – 74

Terra, B. / Kajus, J., A *Guide* to the European VAT Directives (Loseblattsammlung), Amsterdam 1993, Stand: 1999

Terra, B. / Wattel, P., European *Tax* Law, London u.a. 1997

Theile, C., Die *Mehrwertsteuer* im wirklichen Binnenmarkt, UR 1995, S. 47 – 49

Theile, C., *Wettbewerbsneutralität* der harmonisierten Umsatzsteuer: theoretischer Anspruch und praktische Umsetzung, Köln 1995, zugl., Dortmund, Univ., Diss., 1995

Theile, C., Die *Belastungswirkung* der Umsatzsteuer, StuW 1996, S. 154 – 164

Theisen, M., Das *Umsatzsteuersystem* im Europäischen Binnenmarkt, WiSt 1993, S. 75 – 79

Thieffry, J. u.a., Die *Vollendung* des Europäischen Binnenmarktes bis 1992, RIW 1989, S. 123 – 131

Thun-Hohenstein, C. / Cede, F., *Europarecht* – Das Recht der Europäischen Union unter besonderer Berücksichtigung des EU-Beitritts Österreichs, 2. Aufl., Wien 1996

Tiemann, S., *Steuerharmonisierung*, Stbg 1989, S. 271

Tipke, K., *Umsatzsteuer* - Verkehrsteuer und/oder Verbrauchsteuer, DStR 1983, S. 595 – 597

Tipke, K., Die *Steuerrechtsordnung*: Band 2: Steuerrechtfertigungstheorie, Anwendung auf alle Steuerarten, sachgerechtes Steuersystem, Köln 1993

Toth, A. G., The *Principle* of Subsidiarity in the Maastricht Treaty, CMLR 1992, S. 1079 – 1105

Toth, A., Is *Subsidiarity* Justiciable ?, ELR 1994, S. 268 – 285

Tumpel, M., Mehrwertsteuer im innergemeinschaftlichen Warenverkehr: Analyse der Besteuerung des Warenverkehrs im Binnenmarkt nach dem Gemeinschaftsrecht und dem österreichischen Umsatzsteuerrecht, Wien 1997

U

Uelner, A., Entwicklungstendenzen der *Steuergesetzgebung* in der Europäischen Gemeinschaft und in Europa, DStR 1977, S. 459 – 468

Uelner, A., Probleme der *Umsatzsteuer-Harmonisierung* in der EG, DStR 1987, S. 475 – 477

Ullmann, E., Die Europäische *Union* und das nationale Wettbewerbs- und Urheberrecht, JZ 1994, S. 928 – 937

Unterberger, A., Die *Rechtsprechung* des EuGH zur 6. Mehrwertsteuer-RL im Überblick und deren Bedeutung für die österreichische Verwaltungspraxis, ÖStZ 1998, S. 420 – 436

V

Van Hoorn, J., Das Problem der *Harmonisierung* der Steuern innerhalb der EWG, DVBl. 1961, S. 313 – 320

Van Thiel, S., *Harmonisation* of Turnover Taxes in the European Communities: Towards the Internal Market without Frontiers, European Taxation 1988, S. 77 – 84

Van Thiel, S., De *BVP* is verenigbaar met het europese recht, althans voorlopig !, Weekblad voor fiscaalrecht 1989, S. 930 – 939

Van Vliet, D., *Harmonisation* of VAT, in: Lier, P. (Hrsg.), Tax and Legal Aspects of EC Harmonisation, Deventer / Boston 1993, S. 79 – 118

Vanistendael, F., A Proposal for a Definitive VAT *System* Taxation in the Country of Origin at the Rate of the Country of Destination, Without Clearing, EC Tax Review 1995, S. 45 – 53

Vedder, C., *Einwirkungen* des Europarechts auf das innerstaatliche Recht und auf internationale Verträge der Mitgliedstaaten: Die Regelung der Doppelbesteuerung, in: Vogel, K., Europarecht und internationales Steuerrecht, München 1994, S. 8 – 17

Veenhof, B. M., *Steuerharmonisierung* und Koordination der Wirtschaftspolitik in den Europäischen Gemeinschaften, Europäische Steuerzeitung 1972, S. 75 – 88

VerLoren van Themaat, P., Die *Steuerharmonisierung* in der EWG, DB 1966, S. 834 – 840

Verpoest, E., The cases Abemij and Wisselinck: The *compatibility* of the Dutch car tax with European Law, International VAT Monitor 1990, S. 26 – 30

Viegener, J., Die französische *Mehrwertsteuer* und ihre Tendenzen im Hinblick auf die Harmonisierung der Umsatzsteuern in den EG-Mitgliedstaaten, UR 1990, S. 329 – 342

Vogel, K., Der Finanz- und *Steuerstaat,* in Isensee, J. / Kirchhof, P. (Hrsg.), Handbuch des Staatsrechts der Bundesrepublik Deutschland, Heidelberg 1987

Vogelaar, T., *Steuerharmonisierung* in der Europäischen Gemeinschaft, AWD 1970, S. 198 – 204

Vogelaar, T., Die *Entwicklung* des Europäischen Steuerrechts, Europäische Steuerzeitung 1972, S. 105 – 115

Vogelaar, T., The *Approximation* of the Laws of Member States under the Treaty of Rome, CMLR 1975, S. 211 – 230

Voß, R., Verfassungsrechtliche Probleme des Streits um die unmittelbare Wirkung von *EG-Richtlinien*, RIW 1982, S. 570 – 571

Voß, R., Strukturelemente der *Verbrauchsteuern*, in: Kruse, H. (Hrsg.), Zölle, Verbrauchsteuern, europäisches Marktordnungsrecht (DStJG 11), Köln 1988, S.261 – 282

Voß, R., *Steuern* in Europa, DStR 1991, S. 925 – 932

Voß, R., Europäisches und nationales *Steuerrecht*, StuW 1993, S. 155 – 168

Voß, R., *Steuerrecht*, in: Dauses, M. (Hrsg.), Handbuch des EG-Wirtschaftsrechts (Loseblattsammlung), München, Stand: 1999

W

Wachweger, D., *Struktur* und Anwendungsmodalitäten des gemeinsamen Mehrwertsteuersystems nach dem Vorschlag der EWG-Kommission, UStR 1965, S. 183 – 186

Wachweger, D., Die erste und zweite *Richtlinie* zur Harmonisierung der Umsatzsteuer, UStR 1967, S. 123 – 126

Wachweger, D., Stand und Perspektiven der *Umsatzsteuerharmonisierung*, DStZ A 1973, S. 219 – 224

Wachweger, D., Der *Vorschlag* der Kommission der Europäischen Gemeinschaften für eine 6. Richtlinie zur Harmonisierung der Umsatzsteuern, DStZ A 1974, S. 115 – 123

Wachweger, D., Stand der Beratungen über eine 6. Richtlinie zur Harmonisierung der *Umsatzsteuern*, DStZ A 1975, S. 195 – 199

Wachweger, D. u.a., Die 6. EG-Richtlinie zur Harmonisierung der Umsatzsteuer, UStR 1977, S. 121 – 135

Wachweger, D., 6. Richtlinie zur Harmonisierung der *Umsatzsteuern* in den Europäischen Gemeinschaften, Bonn 1977

Wachweger, D., Die 6. *EG-Richtlinie* zur Harmonisierung der Umsatzsteuer - Vierter Teil: Artikel 17 bis 38, UStR 1977, S. 165 – 170

Wachweger, D., Die *Auswirkungen* der 6. USt-Richtlinie des Rates der EG auf das deutsche USt-Recht, DStZ A 1978, S. 11 - 18 u. S.43 – 48

Wägenbaur, R., Das Verbot steuerlicher *Diskriminierung* nach dem EWG-Vertrag im Lichte der Rechtsprechung des Gerichtshofs, EuR 1969, S. 20 – 36

Wägenbaur, R., Die Beseitigung steuerlicher *Diskriminierungen* im innergemeinschaftlichen Warenverkehr, RIW/AWD 1980, S. 121 – 138

Wasmeier, M., *Umweltabgaben* und Europarecht: Schranken des staatlichen Handlungsspielraumes bei der Erhebung öffentlicher Abgaben im Interesse des Umweltschutzes, München 1995, zugl., München, Univ., Diss., 1994

Wasmeier, M., Einführung einer *Energiesteuer* im nationalen Alleingang, RIW 1996, S. 315 – 319

Wasmund, P., Stand und *Perspektiven* der Verwirklichung des Binnenmarktes, in: Ensthaler, J. (Hrsg.), Stand und Perspektiven der Rechtsharmonisierung, Berlin 1989, S. 9 – 17

Weber-Grellet, H., Europäisiertes *Steuerrecht* ? Stand und Entwicklung, StuW 1995, S. 336 – 351

Weide, K.-M., *Harmonisierung* der Unternehmenssteuern in der EG, Aachen 1996

Weides, P., Europäische *Steuerrechtsangleichung*, JZ 1965, S. 6 – 13

Weiler, H., Zum Stand der *Umsatzsteuerharmonisierung* und der Umsetzung in nationales Recht, DStR 1992, S. 672 – 675

Weindl, J., Europäische *Union*: Institutionelles System, Binnenmarkt sowie Wirtschafts- und Währungsunion auf der Grundlage des Maastrichter Vertrages, 4. Aufl., München u.a. 1999

Wellinger, G., *Gemeinschaftsrecht* und das Vorabentscheidungsverfahren durch den Europäischen Gerichtshof, SWK 1996, S. 259 – 262

Wendt, P., Ungeklärte Fragen im Streit um die *Umsatzausgleichsteuer*, AWD 1967, S. 348 – 354

Widmann, W., Die *EG-Richtlinien* zur Harmonisierung der Umsatzsteuer und Probleme ihrer Umsetzung, DB 1990, S. 2491 – 2495

Widmann, W., Unruhige *Umsatzsteuer*, BB 1990, S. 2307 – 2312

Widmann, W., Systematik und praktische Brennpunkte der *Umsatzbesteuerung* im EG-Binnenmarkt, StBJB 1992/1993, S. 61-82

Widmann, W., Das *Umsatzsteuer-Binnenmarktgesetz* - Anwendungsprobleme im Binnenmarkt aus der Sicht der Verwaltung, UR 1994, S. 32 – 36

Widmann, W., Die Entwicklung der *Umsatzsteuer* im Europäischen Binnenmarkt - Fehlentwicklungen und Perspektiven, in: Lehner, M. (Hrsg.), Steuerrecht im europäischen Binnenmarkt: Einfluß des EG-Rechts auf die nationalen Steuerrechtsordnungen (DStJG 19), Köln 1996, S. 219 – 233

Widmann, W., *Harmonisierung* des Vorsteuerabzugs und Ersetzung des Vorsteuer-Vergütungsverfahrens, DStR 1998, S. 1580 – 1584

Wiedow, A. : Entwicklungsstand der *Kommissionsvorschläge* zum Umsatzsteuer-Binnenmarkt, in: Dziadkowski, D. / Reiß, W., Umsatzsteuer-Kongreß-Bericht 1997/98, Köln 1998, S. 17 – 31

Wilmott, P., Die Abschaffung der *Steuergrenzen* - Verwaltungszusammenarbeit und gegenseitige Amtshilfe, in: Randzio-Plath, C. (Hrsg.), Zur Steuerpolitik der EG im Binnenmarkt, Sindelfingen 1993, S. 45 – 53

Wilmowsky, P. v. : Einführung in das *Recht* der Europäischen Gemeinschaft, Jura 1992, S. 337 – 346

Wilms, H., Die Behinderung der europarechtlichen *Dienstleistungsfreiheit* durch das deutsche Steuerrecht – am Beispiel des europäischen Lotteriemarktes -, UVR 1999, S. 63 – 66

Wingert, K.-D., *Steuerplanung* im Hinblick auf die Steuerharmonisierung in der EG, DStZ 1989, S. 315 – 322

Winter, G., *Subsidiarität* und Deregulierung im Gemeinschaftsrecht, EuR 1996, S. 247 – 269

Winter, M., Die *Umsatzsteuer* im EG-Binnenmarkt, UR 1991, S. 333 – 337

Z

Zacker, C., *Binnenmarkt* und Gemeinsamer Markt, RIW 1989, S. 489 – 490

Zacker, C., Kompendium *Europarecht*, Berlin u.a. 1997

Zeitler, F.-C., Der Europäische *Binnenmarkt*, ZfZ 1993, S. 338 – 343

Zeitler, F.-C. / Jüptner, R., Europäische *Steuerharmonisierung* und direkte Steuern, BB 1988, Beilage 17, S. 1 – 16

Zitzelsberger, H., Der Weg zum echten *Umsatzsteuer-Binnenmarkt*, UVR 1998, S. 249 – 254

Zitzelsberger, H. / Keil, T., Erfahrungen mit dem *Umsatzsteuerbinnenmarkt*, UR 1995, S. 169 – 173

Zorn, N., Vorlage an den EuGH betreffend *Handelskammerumlage*, ÖStZ 1996, S. 468 – 471

Zorn, N., *EuGH-Urteil* zur KU I: Ein Mißverständnis, SWK 1998, S. 256 – 257

Zschiedrich, H., *Binnenmarkt* in Europa: Einführung in die Grundlagen; freier Warenverkehr, Steuerharmonisierung, technische Handelshemmnisse, europäische Industriepolitik, Wirtschafts- und Währungsunion; EG-Assoziierungsabkommen, Wiesbaden 1993

Zuleeg, M., Die *Auslegung* des europäischen Gemeinschaftsrechts, EuR 1969, S. 97 – 108

Zuleeg, M., Die Rechtswirkung europäischer *Richtlinien*, ZGR 1980, S. 466 – 485

Zuleeg, M., Der rechtliche Zusammenhalt der Europäischen *Gemeinschaft*, in: Blomeyer, W. / Schachtschneider, K. (Hrsg.), Die Europäische Union als Rechtsgemeinschaft, Berlin 1995, S. 9 – 36

Zuleeg, M., *Justiziabilität* des Subsidiaritätsprinzips, in:, Nörr, K. / Oppermann, T. (Hrsg.), Subsidiarität: Idee und Wirklichkeit: Zur Reichweite eines Prinzips in Deutschland und Europa, Tübingen 1997, S. 185 – 203

Zurdo Ruiz-Ayúcar, J., Should the *VAT* be levied at Community Level ? - The argument CONTRA, in: Aujean, M. (Hrsg.), Le Système TVA dans le Marché Unique, Köln 1997, S. 75 – 83

Zweigert, K., Grundsatzfragen der europäischen *Rechtsangleichung*, ihrer Schöpfung und Sicherung, in: Caemmerer, E. v. u.a. (Hrsg.), Vom deutschen zum europäischen Recht - Festschrift für Hans Dölle, Band II: Internationales Recht, Kollisionsrecht und Internationales Zivilprozessrecht, Europäisches Recht, Tübingen 1963, S. 403 - 418

Kolibri 360 GmbH
Ferdinand-Jühlke-Straße 7
99095 Erfurt, Deutschland
produktsicherheit@kolibri360.de

Druck:
CPI Druckdienstleistungen GmbH
im Auftrag der
Kolibri 360 GmbH
Ferdinand-Jühlke-Str. 7
99095 Erfurt